HIPPOCRENE LANGUAGE STUDIES

CAMBODIAN-ENGLISH ENGLISH-CAMBODIAN DICTIONARY

HIPPOCRENE BOOKS
New York

For information, address:
Hippocrene Books, Inc.
171 Madison Avenue
New York, NY 10016

ISBN 0-87052-818-1

Printed in the United States of America.

INTRODUCTION

The Cambodian-English section of this glossary contains approximately 8,000 entries introduced in the following modules: Introduction, The Land and Economy, The Political Institutions, The Social Institutions, The Individual in Society.

Abbreviations and Signs
Used in This Glossary

n.	noun	fig.	figuratively
adj.	adjective	trans.	transitive
v.	verb	intrans.	intransitive
adv.	adverb	lit.	literary
vp	verb phrase	(c.s. -)	correct spelling
neg.	negative	(a.w. -)	also written
vulg.	vulgar	(also -)	equivalent to
esp.	especially	(= -)	equivalent to

The following designations are used in this section of the glossary to indicate style levels. Percentage figures are based on a hypothetical stylistic continuum in which 100 per cent represents the most formal possible style and 0 per cent represents a total absence of formality.

literary	95-100%	used in writing and in formal speeches.
formal	90-95%	used by inferior to superior or by people from certain areas and with a more formal upbringing than usual who do not know each other and are of approximately equal status.
ordinary	80-85%	used by foreigners and by educated acquaintances of equal social status. This style level is not indicated in these materials. Anything that is not otherwise marked or annoted in this section can be considered acceptable at the ordinary style level.
familiar	40-45%	used by superior to inferior, or between friends.
intimate	15%	used between intimates or to show contempt.
non-formal	0-75%	(includes both familiar and intimate.)

There are also special varieties of formal style which are used with royalty and Buddhist clergy. When these occur, they will be labeled 'Royal' and 'Clerical.'

ក	neck; collar
កក	neck
កជើង	ankle
កដៃ	wrist
កពោះ	straight high collar
ក៏	also, so, then
v. + ក៏ + v.	go ahead and + v., let's + v. then!
សឹ)ក៏សិ)	let's go
v. + ក៏ + v. +សៅ	go ahead and + v., it's all right if (you) + v.
សៅ)ក៏សៅ)រៅ)	if you want to go, go ahead
vp +ក៏ឬ+ neg. + vp + ក៏រ	it doesn't matter whether (you) + vp
សៅ)ក៏ឬ ឬ ៗ)សៅ)ក៏រ	it doesn't matter whether you go or not
ក៏ឬ... ក៏រ	all ... s are alike (question word)
...ក៏... ក៏រ	any
...ក៏សៅ)ឬ... ក៏សៅ)ឬ	whether ... or ...
ក៏បាន	all right, is O.K., will do
សបៅបាន ក៏បាន	that's all right
ក៏ប៉ុន្តែ	however
...ក៏មាន	even, it sometimes happens that...
ក៏ម្យ៉ាងនៃក៏រ	that's one way
ក៏អាចមាន	it's possible that ... (exists), it happens that
ក៏ឥតសៅ)	if not... it's all right, too bad
clause + ក៏ឥ៖	it's all right if (you) don't + v., who cares?, to heck with it, too bad
ឥន... ក៏សេ ក៏រ	either, neither
ក	to add, build, form
កសាង	to build
កក	coagulated, congealed, frozen, countless, many, crowded
កកកុញ	a lot, countless, crowded, many
ឃ្មួសកក	cold rice, leftovers (cooked rice)
កក់	to wash, soak; to make a deposit
កក់សៅ)	to become warm; comfort; affectionately
កក់សក់	to wash the hair
កកាយ	to scratch like a chicken or dig like a dog
កករ	to stir (something) about; name of a kind of stew
កករកាយ	to search for (by moving things around)
កញ្ជើក	to rumble, tremble
កញ្ជើកផ្ទៃ	earthquake, the ground shakes and trembles
កញ្ជ្រោះ	dry, flat taste
កក្កដា	July
កង	to carry (held up to the

	chest); an armful; brace-let, unit (military)
កន់ចក្រ	a circular design; mythical weapon in the form of a blade-edged disc
កន់កង្វុលរួបរាល់អាវុធរួបរាល់ជនវិរោះជាតិកម្ពុជា	Popular Armed Forces for the liberation of the Cambodian nation (name for communist forces)
កន់សូប	sapper team, special action team
កន់ទ័ព	troops, armed forces
កន់ទ័ពពិសេស	special forces
កន់ទ័ពព្រៃ	guerrilla
កន់ពលក្រុម	brigade
កន់ពលសំ	division (military)
កន់យោកការស្វាត់	reconnaissance platoon, intelligence platoon
កន់រេហារ ពលសិវិត	national armed forces
កន់ស្រុកឆ្នៃក្រ	provincial guard (like national guard)
កន់ភាគស្រុកម្ហក	provincial guard
កន់វីររសេនាក្រុ	battalion
កន់វីររសេនាសំ	regiment
កន់វិស្វករ	engineer corps
កន់អនុសេនាក្រុ	platoon
កន់អនុសេនាសំ	company (military)
កន់	bicycle; wheel; something round
កន់(ក្រ,ន)	tire; wheel
រំបកកន់	flat tire
កន់កន់	Canton
កន់ទាក់	loud
កន់ត្បូ	frog
កន្តល	anxiety, worry; unrest
កញ្ចក់	mirror, pane of glass

កញ្ចប់	pack, package
ការីម៉ុយកញ្ចប់	a pack of cigarettes
កន់ស្ត្រ	a whistle
កន្ត្រក	a kind of basket
កញ្ញា	marijuana
កន្ត្រោ	a large basket (sometimes used for collecting garbage)
កន្ត្រ	a kind of basket
កញ្ជះ	slave of the lowest sort
កញ្ជ្រុល	measles, a kind of rash that does not suppurate
កញ្ញា	Miss; September
កស្តាប់	a handful, (classifier for measuring of quantities held in the hand)
កញ្ញាប់ច្រកទាល	enclosing the world (referring to a mythical mountain range believed to encircle the world)
កញ្ញាប់ដៃ	grip
កញ្ញាល	center, middle, somewhere between, between
កញ្ញាលយប់	midnight
កញ្ញាលមុខគេ	in front of everyone
កញ្ញាល	Kandal (Cambodian province)
កញ្ញាស់	to sneeze
កញ្ញរ	mouse, rat
កន្ត្យ)ង	jade
ករន្ត្យ)ក	to carry on the hip
ករន្ត្យ)រ	termite
ករន្ត្យ)វ	a scythe, a sickle
កន់	to make a note, note, write down
កត់ត្រា	to make a note, note
កត់សំគាល់	to notice, single out
កតញ្ញ	gratitude
កតវេទិតា	act of having repaid (literary), gratitude
កត	factor
កត្តិក	name of the 12th lunar

2

month (mid-October to mid-November)

clause, part, section

an annual festival to donate to the wat toward the end of the 3-month rainy season retreat of monks

friends; crowd, gang, group

bulge, bump, protuberance

a marketing basket

strainer

to jerk away, pull something away violently, snatch

scissors

powder that is produced by pounding rice grains

tail

the last two or three digits in a lottery number

a sleeping mat

many children

shapeless

fat and shapeless

to exceed, pass (usually used for time)

place

a place where bribes are easy to come by

landing place

office, place of work

gas station

dance hall

half, not full

half an hour

a towel

handkerchief

napkin

a scarf over which spells have been said and which protects the wearer from

harm

to bury; to be buried or hidden

to set a mine

boat, ship

airplane

jet plane

pocket (spoken) (c.s. _____)

cotton (plant, substance but not thread)

penal code

lazy; laziness

to heat, heat

Cambodia (literary)

the kingdom of Cambodia

Cambodia

Lower Cambodia (portion of South Vietnam that was formerly Cambodian territory)

action, consequence, result; karma

coolie, laborer

result of work

prayer

program, schedule

objective, subject

program, schedule

privilege, property, rights

to have unexpiated bad deeds in one's past

cadre, politburo

rare, scarce; rarely, seldom

seldom, takes a long time to do

to braid; braid, braiding,

a carpet, a covering, a paving

3

កំណត់	to limit; limit
កំហូច	to cause to fear, fear, frighten, scare
កំរង:	bachelor, single man, young man
កំរៅ	ignorant; stupid; ignorance
កំឡាំង	power, strength
កំឡាំងកាយ	physical force or power
កំឡាំងចិត្ត	moral power
ករណី	case, cause, instance, matter, story
ករណីយ	act, deed; duty; matter
ករណីយកិច្ច	duty, function, role, obligation
ករុណា	I, me; yes (like ចាស, ចៈ) (used in talking to a monk) (also ផ្ញើករុណា)
កល	trick
កលយុទ្ធ	tactic
កលល្បិច	tactics, trick
ធ្វើកល	to trick, play a trick
មានកល	tricky
កល់	to make even, level
កលិយុគ	crisis, turmoil, unrest
កសិកម្ម	agriculture
កសិករ	farmer, peasant (formal)
កសិណ	witness
កសិណសាក្សី	witness
កាក	solid ingredients (vegetables, meat, etc.), waste solids after liquid has been removed; crow (literary)
កាកគតិ	crow's gait (see បត)
កាកបាទ	crow's foot, name of a diacritic (+)
កាកបាទក្រហម	Red Cross
កាក់	coin, small change
កាច	length from fingertip to fingertip of both arms when extended
កាច	fierce, mean
កាប់	to break, break off
កាប់ច្រក	street corner
កាណាដា	Canada
កាណុង	cannon
កាណូត	motorboat
កាត	card; I.D. card
កាត់	to cut; briefly
កាត់សំលៀក	to make clothing
កាត់ចិត្ត	to make a definite decision
កាត់...បាន	to be able to decide
កាត់ទោស	to sentence
កាត់ទៅតាម , កាត់មករក	to inherit someone's characteristics; to take after
កាត់ពូជ	to crossbreed, to intermarry
កាត់មុខ	to cut in, cut off, butt in
កាត់សក់	to get a haircut
កាត់សប្តិ	to interpret a dream
កាត់សេចក្ដី	to give a verdict, render a judgement, sentence
កាត់កិច្ច	duty, obligatory action
កាប	briefcase
កាន់	to carry in the hand, grasp, hold; to, toward
កាន់កាប់	to be in charge of, run (e.g., business)
កាន់ការ	to be in charge of
កាន់ត	to lead into one another
កាន់ដៃ	to hold hands; hand in hand
កាន់ទុក្ខ	to mourn, be in mourning
កាន់ប្រ	to be a snob, put on airs
កាន់លុយ	to be in charge of money
អ្នកកាន់លុយ	cashier, treasurer
កាន់សាសនា	to believe in a religion, have a religion
កាន់សីល	to observe religious precepts (including abstinence)

4

កាន់អំណាច	to be in power, have power
កាន់តែ	increasingly
កាន់តែ ... ឡើងៗ	increasingly
កាប់	to cut, hack (with an ax or cleaver)
កាប់កាប់	to clear (land)
កាប៉ិកកាប៉ក	trivial, unimportant
កាប៉ក	little, small; a small jar
ខោកាប៉កខ្ចៅ	a little tiny one
កាប៉ូរ៉ាល់	corporal, foreman, straw-boss (not an official title)
កាពិ	shrimp paste
កាព្យ	poetry, verse
កាមតណ្ហា	love, passion, sexual desire
កាយ	body (formal)
កាយវិការ	gesture
ធ្វើកាយវិការ	to act, gesticulate
ការ	to marry; marriage, wedding; affair, work, matter; interest, profit; (nominalizes verb)
ការកិច្ច	job, matter, work
ការងារ	job, labor, work
ការបរទេស	foreign affairs
ការប្រាក់	interest on money
យកការ	to charge interest
ការ	to defend, prevent, protect
ការពារ	to defend, protect, protect from
ការការកុំឱ្យ	to prevent ... from + v.
ការណ៍	business, matter
យកការណ៍	to spy
ឱ្យយកការណ៍	to tip off
ការាតែ	karate
ការិយាល័យ	office
ករ	worker (formal)

ការី	curry
ការីសាមសៅ	a kind of curry
កាស	sack (made of woven leaves, smaller than a បាវ)
កាស់	carrot
កាល	when (past); time
កាលពីដើមឡើយ	originally
កាលណា	when, whenever
កាលណា ... ខ្លះៗ	whenever
កាលនោះ	at that time, then
កាលនោះ	that time, then
កាលបើ	if, when, whenever
កាលពីដើម	originally
កាលពីប៉ុន្មាន ...នេះ	in the past few ...
កាលពីព្រេងនាយ	long ago, once upon a time
កាលពីមុន	previously
កាល:ទេស:	circumstance
កាវ	glue
កាវ	a chip (e.g., poker chip)
កាសែត	newspaper
កាហ្វេ	coffee
កិច្ច	job, work, (nominalizes v.)
កិច្ចការ	job, matter, work
កិច្ចសន្យា	contract
កិត្តិយស	honor; honored, of honor
កិន	to grind, mill; to crush
កិរិយា	action, behavior, personal characteristics
កិរិយាមារយាទ	behavior, character
កិរិយាវិសេស	adverb
កិរិយាសព្ទ	verb
កីឡា	sports
ទស្សនាកីឡា	stadium
កុង	grandfather (Chinese)
កុងតាក់	ignition (of a car), switch
បិទកុងតាក់	to turn off (light)

បើកកុនភ្លើង	to turn on (light)
កុដិ	monk's quarters
កុន	moving pictures
រោងកុន	movie house, theater
កូន	child, young (literary) boy, boy
កូនី	child, girl, young girl; young (literary)
កុម្ភៈ	February
កុម្ម៉ង់ដូ	commando (army), volunteer who assumes paramilitary duties
កុម្មុយនិស្ត	communist
កុរ	pig (name of the 12th year of the 12-year cycle)
កុល	family
កុលសម្ព័ន្ធ	tribe
កុសល	merit; good fortune, the product of a meritorious act (formal); fortunate, lucky
កុហក	to lie; lie
កុះករ	a lot, many
កូដកម្ម	strike
កូត	to play a stringed instrument with a bow
កូន	small child; I, me, mine, you (used between child and parents)
កូនកាត់	person of mixed parentage, Eurasian, half-breed
កូនកោះ	small island
កូនកូន	children
កូនក្រមុំ	unmarried daughter
កូនង៉ា	baby, infant, newborn
កូនខ្មែរ	the Khmer
កូនចិញ្ចឹម	adopted child, foster child
កូនចៅ	children, descendants; followers, subordinates
កូនចៅចិន	descendants of the Chinese
កូនដៃ	little finger, pinky
កូនទាហាន	enlisted man

កូនប្រសា	daughter-or son-in-law
កូនភូមិ	villagers
កូនភ្នំ	hill
កូនសិស្ស	pupil, student, school child
កូនសោ	key
កូរ	to stir
កូរ៉ាន	yes (like ចាស, ចា) (used in talking to monks) (a.w. ក្រាន)
កូរ៉ម៉ង់ដិល	Coromandel (a place on the east coast of India, on the Bay of Bengal)
កូរ៉េ	Korea
កូរិនសិនស្រុក	Lower Cochin China (the Mekong delta area)
កូឡាប	rose (flower)
កួច	to spiral up (smoke); to twist
កួចរេវ	to spiral up (smoke)
កួយ	Kuoy (name of a montagnard tribe)
កើត	increasing, rising; high (rare)
កើត	to be born; to be able, can; possible; east; refers to the waxing moon in lunar dates, e.g., ថ្ងៃ សុក្រ ១៥ កើត ខែ ពិ ស ាខ Friday the 15th day of the first half (waxing moon) of the month of Visakh; (resultative verb)
កើតការសម្រេច	to succeed; prosper, success
កើតរោគ	to have a disease
កើតពូជពង្ស	to reproduce
កើតឡើង	to arise, come about
កើតអី	what's the matter?
ខាងកើត	east
កើន	to become more, increase
កើនឡើង	to increase (upwards)
កើប	to scoop (large quantity)
កូរ	to be adjacent, close

6

សក)កៃន	to hold hands, link arms, put an arm over
សកឍ្យ	to draft, mobilize
សក្ខ៊	heritage, inheritance; personal secret
សក្តិរណ្យ៖	reputation
សក្ខិ្ធធរកក	heritage, inheritance
សក្ខិ៊ សាកស	heritage, inheritance
សក សឈ	hair (royal, divine)
សក៖	to flick someone to get his attention; to pluck (a string)
សក	to adjust, correct, fix
សកស	heel
សកសៃន	elbow
សកគ	to draft, mobilize
សកឈ	seat of a bicycle; small pillow; Kep (seaside resort)
សកស	glass
សកសឈិន	binoculars, spyglass
សក	trigger
សកកៃស្ខ្ស	trigger of a rifle
សក	pig (spoken) (name of the 12th year of the 12-year cycle)(c.s. កស)
សកស	bent, curved, insolent, rude
សកឈ	ten million
សកឈឈ	corner (literary)
សកក	to be in awe of, feel awed, amazed
សកកៃក	I can't believe that..., how can ... (happen)?
សកកសសៃនស	to feel awe and respect
សកស	to shave; to take advantage of; to cheat, chisel, swindle (colloquial)
សកសគ្ក	to shave the tuft of hair that a male child wears until age 7
សកឈឈឈ	tense and angry; turmoil, unrest

សកឈ	to grate, scrape off
សកឈឱ្ស	a home remedy where one repeatedly scrapes the skin to raise welts
សកឈឈឡ្ម	ability to do something, skill; profession
កសកកឈឈឡ្ម	profession of pedagogy
វិឍ្ងសកឈឈឡ្ម	professional study
សក៖	to convoke, subpoena, summon; island; gizzard
សកឈ៖៤ឡ្មឈ	Rabbit Island
សកៃឈឈ	ninety
សកៃឈ្ឈ	rubber
សកៃឈ្ឈ	chair
កៈ	don't
កៈ + clause indicates warning or concern
កៈ + vp + ឌ don't ...(+ mild suggestion)
កៈៃកៈ ...	if (one) were not to ...
កៈៃកៈ...កៈឈ្ឈ	if it were not for...
កៈឈៃកៈ	it's not just
កៈឈៃកៈ (A) ស្ខ្ខ្ឈ្ឈៃកៈ (B) even (B) let alone (A), even (B) to say nothing of (A)
កៈឈៃស្ខ្ឈ្ម	(even)... let alone..., (even)...to say nothing of...
កៈឈៈ...កៈឈ្ឈ	if it were not for...
កៈ(ឈឈ	don't worry
កៈ(ឈៃឈ + vp	don't bother to...
កៈឈឈឈ + vp	don't ... yet
កៈឈឈឈឈៃកស	don't ... yet
កៈសឈឈឈ + clause so that ... not ...
កៈឈៃក	to force out, get rid of, kick out; to eject; to repeal (law); to exorcise a ghost
កៈឈ្ម	to cause to spill; to chase out, get rid of
កៈសៃ្ញ្ម	to intimidate, threaten

7

កំពង	to be together, keep company; to follow along
កំដៅ	to heat something; heat
កំណត់	appointment, fixed period; schedule, requirement, prerequisite; propitious time determined by an astrologer for beginning of various parts of the wedding ceremony
កំណត់ឲ្យមាន	to require (one) to have, set as a prerequisite
ដាក់កំណត់	to set a limit
កំណប់	cached wealth (in the form of valuables such as jewels), something buried
កំណាញ់	possessive, selfish, stingy
កំណាត់	cloth; portion, something cut, a piece
កំណាត់សំពត់	cloth
កំណាន់ទីត្រ	lover, mistress
កំណាព្យ	poem, poetry, verse
កំណាព្យកាព្យរឿងស៊ី	poetry, verse
កំណើត	to originate; beginning, birth, origin
កំទិន	correction
កំទិនស	draft, mobilization
កំទេច	to break up, destroy; debris, sherds, shrapnel, broken pieces
កំប្រ៉ិស	unit of money (séance language)
កំប៉ិក	tiny
កំប៉ុង	a can
កំប្រុកកំប្រ៉ាយ	to speak rudely, speak brusquely
កំរ៉ាវ	lime
កំប្លេ	suit of clothing, set (French: complet)
កំប្លែង	to make fun of; amusing, comic, funny, humorous
កំពង់	port
កំពង់ទឹក	(water) port
កំពង់ចាម	Kompong Cham (Cambodian province)
កំពង់ឆ្នាំង	Kompong Chhnang (Cambodian province)
កំពង់ធំ	Kompong Thom (Cambodian province)
កំពង់សោម	Kompong Som (formerly Sihanoukville, a port city in Cambodia)
កំពង់ស្ពឺ	Kompong Speu (Cambodian province)
កំពត	Kampot (Cambodian province)
កំពស់	height
កំពឹស	fresh water shrimp; the tiny segments that form citrus fruit flesh
កំពុក	rottenness
កំពុង	to be in the process of
កំពុងនិង	to be in the process of
កំពុងហោះ	in flight
កំពូរ	breed (colloquial, used in insults)
ពូជកំពូរ	bastard, bad heredity
កំពូល	high point, peak, summit
កំពេ	to camp for recreation (French: camper)
កំពែង	wall
កំព្រា	orphaned
កំព្រាម្ដាយ	whose mother is no longer living
កំព្រាឪពុក	whose father is no longer living
កំភួន	muscle (calf or forearm)
កំភួនជើង	calf (leg)
កំភួនដៃ	forearm
កំភៅង	thigh
កំរិត	to limit; limit
កំរិតមធ្យម	an average limit
កំរើក	to move (something)
កំសត់	sad; troubled
កំសាកកម្ម	a coward

កំសាន្ត	to enjoy; to entertain, amusement, relaxing, for fun
កំសាន្តចិត្ត	to amuse oneself
ការកំសាន្តចិត្ត	amusement, entertainment
កំហឹង	anger (poetic)
កំហឹង	anger
កំហុស	error, fault, mistake
កំហែង	to intimidate by shouting at
កំឡុង	interval of time
កំឡោះ	bachelor, young man
កំឡាំង	energy, strength
កំអួត	vomit; vomited material
កំអាច	dead skin that flakes off; parasite (politics); something left over, useless and dirty; (frequently used figuratively for something useless and disgusting)
កាំជ្រួច	firework; missile, rocket
កាំបិត	knife
កាំបិតបត់	folding knife, pen knife
កាំភ្លើង	firearm, gun
កាំភ្លើងការប៊ីន	carbine
កាំភ្លើងខ្លី	handgun, pistol
កាំភ្លើងបាញ់គ្រាប់បែក	grenade launcher
កាំភ្លើងបាហ្សូកា	bazooka
កាំភ្លើងយួន	machine gun
កាំភ្លើងស៊ីឈ្នួលបាញ់	automatic gun
កាំភ្លើងវែង	rifle
កាមីញ៉ូង	truck (a.w. កាមីញ៉ូង)
ក្ងាន	goose
ក្ងោក	peacock
ក្ញក់	to click with the tongue; to hope to get, know something is within one's grasp

ក្ដាន់	deer
ក្ដាប់	to clench, close the hand
ក្ដារ	board, plank; floor
ក្ដារក្រាល	floor
ក្ដារខៀន	blackboard
ក្ដារគេង	a low platform used for sleeping, sitting, eating, etc.
ក្ដារបន្ទះ	plywood
ក្ដាម	crab
ក្ដាមទឹកប្រៃ	salted fresh-water crabs
ក្ដី	affair, case, matter; lawsuit
ក្ដីក្ដាំ	lawsuit, litigation
ក្ដីក្រ	poverty
...ក្ដី...ក្ដី	whether ... or ...
ក្ដុប	bud (fruit)
ក្ដុក	sound of the impact of a falling object
ក្ដុកក្ដាក់	the sound of a stamping foot
ស្គួរ	a kind of rice-pounding implement
ក្ដោង	sail
ក្ដៅ	to be mad; to have a fever; hot, warm
ក្ដៅក្រហាយ	to be angry
ក្ដៅខ្លួន	to have a fever
ក្ដៅចិត្ត	angry
ក្ដៅស្លឹកត្រចៀក	to be embarrassed; be mad
ក្ដៅអ្ល់	warm
ក្នុង	in, inside; during + (time word)
ក្នុងចំណោម	among
ក្នុងនាម	in the name of
ក្នុងពេលថ្មីៗនេះ	lately, recently
ក្នុងពេលនោះ	at that time, during that time
ក្នុងរយៈ	during
ក្នុងស្រុក	domestic

ដំណឹងក្នុងស្រុក	domestic news, local news
ក្បត់	to betray
ក្បត់សាតិ	to betray one's country
ក្បាច់	carving, design, pattern
ក្បាច់ក្បូរ	design, pattern
ក្បាច់រចនា	art, design, pattern
ក្បាល	head; a volume (book); (classifier for animals)
ក្បាលទឹ៖	first squeezing of coconut milk (little water)
ក្បាលកង្កែប	knee
ក្បាលម៉ាស៊ីន	faucet
ក្បាលល្ងាច	early in the evening
ក្បួន	raft
ក្បួន	formula, generality, instruction, manual, principle; line, parade, procession, train; practise, trick; book used by soothsayers
ក្បួនខ្នាត	rule
ក្បួនដង្ហែ	procession
ក្បួនសឹក	strategy, tactics
ក្បឿង	tile
ក្បែរ	near by, next to
ក្បោះក្បាយ	eloquent, in detail, completely covering
ក្មួយ	nephew or niece
ក្មួយប្រុស	nephew
ក្មេក	designating an in-law of an ascending generation
ម្តាយក្មេក	mother-in-law
ឪពុកក្មេក	father-in-law
ក្មេង	young, child, youngster
ក្មេងៗ	children (in general), young people, the young generation
ក្មេងស្រុល	houseboy, servant
ក្មេងចិន	houseboy, servant
ក្មេងវត្ត	a boy who lives at a wat and serves the monks in exchange for room and board

ក្រ	poor; scarce, hard to find
ក្រ + v.	seldom, take a long time
ក្រខ្វក់	dirty
ក្រចក	claw, nail, talon
ក្រចេះ	Kratié (Cambodian province)
ក្រង	to attach, braid, plait, twist together
ចងក្រង	to compile
ក្រញ៉ាញ់	frizzy, kinky, tangled
ក្រញ៉ៅ	angry expression, frowning (in មុខក្រញ៉ៅ)
ក្រដាស	paper
ក្រដាសសំគាល់	application form for I.D. card
ក្រណាត់	cloth
ក្រក!ក្រូវ!	sound of snoring
ក្រប	frame
ក្របខ័ណ្ឌ	framework
ក្របី	water buffalo
ក្របូប	billfold, purse, wallet; briefcase
ក្រឡាត់ដៃ	to clasp one's hands behind one's back
ក្រពើ	dented
ក្រពើ	crocodile; ingrate (slang)
ក្រពះ	stomach
ក្រពះពោះ	stomach
ក្រម	article, code of law, section
ក្របការ	civil servant of officer level
ក្រមព្រហ្មទណ្ឌ	penal code
ក្រមា	a scarf, a small piece of cloth
ក្រមៅ	chicken louse; germ, microbe, any germ, virus, or other disease-causing agent
ក្រមៅ	black, dark (color), dark brown
ក្រហមក្រមៅ	dark red

10

ស្រី៑   mature girl, single adult girl; virgin

ស្រកី)ន   kidney

ស្រកវិញ   cardamon

ស្រកវិត   to put on around the waist

ស្រសរ   heron

ស្រស្ន   department, ministry

ស្រស្នការបរទេស   Foreign Ministry

ស្រស្នការការពារទេស   Defense Ministry

ស្រស្នគយ   Customs Bureau

ស្រស្នពត៌មាន   Information Ministry

ស្រស្នប្រៃសណីយ៍និងទូរគមនាគមន៍   Post Office and Telecommunications Ministry

ស្រស្នមហាផ្ទៃ   Ministry of the Interior

ស្រស្នមានសមត្ថកិច្ច   the involved agency, the agency with competence

ស្រ ស្នយុត្តិធម៌   Ministry of Justice

ស្រស្នសាធារណការ   Ministry of Public Works

ស្រស្នសាធារណសុខាភិបាល   Ministry of Public Health

ស្រស្នអប់រំជាតិ   Ministry of Education

ស្រសី   a kind of fruit used as a sour ingredient

ស្រហម   red

ស្រហាយ   to be extremely painful (burning sensation)

ស្របាស់ស្របាស   bumpy, rough, uneven, full of holes (land)

ស្រុក   a square, a spot

ស្រុកក   cockroach

ស្រុកបញ្ជី   keeper of vital statistics

ស្រុកឃ   to form on a lathe

ស្រឡេក   to glance

ស្រឡេក   very clear, wide open

ស្រូប   pleasant-smelling, fragrant

ស្រាប   to lie prone, prostrate oneself; to brood (bird)

ស្រាប!   Hit the dirt! (military)

ស្រាបង្គំយបង្គំកាស់   to visit royalty

ស្រាយ   to cover, to be paved, to floor, to lay out, spread out

ស្រាត   necktie (French: cravate)

ស្រាយ   a comb

ស្រាស់   thick

ស្រាស់ៗស្រាយ   a lot, many

ស្រិក   Greek

ស្រិក   to mark

ស្រិត្យ   law, rule (literary)

ស្រីក   poor

ស្រី   city

ស្រីនាស   a portion of the wedding ceremony

ស្រុ   group

ស្រុមាត់ភ្លើងនស   artillery platoon

ស្រុមញ្ញាតិ   family, relatives

ស្រុមញ្ញាតិសាច់សរសៃ   all one's relatives

ស្រុមទាហាន   troops, a military group

ស្រុមនគរបាល   state police

ស្រុមប្រឹក្សាសាធារណរដ្ឋ   Council of the Republic

ស្រុមប្រឹក្សាសន្តិសុខ   Security Council

ស្រុមរឿង   municipal police

ស្រុមរាំ   corps de ballet, dance troupe

ស្រុមហ៊ុន   company

ស្រុមហ៊ុនទេសចរណ៍   Tourist Office

ស្រុក   citrus fruit, orange

ស្រុកឃឹង   tangerine

ស្រុកឆ្មារ   lemon, lime

ស្រុកថ្លុង   grapefruit

ស្រុកពោធិ៍សាត់   orange

11

ក្រូចសើច	a kind of citrus fruit with a wrinkled, aromatic skin
ក្រួស	gravel
ក្រ៉ាក	to brace up, tie something
ក្រ៉ាម	dried
ក្រែង	to fear, to be afraid; lest, maybe, perhaps
ក្រែងថា	wasn't it (the fact) that...
ក្រែងលោ	lest, probably, in case, maybe, I'm concerned that
ក្រែម	lipstick; cream
ក្រៅ	many, quite, a few, a lot, much
ក្រៃលែង	extremely, very much
ក្រោក	to get up, stand up
ក្រោកក្រៃ៖	to get right up
ក្រោកឈរ	to stand up
ក្រោកអង្គុយ	to sit up from a reclining position
ក្រោម	below, beneath, under
ក្រោមបង្គាប់	subject to, subordinate to
ក្រោយ	after, behind; back; from now on, later, next time
ក្រោយខ្នង	behind, behind one's back
ក្រោយគេបង្អស់	last of all
ក្រោយពី...សសាw	after...
ក្រោយទៅ	later (future)

ក្រោយបង្អស់	last of all
ក្រោយមក	later, later on (past)
ក្រោល	barn, stable
ក្រៅ	outside
ក្រៅផ្លូវការ	unofficial
ខនិទាក	name of a kind of Khmer funeral music (also ខនិទាក)
ខននាក	see ខនិទាក
ខ្យ	to change, change into; to become, transform
ខ្លាហាន	brave, courageous
ខ្លិន	odor, smell
ខ្លែន	India; Indian
ស្ក៉ក	armpit
ស្ក៉ាក្ល	brave, brave with nerve
ក្លែង	to counterfeit, fake
ក្លែងក្លាយ	to counterfeit, fake, forge (a signature); something false
ក្លែម	to have a little something to eat with drink
ក្លក	quartz
ក្រក (ក្រក)	poor
ក្សត្រ	king
ក្អក	to cough
ក្អែក	a swallow (of liquid)
ក្អួត	to vomit
ក្អែក	crow
ក្អែល	dead skin that flakes off

12

ខក	to miss out on, be too late for	ខាល់គាម	kale
ខកចិត្ត	to be disappointed, be deceived	ខាន	to fail, miss; to have not
កុំនឹងធ្វើការអោយខកចិត្ត	don't disappoint him	ខានមិនឃើញយូរណាស់ទេ	not to have seen a long time
ខកម៉ោង	to oversleep	ម្ដងកុំអោយខាន	don't fail to come
ខណ	time	ពិតជាមាន	certainly
ខណ្ឌ	to partition; limit, partition, period	ខានស្អែក	the day after tomorrow
ខម	name for the ancient Khmer	ខានស្អែកខ្ទើ2 days after tomorrow	
ខា	Kha (name of a montagnard tribe)	ខាប់	thick (liquid)
ខាង	side	ខារ	acrid flavor
ខាងកើត	east	ខារខាំង	to block off, prevent (connotation: if someone cannot do something him- self, he will not let any- one else do it either)
ខាងក្រោម	below, beneath, downstairs		
ខាងក្រោយ	behind, in the back, in the rear		
ខាងឆ្វេង	left side, on the left	ខាល	tiger (name of the 3rd year of the 12-year cycle)
ខាងជើង	north	ខិត	to move close to, move something without lifting it
ខាងត្បូង	south		
ខាងមុខ	in front	ខិតតុទៅមុខ	move the table forward
ខាងលិច	west		
ខាងលើ	above, on, on the top; upstairs	ខិតទៅឆ្វេងបន្តិច	move a little bit to the left
ខាងស្ដាំ	right side, on the right	ខិតខំ	to strive
ខាត	to lose (money or bene- fit), suffer a loss	ខិល	to be a character; fond of teasing, mischievous
ខាតពេល	to waste time	ខឹង	angry
ខាត់	to polish, shine	ខឹងសម្បា	to be angry, mad
ខាត់ស្បែកជើង	to shine shoes	ទូកាប់ប៊ី	cabinet
		ខុស	to miss; wrong
		១ខុស	difficult, strange

13

ខុសគ្នា	different from each other, incorrect, indifferent
ខុសច្បាប់	against the law, illegal
ខុសពី	different from
ខូច	broken, lost, not operating; bad; naughty; to be a character; to die (colloquial)
ខូចការ	to produce a bad result
ខូចខាត	to damage, to be damaged
ការខូចខាត	casualty, damage
ខូចខ្លួន	to be spoiled; to lose one's virginity
ខូចប្រយោជន៍	to be damaging to one's interest, have an adverse effect on one's interest
គាត់ស្លាប់យូរហើយ	he died long ago
ឡានខ្ញុំខូច	my car is not operating
ខួប	anniversary
ខួរក្បាល	brain
ខ្លី	too short
សំពត់អ្នកខ្លីពេក	your skirt is too short
ខៀវ	blue
ខេត្ត	province
ខេមរ	Khmer (literary)
ខេមរជាតិ	the Khmer nation
ខេមរភាសា	the Khmer language (formal)
ខេមរៈនិករណ៍	Khmerization (literature)
ខេមរដ្ឋ	Khemmarate (town in Thailand on the Mekong River)
ខែ	month
ខែក្រោយ	next month
ខែជេស្ឋ	name of the 7th lunar month (mid-May to mid-June)
ខែដាច់	last days of the month (also ដាច់ខែ)
ខែមុន	last month
ខែវិច្ឆិកា	November
ខែត្រ	province
ខេត្តស្រុក	the provinces; countryside, hinterland
ខែល	shield
ខោ	lower garment, pants, trousers
ខោអាវ	clothing
ខ្ទក	to hit (with knuckles), knock
ខោន	Khone (name of a place at the border of Lao and Cambodia)
ខំ	to make an effort, try, try hard
ខំរៀន	to study hard
ខំព្រឹង	to strive
ខាំ	to bite
ខះ	dried up
ខះក	to have a dry throat, have a sore throat
ខ្ចាត់	to be displaced by an impact
ខ្ចាត់ខ្ចាយ	to run about in all directions, be in great disorder
ខ្ចាយ	to be dispersed in all directions
ខ្ចី	fresh, green, young; light (color) (opposite: ចាស់); to borrow
ចេកនេះខ្ចីនៅ	this banana is still green
ខ្ចីលឿង	light yellow
ខ្ចីប្រាក់	to lend, loan
ខ្ចាប់	durable, firm
ខ្ចាប់ខ្ចួន	long-lasting, recurrent, persistent
ខ្ជិល	lazy; to not feel like
ខ្ជិលនឹងទៅ	I don't feel like going
ខ្ជីខ្ជា	careless, negligent, reckless
ខ្ចាយខ្ចួន	to destroy, lay waste
ខ្ញី	ginger
ខ្ញុំ	I, me, mine (ordinary or formal style); servant, slave

ខ្ញុំកម្ម៖	servant, slave
ខ្ញុំករុណា	I, me, mine (used in talking to a monk)
ខ្ញុំកំផ្ដរ	servant, slave
ខ្ញុំបាទ	I (male, deferent)
ខ្ញុំបម្រើ	maid, servant
ខ្ទម	hut
ខ្ទិះដូង	coconut milk
ខ្ទឹម	member of the onion family
ខ្ទឹមក្រហម	shallot
ខ្ទឹមបារាំង	onion (round)
ខ្ទឹមស	garlic
ខ្ទុះ៖	pus
ខ្ទេច	shattered, completely broken
ខ្ទេចខ្ទី	ruined, shattered
ខ្នង	back; (classifier for houses and buildings)
ខ្នុរ	jackfruit
ខ្នើត	period of waxing moon
ខ្នើយ	pillow
ស្រោមខ្នើយ	pillow case
ខ្នោះ៖	shackles
ខ្នោះដៃជើង	shackles
ខំប្រឹង	to try very hard, put oneself out
ខ្ពស់	an extended hump of land
ខ្ពស់រាប	plateau
ខ្ពស់	high, tall
ខ្ពស់ស័ក្តិ	to have good social status, occupy a respected position
ខ្ពង់ខ្ពស់	exalted, high
ខ្ពើម	to dislike, be disgusted
ខ្មាស	to be ashamed, be embarrassed
ខ្មាសអៀន	to be ashamed, be embarrassed
ខ្មៀរ	curled in a spiral, wrinkled
ខ្មែរ	Cambodian, Khmer
ខ្មែរក្រោម	ethnic Cambodians living in South Vietnam (also: ខ្មែរក្រោមកម្ពុជា)
ខ្មែរនិយមកម្ម	naturalized Cambodian
ខ្មែរនិយមនិយម	royalist Khmer
ខ្មែរជាតិ	the Khmer people
ខ្មែរលើ	Khmer Loeu (montagnard, mountain tribes)
ខ្មែរូបនីយកម្ម	Khmerization (military)
ខ្មែរសុទ្ធ	pure-blooded Khmer
ខ្មែរសេរី	Free Khmer (name of an anti-Sihanouk group that worked out of South Vietnam)
ខ្មោច	cadaver, corpse, body; ghost, spirit; the late...; useless
ខ្មោចចូល	to be possessed by a spirit
ខ្មោចសតិ	an ideology of uselessness
ខ្មោចសោកភ្នែ	the late Mr. Sok
គ្មានខ្មោច	no use, useless
គ្មានខ្មោចការ	it's useless, it won't work
ខ្មៅ	black
ខ្មៅដៃ	pencil
ខ្មាំង	enemy
ខ្មាំងសត្រូវ	enemy
ខ្យល់	air, breeze, wind
ខ្យល់កួច	tornado
ខ្យល់គរ	fainting spell (lack of oxygen)
ខ្យល់គួច	to feel faint and dizzy, headache
ខ្យល់ព្យុះ៖	hurricane, storm, typhoon
ខ្យល់ដង្ហើម	breath of life
ផ្ដាច់ខ្យល់	to die
ខ្លា	tiger
ខ្លាឃ្មុំ	bear
ខ្លាច	to fear, be afraid
ខ្លាចក្រែង	for fear that

15

ខ្ញុំ ច ចិត្ត	to be considerate of, be reluctant to impose on
ខ្លី	short
ខ្លឹម	cambium (the woody part of a tree); figuratively essence, main part
ខ្លឹមសារ	importance, essence, substance, meat or heart of an issue; basic issue, flute
ខ្លួន	body; oneself; you (familiar)
ខ្លួនឯង	by oneself
ខ្លែង	hawk
ខ្លោង	chief, most important one
ខ្លោងទ្វារ	gate posts in a wall, a fence or wall with a gate
ខ្វៅ	ignorant, stupid
ខ្លាំង	strong; serious; loud
ខ្លាំងក្លា	powerful, strong
ខ្លាំងចចេស	to be disobedient, be hard on; bad, naughty
ខ្លះ	some
អ្នកខ្លះ	some people, some things
អ្នកខ្លះ	some people
ខ្វល់	round
ខ្វល់	to worry, be in trouble with
ខ្វល់ខ្វាយ	to worry
ខ្វាក់	blind
ខ្វាក់ភ្នែក	blind
ខ្វាក់ភ្នែកម្ខាង	one eye blind
ខ្វិន	to be lame, be unable to walk
ខ្វៀន	curled in a spiral, crooked

គេះ	to scratch and search for; take something out using fingers or tusk; to gouge
ឆ្កង	to cross
ឆ្កងគំនិត	to have incompatible ideas
ខ្សែឆ្កង	intersecting, recticular, like a network
ឆ្កៃ	scythe
ឆ្កា	to roast (Chinese style on a spit)
ឃ្លង់	to lack, miss, be short of
ជាឃ្លង់	plenty
ខ្សត់	poor, scarce; pitiable
ខ្សាច់	sand
ដីខ្សាច់	sand
ស្រូវ	refers to ordinary rice as opposed to sticky rice
ស្រែក	to sob
ខ្សិប	to whisper
ខ្សឹបៗ	silently, softly
ខ្សៀ	pipe (for smoking)
ខ្សឹបខ្សៀវ	sound of whispering
ខ្សែ	line, string
ខ្សែក	necklace
ខ្សែក្រវាត់	belt
ខ្សែបណ្តោយ	meridian, vertical line
ខ្សែចង្កេះ	drive-belt
ខ្សែពាន់	a kind of brocade with metallic thread
ខ្សែរំកិល	magnetic tape (for recording)
ខ្សែផ្តេក	horizontal line, parallel
ខ្សែអាត់	magnetic tape (for recording)
ខ្សោយ	weak

គ	mute
ភាពយន្តស្ងាត់	silent movie
មនុស្សគ	mute (person)
គ. ក.	kilogram (= គីឡូក្រាម)
គក់	to hit with a fist (up down or side ways), pound, length from elbow tip to knuckles of clenched fist
គក់ទ្រូង	to pound the chest in admiration or surprise
គគ្រក់	bad, dirty; useless; unhealthy
គង់	to lean something up against something; to be in a crossed position; gong
គង់ស្គរ	name of a kind of Khmer funeral music
ដេកគងផ្ចាស់	to sleep with the arm crossing the forehead
អង្គុយគងអង្គាញ់	to sit cross-legged
គង់	to remain, last long; to reside, survive; to live, stay, wait, be located (clerical, royal); inevitably, surely
គង់(នឹង)+v.	can be expected, will; certainly
គង់វង់	to last long, remain
គង់តែ +v.	will surely + v.
គង្គា	water
ក្រសួងកសិកម្មនិងរុក្ខាប្រមាញ់	Water, Forestry, Hunting and Fishing Service
គណ:	faction, group (formal)

គណ:កម្មការ	commission, committee
គណ:កម្មាធិការ	committee (with administration), responsibility
គណ:កម្មាធិការប្រតិបត្តិ	executive committee
គណ:កម្មការអន្តរជាតិនានាបង្ក្រាបការ	International Control Commission
គណ:បក្ស	political party
គណ:ប្រតិភូ	delegation
សមាជិកគណ:ប្រតិភូ	delegate
គណ:រដ្ឋមន្ត្រី	cabinet (of ministers)
គណិតសាស្ត្រ	arithmetic, mathematics
គត់	to be sheltered; safe; exactly
គតិ	idea (literary)
គតិសុចរិត	honesty (literary)
គន់	to carefully look at
គន់គូរ	to calculate in accordance with astrological principles
គន្ធ	the body (of the portion of something within its bounderies but not including the bounderies)
គន្ធ:	trigger; bolt, latch
គប់	to associate with; to throw
គភ៌	embryo, fertilized ovum; pregnancy
មានគភ៌	pregnant
គ. ម.	kilometer (= គីឡូម៉ែត្រ)
គមនាគមន៍	communication
គម្ពីរ	bible, scriptures

17

ស្មោក្រ	dirty, sleazy; figuratively: to be a weakling
ស្មោម	to menace, threaten
ស្មោមកំរែហា	to menace, threaten
ស្មៀស	plan
ស្មៀសការ៉ៅ	to plan; a plan
ស្មយ	customs
ស្មយល្បាត	to guard, patrol; guard, sentry
ស្ម	to pile
ស្មេម	a lot, many
ស្មេកស្មល្យ	profession of pedagogy
ស្មរ៉ិរ៉្សា	teaching
ស្មស	base of a tree, stump
ស. ស.	christian era (=គ្រិស្តសករាជ)
ស្មក់	he, him, she, her, they, them
ស្មប	to compress, pinch, press; to squeeze between 2 pieces of wood
ស្មប់	to be attracted, be satisfied
ស្មប់ចិត្	to be satisfied with
ទីស្មប់ចិត្ត	something attractive
ស្មប់បរិស្	good
យកស្មប់	to praise or satisfy someone in one's interest
ស្មរ៉ិ្ត	act of greeting, salutation
ស្មស	to attend, wait on (clergy or royalty)
ស្មស់	to dig up, pry
ស្មញ្ញ	secret police; criminal investigation division
ស្មក	to intend, think
ស្មក+ v.	to work at + v.
ស្មករ៉	to ponder, think, worry, be preoccupied; to achieve an end by bribery
ស្មករ៉ើញ	to realize, see (mentally)
ស្មកិន + clause	the fact is + clause

គិតទៅសិនស៊ីហាយ	so long!
គិតរ៉ិមនៃសេសរៅ	to really think; in fact
គិត...សាឋ	to be able to think of
គិតរ៉ិរ៉ស	to think ahead, be foresighted
គិតរ៉ិរ៉សញ្ញាយ	to think ahead, be foresighted
គិមបាន្តរ៉	summer, hot season (lunar calendar) (also សុរ៉ិរ៉ស)
គិមុររ៉	summer, hot season (lunar calendar)
គិរ៉ិរ៉ម	Kirirom (mountain resort in Kompong Speu province)
គិលាន្ខន	clinic, dispensary, hospital
គិលានរ៉កសង្ក:	drug, medicine (liquid)
គិលាន្ឋ្ឋន	health center
គិង្ក	toad
គិតា	guitar
គិមិ	chemistry
គិឡ្យ	kilogram, kilometer
គិ	is; that is
គឺសា	to be
គុក	jail, prison
គុណ	to multiply; good outcome, gratitude, merit, obligation
គុណបំណាច់	favor, obligation
គុណប្របយោជន៍	benefit, result
គុណភាព	quality, virtue
គុណសម្ប្ត	quality, value
គុណនាម	adjective
គុណ	to fence (sword or saber)
គុនដាវ	the art of sword-fighting
គុនឋបង	the art of fighting with staves or cudgels
គុម្ម	bush, clump of a plants

ក្បូរក្រោយត្រចៀក	behind the ear
ក្រហ្មោក	bush
ក្បុយទាវ	noodle soup
ក្បុយបា	Cuba
ក្បូ	mate, pair; counterpart
ក្បូកន្ទ	friend
ក្បូកំសាន្ត	companion in good fortune
ក្បូស្នេហ៍	boy and girl who date steadily
ក្បូសង្សារថ្មី	newlyweds
ក្បូវិវាទ	opponents in a lawsuit
ក្បុ	one's behind, back, bottom , buttocks, rear
ក្បុឡាន	rear of a car
ក្បួ	to draw, sketch
ក្បួរ	to draw, sketch; to mark, underline; to emphasize
ក្បួរបញ្ជាក់	to emphasize
ក្បុញ	to tie into a bunch
ក្បុក្រងញ	interweaved
ក្បុប	to combine, gather, group
ក្បួរ	should; deserving of; correct, proper
ក្បួរគប្បី	ought to, should
ក្បួរណាស់វិត	should (emphatic)
ក្បួរវិត	ought to, should, it's right to
ក្បួយកអ្វីទុកអ្វី	what should I take and what should I leave behind
ក្បួរសម	courteous, nice, polite; fair, quite; rather well
ក្បួរឲ្យ	worthy of ...ing, ... one should + v.
ក្បួរឲ្យចាប់ចិត្ត	attractive, lovable
ល្មគួរសម	fairly good
រក្បោង	to drive out of hiding
គេ	he, him, she, her, they; them; someone; other people

v. + រក + v. + សស	
	to v. people
រមើលគេរមើលសស	
	to watch people
គេសស	the others, people
គេស	to lie down, sleep
គេសមិនលក់	can't sleep
គេច	to avoid, dodge
គេចឲ្យ	to avoid meeting someone
គេវ៉	he, she, you (wife to husband, or husband to wife)
គេហស្ថាន	building, residence
គោ	cow, ox
គោព្រៃ	wild bull
គោក	ground, land; dry (land, food)
គោតម	family name of the Buddha (Gautama) (a.w. គោតម្ម)
គោបាល	cowboy
គោម	lamp, lantern
គោរព	to honor, obey, respect
គោល	goal, purpose; point (in argument); land-marker, milestone
គោលការណ៍	goal, purpose
គោលច្បាប់	rule, fundamental law
គោលស៊ំហេរ	basic support
គោលដៅ	purpose
គោលបំណង	intention
គោះ	to knock, tap
គុំ	to hold grudges (also គុំគួន)
គំនរ	pile
គំនាប់	to salute
គំនិត	idea, thought
គំនិតមារយាទ	character
គំនូរ	drawing, painting; model
គំនូស	chart, diagram, outline, sketch
គំនុំ	grudge
គំរប់	to complete

19

ភ្នំ ៤	to intimidate, menace, threaten
ភ្នំ ៤ភ្ជំ	to intimidate, menace, threaten
ភ្នំ	example, model
ភ្នំ	to support, to bear
ភ្នំ	to back, support
ភ្នំ	to get stuck
ភ្នំ	each other; people; together; I, me, mine (informal, intimate); he, she, they (indicates compassion)
ភ្នំ	his group, his friends, his party
ភ្នំ	our group (also ភ្នំ)
ភ្នំ	the members of one's circle of acquaintances and friends
ភ្នំ	to be together, have company
ភ្នំ	to do business together; joint venture
ភ្នំ	doesn't have; no; there is not, there are not; without
ភ្នំ	certainly, without fail
ភ្នំ	unpremeditated
ភ្នំ ... ភ្នំ	there wasn't any ... or anything
ភ្នំ...ភ្នំ	to have not ... at all
ព្រះ	to support, watch over; to wear (clerical)
ព្រះ	to govern, rule
ព្រះ	all of, every; enough; complete
ព្រះ	all of, everyone
ព្រះ	all of, everyone
ព្រះ	enough, plentiful
ព្រះ	all, each, every
ព្រះ	to be full of water
ព្រះ	of every sort and kind
ព្រះ	completely

ព្រះ	to cover; lip, cover
ព្រះ	to take care of
ព្រះ	to snap back and forth (like a whip or a fishing line), throw aside, toss; to jerk
ព្រះ	to shake (the head), wave from side to side; to swing, swing around the head
ព្រះ	to throw around
ព្រះ	to throw to the side
ព្រះ	laity, ordinary sinners
ព្រះ	time
ព្រះ	finally
ព្រះ	complete; enough; pretty, good, quite good
ព្រះ	just, only
ព្រះ	just for, should; worth
ព្រះ	better, pretty good, quite good
ព្រះ	complete, enough, sufficient
ព្រះ	grain, seed; ammunition, bullet
ព្រះ	pill, tablet
ព្រះ	bomb
ព្រះ	hand grenade
ព្រះ	smoke grenade
ព្រះ	buck shot
ព្រះ	raindrop
ព្រះ	a collection of villages, a group
ព្រះ	business section, market, town
ព្រះ	to support and help walk
ព្រះ	christian era
ព្រះ	house; foundation, pillar
ព្រះ	building
ព្រះ	to build or pour the foundation
ព្រះ	to have a fever; fever
ព្រះ	malaria

ផ្ទុ្	master (of an art), teacher; healer, practitioner of folk medicine	សិ្ល/ម្រ្គ្រ្ម silver objects	
ផ្ទុ្ គ្រ្	practitioner of traditional rituals, sorcerer	សិ្ល/ម្រ្គ្រ្ម machinery	
ផ្ទុ្ ទាយ	soothsayer	សិ្ល/ម្រ្គ្រ្ម building equipment	
ផ្ទុ្ បច្រ្ង្រ្	teacher	សិ្ល/ម្រ្ង្រ្ម intoxicant, liquor	
ផ្ទុ្ ច្រ្ង្រ្ទ្រ្	teachers	សិ្ល/ម្រ្ង្រ្ម jewelry	
ផ្ទុ្ ពេទ្រ្	doctor (of medicine)	សិ្ល/ម្រ្ង្រ្ម weapons	
ផ្ទុ្ ពេទ្រ្ សត្រ្	veterinarian	សិ្ល/ម្រ្ ញ្រ្ង្រ្ម goods, consumer goods	
ផ្ទុ្ ម្រ្ម្រ្ម	one of two elected assistants to the abbot of a wat (ranks slightly lower than ផ្ទុ្ ម្រ្ម្រ្ម)	ម្រ្ង្រ្ម សិ្ល/ម្រ្ one airplane	
ផ្ទុ្ ម្រ្ម្រ្ម	one of two elected assistants to the abbot of a wat (ranks slightly higher than ផ្ទុ្ ម្រ្ម្រ្ម)	ម្រ្ង្រ្	sprained
		ម្រ្ង្រ្ង្រ្	to have a sprained neck
ម្រ្ម្រ្ង្រ្	male teacher	ម្រ្ង្រ្	bed; stand
ម្រ្ម្រ្ង្រ្	female teacher	ម្រ្ង្រ្	lemon grass
ផ្ទុ្	family	ម្រ្ម្រ្ង្រ្ ម្រ្	stump or base of lemon grass
ផ្ទុ្ ម្រ្	family	ម្រ្ម្រ្ង្រ្	lemon grass leaf
ផ្ទុ្ ម្រ្ង្រ្	component, accessories; things; ingredients, stuff, spices; (classifier for machinery)	ម្រ្ង្រ្	to plan
		ម្រ្ង្រ្ ម្រ្	plan, project
		ម្រ្ង្រ្ ម្រ្	to put aside; to prepare ahead
ម្រ្ម្រ្ង្រ្ម	machinery	ម្រ្ង្រ្	accident, danger; fortune
ម្រ្ម្រ្ង្រ្ម	equipment, instrument tool	ម្រ្ង្រ្ ម្រ្	luckily
		ម្រ្ង្រ្ ម្រ្	accident, danger
		ម្រ្ង្រ្ ម្រ្	to be dangerous, have an accident
		ផ្ទុ្	clam

ឃាត	killing
ឃាតកម្ម	assassination, murder
ឃាតក	murderer
ធ្វើឃាត	to murder
ឃាត់	to ban, forbid, stop
ហាមឃាត់	to forbid, prohibit
ឃើញ	to catch sight of, see
ឃើញនឹងភ្នែក	to have seen with one's own eyes
នឹកឃើញ	to recall, remember
ឃោរឃៅ	fierce, savage
ឃោសនា	to campaign, propagandize; to advertise, publicize, put out; propaganda
ឃោសនាការ	information, propaganda
ឃុំ	to detain (police), put in custody; warm; community, town, township, village; fig.: confident
ឃុំការ	to keep, preserve, reserve
ឃុំឃាំង	to detain, put in custody (police)
ជាប់ឃុំ	to be detained
មេឃុំ	village chief
ឃាំង	to block, obstruct, prevent from doing
ឃ្នាញ	to feel strongly in love or anger
ឃ្នើសចិត្ត	to be upset (mild)
ឃ្មុំ	bee
ទឹកឃ្មុំ	honey
ឃ្លង់	leprosy
ឃ្លា	phrase, sentence; verse (of poetry)
ចោលឃ្លា	to leave a space (between sentences)
ឃ្លាត	to go away from, leave
ឃ្លាន	to be hungry
ឃ្លានចង្កៀ	to be hungry
ឃ្លៀង	bias (speech); different, not proper
ឃ្លោក	gourd
ងងឃ្លង	stupid person
ឃ្លេង	shaky, unbalanced; rhyme, rhyming words; to sway
កាព្យឃ្លោង	poetry, verse
ឃ្លេងឃ្លោង	unbalanced, rocking
ឃ្លុំ	to cover; to wear (clerical)
ឃ្លុំ	to be on the watch for
ឃ្លាំមើល	to watch from a hidden place, be on the watch for
ឃ្លាំង	storehouse, warehouse; caché, treasure
ឃ្លាំងប្រាក់	bank, treasury
ឃ្លៀ	to avoid (meeting someone); to miss; to by-pass
ឃ្វាល	to guard, herd; to raise

22

ស៊ាក់	to nod	ស៊ៀស	oyster
ស៊ាក់ក្បាល	to nod approval, yes	ស៊ែល	to be sleepy
ស៊ាស៊ែល	to be sleepy; sleepiness	ស៊ែលពាស៊	sleepy (formal)
ស៊ាស៊ែលពាម៉ក	to be sleepy	ស៊ែលព៍ក	sleepy (non-formal)
ពាក់ស៊ាស៊ែល	to lack of sleep; the lack sleep, insomnia	ស៊ែលពៅ៉	sleepy (clerical)
ស៊ាស៉ក	dark	ស៊ាញ	sound of buzzing
ស៊ាឆ៉	to be really fond of something	ស៉ក	to wash oneself in a bath or shower
ស៊ាញ	to sulk, be crafty, cunning, wily	ស៉កទឹក	to bathe, go swimming; to take a bath or shower
ស៊ាក	to change direction, turn aside, turn away	ស៉កទឹកឲ្យ	to give a bath to
ស៊ាក់ក	to turn one's head (also ស៊ាក់ក្បាល)	ស៉ឡៅ	to rise
ស៊ាក់ស្តាំ	to turn to the left	ស៉ឡៅស្រូវ ឆិតក្បាលរាំង្ពាបៅ៉ proverb: If the rice head stands up, it's empty, if it bends down, it's full of seed.	
ស៊ាក់ពរ	to alter, change		
ស៊ាឆៅ៉	to die (non-formal); a lot, really	ស្ម៉ក់	to puzzle; the mind goes blank
ស៊ាឆៅ៉ស៊ែល	extremely, really, very	ស្ម៉ក់ស្ងាស់	to wonder, be puzzled
ស៊ាឡៅ	easy	ស្ម៉ក	salted and dried
ស៊ាញ	function, profession, role, title	ត្រៅ៉ស្ម៉ក	dried fish

23

ច	dog (name of the 11th year of the 12-year cycle)	ច្វើ	to do something
ចក្រ	engine, wheel; machine (literary), royal power (literary)	ចង្កា	chin
		ចង្កឹះ	chopsticks
ចក្រភក្ត្រិ	imperialist	ចង្កៀង	lamp, lantern
ចក្រភក្ត្រិនិយម	imperialism	ចង្កេះ	hip; waist
ចក្រពត្រ	imperialist (a.w. ចក្រភក្ត្រិ)	ចង្ក្រាន	kitchen, stove (a.w. ភ្លើង ក្រាន)
ចក្រភាព	commonwealth	ចង្ក្រាន	to fall down with arms and legs sticking up
ចង	to tie		
ចងក	to hang (a person), hang (by the neck), hang one-self	ចង្រៃ	bad luck, bringing bad luck; devil, evil, perni-cious; damned
ចងការ	to borrow money from	ចង្វា	smelt (fish)
ចងការ (ឲ្យ)	to lend money to	ចង្វាន់	food (of a monk)
ចងក្បិន	a style of wearing a sampot in which the ends are twisted, pulled be-tween the legs and tied in a knot in the back (worn by both sexes)	ចង្អុល	to point, show
		ចង្អុលដៃ	index finger
		ចង្អៀត	constricted, cramped, narrow; crowded
ចងក្រង	to compile	ចង្អោរ	dry vomit; to vomit
ចងគំនុំ	to bear someone malice, be rancorous, have a grudge against someone	ចចាមអារាម	gossiped, speculated; rumor
		ការចចាមអារាម	rumor
ចងដៃ	well-wishing ceremony; to give a wedding gift	ចត	to moor, park, stop
		ចតឡាន	to park a car
ចងភ្នែក	to blindfold	ចត់	chalky-tasting, acrid, tart
ចង់	to desire, want; about, to, almost	ចតុ	four (Sanskrit)
ចង់ថា	to mean; you mean ...	ចតុមុខ	Chattomuk (four faces) (name of the junction of four rivers at Phnom Penh)
ចង់បាន	to want, want to have		
ចង់ឲ្យ	to tell someone to do something, want someone	ចតុប្បាទ	quadruped
		ច័ន្ទ	moon

24

ច័ន្ទគតិ	lunar system
ច័ន្ទ្រគ្រាស	eclipse of the moon
ចន្លោះ	interval; area in between, area of land
ចប	hoe, shovel
ចបកាប់	hoe
ចបជីក	shovel
ចប់	to come to the end of, finish; to be finished
រៀនចប់	to finish the study
ចម្ងាយ	distance
ចម្ងាយប៉ុន្មាន	how far?
ចម្ងាយពីរគីឡូម៉ែត្រ	two kilometers
ចម្ប៉ា	Champa (name of ancient empire of the Chams)
ចម្រកាស្លឹង	slingshot
ចម្រាញ់	to refine
ចម្រាញ់ប្រេងកាត	to refine petroleum
ចម្រឹង	fence
ចម្រៀង	song, singing (a.w. ចំរៀង)
ចម្រុះ	to mix; to be mixed
ចម្លង	to copy; to help someone to cross an area
ចម្លាក់	carving, frieze, sculpture
ចម្លាក់សិល្ប	bas-relief, low-relief
ចម្លាក់រលោង	high relief (sculpture)
ចម្លាក់សាច	sculpture (almost in the round)
ចម្លើយ	answer (n.)
ចម្លែក	strange, unfamiliar,
ចរចា	to debate; to converse, speak, talk
ចរាចរ	circulation, traffic
ចរិយា	attitude, character (literary)
ចលនា	movement, traffic
ចលាចល	disturbance, trouble, scandal
រកើតចលាចល	to have trouble

ចាស	yes (girl answer)
ចាសទេ	no
ចាក	to depart, go out, leave
ចាកប្រធាន	to go off the subject
ចាកសិក្ខាបទ	to cease to be a Buddhist monk
ចាក់	to stab; to inject, insert; to deposit; to pour
ចាក់កៅស៊ូ	to pave in asphalt
ចាក់ថាស	to play records
ចាក់ថ្នាំ	to inject, inoculate
ចាក់ឫស	to root, put down roots
ចាក់រុក	to agitate, incite, inflame, instigate
ចាក់ខ្យល់	to fill up with gas
ចាងហ្វាង	director; judge
ចាញ់	to lose, be defeated; to be less than; to be allergic to
ចាញ់ធូលី	to be allergic to dust
ចាញ់របៀ	to lose in card games
ចាញ់រហ្វក	to be cheated
ចាញ់ល្បិច	to be tricked, be conned
ទិសចាញ់	equal to
ចាត	to assign, order
ចាត់ការ	to run an operation or organization, take charge
ចាត់រៀច	to arrange, to set up
ចាត់ទុក	to consider that, presume
ចាត់វិធានការ	to take measure
ចាន	bowl, dish, plate
ចានស្មាន	utensils
ចាប	sparrow
ចាប់	to catch, capture, get; to begin, start; to be painful
ចាប់ + v.	to begin + v.
ចាប់កំណើត	to be reborn, become incarnate; to originate
ចាប់គ្រឹះ	to become established; to form firm foundation
ចាប់ចង	to arrest (police)

ទាប់ចិត្ត	to admire, fall in love
ទាប់រក្សាត	to draw lots
ទាប់សាតិ	to be reborn, become in-carnate
ទាប់រទាស	to catch one's mistake
ទាប់ចូស្ត	to receive a channel (radio, television)
ទាប់រភ្ឈម	to begin
ទាប់តី	from, starting from
ទាប់អារម្មណ៍	to be interested, be of interest
ស៊ូទាប់	to suffer, be hurt (emotionally); to be dis-tressed, be shocked
ទាប៊	two-string guitar
ទាម	Cham (ancient empire of Southeast Asia remnants of which are still found in Cambodia and Vietnam)
ទាយ	to spend
ទារ	to carve, inscribe; to investigate, spy
ទារកម្ម	espionage
ទារកិច្ច	espionage
ទារនារី	spy (female)
ទារបុរស	secret agent, spy (male)
ទារិក	carving (literary); to write down
ទាស	yes (used by female) (a.w. ទ)
ទាស់	old; dark (color)
ទាស់ ៗ	the older generation, older people
ទាស់ទំ	mature person, old person
ទាស់រលឹយ	senile
ទិក	uncle (Chinese)
ទិញ្ញក	to be bright
ទិញ្ញម	to adopt, care for, raise; to support
ទិញ្ញមរស់រវិក	to make a living
ក្មេងទិញ្ញម	adopted child
ឪពុកម្ដាយទិញ្ញម	foster parents
ទិរញ្ញម	eyebrow

ទិរញ្ញមជូស	sidewalk
ទិរញ្ញ)ន	ring
ទិរញ្ញ	to chop, mince
ទិក	to pare, peel; to cut in part
ទិកសិប	seventy
ទិត្ត	feeling, heart; gumption, gut; brave; bantam; mind, spirit; disposition
ទិត្តរអា	bad (person), evil, black-hearted
ទិត្តរទិក	unfaithful
ទិត្តរសាត	calm, not angry
ទិត្តរចម	one's heart and mind
ទិត្តនឹងទិត្ត	heart-to-heart, sincere
ទិត្តឃ្ញ	cruel, savage nature
ទិត្តញ	generous, kind, wise
ទិត្តសាស្ត្រ	psychology
ខូចទិត្ត	to have a broken heart
ទាប់ចិត្ត	to be attracted, be in-terested
ចូលទិត្ត	to like, prefer
ទឹកទិត្ត	feeling, morale
រលើកទឹកទិត្ត	to enrourage
មានទិត្ត	handy, perceptive to the need of others, helpful
កាត់មានទិត្តណាស់	he's very helpful
មនុស្សទិត្ត	a brave person, bantam
វាទិត្តណាស់	he has guts, he has plenty of gumption
ទិន	Chinese
ទិនឡា	Chenla (name of the Khmer Kingdom that preceded the Angkor empire)
ទិនឡាទី២	Chenla II (name of a mili-tary operation in late 1971)
ទិរ្យនយ	temporary (literary)
ទិបរ	monk's outer garment
ទិវរ	monk's outer garment
ទិក	to pick (bird); to bite (snake)

26

ទិស	see ទិសៅន
ទុក	to cork, stop up, stuff; to hurt internally (physically, but not at skin level)
ទុកចាប់	to be painful
ទុស	end; interest; last
ទុសកាត់បាត់ញោក	the country, the area outside of town
ទុសកាស	interest, profit
ទុសស្រុកឃយ	last of all
ទុសស្រុកឃយបង្គុស	last of all
ទុសស្រុកឃយបំផុត	last of all
ទុសខែ	end of the month, last part of the month
ទុសទឹះ	later squeezings of coconut milk (much water)
ទុសទី	ending place, finish line, goal
ទុសបុគ៌ម	Far East
ទុសអាទិត្យ	weekend
ប្រពន្ធទុស	minor wife
ទុ	to press a button; to poke
ទុះ	to descend, go down; to be able, can; to have diarrhea; and, how about, as for
clause + ទុះ	go ahead and..., feel free to..., I urge you to...; let it be..., it's all right with...if...
ទុះក្រ	to become poor
ទុះស្រុកស	it seems to me (introducing a contradiction)
ទុះខសញ្ញា	to make a contract
ទុះចាញ់	to give up, surrender
ទុះ(ក)សំសាប	to be constantly falling, getting worse
ទុះស៊ំន	to be sociable
ទុះរឈ្មោះ	to register one's name
ទុះសាបស	a lot (connoting waste)
ទុះទៅ	to discount, lower the price
លក់ទុះ	to sell at a reduced price; on sale
ទុះផ្សាយ	to publish; to be published
ទុះហត្ថសសា	to sign (formal)
ទុះរឡើង	to go up and down, go back and forth
ទុលទុះ	to be able to go in
ទុ	please, I urge you to..., I want you to...
ទុល	to enter; to go into a trance (of a medium); to possess (of a spirit)
បុលរកសគ្រាសប	to go to bed early
ទុលតាសយប់បន្តឹ	to go to bed late
ទុលក្រ	to get along, harmonize
ទុលចិត្ត	to like, prefer
ទុលឆ្នាំ	new year
ទុលឆ្នាំអឺរ៉ុប	European New Year (Jan. 1)
ទុលសាត	to be naturalized
ទុលសាតិក្រ	to become a ... citizen
ទុលរិក(ច្បាសឃយ)	to collaborate with
ទុលរិក(ន៊ំស)	to collaborate with
ទុល...ទុះ	to be able to go in
ទុលទិវង្គត	to die (royal)
ទុលលុក	to invade
ទុលរលស	to drop in, pay a visit
ទុលវស្សា	to enter the rainy season retreat (monks)
ទុលម្លប់	to go into seclusion for a period ranging from one month to a year at puberty (applies to girls from traditional families) (obsolescent practise)
	to rhyme
រទិក	fickle, unfaithful (usually refers to woman)
ទៀន	to fry (fish, meat or vegetable alone in shallow

	fat), sauté (a.w. ស្ពៀន)	សៈនិត	always, only; constantly
ក្រើសៀន	to fry fish	សៈនិត + v.	to do on impulse or as one feels like it
សៀនចៀម	fried fish	សៈនិតធ្វើ	to talk about silly things
សៀម	sheep	ក្មេងសាកសៈឈ្លាស	
សៀក	banana		your child is very smart
សៀង	to go out, exit, leave; to issue, be issued; to come out (used of a publication); to pay for	សៃ	sister (Chinese)
		សៃក	to divide, distribute
		សៃកចាន	to die
សៀងចូលចេញ	to go in and out, shuttle	សៃកផ្សេងៗ	to go in different directions (figuratively); to assign different roles
សៀងដីកា	to issue a warrant or summons		
សៀងដំណើរ	to leave on a trip	សៃង	to declare, express, say, state; to urinate (vulg.)
សៀងថ្លៃ	to pay for		
សៀងថ្លៃបាយ		ពណ៌នាសៃង	to describe, narrate
	to pay for a meal	សៃង	to limp; to row (standing)
សៀងទឹកភ្នែក	to cry, weep	សៃ	louse
សៀងទៅ	to leave	មនុស្សសៃសៃ	parasite (figuratively)
សៀងពីហោរា	to get out of military service	សៃ ឧ.ប្	accident, chance, hazard
សៀងរាល់ថ្ងៃ	to be issued daily	សៃន	to accuse
សៀងលុយ	to pay	សៃនឡើង	to arise (difficulties or problems)
សៀងវស្សា	to leave the rainy season retreat (monks)	សៃប	to cluster around, surround, sworm
សៀកា	intention	សៃរ	thief
ដោយសៀកា	with intention	សៃរកម្ម	robbery
ដោយឥតសៀកា	without intention	សៃល	to abandon, discard, throw away; to throw
សៀកា	a stupa		
សៀក	name of the 5th lunar month (mid-March to mid-April)	សៃលស្ងួត	to be no good, useless
		សៃៈ	to make a hole in, pierce
សៀនឡ្បៃសោក	dry land Chenla (the inland portion of Chenla, see សៀនឡ្បៃទឹកសួប)	សៅ	grandchild; chief, head; king; affectionate title for a young child
		សៅក្រម	judge
សៀនឡ្បៃរឿប	original Chenla	សៅទួត	great grandchild
សៀនឡ្បៃទឹកសួប	water Chenla (the coastal portion of Chenla-see សៀនឡ្បៃទឹកសោក)	សៅភ្នះឆ្អឹង	a bully who relies on the power of another
		សៅលា	great great great grandchild
សៈៈ	to know, know how; to do something without being told; intelligent, smart	សៅលូត	great great grandchild
		សៅស្នាក់	town chief
សៈនិត	to be knowledgeable	សៅហ្វាយ	boss, chief, head
ការសៈនិត		សៅហ្វាយក្រុង	mayor
	knowledge		

28

ចៅហ្វាយខែត្ត
: provincial governor

ចៅហ្វាយស្រុក
: chief executive of a district

ចៅអធិការ : superior of a wat

ចំ
: to coincide with; exact; right, right at

v. + ចំ (ៗ) : to (verb) without fear (especially used of speaking, writing)

ចំណា : indeed, really

ចំរាប : right at, really

ចំរាសុបញ្ញើក
: right in the busy time

ចំការ : farm (excluding rice field)

អ្នកចំការ : farmer (not rice)

ចំការមន : Chamcar Mon (name of the residence of the Cambodian chief of state)

ចំណង : bond, knot, tie

ចំណងរើស : caption, headline, title

ចំណងរៃ : gift (usually for a wedding)

ចំណង់ : desire, intention

ចំណង់ចិត្ត : desire, wish

ចំណត : parking place, station, terminal

ចំណតកប៉ាល់ហោះ : airport, airfield

ចំណតយន្តហោះ : airport, airfield

ចំណតរថភ្លើង : train station

ចំណាន : capable, expert, skilled

ចំណាយ : to spend, (money, thing, time, strength); expenditure

ចំណាស់ : aged, mature, old; age

ចំណាស់ុបរៃាសា
: to be about the same age

ចំណិត : slice, sliver

ចំណី : food, snack

ចំណីចំណក : food

ចំណុច : a point

ចំណ: : to be caused to submit;

something dominated; capacity (volume)

ចំណូល : to like, be fond of, care for; entry, act of entering

ប្រាក់ចំណូល : income, take-in money

ចំណេញ : benefit, gain, profit; to profit from

ចំណោងក្រោយ : later, next

ចំណោងមុខ : later, next

ចំណេ: : education, knowledge

ទាល់ចំណេ: : to be at one's wit's end

ចំណែក : part, portion, section, share; as for

ចំណែក (ៗ) : as for

...ជិញ : as for, on the other hand

ចំណត : exercise, problem (arithmetic)

ចំណម : among

ចំណាំ : to notice; to remember (after thinking about); memory; reminder

ចំនួន : amount, number, quantity

ចំនួនៗ : approximately

ចំប៉ា : Champa (the ancient Cham kingdom)

ចំប៉ប់ : wrestling

ស្ប៉ាកចំប៉ប់ : to wrestle

ចំបើង : hay, straw

ចំប៉ាំង : fighting, war (a.w.ចំប៉ាំងសោក)
world war

ចំពប់ : to stumble, trip over (a.w. ជំពប់)

ចំពប់រៃស : to stumble, trip over

ចំពូក : chapter (a.w.ជំពូក)

ចំពុយ : spout

ចំពោះ : about, for, to, toward

ចំរ: : mixed

ព្រាញ់ចំរ: : to concentrate fire

ចំរើន : to advance, increase, progress, prosper

ការចំរើន : progress, success

ចំរើនបវិត្ត : to chant a blessing to

29

	avert danger
ចិរិន្តកាន	yes (like ចាស) (used by monks)
ចិរិន្តករសល	goodbye (used by monks)
ចុកចិរិន្ត	prosperous
ចិរៀង	song, singing (a.w. ចៀស្រៀង)
ចិប	to open; openly
ស្ដាប់គេចលាមាក់	to listen to someone intensely
ចិញ្ចឹយ	to steam
ត្រីចិញ្ចឹយ	steamed fish
ចិរឡាង	half; side
ចិរឡាងភ្នំ	flank of a mountain
ចិងក	to copy; to help someone
ចិន្រៀក	different, odd, strange
ចិអក	to make fun of, mock; sarcastic
ចិអកសាក	to joke, tease
ចិអស់	to make fun of, tease
និយាយចិអស់	to joke, tease
ចិអាប	food, main course (excluding dessert)
ចិអាម	measurement of length from tip of little finger or middle finger to tip of thumb when hand is flat and fingers are spread
ចិអាស	to insult, use rude words; to wash (a corpse)
រេសចិអាស	to insult by using obscene words
ពាក្យចិអាស	obscene words, profane language
ចិន្ត	to cook
ចាំ	to remember; to wait; necessary
ចាំរិក	wait and ...
ចាំបាច់	necessary
ចាំផ្ទះ	to keep house
ចាក	to cut, chop; to be reflected, shined
ចាក់រលើ	to cut or chisel wood

ច្បង	oldest children in a family
ច្បាប់	custom; law, permission; copy for newspaper; moral precepts
ច្បាប់កូនចៅ	classic moral teachings for children
ច្បាប់ទម្លាប់	regulations
ច្បាប់ស្រី	classic moral teachings for women
ច្បារ	vegetable garden
ច្បាស់	clear, distinctive; certain, sure, well
ច្បាស់ក្រឡែត	clear as black on white
ច្បាស់ណា	it is clear that
ច្បាស់ទេ?	is it clear?
ច្បាស់លាស់	clear
ខ្ញុំច្បាស់ហើយ	I am clear
រេះច្បាស់	to know well
ថាច្បាស់	to say clearly
ច្បាំង	to fight
ច្រក	to stuff, force feed; pass, passage
ច្រកកោះ	to eat (familiar)
ច្រកភ្នំ	mountain pass
ច្រកល្ហក	corner, cranny, passage
ច្រករសេដ្ឋកិច្ច	economic path
ច្រករាមៃ	place name
ច្របស់ច្របាស់	disorderly; rudely
កុំនិយាយច្របស់ច្របាស់ទៅកាត់	don't speak rudely to him
កំសាក់អាស់ច្របស់ច្របាស់អញ្ចឹង	don't put things anywhere like that!
ច្រប	dribble, in a small amount
ច្របិលាន	envious, jealous
ច្របក់	to lean on, support oneself
រលឹបច្របក់	cane, crutch, walking stick
ប្រគេនន្តិស	a ceremony formerly performed by the king on the 4th day of the waning moon

	of the month of Pisakh (early May) to assure fertility of crops
ប្រឡាយ់	to mix
ប្រឡុកប្រឡាយ់	to mix together, mix up
ច្រពុត	to squeeze
ច្រមុះ	nose
ច្រវាក់	chain
ច្រាស (ស្រង់)	to filter, leach
ច្រឡំ	to confuse; mistaken; wrong
ច្រឡុំ	to be confused, be mixed up
ច្រឡំដៃ	to misplace
ច្រឡុំច្រឡាក់	to be confused, mixed up
ភ្លាត់អណ្ដាត	to slip the tongue
ច្រឡោតច្រឡោ	to be furious, enraged, be angry to the point of wanting to commit violence
ច្រៀត	to stick out from below (used of more than one stick-like or needle-like objects); ubiquitous
ច្រាន">	to push something (so that it falls)
ច្រាស	to move from above to below; brush
ច្រាសដុសធ្មេញ	a toothbrush
ច្រូត	to harvest, reap
ច្រូតកាត់	to harvest, reap
ច្រើន	many, much
ជាច្រើន	mostly, usually
ច្រៀង	to sing
ច្រៀងៗ	to be profuse (a flow of liquid); (to flow) heavily
ច្រ	to do the same thing again
ដើរច្រដើរ	to march in place
និយាយច្រដដែល	to say the same thing over and over
និយាយច្រដដែល	to say the same thing over and over
ច្រាំង	bank (river)
ច្រាំងចោទ	cliff

31

ស	to dupe, swindle, trick (by words)	សិកសាយ	exceptionnally beautiful or handsome, flamboyant
សក	to be bald on the front of the head	ស្អាតសិត	exceptionally beautiful
សក់	to snatch, steal; to be electrocuted	ឆេះ	to burn, be burned; to start (ignition); combustible
ស្តួត	umbrella; parachute	ឈើនេះឆេះស្រួល	This wood burns more easily.
ស្តួតយោង	parachute		
សង្ឃឹម	aspiration, intention, will	ភ្លើងឆេះផ្ទះ	The house is on fire.
សប្ស្វយ	chop suey	ឡានខ្ញុំមិនឆេះ	My car doesn't start.
សា	to fry (usually meat mixed with vegetable)	ឆែករក	to check
សាក	scene, set, stage; to recite blessings over the remains of the dead, which are tied up with raw cotton or cloth	ឆៃយ៉ាំ	name of a Khmer percussion drum dance
		ឆោត	naive, easily duped, gullible
សាន	to eat (clerical); I (Thai)	ឆោតល្ងង់	stupid
សាប់	to be quick, fast; early	ឆោម	figure, shape
សាវមេន	chow mein	ឆោរឆៅ	to be in a panic; to revolt, riot
សាយ៉ា	monk's identification card; photography	ឆៅ	raw (not cooked)
ស៊ិត	almost	ឆ្វេ	in the opposite direction (connoting something unusual or abnormal)
ស៊ិតត្រូវ	almost right		
ស៊ី	to consume, eat (poetic)	ឆ្កង	to crucify
ស៊ង	to pour (tea or coffee)	ឆ្ការ	to clear (forest)
ស៊ីទឹកតស៊ីត	to boil water to make tea	ឆ្កត	crazy
		ឆ្កៀល	to gouge
សុក្រ	accurate, effective, exact	ឆ្កែ	dog
សិត	outstanding, remarkable	ឆ្កួស	awkward, clumsy
		ឆ្ងល់	to wonder
		កុំឆ្ងល់	don't be surprised, don't be stupid

32

ស្គាល្‌	delicious, good, tasty
ស្គាយ	far, distant
ស្គាយពី	away from
ស្គាស់	mean (of woman)
ស្រីស្គាស់	shrewd ; mean woman
ស្គរ	cork
ស្គរ	stripe
វិសិដ្ឋ	outstanding, remarkable
កាចវិសិដ្ឋ	very mean
ស្អាតវិសិដ្ឋ	remarkably beautiful
ស្គាត	coast, shore, edge (of a body of water)
ស្គាត	to improve, polish; to cut (a gem)
ស្គាត	lottery; vote, ballot
ស្នាំ	year
ស្នាំក្រោយ	next year
ស្នាំមុន	last year
ស្នាំទុក	last year
ស្នាំង	kettle, pan, pot
ស្នា៖	directly to
ស្នា៖សៅ	to, toward
ស្នក	to steal
ឆ្មប	midwife
ឆ្មា	cat
ឆ្មារ	fine, thin
ឆ្មាស	to bundle, crumple, wad up
វិឆ្មង	arrogant, disdainful
ឆ្មាំ	guardian (of houses, buildings)
ឆ្លង	to cross, ford; to contaminate, be contaminated, be contagious
ឆ្លងសិរី	a fresh start of one's life, a new lease on life
ឆ្លងទន្លេ	to give birth
ឆ្លងបុណ្យ	to gain merit; to pass merit to
សម្ងាឆ្លង	contagious disease
ឆ្លាត	clever, intelligent
ឆ្លាស់	to alternate, change turns
ឆ្លុ៖	to view through something (or with something)
ឆ្លុ៖កញ្ចក់	to see oneself in the mirror
ខ្ញុំនៅឆ្លុ៖	I'm going to take the x-ray
ឆ្លូវ	cow, ox (name of the 2nd year of the 12-year cycle)
ឆ្លើយ	to answer, argue, reply
ឆ្លើយឆ្លង	to answer, argue
ឆ្លៀត	to seize an opportunity, take advantage (of a chance)
ឆ្លៀតឆ្លៀក	to take advantage; to menace
ឆ្លៀតឆ្លាស	to gain, profit, take advantage of an opportunity; to go out of one's way
ឆ្លាឆ្លា	to do something aimlessly, not know what to do next, run about in all directions; to panic
ឆ្លាយ	to bundle (rope), roll up
ឆ្វេង	left (side)
ឆ្អាប	fishy (smell)
ឆ្អឹង	bone
ឆ្អឹងជំនិ	spareribs, rib
ឆ្អឹងខ្នង	spinal column, back bone
ឆ្អិន	cooked, done
ឆ្អែត	full, satiated esp. with food or drink
កិរិយាវត្ថុករនៃ	eat as much as you like

33

ឩក	to smoke (tobacco); to suck; to be absorbed, be fascinated
ឩក + v.	to be busy in, be absorbed in + v.
ឩកចិត្ត	to be absorbed, be fascinated
ឩកចិត្តក្នុងការងារ	to be fascinated
ឩន្លង	knee
លុកឩន្លង	to kneel
ឩជ្ឈុង	granary, reserve, store
ឩវិវាទ	to argue, discuss
ឩម្ពក	to suck; sucking
ឩម្ពារ	balance, scale
ឩម្ពារ	to move (trans.); to transport
ឩម្បាំង	wall
ឩជណ្ដើរ	ladder, stairs, staircase
កាន់ឩជណ្ដើរ	steps of a staircase
ឩន	people, person
ឩនជាតិ	nationality
ឩននិរទេស	immigrant
ឩនបទ	remote hamlet
ទីឩនបទ	population center
ឩនបរទេស	foreigner
ឩនភាគតិច	minority group
ឩច	to flood
ទឹកឩច	flood (n.)
ឩជ	age (royal)
ឩង	to aim at, feign (an action)

ឩបសាង)	to have a party; hold a feast, have a banquet; banquet, party
ការឩបសាង)	banquet, party
ឩ៉ន	Japan; Japanese
ឩ៉	disease, illness, sickness
ឩ៉ចិត្ត	damages
ឩ៉ឆ្លង	contagious disease
សងឩ៉ចិត្ត	to pay remedy
អ្នកឩ៉	patient, sick person
ឩ៉របេង	tuberculosis
ឩ្រោក	refuge, shelter
ឩ្រាប	to inform, tell (a.w. ឩ្រាប)
ឩ្រាបបុបរាសន៍	to inform, say (deferent)
ឩ្រាបលា	to say good bye; good bye
ឩ្រាបសួរ	to say hello; hello
ឩ្រែក	to force, stiffen, tighten (intentionally, affecting people, not things); to be strict
ឩ្រម៉	to push
ឩ្រៅ	depth
ឩ្រោះ	fighting, quarreling
ឩ៉យ	victory
ឩ៉យឩ៉ះ	victory
ឩ៉យរ	for victory (literary)
ឩ៉យវរ្ម័ន	Jayavarman (name of several important Khmer kings)
ឩរ	resin, sap, etc.

ឈីรសាទិ	blood, descent, lineage, race
ឈីรលบ	eraser
ឈលบฺឈีร	blood, descent, lineage, race
ឈีร	aged, old
ឈีលบ่	to collide, fight one another
ឈีលบฺบาร่	to have a cock fight
ឈา	to be; to be well, healthy; as, in, into; free; (adv. phrase former)
ឈាកรรฺលบ	complete, finished
ឈាเร่ัร	in Cambodian
ตฺลิ บ่าลบຍ ឈាเร่ัร	he speaks in Cambodian
ตฺรัฺบ ឈាเร่ัร	he translates into Cambodian
ឈាฐา	alike, as a group; to keep each other company
กฺบิฺษฺสฺบฺัลฺฺ ยลฺบรบ เร่ากบาิ ทาบ่ ลฺ ยลฺ ยบ เริฺลฺ ยฺรบฺบ̂กบฺัลฺ ឈากา ขฺ	He seldom speaks, but when he starts, he sounds like an American.
ឈากบ่กฺลบ่	necessary; necessarily
ឈารฺบฺฺลฺส	many, a lot
ឈាឈាลฺ	more than
ឈากรាบ	always
ឈាกាบฺบฺากบ	at any cost, definitely
ឈាเรฺฺบ	for example, for instance
ឈาเร่ 7	in pieces, in plots
ឈาิฺบฺญบฺบ่	finally
ឈาิฺบฺฺฺบฺฺกบ	finally, in the extreme case
ឈាิฺฺฺลฺบรฺบ่	object of hatred
ឈาิฺฺฺรฺฺญบฺ	object of love
ឈាกรบฺฺบฺส	as it is, as it exists
ឈាิฺฺบฺฺ	always
ឈាิฺฺบฺฺกราฺลฺ	always, constantly
ឈាิฺฺรฺฺฺร่	for ever, in the future
ឈាบฺฺฺบฺ	in the first place, first

	of all, originally
ឈាบฺลฺาบ่	immediately
ឈากฺฺฺฺกบ	a lot
ឈាิฺฺฺฺ	as a formality
ឈាิฺฺรฺฺฺฺ	especially
ឈាิฺฺฺฺฺฺฺฺ	exceedingly, greatly
ឈាบฺฺฺฺบ่ย	on the average
ឈាิฺฺฺฺบฺฺฺลฺส	certainly, without doubt
ឈាฺฺฺฺฺฺ	with, along with
ឈាฺฺฺฺฺฺ	together
ឈาฺฺลฺฺ 7	briefly, in short
ឈាฺฺฺฺฺฺฺฺฺฺฺฺฺฺฺฺ	for a long time
ឈាิฺฺฺฺฺฺฺฺ 7	continuously, frequently, often
ឈาฺฺฺฺฺฺฺฺฺ	consecutively, respectively
ឈาิฺฺฺฺฺส	in turns
ឈาิฺฺฺฺฺฺฺ	actively
ឈាฺฺฺฺฺฺฺฺฺ	definite, permanently (formal)
ឈาฺฺฺฺฺฺฺฺฺ	already
ឈាฺฺฺฺฺฺฺฺฺฺฺฺฺ	in an orderly manner
ឈាิฺฺฺฺฺฺฺฺฺฺฺฺฺฺฺฺฺฺฺฺฺ	to the maximum extent (lit.)
ឈาฺฺฺฺฺฺฺฺฺฺฺฺฺ	extremely, very much
ឈាฺฺฺฺฺฺฺฺฺ	first of all (formal)
ឈาฺฺฺฺฺฺฺฺฺฺฺฺฺฺฺฺ	unanimously
บฺฺฺฺฺฺฺฺฺฺฺฺ	free person; sane person
ฺฺฺฺฺฺฺฺฺฺฺฺฺฺฺฺฺฺฺฺฺฺฺฺฺฺฺ ?	How is everything ?
ឈាกบ่	certain, clear, sure
ឈាกบฺฺฺฺฺฺฺ่กบ่	clear, unambiguous
ឈាิฺฺส	more ... than, -er...than;
ឈាิฺฺ	plus, over; artisan, skilled worker
ឈាิฺฺกบฺฺฺฺฺฺฺฺฺฺฺ่ tailor
ឈាิฺฺกบฺฺฺฺ่กบ่ barber
ឈាิฺฺฺฺฺฺ	the most, the -est (superlative marker)
ឈាิฺฺฺฺฺฺฺฺฺฺฺฺฺ	the most ... of all
ឈាិฺฺกบฺฺฺฺ่ส	mechanic

កូនសាន្ត	apprentice
ប្រាំរយសាន្ត	five hundred plus
សាញ្ញា	to compete; competitive
សាតិ	nationality; national, flavor, essence, taste; substance; incarnation, life time
សាតិទឹក	water substance
សាតិនិយម	nationalistic
សាតិពុល	poisonous substance
សាតិរ៉ែ	mineral elements
សាតិអឺរ៉ុប	Europeans
សាតិអំបិល	salt substance
ជីវសាតិ	vitamin
សាន់	to step on; floor, level, stage, story; to be possessed (spirit)
សានខ្ពស់	advanced, high
សានទីពីរ	second floor
ខ្មោចសាន់	to be possessed by the devil (medium)
សាប់	adjacent to, next to; durable, firm; to be stuck
សាប់ + v.	to be busy at, be unable to go away, be stuck at
សាប់កិច្ចសន្យា	to have a commitment; on contract
សាប់កុន	to get caught
សាប់គុក	to be in prison
សាប់គ្នា	consecutive
សាប់ឃុំ	to be in custody
សាប់ចិត្ត	to be in love, be fond of
សាប់ឆ្នោត	to win an election, be elected
សាប់រវល់	to be busy with, be concerned with (to the exclusion of other things)
សាប់ចាក់សាប់ក	to be caught up in conversation
សាយ	edge, fringe, hem
សាយសំពត់	hem of a skirt
សាល	a kind of large basket

សាវ	to subscribe
ជិត	almost; close, near; tight
ជិតសិត	close, intimate (friend-ship)
ជិតបំផុត	very close
ជិតស្និទ្ធ	close, intimate
បិទទ្វារឱ្យជិត	close the door tight
អ្នកជិតខាង	neighbor
ជិះ	to ride
ជិះកប៉ាល់	to go by boat
ជិះសាន់	to oppress
ជិះយាន	to hold (vehicle)
ឡាននេះជិះយានពីរនាក់	this car can hold two persons
ជី	fertilizer
ជីគីមី	chemical fertilizer
ជីសាតិ	fertilizer
ជីកាស្សេកាវសិរ៉ាស	Chicago Daily Times
ជីដូន	grandmother
ជីដូនមួយ	(designating a first cousin)
បងជីដូនមួយ	first cousin who is older than one
ប្អូនជីដូនមួយ	first cousin who is younger than one
ជីតា	grandfather
ជីទួត	refers to a relative of one's great grandparents generation
បងជីទួតមួយ	second cousin who is older than one
ប្អូនជីទួតមួយ	second cousin who is younger than one
ជីរ	mint (plant)
ជីវទ័ពកិច្ច	fighter's life, military life
ជីវសាតិ	vitamin
ជីវប្រវត្តិ	background, biography
ជីវភាព	standard of living, way of life

ឌីទាសាស	modern language
ឌីវសាស្ត្រ	biology
ឌីវិត	life
ឌុក	a long tuft of hair that a male child wears until age 7
ឌុក	to dry, wipe; rat (name of the 1st year of the 12-year cycle)
ឌុកខ្លួន	to wipe oneself
ឌុន	to give; to accompany, bring, take someone to
ឌុនទៅ	to take someone to
ឌុនដំណើរ	to accompany on a trip, see someone off
ឌូរ	sour
ឌូរយ៉ាង	excessively sour (food)
ឌូរផ្អែម	sweet and sour
ធ្វើមុខឌូរ	to make a sour face
ឌូរ	to deal in, do business
ឌូរគោ	to deal in cattle
ឌេរ	sometimes; by coincidence
ឌេរកាល	sometimes
ឌេរលោ	sometimes
ឌេរថ្ងៃលោ (ឬ)	somedays, sometimes
ឌប	to meet, see
ឌបបុ	to hold a meeting, meet
ឌបបុរ:	to run across
ខ្ញុំទៅឌប (និង) ស្អេ	I go to see him.
ឌយ	to help
ឌ	column, line, row, family line
ឌេសខាងយ	on the maternal side
ឌេសខាងចារ	on the paternal side
ឌុខ	mountain range
ឌុក្រវាញ	Cardamon mountains
ឌុល	to hire, rent
ឌុល	to replace, substitute; on someone's account

ឯណាសោទៅលឺ ស្អាស្អារ ។
Who wants to worry about

	his account ?
ទុកឲ្យវាទៅ , កុំឲ្យឌុកវា	let him do it, don't do it for him.
ឌួសឌួស	to repair
រឌីង	foot, leg; bottom, edge; north; classifier for trips
រឌីង + v.	expert in a way
រឌីងរោង	pant leg
រឌីងភ្នំ	foot of the mountain
រឌីងសក់	sideburns
រឌីងភ្លើង	oven, stove (a.w. ចង្ក្រាន)
រឌីងទទ	bare foot
រឌីងធ្មេញ	gum(s) (in the mouth)
រឌីងទ	bench, stool
រឌីងមេឃ	horizon
រឌីងន	one who likes good food
រឌីងលួច	to be an expert in stealing
រឌីងអក្សរ	subscript of a consonant
កររឌីង	ankle
កាន់រឌីង	to take sides, be partial
កំរឌីង	heel
ខាងរឌីង	north
ណាររឌីងរឌីងរ	to step forward, walk
ទៅបត់រឌីង	to go to the toilet (polite)
ទៅបត់រឌីងតូច	to urinate
ទៅបត់រឌីងធំ	to move bowels
ព្រះរឌីង	sole
អ្នករឌីងរឌីក	elite
រឌឿ	to believe; to sell or buy on credit
រឌឿសាក់	to really believe
រឌឿផាយ	to sell on credit, give credit to
ទិញរឌឿ	to buy on credit
លក់រឌឿ	to sell on credit
រឌឿន	to advance, progress, speed

រស្បើសស្បើក	developed, prosperous		instead of
រស្បើក	see រស្បើក	ស៊ឿ (‹សឿ›)	belief
រស្បោយ	to avoid	ស៊ុំ	conference, group, meeting; to confer, consult
រស្បោយវិនី	except		
រស្បោយវាង	to avoid	ស៊ុំស៊ុនៈ	to decide a case, render judgement
រស្ង	to berate, curse, insult	ស៊ុំ	old, used, second hand
រសូម្បាយកាយបីឪុក		ឡានស៊ុំ	used car
	to insult someone by insulting his parents	ស៊ុនៈ	to have the last word, resist in order to win
រស្ពៈ	name of the 7th lunar month (mid-May to mid-June)	ស៊ុនៈ (‹សួៈ›)	victory
		ស៊ុនប់	to stumble, trip over
រសាក	completely permeated	ស៊ុនក់ (ជំនក់)	to owe, be in debt
រសាកសវ៉	completely soaked and saturated	ស៊ុក	category, chapter, type
		ស៊ាក (‹ស្រាក›)	refuge, shelter
ទទឹករសាក	completely wet	ស៊ាប (‹ស្រាប›)	to inform, tell (formal)
ស្រវឹងរសាក	dead drunk	ស៊ាបសា	to say goodbye; goodbye
រសាកសៃ្យ	success, victory	ស៊ាបស្ងួ	to say hello; hello, hi
រសាន	flattered, swollen-headed; overripe	ស៊ុក្ល	to force, push
ស៊ូ	to gather (intrans.); a round (classifier for movement around something)	ស៊ុស្បើក (‹សស្បើក›)	to increase, speed up
		ស៊ុនៅ (‹ស្រៅ›)	depth
		ស៊ុំ	camp
ស៊ូវិញ	around, surrounding	ស៊ុនៈ	to render judgement
រត់ពីរស៊ូ	to run 2 laps	ស៊ុនៈសឡចិ្ត	to give a decision
ស៊ីនៃ	teenager	ស៊ុនសាៈ (សស្បួៈ)	quarrel, fight
ស៊ីឡប	assistant, aide to the chief of a village	ស៊ុនន (‹សួន›)	position, stand; support
ស៊ីនាប់	to disapprove, object to, oppose	ស៊ុបាក	pace, step
		រជាៈស៊ុបាក	to take a step, walk
ស៊ីនន់	flood	ស៊ី	to be bruised, saturated
ទឹកស៊ីនន់	flood	ខ្ញុំស៊ីនិត	I bruised my arm.
ស៊ីសាញ (‹សាញ›)	able, skillful	ដីស៊ីនិត	the ground is saturated
ស៊ីសាញការ	expert, skilled	ស្រក	to take shelter
អ្នកស៊ីសាញ	an expert	ស្រក់	to pickle
ស៊ីសាន័ ស៊ីសាន័ (‹សាន័›)	era, generation; level, stage	ស្របន	to push someone's head in the water
ស៊ីនៈ (‹ស៊ៈ›)	vehicle, means of transportation	ស្រលក់	to dip, dye
ស៊ីស្ព្ញ (‹ស្ព្ញ›)	business (buying and selling)	ស្រលង់	path of water
ស៊ីស្ពយ (‹ស្ពយ›)	aid, help	ស្របៈ	almost, almost alike, similar
ស៊ីស្ពស (‹ស្ពស›)	to replace, substitute;	ស្រស្បល	to fail to meet, miss, pass without seeing, slip

ស្រាប	to permeate, be saturated, be absorbed; permeable;
ស្រាប	to know, be aware of (formal); to understand; to learn
ស្រាប់ហើយនៅ	to already know
ស្រុង	corner, side; rectangle; something angular; (classifier for an angular piece)
នំមួយស្រុង	a piece of cake
បួនស្រុងស្មើ	a square
ស្រុល	too much, overdone, out of line; to do something unintentionally
ស្រួលមាត់	to make a slip of the tongue, let something slip out
កុំស្រួលពេក	don't overdo it
ដេកស្រួល	to oversleep
ស្រុះ	to drop, fall
ស្រុក	pig
ស្រុញ	to frown, wrinkle
ស្រួក	almost dry; permeable
ស្រួតស្រាប	to permeate, be saturated, absorbed; to be aware of
ស្រួយ	to stir
ស្រួល	to be panicked
ស្រួលចចាប់	to be panicked; frantic

ស្រឡ	to miss; to overlap
ស្រឡាគ្នា	to miss one another
ស្រឡាផ្លូវ	to miss the road
ស្រើស	to choose, select
ស្រើសរើស	to choose, elect, select
ស្រៀប	to insert
ស្រៀបឲ្យរាក	to cause problems, disturb; to interfere, intervene
ស្រ	to lean
ស្រែក	to intervene; to push aside; to insert, put in
ស្រែកាសា	to usurp, seize the throne
ស្រោង	to support from underneath
ស្រោបស្រែស	to assist, help out
ស្រោយ	peninsula
ស្រៅ៖	crevasse, depression between mountains, ravine, valley
ស្រោះ	waterfall
ស្រៅ	deep, profound
ស្រៅស្រៅ៖	clearly, plenty, a lot
ស្រៅ	dirty, trampled mud mixed with garbage
ស្រ	to mash into a sieve
ស្រះ៖	clean, scoured
ស្ងា	Java

របប់!	to cease, stop; wait just a minute, hold on!
របប់លោក	to cease, stop
មិនរបប់លោក	without a break, ceaselessly
របប់ប្រាក្យ	to get off work for a holiday
របប់ខ្យល់ស្ពាក្ស	wait a minute
របប	to confront, face; to stack like guns or sticks with tops leaning against each other
របស	to stand; standing up
របាក	to take a step; step; stage of enlightenment
របាកសីង	to walk (literary)
របាយ	blood
សីង	completely
ស្ងាត់សីង	completely silent
សីយ	blockhead, dummy, stupid (familiar); (used as name or nickname)
សី	to be sick, hurt, pain, painful, sore
សីចាប់	to feel acute pain, hurt
សីចិត្ត	to have a broken heart, feel sick at heart
សីស្លាយ	to be sympathetic, be zealous, feel also obligated to do something for someone
រយក	act, scene, act (of play)
រយង	gulf (geographic); name of a traditional game

រយសរយង	gulf (in an ocean)
រយរសីង	crowded
សីរ	tree; wood; wooden
សីឈុក	a match, light (smoking)
សីឈូចក់ស្អុក	tooth-pick
សីឈូចាត់	walking stick, cane
សីឈូប៊ូ	log, lumber
ដីមរសីរ	tree
រលៀង	bias; biased, oblique, on the slide; toward; (used to form compound direction
ទាសក្ស្រសរលៀង ស្តាសរកឹត	southeast
រលៀយ	to smell delicious (food), smell a roasted nut
រលៀប	smell of something burned
រលៀកក្បុត	to look down (physically)
រលៀរ	maid, servant, fee, rent
ឡាសរលៀរ	passenger bus
រលៈ	to overcome, win, be successful; (resultative verb)
រលៀក	businessman, merchant, trader
រលៀកសក	cattle trader
រលៀរ	male (animal)
រលៈ	name; to be called, be named
លប (រលប)	to sneak; to spy on
រលកសកស	to be aggressive, violate
រលៀរ	antelope
រសីយ	to be odd; awkward; out of time

ក្រញ៉ិម	to smile	ក្ញិក	close to each other, narrow, often
ក្រញ៉ិមក្រញ៉ែម	to smile		
ក្រញ៉ាន់	hammer	ក្ញិកក្ញេយ	often, regularly
ក្រញ៉ែក	to awe; to hesitate; afraid, fearful	ក្ញិកក្ញាប់	many times, often, repeatedly
ក្រញ៉ែងងឿង	to be afraid	ក្ញះក្ញៃ	to incite, instigate
ក្រញ៉ែងក្រញ៉ើង	to be afraid; fearful	ក្ញើស	to sweat; to blow (nose); perspiration
ក្រឹ	motions; official letter (formal)		
ក្រឿយ	often	ក្ញើសសំបោរ	to blow one's nose
ក្រឿយ។	constant	បេកក្ញើស	to perspire, sweat
ក្ញ័រ	to shake, tremble	ក្ញៀន	to get addicted
ក្រញក់	to shake, twitch, tremble; to lead, guide an animal	ក្ញៀក	to part, split; to push to both sides to clear path
ក្ញក	to be afraid, be a coward	ក្ញៀកវិភាគ	to analyze
ក្ញាណ	consciousness, mind; intelligence, knowledge	វិភាគក្ញៀក	to analyze
ក្ញៀក់	to stuff	ក្ញៀម។	to eat in such a way that others want to eat also
ក្ញៀង	family, relative		
ក្ញៀងមិត្ត	family and close friends	ករុណា	you, he, she (used by a monk to adult layman)
ក្ញៀប	fast, rapid; rapidly		
ក្ញិកក្ញាប់	often	ក្ញៅ	a salad made with marinated meat; to mix into such a salad
និយាយក្ញាប់	to speak fast		
ក្ញ័ស	to be hatched	ក្ញាំ	to eat; to drink; to smoke
ក្ញិ	to crumple, crush, rub in; female (animal)	ក្ញាំបាយបាយក្រៅ	to eat out
ក្ញិ		ក្ញាំស្រា	to drink alcohol
ថើបក្ញិក្ញក់	to kiss intensely	អ្នកចង់ក្ញាំម្ហូបអី ? What kind of food do you want to eat?	
ក្ញវឺក	New York	ក្រ័ស៊ីយ	to cause, make

ណ៎	very (forms adverb phrases)		cession, parade
ណ៎ + clause	that, which	ដដែល	identical, same
ណ៎ស្អាត	very beautiful	និយាយចេរដដែល	to say the same thing over and over again
ណារ	to pull, withdraw; to substract	ឡានដដែល	the same car
ណាកចេញ	to demote, discharge; to take responsibility away from	ដណ្ដប់	to cover with a blanket or clothing
ណាកដង្ហើម	to breathe	ដណ្ដឹង	to ask for someone's hand in marriage
ណាក់	to become a puddle; to put in a pocket or in a bag; to be at	ដាំ	to cook (rice)
		ដប	bottle
ណង	to dig up, draw up (of liquid); handle; time	ដប់	ten
		ដប់មួយ	eleven
ណងទន្លេ	the body of the river, the length of the river	ដំកល់	to put a wedge under; to display; to store
ណងចាកា	pen	ដប់	four (old measurement), only a few (see បួន and សៅ)
ណងរែក	carrying pole; Dang Rek (name of the mountain range along northwest border of Cambodia)	ដប្បាង	insignificant, unimportant
		ដង្ហង់	a strainer
		ដង្ហងនោម	kidney
ណងស្ទូច	fishing pole	ដរ	to relapse; infected
ដ្មៀងតែម្ដង	just only once	ដាប	always
ណងស៊ីតេ	density (French: densité)	ដាប + n.	all during, throughout
ដង្កាប់	pincers, pliers	ដាបដល់	all the way to, till, until
ណង្កៀប	pincers (crabs, lobsters)	ជាដាប	continuous; always, continuously
ណង្វាយ	offering	ដល់	to arrive, get to; at, at the time, when
ណង្ហើម	breath	ដល់ពេល	it's time
ណាកដង្ហើម	to breathe	ទៅដល់	to arrive
ដាច់ដង្ហើម	to die	មកដល់	to arrive
ផុតដង្ហើម	to die		
ណែង	to accompany in a pro-		

Khmer	Gloss
ខ័ណ្ណា	how long (time), where
ខ័ណ្ណាខ័ណ្ណាណ	quite a lot
ខ័ណ្ណ	as many as, up to
ខ័ណ្ណ	at this stage
ខ័ណ្ណ	as many as, up to the point
ខ័ណ្ណ	extremely, really, very
ខ័ណ្ណ	in the course of time (to the present)
ខ័ណ្ណ	it's your turn
ខ័ណ្ណ	a lot, very
ខ័ណ្ណ	to become mature, become of age; of age
ខ្ទាក់	to place, put; to eat, drink (slang)
ខ្ទាក់	to be humble, be modest, act in an egalitarian manner, condescend
ខ្ទាក់	to imprison, put in jail
ខ្ទាក់	to give as charity; to do as a charity work
ខ្ទាក់	to punish
ខ្ទាក់	to bridge teeth
ខ្ទាក់	to put a curse on
ខ្ទាក់	to give food to a monk
ខ្ទាក់	to take food to the wat as part of the observance of the ផ្ទះ holiday
ខ្ទាក់	to insinuate, be ironic
ខ្ទាក់	dacron
ខ្ទា	to become a rag
ខ្ទា	to be broken (of string), be disconnected, be isolated, be separated; (resultative verb)
ខ្ទា	as far as the eyes can see
ខ្ទា	last 2 or 3 days of the month
ខ្ទា	to bite the bullet, decide to do something painfully
ខ្ទា	exclusively; monopoly
ខ្ទា	isolated, far away

Khmer	Gloss
ខ្ទា	apart, separated
ខ្ទា	I can't read your handwriting.
ខ្ទា	Old things don't sell well.
ខ្ញាំ	to interweave
ខ្ញាំ	to baste, stitch; footprint, scar, sign of passage, wake
ខ្ញាំ	critical, nearly hopeless, unbearable
ខ្ញាំ	to chisel; to reprimand
ខ្ញាំ	name of minor Buddhist ceremony for the dead involving offering food to monks who chant
ខ្ញាំ	to spread, be spreading
ខ្ញាំ	to hit with closed fist, punch
ខ្ញាំ	sword
ខ្ញាំ	all over
ខ្ញាំ	to wake someone up
ខ្ញាំ	to give advice; to encourage; to remind
ខ្ញាំ	to plow a field for the first time in a growing cycle
ខ្ញាំ	clearly imprinted
ខ្ញាំ	clear, sharp, clearly in detail
ខ្ញាំ	to be absorbed, be fascinated
ខ្ញាំ	close
ខ្ញាំ	close friends
ខ្ញាំ	earth, ground, land, soil
ខ្ញាំ	dry land
ខ្ញាំ	sand
ខ្ញាំ	elevated ground, hill
ខ្ញាំ	land
ខ្ញាំ	barren land
ខ្ញាំ	chalk
ខ្ញាំ	river delta

ដីស្អិត	clay
ដីកា	exegesis, scriptures; document (archaic); warrant
ដីកាសោ៖	summons (legal term)
ចេញដីកាសោ៖	to issue a warrant or summons
ដឹក	to lead, transport
ដឹកច្រមុះ៖	to lead by the nose
ដឹកនាំ	to lead, transport
ការដឹកនាំ	leadership
អ្នកដឹកនាំ	leader
ដឹង	to know (information), be aware of
ដឹងខ្លួន	to feel, realize, be aware, be conscious
ដឹងគុណ	to be grateful (to)
ដឹងចិត្ត	to understand someone's feelings
ដឹងណា	not to know that
ដុត	to burn, set on fire
ដុនដាប	critical, nearly hopeless, unbearable; to be deteriorated
ដុល្លា	dollar
ដុស	to polish, scrub, rub
ដុសធ្មេញ	to brush teeth
ដុះ៖	to grow, be able to grow
ស្មៅដុះ៖	grass is growing
ដូង	coconut
ដើមដូង	coconut palm
ដូច	like, resemble, similar
ដូចគេឯងដែរ	like the others
ដូចគ្នា	alike, like, like each other, same, the same kind of thing, such as
ដូចជា	to look like, seem; such as
ដូចតទៅ	as follows

ដូចសិន	just like
ដូចនេះ៖	to be like this
ដូចនោះ៖	to be like that
ដូច្នេះ៖	like this; therefore, so, thus
ដូច្នេះ៖សើយ(ព្រោះ)	that's why
ដូច្នោះ៖	like that; therefore, so thus
ដូន	grandmother, respectful term for an old woman
ដូនជី	nun
ដូនតា	ancestors
ដូរ	to change; to barter
ដុរ្យដន្ត្រី	music; musical instruments
ដួល	to fall, to fail (business) to go bankrupt
ចង់ដួល	to stumble
ដួស	to scoop up; to serve food
ដើម	capital, principal (money); base; beginning, origin; original; first; classifier for long thin objects, like sticks
ដើមកំណើត	birthplace, origin
ដើមខែ	beginning of the month
ដើមឈើ	tree, plant
ដើមដូង	coconut palm
ដើមទី	starting place
ដើមផ្កា	flower plant
ដើមហេតុ	main or original cause, basic reason
កាលពីដើម	before, long time ago
កាំភ្លើងមួយដើម	a rifle
ដីសមួយដើម	a stick of chalk
ដូចដើម	as before, as it was
និយាយពីដើម	to slander someone
គិតដើម	to think about someone
ប្ដីដើម	first husband
ប្រពន្ធដើម	first wife
ទ្រព្យដើម	capital, principal (money)

44

ដើម្បី	for, in order to
ដើរ	to walk
ដើរតាម	to fallow
ដើរតួ	to act as (play, movie), play a role
អ្នកដើរតួ	character in a story or play, cast
ដើរលេង	to go out, stroll
ទៅដើរ	to go by foot
ដេញ)ប	to insinuate
ដេញ)បណ្ដ	to insinuate, insult
ដេញ)ស	to ridicule, insult by recalling all the bad things
ដេក	to lie down, sleep
ដេកត្រ្ច.	to take a nap
ដេកសម្រាក	to hospitalize
ដេកលក់	to sleep
ដេកលក់ស្កប់ស្កល់	to be sound asleep
ដេកមិនលក់	to be unable to sleep
ដេកលក់ស្របួយ	to doze off for a few minutes
ដេញ	to chase, pursue; to play (guitar)
ដេញចេញ	to kick out
ដេញថ្លៃ	to bid
ដែក	metal, esp. iron
ដែកកេះ:	(cigarette) lighter
ដែកចំនាស់	can-opener
ដែកគោល	nail, spike
ដែករោង	plane (tool)
មួកដែក	helmet
មេដែក	magnet
ដែរ	hesitation particle
ដែន	country, territory
ដែរ	also, either, neither, too
ដែល	that, who, which; to have done at least once, have ever been to; ever

ដឹងឮ	(I've) only heard (about it)
ដឹងជាមុន+ v.	certainly + v.
ដឹលវ៉ែរ	Delvert (name of a French expert on Southeast Asian geography)
ដៃ	arm, hand
ដៃគូ	partner
ដៃចង្កូត	steering wheel
ដៃដល់	henchman, stooge, yes-man
ដៃបាវ	to be aggressive, be fresh
ដៃទទេ	empty-handed
ដៃទន្លេ	tributary of a river
ដៃបឹង	inlet of a lake
ម្រាមដៃ	little finger, pinky
ចង្អុលដៃ	index finger
ចង្អុលដៃកណ្ដាល	middle finger (also ដែរ ម្រាមកណ្ដាល)
នាងដៃ	ring finger (third finger from thumb)
ប្រដៃ	palm of the hand
ដោត	to skewer
ដោយ	by, with; because; following
ដោយបានជាទាហាន	because he's a soldier
ដោយងាយ	easily
ដោយផ្ទាល់:	directly, in particular
ដោយស្របតាម	systematically
ដោយសារ	to depend on; because, because of
ដោយឡែក	separately
ដោយផ្អែកទៅតាម	to comply with
ដោង	to pole a boat, push (using a long stick)
ដោះ:	to release, take off; to solve, untie, undo; breast, udder
ដោះសំលៀក	to take off clothing
ដោះលែង	to release
ដោះដៃ	to wash one's hand away
ដោះលែង	to free, release

សោះសា	to exculpate, make an excuse; excuse	ដំណើរ	course of..., movement, progress; way of doing; journey, trip; gait; plot, story
សោះស្រាយ	to solve (a problem)		
ដៅ	to mark; a marked place, target	ដំណេក	a place to sleep, sleep
ទីដៅ	goal, objective, target	ដំណើរ	used object
ដុំ	pile; lump, wholesale	ដាច់	severe
ដុំកំណ	lump, piece	ដំណាំ	crops, plants, vegetables
លក់ដុំ	wholesale	ដបង	cudgel, staff, stick
ដំ	to play (drum); to hammer, flatten, mash	ដំបូង	first, original
ដំដែកនាល	to drive nail	ដំបូន្មាន	advice, instruction, teaching moral
ដំកល់	to display, place (a.w. ដំកល់)	ដំបូល	roof
ដំរស់	to brandish, raise	ដំបៅ	infection, sore, wound
ដាក់	drop (of liquid)	ដំរី	elephant
ដំកក់	place, stop	ដំរៀបជួរ	to form ranks
ដាច់ខែ	last day of the month	ដំរះ	knowledge of a subject
ដំណាល	to say, talk; same	ដំរះវិជ្ជា	knowledge
សមដំណាលគ្នា	same age	ដំឡូង	potato
ដំណឹង	news, information	ដំឡូងជ្វា	sweet potato
ដំណឹងក្នុងស្រុក	domestic news	ដំឡូងបារាំង	potato
ដំណឹងផ្សេងៗ	various news	ដំឡើង	to assemble, mount, raise
សួរដំណឹង	to ask for information	ដាំ	to grow, plant something; to cook rice, boil (water)
ដំណើប	refers to glutenous rice grain	ដាំបាយ	to cook rice
		ដ្បិត	because, because of
		្រោងវិទ	Dravidian

ឋាន:	grade, level, position, standing, status	ជិតរេរ	continuously, unceasingly; long-lasting
ឋាន	place	ឋាន	place (a.w. ឋាន)
ឋាននរក	Hell		
ឋានសួគ៌	Heaven	ឌិប្លូម	diploma (junior high school certificate)
ឋានន្តរស័ក្ដិ	hierarchical rank, rank, title	ឌិប្លូម៉ាត	diplomat (French: diplomat)
ឋិត	to be located, be situated	ឌីកឡាប៉	Doc Lap (name of the palace of the South Viet-
ឋិតនៅ	to be located (formal) (a.w. ឋិតនៅ)		namese head of state)

47

ណា	you hear (attention-calling particle)(non-formal)
ណា	any; which; where
...ណា ត៌ៗ ... ណា ៏៝ ៷	all ... are alike
ណា ខ្ល:	which ones
ណា ម្យួយ	any, which one, any one
ណា ម្យួយ ... ណា ម្យួយ	on one hand ... and on the other hand
ណា ម្យួយ ៗ ៝ សៅ ណា ម្យួយ ៗ ៝ ៝ ៗ	On one hand I want to stay and on the other hand I want to go.
៝ៗ ណា ៗ ៗ ណា ?	Are you going some place?
ណា ៝	to commit, have a rendez-vous, set (an appointment)
ណា ៝ ៗ	to agree (on time and place), schedule, set a time and place for a rendezvous
ណា ៝ ៗ ៝ ៝	rendezvous
៝ ៗ ណា ៝ ៗ ៝ ៝ ណា ?	Where is their rendez-vous?
ណា ៝	very
ណា ៝ ណា	very

neg. clause + ...ណា ៝ ណា	not really, not very
ណា ៝	that, this, the
ណា ៝	that (spoken) (a.w. ៝ ៝)
៝ ណា ៝	novice monk (a.w. ៝ ៝ ៝)
៝ ណា ៝:	really!, My goodness!
៝ ណា:	this (colloquial)
៝ ណា ៝	well! (calls listener's attention)
៝ ណា	to show,(rare); well (vocative, attention-getting particle, hesitation particle)
៝ ណា ៝	to guide, lead
៝ ណា ៝	firm, full, stuffed, tight; close; crowded
៝ ណា ៝	(musical) note (French: note)
៝ ណា:	that, there
៝ ៝ ណា:	over there
៝ ៗ ៝ ៝ ណា:	it's over there
៝ ណា ៝ ៝	stop there! that's enough!, don't bother!, forget it!
៝ ណា ៝ ៝ ៝ ៝ ៝ ៝ ៝ ៝	forget it!, needless to say more

48

ក — to argue, reply; to connect, continue

កតឹក — to fight back

កក្ដ — one against one

ស៊ូឈ្លោះគ្នា — to fight a dual

កឹក — to bargain, dicker

កទល់ — to go against, resist

កទៀ)ត — to continue, go on

កតទៅ)ត — further, in the future

ក (៨ង) — to defend, fight back

កឃាត — following, later on, next

កឃាត់ — to argue, talk back

កឃាត់ឌ៉ង៉ឆ្អៅ — to argue disrespectfully; talk back

កឈ្លោះ — to fight, struggle

កញ៉ា — to appeal, protest

កញ្ជូ — strive, struggle

ខទឃកទៀ — forever

ខ៉ទកទ)ងទៀ — as follows

ឃុកស្ដាកឃាត — to have heard from someone

កាក់ ស្ងួក — to be scared, frightened, be panicky

កាង់ — tank (vehicle)

កាងញ៉ា — desire, passion

កាឆ — to answer, respond; in turn

កាច់ — to pound with a fist

កាច: — asceticism, the following of religious precepts

កាឆ — to abstain from, refrain from, be on a diet

កឃង៉ — to raise up, prop up

កឃឿង៉ — to glorify; to raise up

កឃ/ញ្ចា — loom, weaving

កឃក៉ — a hook

កឃឆ — bald on the top of the head (see កញ)

កញ៉ឃង៉ — to aim; aimed at; directly

កញ៉ឃ — formula, rule

កញ៉ឃ៉ច — to cut even, trim

កញ៉ឃ៉ — to adjust; to enforce, require; to be parallel

កញ៉ឃក — police

កញ៉ឃកសទ)ឃ — military police

កឃឿង៉ — to elevate, raise

កឃឿង៉ស៉ៅ — to promote, raise rank

កឃឿ — cost, price, value

កា — grandfather, respectful term for an old man

កាឆក — great grandfather

កាសឆ៉ — astrologer

កាក់ — tax

កាក៉ស៉ង៉ — to arrange, decorate, set up

កាក់ឃ៉ — taxi

កាឆកឆ — Takeo (Cambodian province)

កាសៅ) — Takhmau (capital city of Kandal province, south of Phnom Penh)

កាង — evidence, proof; base of a column

កាង — holeless, solid

កាប់	to do something in a hurry; to hit repeatedly
កាប់ឆ្ងាយអស់រំកិល	to go all the way
កាបស	a Hindu ascetic, hermit
កាម	to go after, follow; according to, by
កាមខ្ញុំ	according to me, after me
កាមខ្ញុំកាម	I guess, I think
កាមចិត្ត	according to one's desire, as one wishes
កាមខាន	to go after, pursue
កាមអ្វីៗ	according to what
កាមអ្វី	according to; depending on, it's up to
កាមប្រាកដ	in fact
កាមទាន់	to catch up with
កាមវេវៈ	following its course
កាមផ្លូវការ	official; officially
កាមពិត	in fact, in truth, in reality, actually
កាមទើលសរសៃ	apparently
កាមយោបល់ខ្ញុំ	according to my opinion
កាមញ៉ក	to follow closely, not let out of one's sight
កាមឡាន	to go by car, go after a car
កាមព្រោះ + clause	that's just because
ហៅកាម	to call, send for; to retrieve
កាតាប	list, table (on paper)
កិច	few, little, a little
កិចៗ	low; softly
កិច... ទេ	indicates warning or concern
កិច + clause	indicates warning or concern
កិចៗ v.	frequently
កិច(រក)+ v.	it's likely that ...
កិចរក + clause + ទេ	I hope (it) won't, don't
កិរិយា	beast
តឹង	firm, full, strict, tense, tight
តឹងច្រមុះ	stuffy nose
តឹងរឹង	critical; strict
តឹងតែង	firm, strict, tight
តុ	desk, table
តុសំណឹ	furniture
តុ	portion of the winnings given to the organizer of a gambling game, house percentage
តុកិ	Tonkin (North Vietnam)
តុទិន	tontine, a financial scheme in which a group of people cooperate for a period of time
តម	to put on the top
តមរក	to decorate, fix
តុលា	October
តុលាការ	court of law
តុលាការកំពូល	supreme court
តុលាការយោធា	military court
ក្រសួងតុលាការ	Ministry of Justice
តុល្យ	equal
តុល្យការ	balance, equilibrium
តុល្យភាព	balance, equilibrium
តូច	minor, small
តូចចិត្ត	to feel bad, feel small, be humiliated
តូចស្តើ	to feel bad, feel small, be humiliated
តូចតាច	insignificant, small, trivial
តម	hut, kiosk
តន	body, chassis
តោរ	leading actor or actress
បើ	if, question particle
ភ្ញាក់	to wake up (clerical)
តឿ	dwarf, midget, small
តឿ	to remind repeatedly, urge
ការសរតឿ	to remind, urge someone to do something

50

ទេវតាភាព	you (used to a senior monk), address form or title for any cleric or for a very high ranking commoner; he, him, his
ទេវិន	television
ទេវេញម	telegram
ទេវេញៀន	telephone
ទេ	tea; but, if, only if, whenever
ទេម	however
ទេប៉ៃ	but, however
ទេឈៃ	at once, directly, without stopping and that's all; once
ទេទាល់	each and every, every single
ទេ+ n. +ណេះ	even that + n.
ទេឯង	alone, by oneself
ប៉ូនទេ	mostly
ទាទេ	must
ទេ (ទេ)	always
ព្រឹមទេ	just at, only
ទាល់ទេ	each and every, every single
ទេស	to arrange, decorate; to compose, draft; always
ទេខ្លួន	to get dressed, adorn oneself
ទេសតេ	to appoint, assign
ទេសទេ	always
ទេនិស	tennis
ទេម្ប៉ុ	postage stamp (French: timbre)
ទេសរតេស	to be out of work; unstable; vagabond
មនុស្សទេសរតេស	a vagabond, an unstable person
ទេស្លាប់	to be dead
ទេសៃតា	to die by violence
តោ	lion
តោកវាកា	to be poverty-stricken
តោស	to hang on; to adhere,

តោស	attach, cling, stick to; used especially of women following men
ព្រូសតោសៃៃសេ	He's getting stuck by girls.
តោន	ton
តោនគីឡូម៉ែត	ton-kilometer
តោនល	without companion
កតាល់	to display, place, put, put a wedge under, store (a.w. ស្តុក)
កៃតោស	to lift, raise
កៃសាន	connection, extension, joint, knot, link; continuation; used
របស់កៃសាន	My used thing.
កៃសានទៃ	later, next
កៃសាយ	to represent
កៃសាយព្រៃ	representative, congressman
អ្នកកៃសាយព្រៃ	representative
អ្នកកៃសាយ	representative, congressman
កៃសាយ	see រិសាយ
កៃបស់	region, zone
កៃបស់បោះមិនស្ថយោកាកកៃសៃ	demilitarized zone (DMZ)
កៃបប់	example, model (a.w. គំរូ)
កៃៃម (ក្រឹមៃ)	to cut even, trim
កៃៃ	to enforce, require (a.w. ក្រូៃ)
កៃស	to establish, set up, be established; to start to do; to do the opposite of what someone wants
កៃសចៃ	to behave
កៃសៃ ង្ + v.	to anticipate, decide, determine
កៃសៃ	to exhibit
កៃសៃ+ v.	to begin to + v.
កៃសៃ	from, since
កៃសៃកាលណាទៅ	since long time ago
កៃសៃដំបូន from the beginning

51

កាំងពី...រហូតមកដល់ — since

កាំងសូររឹ — to be alert, be at attention, pay attention

កកាំង — to fight against

យើងកំពុងរវល់រកមិត្តថ្មីៗស្រាប់តែ កាំង
មិត្តរបស់ខ្លះ ៖ ឬបែររកសម្ពន្ធ័ភាពជាមួយគេ ៕ ៗ សត្រូវ
 វិញ ៕ ស្រាប់ៗ — We're busy looking for new friends, but some of our (old) friends turn around and establish relations with those others (our enemy) instead.

ត្នោត — sugar palm

ទឹកត្នោត — sugar palm juice

ទឹកត្នោតជូរ — fermented sugar palm juice

កណ្ដាប់ — to hit with the knuckles

កណ្ដាញ់ — to weave

កណ្ដាញ់ដៃ — hand woven

កណ្ដាញ់ស្រុក — locally made (sometimes with connotation of inferiority)

កប់ — to clean with a swab

ព្រោះ — because, because of

ខាងត្បូង — south; gem, precious stone

កាន់ស្បៀត — to carry under the arm, in the armpit, or tweezers

ត្មាត — vulture

ធ្លាក់ — falling brusquely

ក្រសោប — to carry (held up to the chest)

គ្រួសារ — family, lineage

ច្រោះ — to filter

ត្រង់ — honest, straight forward; at, right at; as for; straight; place, spot

ត្រង់ណា — place; where, which

នៅត្រង់ណាក្នុងភូមិនោះ? — where is it in that village?

ត្រង់ៗ — exactly, just at ...

ប្រឡាយ — trench

ក្រឡបូម — bumpy; convex; wide (forehead)

ក្រសួញ — bald

ត្រចៀក — ear; latch

ថ្លង់ត្រចៀក — to be deafened (due to loud noise)

ខីចង្កៀក — ear wax

ច្បាស់ក្រឡង់ — bright, very clear; outstanding

ត្រជាក់ — cold, cool

ត្រដរ — to strive, try

ត្រដាង — to expand, stretch; to unfold, open up

ត្រដបុរដុប — painfully, with little result

ត្របក — layer, petal

ត្របកភ្នែក — eyelid

ត្របាក់ — to bite, wolf down

ត្របាញ់ — to spin, twist

ត្រពាំង — natural pond

ត្រយ៉ង (ត្រយ៉ង) — banana flower pod

ត្រសក់ — cucumber, melon

ត្រឡប់ — to be back, return; to reverse direction, turn up-side down

ត្រឡប់ + v. — to verb + instead, become ... instead

ត្រា — to make a note; seal, stamp

បោះត្រា — to affix a seal (to), seal, stamp

ត្រាក់ — leaflet, tract

ត្រាប់តាម — to copy someone's idea, do like, follow, imitate

ត្រាប្រណី — to pardon, overlook, tolerate (literary)

ត្រាយ — to seek by clearing a way

ត្រាស់ — to achieve enlightenment, be enlightened

ត្រិះរិះ — to ponder, think hard

ត្រី — three (literary); fish

ត្រីងៀត — dried fish

ត្រីស៊ីក្លូ — cyclo (formal), tricycle

ត្រីចងា — smelt (fish)

ត្រីឆ្អើរ	smoked fish
ត្រីឆ្ពិន	a kind of fish
ត្រីរៀល	a large fresh-water fish without scales
ត្រីមាស	three months, trimester
ត្រីវិស័យ	compass
ត្រីស័ក	3rd year in a 10-year cycle
ទឹកត្រី	fish sauce
ត្រឹម	even, exact
ត្រឹមតែ	just at, limited to, only
ត្រឹមត្រូវ	honest, proper, true
ត្រឹមនេះ	at this point
ត្រែ	trumpet
ត្រូពិក	tropical
ត្រូវ	to have to, must; to happen; to be affected, have + v.; correct, proper, right; passive form particle
ត្រូវ+ clause	to undergo an experience
ត្រូវគ្នា	to be on good terms with, get along, harmonize
ត្រូវកាំភ្លើង	to be shot
ត្រូវចិត្ត	to be pleased, be satisfied
ត្រូវជា	must be; to be related
ត្រូវជា... នឹង...to be related as... to
ត្រូវជាអ្វីគ្នា what relation (in the family)
ត្រូវតែ	to have to, must
ត្រូវនឹង	to correspond to; to get along with
ត្រូវថា	to be scolded; told off
ត្រូវថាមុនត្រូវ easily (indicates warning)
ត្រូវរបួស	to be injured, get hit, be wounded
ត្រូវស៊ីស(នឹង) to collaborate with, be hand-in-glove with
ត្រូវហើយ	that's right
គេចាប់ត្រូវទៅបាត់ he was captured
ត្រូវការ	to desire, need

ត្រួត	to control, govern, supervise
ត្រួតត្រា	to govern, supervise, run
ត្រួយ	new buds, young leaves
ត្រួយស្រលាញ់ dearest, object of love
ត្រើយ	edge; bank, shore
ត្រេក	to be happy, want (poetic)
ត្រេកអរ	delighted, glad, very happy
ត្រេចត្រៀ: to fool around, kill time, waste time
ត្រែ	a horn (for blowing)
ត្រៃ	three (literary)
ត្រៃចីវរ	the main garments of a monk;
ត្រៃបិដក	the Three Baskets (name of the basic Theravada Buddhist scriptures)
ត្រៃភេទ	an important Hindu scripture
ត្រាំ	to immerse; to pickle; to soak
ត្រាំខោអាវនឹងសាំ to soak clothes before washing them
ត្រសក់ត្រាំ pickled cucumbers
ល្ហុងត្រាំ pickled papaya
តាកោ	clown, comedian
ធ្វើតាកោ	to clown around
ថ្លោ	bulging (eyes)
ស្រឡឹងភ្នែកថ្លោ to open widely one's eyes
ត្អូញ	to complain
ត្អូញ(ត្អែរ) to complain
ខ្ញុំនអត្អូញ គេមិនត្អូញ I don't complain; they don't complain; there is no complaint
ខ្លួនខុសកុំត្អូញ (if) you're wrong, don't complain
ថ្អឹក	to have the hiccups
យំថ្អឹក	to sob

53

ថង់	bag, pocket, sack
ថង់រង	special betal box used in a wedding ceremony
ថត	to photograph, record, take pictures; drawer
ថតឡ	drawer
ថតរូប	to take pictures
ម៉ាស៊ីនថតរូប	camera
ថតសូរសព្ទ	to record sound
ម៉ាស៊ីនថតសូរសព្ទ	record-player, recorder
ថប់	to be choking, be suffocated, feel stuffy
ថប់ត្រង	perhaps, probably
ថយ	to go back, reverse, withdraw, pull back; to get out of the way
ថយក្រោយ	to back up
ថវិកា	budget
ថា	to say, pronounce; that (introduces a quotation or indirect discourse)
ថា + adj. + យ៉ាង + adj. + ក៏ដោះ	it doesn't matter how + adj.
ថាវាថ្លៃយ៉ាងណាក៏ដោះ ទៅឯ៎ក្រមានស្ម័៎ ចុះសល្មៅសល្មៅ	It doesn't matter how expensive it is, just so there's an adequate kitchen.
ថាតាម	to repeat after
ថារេ	to just talk
ថារម៉េច?	what?
គេថារម៉េច?	What did they say?

រើសថាររម៉េច?	How is it read?
ថ្នោល	to blame, criticize, pick on, scold
ថ្នោលឡ	to say aloud
ថាន់:	social class
ថាន់ន្តរសាយ	name of rank (very high)
ថាស	album (music), disc; platter, tray
ថី (ម្តេចថី?)	why?
ថីទាំ + v.	of course + v.
ថីទី ... ក៏ដោយ	although, even though
ថូ	flower-vase, vase
ថូផ្កា	flower-vase
រថូប	to kiss, sniff
រថេរ	an elder, a senior Buddhist monk of at least 10 years standing
រថេរភាព	seniority
រថេរវាទ	Theravada (name of the type of Buddhism practised in Cambodia)
ថែ	to take care of
ថែទាំ	to take care of
ថែរក្សា	to take care of
ថែម	to add, increase; to make change; again, more, in addition
ថែមទៀត	in addition
ថែមទាំង + v.	even + v.
ថែវ	gallery
ថៃ	Thai
ថៃផ្លាន	Thailand

54

សេវាក	cheap, inexpensive
សេវាកលេប	cheap, contemptible, trivial, unimportant
ចុះសេវាក	on sale
សេវាកឈ្មោះ	Vietnamese proper name
សេវាះ	rabbit (name of the 4th year of the 12-year cycle)
សេវាវិក	businessman, capitalist, tycoon
សៃ	to be stingy, be thrifty
សៃវ	old grain measuring container, measurement
សុប	to prop up; firmly in place
សុំវ	excellent, ideal, prosperous
សុំវសៃស	glorious, prosperous
សុំរសុំវ	glorious, prosperous
វាយ៉ាល់	to be blamed for someone's fault; to blame, reprimand
ធំវ	jaw; molar
ធំល	forehead; Mount of Venus
ធំលណាក	forehead receding toward the top
សុរ	to complain, groan, moan
សុំរ	day, daytime; sun
សៃកើស	birthday
សៃកំណើស	birthday
សៃឆ្ពោះ	in the future
សៃជាវប	in future days
សៃធ្លវ	anniversary
សៃវស	Monday
សៃសួប	day of holiday
សៃត្រង់	noon
សៃធ្វើការ	work day
សៃនេះ	today
សៃពុធ	Wednesday
សៃព្រហស្បតិ៍	Thursday
សៃវេវ	the future
សៃសៃល	afternoon
សៃរះ	the sun rises; sunrise

សៃលិច	sunset
សៃសីល	day of abstinence and religious observance
សៃសុក្រ	Friday
សៃសៅរ៍	Saturday
សៃសួវ	the main day
សៃអាទិត្យ	Sunday
សៃសាប	the day on which death usually occurs (one's birthday)
សៃឥទិត្យ	Sunday
ថ្នុ	to indulge oneself, take good care of oneself; be careful; to spoil (child); to pamper
ថ្នុៗ	carefully
ថ្នុឡស	to care for one's body, take care of oneself
ថ្នុថែ	to love and care (for)
ថ្នុសន	to speak softly
ថ្នុកថ្នុ	to take very good care
ថ្នុកថ្នុ	to take very good care of
ថ្នល់	highway, road, street
ថ្នាក់	class
ថ្នាក់ចុងបរិញ្ញ	last grade of secondary school
ថ្នាល	mount for a row of plants, nursery
ថ្នក	very skillful, experienced
ថ្នាំ	medicine; tobacco; paint
ថ្នាំទឹក	liquid medicine (also ថ្នាំទឹក)
ឱសថស្ថាន	drugstore, pharmacy
ថ្នក់	to hook something
ថ្នាល	cheek
ថ្នស	to fake the eyes, deceive the eyes, use sleight of hand
ថ្ម	flint; rock, stone; concrete
ថ្មភក់	sandstone
ថ្មភ្លើងរះ	flint
ថ្មសាសា	basalt

55

ថ្មពិល	battery (small)
ផ្ទះឥដ្ឋ	brick or concrete house
ថ្មី	new, recent
ថ្មីរងាស់	quite new
កាលពីថ្មីៗនេះ	recently
ឡានថ្មីស្រឡាង	a brand new car
ថ្ងៃ	time (literary)
ថ្លង់	deaf, hard of hearing, unable to hear
ថ្លា	clear, limpid, transparent
ថ្លាង	a large deep pot
ថ្លាន់	boa constrictor, python
ថ្លឹង	to consider; to weigh
ថ្លុក	puddle
ថ្លើម	liver, fig.: heart, mind, spirit, soul
ថ្លើមខ្មៅ	bad-hearted, evil, mean
ទន់ស្លឹម	to be handy (of people)
ទន់ទាបស្អ្នស្លឹម	to be handy (of people), be nice
ស្លឹមទន់	disrespectful, fresh
អស់ពីចិត្តស្អស់ស្លឹម	full-heartedly
ថ្លែង	to declare, express, state; to indicate
ថ្លែងការណ៍	to speak, give a speech
ជញ្ជីង	lizard
ថ្លៃ	to be expensive; cost, price; designating an in-law of the same generation
ថ្លៃថ្លា	precious, valuable
ថ្លៃថ្លៃ	important, valuable
ថ្លៃប៉ុន្មាន	How much (does it cost)?
ថ្លៃផ្ទះ	rent
ថ្លៃ	older sibling-in-law
ប្អូនថ្លៃ	younger sibling-in-law
ស្ទុយា	big, fat, husky, plump pleasingly plump
ស្ទះ	to have a sprained, dislocated (joint); to go wrong (situation)
ស្ទះការសង់ឡើយ សេ៉ងខ្វាត It'll be going wrong!	
ថ្វាយ	to give to royalty, clergy, or divinity or spirit; to, for (royal, divine)
ថ្វាយប្រក	to offer something to one's guardian angel
ថ្វាយបង្គំ	to say hello; hello (clergy, royalty)
ថ្វាយបង្គំលា	to say goodbye; goodbye (to monk or royalty)
ថ្វីដៃ	masterpiece, handiwork of which one is very proud
ទូរស័ព្ទ	although

56

ទក់	creased, rumpled, wrinkled
ទក្សិណ	south (literary) (a.w. ទក្សិណ)
ទក្សិណនិកាយ	southern sect
ទង	stem
ទង់	banner, flag; a long white cloth displayed on a pole outside the house of a person who has recently died, which remains until he's cremated.
ទង់ជ័យ	battle flag, victory flag
ទង់ជាតិ	national flag
ទង់ដែង	bronze
ទង្គិច	to clash, collide, knock
ទង់	to stop abruptly
ទណ្ឌ	club; stick; power to punish (literary)
ទត	to look (royal)
ទន	benefit (literary)
ទទឹក	to be wet, get wet
ទទឹកជោរ	soaking wet
ទទឹកស្រួយ	slightly wet
ទទឹង	width
ទទឹម	to be side by side; garnet, ruby
ទទូ	to do something stubbornly; to be insistent, nag
អាទទូទៅរកស៊ីកញ្ញ	He finally gets a way to go.
ទទួល	to receive; to pick up, take; to meet; to greet
ទទួលខុស	to accept the blame

ទទួលខុសត្រូវ	to take responsibility
ទទួលទាន	to consume, eat (formal impersonal)
ទទួលទានដេកលក	to sleep (honorific)
ទទួលទោស	to accept the punishment; to be punished
ទទួលរ៉ាប់រង	to assure, guarantee
ទទួលបន្ទុក	to be in charge, take responsibility
ទទួលស្គាល់	cordial
ការទទួលស្គាល់	cordiality, hospitality
គាត់ទទួលស្គាល់ណាស់	He's very cordial.
ទទួលព្រម	to agree to
ទទួលទារ:	to take charge
ទទួលទារ:ទាន់	to take charge of
ទទួលមរណ:ភាព	to die, pass away
ទទួលស្គាល់	to accept, recognize
ទទួលអនិច្ចកម្ម	to die, pass away
ខ្ញុំទៅទទួលគាត់ពីការិយាល័យរបស់គាត់	I'm going to pick him up at his office.
មានគេជ្រើនទៅទទួលភ្ញៀវរបស់គាត់នៅព្រលានយន្តហោះ	There were many people who went to greet him at the airport.
ទទេ	bare, naked, unadorned; free, free of charge; empty; only
ខ្លួនទទេ	bare body, naked
ជើងទទេ	barefoot
ដៃទទេ	empty-handed

57

និយាយបោកគេៗ to make an empty promise

ភ្នែកទទេ naked eye

ឲ្យទទេ to give away free

ទ្រេតទ្រោត staggering, unsteady

ដើរទ្រេតទ្រោត to stagger

ទាត់ to kick

ទាត់រឺន to stamp the feet repeatedly

វាដេកទាត់សាស់

When he sleeps, he kicks a lot.

ទន់ soft, tender

ទន់ខ្សោយ weak

ទន់ជង្គង់ to be weak-kneed

ទន់ដៃទន់រឺន to be exhausted, be very tired

ទន់ភ្លន់ modest, soft (refers to people's characters)

ចិត្តទន់ soft-hearted, weak

ញាន់រឺន to stamp the foot

ទន្ទឹង to expect someone, wait

ទន្ទឹងរង់ចាំ to wait for someone to arrive

ទន្ទឹម side by side

ទន្ទឹមគ្នា side by side

ទន្ទេញ to memorize, learn by heart

ទន្ទ្រាន to enter by other than established path; to act illegally; to walk all over

ទន្លេ river

ឆ្លងទន្លេ to have a baby, give birth; to cross a river

ទន្លេតូច Interior River (closer to Phnom Penh)

ទន្លេធំ Exterior River (farther from Phnom Penh)

ទន្លេបួនមុខ Tonle Buon Muk (name meaning 'river having four tributaries')

ទន្លេសាប Tonle Sap (name of the great lake in the middle of Cambodia and of the

short river that leads to it from Phnom Penh)

ទន្សាយ rabbit

ទប់ to barricade, defend, stop

ទប់ខ្លួន to keep oneself from doing something

ទប់ចិត្ត to control, restrain a desire

ទប់ទល់ to bear, defend, support, withstand

ទប់មាត់ to refrain from saying something

ទ័ព army, armed forces, troops

ទ័ពក្បួន patrol, squad

កេណ្ឌទ័ព to mobilize

ចាញ់ទ័ព to be defeated (military)

មេទ័ព commander of troops, leader

ទមិឡ barbaric, savage

មនុស្សទមិឡ barbarian, savage

ទម្ងន់ weight

ទ្រុឌទ្រោម to cause to become conceited, spoil

ទម្លាប់ to get accustomed to, be used to

ទម្លាប់ខ្លួន to accustom oneself, spoil oneself

ទម្លាយ to pierce, break through

ទរ to blame, reprimand; to eat (colloquial)

ទល់ to confront; to support, (from underneath); to be constipated, adjacent, against, facing, face to face, opposite

ទល់ខ្នងគ្នា back to back

អង្គុយទល់ខ្នងគ្នា to sit down back against back

ទល់គ្នា up against each other

យកទល់គ្នា to put against each other

ទល់ដែន border, frontier

ទល់ដៃនិងដៃ hand to hand

ទល់នឹង against, facing

កទល់ one against one

ទ្បាក់គេលុ	one against one
មួយទល់នឹងមួយ	one against one
ទល់	to run out of; to be stumped; poor (see ទន្ធ)
ទំនកនិន	to run out of ideas
ទ័ឡាយក្រ	to be poor
ទស្សនៈ	opinion, vision (lit.)
ទស្សនៈ ជិត	philosopher
ទស្សនៈ កិច្ច	a visit (formal)
ទស្សនៈកិច្ច របស់លោក ស៊ ពិ ស៊ិន ស៊ុ ន	the visit of President Nixon
ទស្សនៈ ជិន្យ	philosophy
ទស្សនា	to look at (formal); to tour (formal); to visit (formal); view
ទស្សនាកិច្ច	visit, official tour
ទស្សនិកជន	audience, spectator, tourist, visitor, viewer
ទស្សនាវត្តី	magazine, periodical
ទស្សនិករ	spectator, viewer
ទា	duck
ទាឆ្អើ	roast duck
ទាព្រៃ	wild duck
ទាក់	to attract, snare; to catch, trap
ទាក់ចិត្ត	to interest, lure
រឿងនេះ មិន ទាក់ ចិត្ត មនុស្សភាគច្រើនទេ	The story doesn't interest most of the people.
ទាក់ទង	to connect with, have relations with, relate to; to correspond
ការទាក់ទង	connection, relationship
មាន ការទាក់ទង	to have a connection with
ទាក់ទាញ	to attract interest, influence people
ទាក់ទាញ	caught, tangled up, trapped
ទាញ	to pull
ទាញ ចិត្ត	to attract, interest
ទាញ នេះ: សាច់សារ:ទាញ សារ: សាច់ នេះ:	to pull out one hand and

	get the other stuck; to get all tangled up
ទាញក្រ័យក្រ	tug-of-war
ទាញ សារម្យរួត	to attract attention, be of interest
ទាត់	to kick
ទាត់ចោល	to kick out, discard
ទាត់ញាល់	to play soccer; to kick a ball
ទន់ទាត់	to balance, settle an account
ទាន	alms, charity; very deferent particle
ទានឯង្ហា ណ	very deferent particle
គេ័ងស្នាញ្ការ ០ ទេ ទាន ?	Did you know, sir?
ព្រះ ស្ងានុ ០ ទេ ទាន ?	Did you know, my lord?
ទាន់	to be on time; to catch up with; while; resultative verb
ធ្វើ ៗ ទាត់ គាត់ នៅ	Do it while he's still here.
ស្បូ មិន ទាន់	to not have time to do
ទាត់ ស មុ ឈ. _ និ ទ្យ	to keep up with the times, up-to-date
ទាប	tow, short, squat
ទាបថោក	cheap, contemptible, trivial, unimportant
ទាម	to attach oneself like a leech, adhere, suck
ទាមទារ	to claim, demand repeatedly
ទាយ	to cast a horoscope, forecast, predict, soothsay
ទារ	to ask, demand; to beseech, crave
ទារកត់	to collect taxes
ទារ ពន្ធ	to collect taxes
ទារក	baby, infant
ទារុណកម្ម	cruelty, torture
ដាក់ទារុណកម្ម	to punish, torture
ធ្វើទារុណកម្ម	to punish, torture

ទាល	dull (not sharply pointed)
ទាល - ទៃល	to be poor, to run out of; to be speechless, be lost, get stuck; dead end; until
ទាលគំនិត	to run out of ideas, be stuck, unable to think of anything to say
ទាលច្រក	to get stuck, run out of ideas, run of of alternative escape-way
ទាលរះ	until
ទាលរះណា:	at all, in no way, whatsoever
ទាលភ្លឺ	all night, until daylight
ទាស	male slave, servant (a.w. ទាស:)
ទាសភាព	servitude, slavery
ទាស់	to be allergic to, become sick from, have a reaction to; to disagree, object to; wrong; (what's) the matter
ទាស់គ្នា	to quarrel
ទាស់ចិត្ត	to be displeased, be mad
ទាស់រះ...កុំឲ	if it weren't for the fact that + clause, otherwise + clause (see also កុំឲ)
ទាស់រះបានឲកុំឲ៊ាមករហើយ	
	If he hadn't been sick he would have come. (He was sick; otherwise he would have come.)
ទាស់ទែង	to be in conflict, quarrel
ទាស់ទែងគ្នា	to be in conflict
ទាស់រភ្នែក	displeased to the sight
ទាស់ស៊ី	to be in disagreement, quarrel
ទាស់អ្វី?	What's wrong?
ទាៃ	female slave
ទាហាន	military, soldier
ទាហានឆ័ត្រយោង	paratrooper
ទាហានកងទ័ពជើងគោក	army
ទាហានកងទ័ពទឹក	marine soldier
ទាហានជើងរាប់ស	infantry

ទាហានជើងទឹក	navy
ទាហានពិសេស	special forces
ទាហានសេះ:	cavalry
ទាហាននគរបាល	soldiers with police powers
ទាហានអាកាស	air force member
ទិច	to sting (said of bee)
ទិញ	to buy
ទិញរៃ	to buy on credit
ទិញមុន	to buy in advance
ទិញបន្ទោរ	to buy on credit
ទិដ្ឋ:	something seen
ទិដ្ឋភាព	aspect, appearance, landscape, view
ទិដ្ឋការ (វីសា)visa	
ទិនិក	daily (formal) (refers to a part-time employee who is paid only for the hours he works)
ទិព្វ	magic; celestial, divine, heavenly
ភ្នែកទិព្វ	to have eyes that can see everything; supernatural eyes
ទិវា	afternoon
ទិវាភោជន៍	luncheon (formal)
ទិស	direction
ទិសដៅ	direction
និយាយទិសទៃទិស	to speak nonsense
ទី	location, spot, place; rank; ordinalizing prefix
ទីក្រុង	city, town
ទីកន្លែង	attraction
ទីបញ្ជាការ	headquarters
ទីសៅ	destination, goal
ទីទ័ល្លក	very poor
ទីធ្លា	ground, yard
ទីបី	third
ទីបំផុត	especially, finally; last phase, last level
ទីប្រជុំ	the assembled members (formal)

60

ទ្បុំ	conglomeration, center of population, concentration; meeting place
ទ្បុំខេត្ត	capital city of a province
ទ្បុំកុន	population center
ទ្បុំស្រុកភូមិ	a collection of townships
ទីប្រឹក្សា	advisor
ទីពីរ	second
ទីភ្នាក់ងារ	agency
ទីមួយ	first
ទីរួមខេត្ត	provincial capital
ទីវត្ត	pagoda, wat
ទីលាន	open courtyard, plaza
ទីលំនៅ	dwelling, home, residence
ទីសំណប់	see ក្ដីសំណប់
ទីស្នាក់ការ	place of business, office of an official
ទីសក្ការ	office, working place
ទីស្នាក់	see កន្លែងស្នាក់
ទីបញ្ជាការកំពូល	headquarters of the high command
ទីរបាំង	scarecrow, stupid
ទីកាន់ទីរបាំង	all mixed up, confused, helter-skelter (because of some trouble)
ទីទៃ (ទៃទី)	to be in a dilemma, undecided
ទីទៃ	different
ទីបេ	Tibet
ទីមទៃ	hesitantly
ទឹក	juice; liquid, water
ទឹកកក	ice, snow
ទឹកក្រូច	orange juice
ទឹកខ្មៅ	ink
ទឹកជ្រលក់	a kind of sauce or dip, sauce
ទឹកចិត្ត	morale, will power
ទឹកណរ	rapids
ទឹកដម	juice, nectar
ទឹកដី	land, territory
ទឹកដោះ	milk
ទឹកដោះគោ	milk
ទឹកត្រី	fish sauce
ទឹកជំនន់	flood
ទឹកធ្លាក់	waterfall
ទឹកប្រាក់	money, money value
ទឹកភ្នែក	tears
ទឹកមាត់	saliva
ទឹកម៉ាស៊ីន	fountain water, faucet water, tap water
ទឹកមុខ	facial expression, mood
ទឹកនិង	to flood
ទឹកលុយ	money
ទឹកសាប	fresh water
ទឹកស្រក	floods recede
ទឹកស្រវឹង	liquor
ទឹកឡើង	to flood, to rise (water)
ទឹកអប់	perfume
លង់ទឹក	to be drowned; to drown
ស្រេកទឹក	to be thirsty
ទឹម	to yoke
ទុក	to put; to keep
ទុកចិត្ត	to trust
ទុក... ជា	to consider, take as
ទុកជា ...ក៏ដោយ	although, even though
ទុកជា យ៉ាងណាក៏ដោយ	anyway, nevertheless
ទុកថាក៏... ជា	to consider
ទុកទ្វារចំហ	to leave the door open, to appeal
ទុកមុន	in advance
តើយើងត្រូវទិញសំបុត្រទុកមុនឬ?	Do we have to buy the ticket in advance?
ទុកឱ្យ...វិញ	to leave it to...instead; to put it back
ទុក្ខៈ	that which is difficult to achieve, rarely achieved
ទុក្ខរកិរិយា	doing what few others can do; struggling for enlightenment, esp. by asceticism
ទុក្ខ	grief, sadness, sorrow

ទុក្ខសោកទម្ងន់	great sorrow
កាន់ទុក្ខ	to mourn
រិកិរទុក្ខ	to be sad, repress a smile, worry
ទុច្ចរិត	dishonest, without principles
ទុន	capital, principal
ទុយទ្យុយ	slow, timid
ទុន់ខ្សោយ	feeble, invalid, unable, very weak
ទូ	cabinet, closet, wardrobe
ទូទឹកកក	refrigerator
ទូក	boat
ទូកក្តោង	small boat made of planks
ទូកង	a long racing boat
ទូកបត្រម	a boat made of banana-growth rings with offerings to one's ancestors put in in the evening and floated in the following morning
ទូង	to strike a large drum, to beat, hit with a club
ទូត °	diplomat; diplomatic
ទូទាត់	to balance out, settle an account
ទូទៅ (= ទៅទូ)	general, in general
ទូទាំ	all over
ទូន្មាន	to advise, remind
ទូរគមនាគមន៍	telecommunications (lit.)
ទូរទស្សន៍	television
ទូរលេខ	telegram
ទូរស័ព្ទ	telephone
ទុរេន	durian (a large fruit with a spiny exterior; soft sweet yellow pulp surrounding large seeds, and a strong smell)
ទូល	to carry on the head; to address, inform, tell (royal or monk)
ទូលបង្គំ	I, me (used by layman to high-ranking monk or to royalty)
ទូលបន្តូលព្រះ	to speak to a king (original form)

ទូលាយ	spacious, wide
ទទូលាយ	generous
ទូលំទូលាយ	spacious, wide
ទួញ	to cry, weep
ទួទៅ (= ទៅទួ)	general, in general
ទួល	hill, hump
ទួលគោក	Tuol Kauk (name of a section of Phnom Penh)
ទើប	not ... until, only then; ... is why...; and so
ទើប (និង)	just
ទើបៗ	at a very slow pace, slowly; slow poke
ទើស	to be in the way
ទើសទាស់	reluctantly
ធ្វើអ្វីៗរើសទាស់	to do something for someone reluctantly
ទៀង	accurate, certain, correct, exact, honest, sure
ទៀងទាត់	accurate, correct, on time, punctual
ទៀងត្រង់	frank, honest, straightforward
ទៀត	again, more
ទៀន	candle
ទៀប	custard apple
ទេ	no; question mark; emphatic particle; final negative particle; contradictive particle

clause + ទេដឹង   maybe + clause

គាត់នៅផ្ទះ: ទេដឹង
  Maybe he's home.

n. + ទើសា+ clause
  it's (noun) that
ឬ ទើសលួច
  ^It was he who stole it.

n. + ទើស + clause
  it's (noun) that + clause

ទេឬ ?	question marker (?); only
ទេព	divine, pertaining to gods
ទេសករសាស្ត្រ	engineering

សមាគមវិស្វករជនបទ	rural engineering
សមាជិកាទេព	apsara: a heavenly dancer, attendant of the gods
សមណទាន	alms (to a Buddhist Monk)
សមណទាន	gift (religion)
សមា	inclined, leaning
សមិទ្ធ	god, deity
សមិទ្ធ	god king
សមា	place (formal); foreign
សមាសវ	tourist, visitor
សមាសវនកម្ម	tourism
សមាសភាគ	landscape, view
សមាសភាស	minor language
សមាសេ	a sermon; to preach
ស៊ីវិនាល	terminal (French)
សម	two (literary)
សមប្ល័កយ័ន	bicycle
សមប្ល័កយ័នយន្ត	motorbicycle
សមាស	swing
សមា	to bend; flexible, soft
សមាស	blame, guilt, punishment
ចាប់សមាស	to catch someone's mistake
មានសមាស	guilty
មានកំសមាស	to punish
ព្រោះសមាស	guilty
ទទួលសមាស	to confess a crime, admit one's mistake
ឧស្សាហ្យសមាស	criminal, convict, prisoner
មានសមាស	guilty
ដោះកំសមាស	to acquit; to be acquitted
សុំសមាស	excuse me, I'm sorry
សោះ... កំរសាយ	
សោះ ... កំរសាយ	(ក៏)even though
សោះ... កំរសាយ	
សោះកា...កំរសាយ	even though, whether... or not
សោះកា...ក្ត...	even though

សោះ កាយ៉ាងណាក៏សោយ	anyway, nevertheless
សោះកិច្ចប្រើក(ក្ត)	however many, whatever (the number) may be
សោះ ប៊ី	even, if, although
សោះប៊ី... ក្ត	even though, although
សោះ ប៊ីកា	although, even though
សោះ ប៊ីយ៉ាងនឹងសោយកំ	in spite of that
សោ	to go; to, toward; go ahead ; imperative particle
សោកាន	to, toward
សោស្ស្រ	to go out
vp. + សោ ឬ:	for the sake of it, for the heck of it (indicates impulse)
សោកា	to become, come about that
សោកស	to arrive; until
សោលមមកលម	to come and go, go places
សោកយ	to send for
សោប្រកស	to go straight
សោ ស)ស	further, even more
សោយកសោយក	and finally; to go to a great deal of trouble and get little or no results
សោសមាស	to go to visit, go for a walk
សោស៊ីញ	instead
សោស៊ីញសោយកback and forth	
clause + សោស៊ីញ+សម + nominal	if (clause), still more so (nominal)
កាត់មានសោ:សោស៊ីញស៊ីធ្ងន់ ។	If he didn't know it, I know even less.
ឆ្លិ, ស	ripe; mature
ស	to perch
ទិសស	weight (a.w. ទម្ងន់)
ទិសស	appearance, course, manner, position, way; to seem, be likely to

63

ទនសភា	to seem; maybe, perhaps, probably
រកទនស	to get into position
ដោយទនស	with skill
ទនប់	dam, dike; obstruction
ទនាក់ទនង	appearance
ទនាប	low and flat; a low, flat place
ទនាបកណ្តាល	central low land
ទនាយ	curse; fate, prediction, prophecy
ទំនិញ	goods, merchandise
ទនេ្ល	melody, tune
ទនេ្លបវន	to assist, sponsor, support
ទនើប	modern, up-to-date
ទនៀម	custom
ទនៀមទម្លាប់	custom (habit)
ទំនៀមទម្លាប់	custom (habit)
ទំនេរ	free, vacant; not busy
ទំនោរ	inclination, tendency
ទំព័រ	page (of a book)
ទំពា	to chew
ទំពក	bald on the top of the head
ទំពាំង	shoot; bamboo shoot
ទំពាំងបាយជូរ	grape
ទំពាំងបារាំង	asparagus
ទំពើ	to spoil (child)
ទំរ	a support
ទំរើស	to spoil (child)
ទាន់	as soon as, by the time that, by that time
ទាន់ពេលវេលា	until it's time
ទាន់តែ	still more (so)
ទំលាក់	to cause to fall, drop
ទំលាក់សក្តិ	to demote
ទម្លាប់	custom; to become accustomed to
ទំលាយ	to cause to pierce, perforate

ទំហឹង	strength; momentum; classifier for bursts of energy
ខ្ញុំរត់មួយទំហឹង	I ran as far as a burst of energy would take me.
ទំហើ	an act, something done
ទំហំ	size
ទំហំ	area (measurement)
ទំហំប៉ុនណា?	What size?
ទី	colloidal
ទាំង	even (adv.), even when; as many as; including, all
ទាំង + n.	including
ទាំង...ទាំង	both ... and
ទាំងប្តីទាំងប្រពន្ធ	both husband and wife
ទាំងគូ	in couples
ទាំងគូរ	two by two
ទាំងគ្រប់ទាំងសព្វ	of every kind, all
ទាំងនេះ	all of these
ទាំងនោះ	all of those
ទាំងប៉ុន្មាន	all
ទាំងបួន	all four
ទាំងអស់	all
ទាំងមូល	all, the whole
ទាំងសងខាង	on both sides
ទាំងរស់	in cold blood
ទាំងឡាយ	pluralizer (preceding noun)
សត្វទាំងឡាយ	animals
ទាំងអស់	all
ទាំងអស់គ្នា	all (people), all of you
គាត់រៀនសូត្រទាំងៗ	He reads even when it's dark.
ទះ	to slap; width of a hand
ទះកំផ្លៀង	to slap in the face
ទះដៃ	to applaud, clap the hands
ទ្រ	to carry from underneath, support; Khmer style violin
ទ្រទ្រង់	to support

ក្រុង	third person pronoun for royalty, preverbal honorific for royalty; probably, possibly, it appears
ក្រុងរបូ	lining; anvil, thing that serves as support for a specific task
អាវក្រុងរបូ	T-shirt, bras
ខោក្រុងរបូ	underwear
ក្រុងរនាស	trellis
ក្រុងប	all over (smoke, dusk)
ក្រុងរ	asset, property
ក្រុងរអន់បាក	asset, goods, property
ក្រុងវ	badly beaten; exhausted
ក្រុងសាយ	to fume (of smoke)
ពយសរសាយ	to belch out (of smoke)
ក្រុងឬស	lengthwise, longitudinal
ក្រុងរលឹ	to cry out loud
ក្រុងប	to line (a garment); to put underneath
ក្រុងបង	to lie face down
ក្រុង	cage, coop, pen
ក្រុញ	dented, shabby
ក្រុញស្រវ	shabby and old
ក្រុង	chest
ស្ទឹមក្រុង	chest, breast
ក្រុមស	a little bigger, somewhat larger
ក្រសក្រោស	staggered, unstable
ក្រោស	to be fallen like a cake, collapsed
ក្រោះ ក្រោយ	to seek by clearing away
ក្រ	to bear, endure, put up with, stand, resist
ក្រមិនបាន	can't stand (it), can't resist (it)
ទ្វា	door, entrance, opening
ទ្វីប	continent
ទ្វីបអាស៊ី	The Asian continent
ទ្វីបអឺរ៉ុប	The European continent
ទ្វេរ	two for one, twice as much, double

65

ធ័	to bear, endure
ធ	capital (money); property
ធធន	property
ធនាគារ	bank
ធ៌	generosity; righteouness, virtue; scripture
ធ៌ការ	rigor, toughness
មានធ៌	generous, kind
ធម	dhmarma, spiritual qualities; scripture
ធមការ	religious affairs
ធមខ័ន្	items of Buddhist teaching in the ត្រៃបិដក (there are 84,000 of them)
ធមចក	wheel of dharma (name of Buddha's first sermon)
ធមចកុ- ប្បវត្តនស្	name of Buddha's first sermon
ធមជាត	nature; natural
ធមជាត	natural essence
ធមន្ត្	law esp. one that forbids (rare)
ធមពល	clerical administrator
ធមសាស	fact of nature
ធមយុត	strict with respect to dharma, wise (n. or adj.)
ធមយុតនិកាយ	Thommayut order of Buddhist Buddhist monks
ធមតា	usual, ordinary; normally, usually
ធរមាន	existing
ធិតស្ថិតយថាមាន	to stay as it is

ធាក់	to kick; to pedal a bike
ធាក់ស៊ីក្	to drive a cyclo
អ្នកធាក់ស៊ីក្	to be a cyclo driver
ធាក់ហ្វ្រាំង	to step on the brake
ធាង	branch (of a palm tree)
ធាត់	to gain weight, be fat
ធាតុ	element; temperament; cremated remains
ធាតុអាកាស	climate, weather
ធាន	to guarantee, promise
ធន់	to be resistant
អំណាចធារ	command, order, power
ប្រជាធិបតេយ្	democracy, democratic
វិលមុខ	to feel light, be dizzy, light headed
ទ្	brand, make, quality, type; form, shape
ធុង	barrel, bucket, big can, jerry can, tank
ធុងទឹក	radiator; bucket, tank
ធុងសំរាម	garbage can
ធុងភ្លើង	battery (car)
ធុរ	to be bored with, be annoyed (by not having something to do), fed up with
ធុន	kind, type; caliber
ធុរៈ:	affair, business; problem, trouble
មានធុរៈ:	to have troubles
ធូប	incense

ស្លុ	easy; loose, flabby and flat, slack; relaxed	ទីស្ម	play-ground, yard
ស្លស្ល	generous	ស្ម	to fall
ស្ល	dust	ស្មក្ស	to fall in status or wealth
ស្ល	enough (rare)	ស្មក្រឡក់	to be shocked
ស្ម	enough	ស្មក់ទឹកភ្លៀង	it's snowing
	to have sexual relations with (a.w. ស្ម)	ស្មក់ព្រិល	hail is falling
ស្ម)ប	to compare	ស្មក់សក្ដិ	to be demoted
ស្ម)បុប្ឫស	to compare	ស្មប់	accustomed to, used to; to have ever
ស្មស់ស្មស់	to feel light, light-headed	ស្មយ	to burst open
ស្ម	to smell (intrans.)	ស្ម:	pierced
ស្មស្ម	to smell (trans. and intrans.)	ស្ម:ស្មយ	to be pierced through
ស្ម	big, large, designating an aunt or uncle older than one's parent	ស្ម	to do, work; to fix, make, repair; to pretend; to practise voodoo, put a spell on
ស្មស្ម	big, important	ព័ធិការ	to work
ស្មសស្ម	big, large	ធ្វើការសារងងុ	to perform hard labor
ស្ពិសស្ម	especially	ធ្វើខុស	to do good deeds
ចិតស្ម	insolent; strong-willed	ធ្វើឃាត	to assassinate, murder
ស្ម	to be important, be a big-shot	ធ្វើចំការ	to farm, grow crops
ស្មស្ម	big boss, leader	ធ្វើចំណោទ	to solve problems (mathematics)
មីងស្ម	(older) aunt	ធ្វើខា	to do the work of a ..., be a (profession); to pretend
ភ្ញៀនស្ម	high ranking official	គាត់ធ្វើគ្រូ	He's a teacher.
ស្ម	to be heavy, serious	គាត់ធ្វើខាឈឺ	He pretends to be sick.
ស្មត្រចៀក	to be hard of hearing	ធ្វើធុំ	to take notice (of an insult for example)
ស្មស្មយ	heavy	ធ្វើធុន	to use as capital
ការស្មស	heavy work, hard labor	ធ្វើដំណើរ	to take a trip, travel
ស្មប	width of a finger (measurement)	ធ្វើតាម	to copy; to respect, obey; to follow, listen to
ស្ម	bow (for hunting)	ធ្វើទាហាន	to join the military service
ស្ម	December	ធ្វើទុក្ខ	to cause troubles, give troubles
ស្មប	to close the eyes; to connive	ធ្វើទោស	to punish
ស្មបស្មក	to close the eyes; to connive, tolerate	ធ្វើធំ	to be important, have high status
ស្មធ្ម	tooth	ធ្វើបន្ដិ	to do little by little
ស្មស	charcoal		
ស្ម	ground, yard		

ធ្វើបាប (បាប)	to give a hard time to, mistreat
ធ្វើម្ហូប	to cook
ធ្វើបុណ្យ	to celebrate; to do good deeds, make merit
ធ្វើល្បែងកួយ	to do something just to irritate someone
ធ្វើការល្អើយ	to have no interest in, pay no attention to
ធ្វើមិនដឹង	to pretend not to know
ធ្វើម៉េចបានទៅ	what can (I) do?; He can't help it.
ធ្វើម្ហូប	to cook
ធ្វើប៉ិក	to be a snob, put on airs
ធ្វើសក់	to do someone's hair, get a hairdo
ធ្វើសរសៃ	to massage

ធ្វើស្រែ	to farm, grow rice
ធ្វើកេសកេឡ្បងកករ្ស	to exploit, take advantage of; to suppress
ធ្វើអីរចះទៅអ៊ីចះ (ធ្វើអ៊ីចះ:ទៅអ៊ីរចះ:)	to do something and get the wrong result, be unable to get a desired result no matter what is done
ធ្វើវិញធ្វើ	to repair (general)
ធ្វើឱ្យ	to cause, make; to do for
ធ្វើ(ពី)អំ	to be made of
ធ្វើពីឈើ	made of wood
យកធ្វើសារៈ	to make an issue of
ស្ទស	to neglect, lack interest
ស្ទសបវិហស	to neglect

នៅ	there (spoken)
នគរ	city; country, state, nation; domain, realm
នគរភ្នំ	earliest kingdom in Khmer history, also known as Funan
នង្គ័ល	plow
នគ្ន	naked
អាកនគ្ន	completely naked
នយ	meaning
គ្មាននយ ឥតនយ	meaningless, nonsense; it doesn't make sense
ម្ដេចហៅដូចច្នេះ? ម្ដេចហៅបានសេច?	What does it mean?
គ្មាននយ ឥតនយ	meaningless, nonsense, it doesn't make sense
នយោបាយ	policy; politics; political science
នយោបាយទឹក	water development policy
ធ្វើនយោបាយ	to get involved in politics
នរ:	person
នរណា	who, anyone (person)
នរនោះ:	that person
នរក	hell
នរោត្ដម	Norodom (name of one branch of the Cambodian royal families)
នា	at, in
នាក់	person, people; classifier for person
បន់សុបួននាក់	four persons
នាគ	dragon, naga, a mythical

នាគ	serpent of Hindu legend; candidate for ordination as a monk
នាង	Miss; pronoun or title for woman younger than the speaker, or a young boy
នាងខ្ញុំ	I (female) (deferent)
នាងដៃ	ring finger
នាទី	minute; domain, scope
នានា	each, various
នាម	name (formal); noun; a kind of fishing net
នាមបណ្ណ	I.D. card
នាមុឺន	civil servant
នាយ	title for a man (familiar, usually rural); chief, head, leader; far, strange; apart from
នាយទាហាន	warrant officer
នាយទាហាន	boss
នាយទាហាន	officer (military)
នាយទាហានបម្រុង	reserve officer
នាយទុន	creditor, tycoon
នាយសេ	corporal
នាយរងសេនាធិការ	chief of staff
នាយសេ	chief corporal
ឯនាយ	over there (far away)
នាយក	chief, director, head
នាយករដ្ឋមន្ត្រី	premier (minister)
នារី	girl, young woman (formal)
នាឡិកា	clock, watch
នាវា	ship

នាវាចរណ៍	navigation
នាវាផ្ទុកកប៉ាល់ហោះ	aircraft carrier
នាវាផ្ទុកយន្តហោះ	aircraft carrier
នាវាផ្ទុកសារពោលសារ	aircraft carrier
នាវី	navy (formal)
និកាយ	sect
និគម	colony, commune
និង	to be still, stagnant
និតិ	law (formal)
និតិបញ្ញត្តិ	legislative
និតិប្រតិបត្តិ	executive
និន្ទា	to make trouble for someone out of envy or jealousy, be jealous, pervade; to nag
និទ្រា	to lie down, sleep (lit.)
និមន្ត	to invite (formal)
រចនានិមន្ត	author, writer
និព្វាន	nirvana
និមន្ត	to invite a Buddhist monk; preverbal honorific (clergy)
និមិត្ត	because (rare)
និមិត្តរូប	symbol
និមិត្ត	to fabricate, originate (formal)
និមិត្តកម្ម	formation, invention (abstract, formal)
និយម	to like, prefer; popular, preferred; accustomed to; used to; -ism
និយាយ	to speak, talk
និយាយមែនទែន	in fact, really
និយាយកាត់	to interrupt
និយាយអង្វរ	to beg, speak beseechingly
និយាយត្រង់	to be straightforward, forthright, direct, blunt
និយាយរឆេវ	to gossip, slander (negative connotation)
និយាយបរិហា	to be sarcastic
និយាយបន្ទោស	to insinuate, say in-

	directly
និយាយយោក	to be friendly, seek out, talk to
គេមិននិយាយយោកនឹងយើងទេ	They don't talk to us.
និយាយសូរ	to speak with an accent, speak tonally
និយាយសរសើរ	to praise
និយាយលេង	to joke
និយាយលេងរនឹង	to just be kidding
និយាយឡើង	to speak up
និយោជក	employer
និយោជិក	employee, staff
និរតី	southwest (literary)
និរទេស	to exile, expatriate
និល	a kind of black gem; shiny black
និវត្ត	to return (literary)
និវត្តន៍	act of entering or leaving, retirement
និស្ស័យ	desire, understanding, something in common
និស្សិត	student
និស្សិតកម្ម	procedure (investigation procedure)
និតិកម្ម	legislative (branch of goverment)
និតិកម្ម; និតិកម្ម	legislation
និតិកាល	term (in office)
និតិបុគ្គល	legislator
និមួយៗ	each, each one, various
នីឡុង	nylon
នឹក	to think of, imagine, visualize; to recall, remember; to miss
នឹករឭក	to recall, remember
នឹករឭកដល់	speaking of the devil
នឹករឭះ	to be homesick
និង	to be still, static, stable, stagnant, by, by means of; with; will
និងនា	will
និងថា	if it were to be said

70

និងនឹង	to be modest, be well-behaved
និងន	to be still, static, stable
និងនន	well-behaved, modest
និងមាន	then
ចិត្តនិង	to be determined
នៅឱ្យនិង	to stay still
នឹម	yoke; pair
គោមួយនឹម	a pair of oxen
នុយ	bait
នុះ	that, there (often not translatable)
នូវ	with; a particle that can precede the object of a verb (literary)
នូវែលសេឡង់	New Zealand
នឿយហត់	to be tired; hard (life)
នេក្រូ	Negrito
នេត្រ	eye (literary)
នេន	a novice monk
នេប៉ាល់	Nepal
នេសាទ	to fish (literary)
អ្នកនេសាទ	fisherman
នេះ	this, here
v. + នេះ + v.	too much
	He does too much.
n. + នេះ + n.	too much + noun
អាណិតនេះអាណិត	there's too much pity
នែ	you hear? (non formal) attention-getting particle) (also ណា)
នែ	well! (call listener's attention)
នែ	attention-getting particle, hesitation particle (also នា)
នែ	of; meaningless word used to fill out meter in verse in order to rhyme with the vowel ែ-
នោម	to urinate; urine
ទឹកនោម	urine
នោះ	that, there, over there
នៅ	to stay; to live; to be located; at; still
នៅតែ	still
នៅក្រាន់	just, specifically
នៅនឹង	to remain
នៅ...នៅឡើយ	not yet
នៅផះ	to be home, stay home
នៅកាលណា	at the time when, when
នៅសល់	to be left out, there remains
នៅឡើយ	not yet
នំ	cake, cookie, pastry, sweet; confection
នំប៉័ង	bread (a.w. នំបុ័ង)
នំក្រក់	a kind of hard cake
នំ	a kind of sweet made of sweet bean paste in sticky rice flour and wrapped in a banana leaf
នំកោម	a kind of sweet like pound cake (but unleavened) made of sticky rice flour
នំបញ្ចុក	noodles made of rice flour
នំប៉័ង	bread
នំប៉័ងអាំង	toast
នំប៉័ងកាក់សាច់	sandwich
នំអន្សម	a kind of snack food made with sticky rice surrounding pork or banana and steamed in a banana leaf
នាំ	to bring, lead, take to
នាំគ្នា + v.	to do together, do as a group
នាំគ្នានៅណា	Where are you all going?
នាំចិត្តឱ្យចង់	to tempt
នាំមុខ	to lead the way
នាំមាគ៌	to start; to act as ringleader, instigate
នាំឱ្យ	to cause to
នាំឱ្យមានរឿង	to make trouble, give oneself a hard time

71

អានិយាយកើតរបៀ
    Don't bother to give
    yourself any trouble.

កុំអានិយាយកើតរបៀ
    Don't bother to give
    yourself any trouble

អានិយាយស្គាល់   to introduce to

ដឹកនាំ   to lead, transport

ណែនាំ   to advise, guide, lead

អ្នកនាំផ្លូវ   guide

បក	to translate; to reverse; to pare, peel
បកគង្ម	to slander, speak ill of someone behind his back
បកប្រែ	to interpret, translate
អ្នកបកប្រែ	interpreter
បកសង្	to demote, downgrade
បកស្រាយ	to interpret
បក់	to blow (said of wind); to fan, to winnow; to wag
បក់កន្ទុយ	to wag the tail
បក់ដៃ	to wave the hand
បកែវ	Bokeo (place name)
ប្លុ	bloc
ប្លុកក	bloc, clique, party; connection
ពាលសារបក្សពួក	because of his connection
បក្សី	bird (literary)
បក្សីស្រុក	domestic bird; poultry
បង	older sibling; older; I, me (husband to wife, older to younger); you (wife to husband, younger to older)
បងស្កុបង្អស់	oldest sibling
បងថ្លៃ	older sibling-in-law
បងថ្លៃប្រុស	brother-in-law (older)
បងថ្លៃស្រី	sister-in-law (younger)
បងប្អូន	brothers and sisters, sibling
បងប្អូនបង្កើត	brothers and sisters from the same parents
បងប្អូនជីដូនមួយ	first cousin
បងប្អូនរួមជាតិ	fellow countrymen
បង់	to pay out, pay tax or fee; to lose, to put in, throw in; bank; band (said of radio)
បង់កម្លាំង	to waste one's energy
បង់គំនិត	to waste one's thought
បង់ចិត្ត	to be deceived, be heartbroken
បង់ជីវិត	to die
បង់ដៃ	to swing the arms (while walking)
ខាតបង់	to lose, be lost, be destroyed
ការខាតបង់	destruction, lost
ការខាតបង់ជីវិត	destruction of life
លះបង់	to abandon, banish, renounce
ធ្វើលះបង់	to abandon, banish, exile
ប៉ង	to desire, intend, wish
ប៉ងប្រាថ្នា	to desire, intend
ការប៉ងប្រាថ្នា	intention, desire
ប៉ុនប៉ង	to desire, intend
ការប៉ុនប៉ង	intention, desire
បងរុំបង់	to bandage; bandage (French: pansement)
បង្ក	to create, originate
បង្កហេតុ	to create a conflict

73

បញ្ចោលភ្លើង	to cause troubles	បង្កើត	to cause something to go wrong; to ruin; to defame; to seduce
បង្កង	lobster, prawn		
បង្កប់	to cause to be buried; to hide	បង្កកូនស្រីគេ	corrupt someone's daughter, seduce someone's daughter
បង្កបង្កប់	to hide		
បង្កាច	to accuse falsely, defame, slander	និយាយបង្កាច	to defame, slander
		បង្ខំ	to force
បង្កាត់	to crossbreed; to start a fire (said of charcoal or firewood)	បង្ខាំង	to capture by force (usually illegal)
បង្កាត់ពូជ	to crossbreed	បង្ខិតខ	to force someone
បង្កាន	to hold (something and buy later); to be offended	បង្ខំបង្ខិត	to urge strongly
		ដោយបង្ខំ	by force
បង្កាន់ខ្ពស់	to be a snob; to be offended	បង្គង	thing for supporting something; perch
បង្កាន់ដៃ	receipt, sale slip	កកបង្គង	humped, raised up
បង្កើន	to keep first in case; to prevent	បង្គន់	toilet, toilet bowl
		បង្គ	salt water shrimp
បង្គក	to holler	បង្គប់	to give an order, command, tell; command, order
បង្គកស្រែក	to holler		
បង្កើត	to give birth; to create, found, invent, originate; to set up	បង្គុយ	a seat
		បង្គួរ	average, fair, quite, rather
បង្កើតការរឿង	to cause troubles	បង្គោល	post, support
បង្កើតសត្រូវ	to make an enemy	បង្គំ	to kowtow, make an obeisance
បង្កើតរឿង	to cause troubles		
កូនបង្កើត	one's own child	ក្រាបបង្គំ	to greet, salute (clergy, royal)
ឪពុកបង្កើត	one's own father		
បង្កើន	to increase	បញ្ចប់	to make complete (what is missing)
បង្កើយ	close, near		
ដិតបង្កើយ	very near	បញ្ចាប	to defeat; to flatten, level, suppress
បញ្ចាប	to flatten, suppress	បញ្ចាត់	to abduct; to elope
បង្គក	to delay	បញ្ចក	to expand (trans.)(spoken) (c.s. ពង្រីក)
បង្គាក	to cause to lose (money or time)		
		បញ្ចញ	to cause to shrink; to abbreviate
បង្គាកសរសៃ	to waste the time		
បង្គាកសសៃ	to waste the money	បញ្ចប	to unite
បង្គាន	to cause to miss or to fail	បញ្ចបបញ្ចប	to combine, unite; to reconciliate
បង្គក	to move something without lifting it	បញ្ចប	to combine, gather, join, unite; to condense
បង្គល	to cause to miss (a hit)	បញ្ចបមក	in short
និយាយបង្គល	to slander	បញ្ជ្រាស	to teach

74

គ្រូបង្រៀន	teacher
បក់៖	to move (to try to get away)
បង្គ (បង្គង)	a small bundle; small bag
បង្កិល	to cause to turn, spin, turn, turn something; to return something
បង្កិច	to divert, mislead, ward off
បង្កិចកាច	to create a false lead
បង្កិរ	to transfer, turn something
បង្កាន	ceremony including the offering of food to the monks who chant
បង្ហាញ	to exhibit, indicate, show
បង្ហាញមុខ	to appear, make an appearance
បង្ហាត់	to instruct, teach, train
បង្ហាត់បង្ហាញ	to show and teach
បង្ហិន	to waste
បង្ហុយ	to blow smoke
បង្ហក	non-stop, through; to pull (string or rope through a hole); to raise (a flag)
បង្ហរ	to cause to flow, drain
បង្ហើស	to go beyond
បង្ហើប	to open a little; to give a hint
បង្ហើយ	to complete, finish
បង្ហើរ	to cause to fly; to fly something
បង្ហោះ	to cause to fly; to fly something
បង្ហក	to force feed, force to swallow
បង្ហិន	to halt, hesitate, slow down, stop and wait, take a rest
បង្អិនបង្អាន	to delay, slow down
បង្អត់	to cause to lack, deprive
កុំបង្អត់គ្រាយគេ	Don't deprive them of food

បន្ថយ	to slow down
បន្ថិល	of all; to waste; to finish
បន្ថុច	to put on, tease
បន្ថៈបន្ថុច	to down grade someone, tease
បន្ថង	window
បន្ថក	to brag, exaggerate
បរិន្ថល	to scare away
បរិន្ថក	back-rest; support
បរិន្ថប	dessert, sweet
បច្ច័យ	fund, mean, money, thing (used by monk); necessities (literary)
បច្ចាមិត្ត	enemy
បច្ចុប្បន្ន	present
បច្ចុប្បន្នកាល	the present time
បច្ចុប្បន្នភាព	actuality, current events
បញ្ចេកទេស	technical
បច្ចាណត្ត	descendant (literary)
បញ្ច	five (literary)
បញ្ចវគ្គិយ	the first five disciples of Buddha
បញ្ចប់	to bring to a close, finish
នៅទីបញ្ចប់	finally, at the end
បញ្ចុក	to feed (esp. infants)
បញ្ចុះ៖	to cause to go down, let down, lower
បញ្ចុះពៃ	to eat (vulgar)
បញ្ចុះបញ្ចូល	to influence
ថ្នាំបញ្ចុះ	laxative
បញ្ចូល	to cause to enter, insert; put into; to charge (electricity); to consult a medium; to combine
បញ្ចូលរូបគ	to cause a spirit to possess a medium
បញ្ចុះបញ្ចូល	to influence, persuade
បញ្ចើបបញ្ចើ	to flatter, praise falsely
បញ្ចេញ	to emit, let go out; to send out, take out; to show off

75

បញ្ចាំងកំដៅ	to heat, warm
បញ្ចាំញបញ្ចាល	to exaggerate
បញ្ចាំញចេញពីរោង	to bring a daughter out of traditional period of seclusion at puberty (see ចូលម្លប់)
បញ្ចាំះ	to spit in someone's mouth
បញ្ចាំស	to curse, insult
បញ្ចាំ	to give as collateral, pawn
បញ្ចាំង	to shine; to project, show (movie)
បញ្ជ្រក	to force-feed
បញ្ច្រាស	backwards, in opposite direction
បញ្ច្រាសផ្លូវ	in one-way street
បញ្ចៀស	to divert; to insinuate
និយាយបញ្ចៀស	to insinuate
បញ្ជោះ	to start a fire; mesh (lantern)
បញ្ជោត	to delude. dupe, lure
បញ្ជល់	to cause to fight, incite
បញ្ជល់មាន់	to cause the cocks to fight (cock fighting)
បញ្ជា	to command, order; command, order
បញ្ជាក់	to attest, certify, verify; to confirm; to clarify, indicate, prove, show
បញ្ជាក់ផ្សាយឱ្យឃើញ	to indicate
បញ្ជាក់ផ្សាយឱ្យឃើញថា	to justify, prove
បញ្ជាន់	to thresh by having buffaloes or cows walk on grain stalks
បញ្ជាប់	to link
បញ្ជាប់ការ	to confirm an engagement (marriage)
បញ្ជី	document, list, record, record book
បញ្ជីកំណើត	birth certificate
បញ្ជីបបបប	menu
បញ្ជូន	to send; to transfer (said of person)
បញ្ជោ	to flatter, portray favorably
ចិត្តបញ្ជោ	desirous of flattery
បញ្ជោះ	to do something in order to hurt someone's feelings
ដើម្បីបញ្ជោះ	to do something in order to hurt someone's feelings
បញ្ជោះរបស់របរ	to do something reluctantly
បញ្ចាល	to cause to exceed
បញ្ចាះ	to cause to narrowly miss
បញ្ឈប់	to arrest, stop someone or something
បញ្ឈឺ	to hurt someone's feelings
បញ្ឈឺចិត្ត	to hurt someone's feelings
ដើម្បីបញ្ឈឺចិត្ត	to do something in order to hurt someone's feelings
បញ្ឈៀង (ទៅ)	to be biased, be prejudiced
បញ្ញត្តិ	law, order
បញ្ញត្តិនិវត្តប់	law (executive)
បញ្ញវន្ត	intellectual
បញ្ញា	intelligence
បញ្ញើ	object that was sent to someone by someone
ទទួលបញ្ញើ	to receive a បញ្ញើ
របស់បញ្ញើគេ	someone's thing (that one is taking care of)
បញ្ជោ	to carry (suspended from the shoulder); to suspend
បញ្ហា	difficulty, problem
បដា	bandarole, poster (picketing)
បដិ	to receive; reciprocal (literary)
បដិការ	repayment; expression of gratitude
បដិមា	statue
បដិសណ្ឋារកិច្ច	reception
បដិសេធ	to annul, cancel, eliminate, refuse

76

បដិវត្ត	to revolutionize
បដិវត្តន៍	revolution
ធ្វើបដិវត្តន៍	to revolutionize
បឋម	first, elementary (lit.)
បឋមសិក្សា	elementary education
ជាបឋម	first of all, in the first place; originally
បណ្ឌិត	holder of a doctoral degree
បណ្ណ	check, ticket, printed form
បណ្ណាគារ	book store
បណ្ណាល័យ	library
បណ្ត	among, all the ..., the group of
បណ្តរាស្ត្រ	people, populace, population
បណ្តាមិត្ត	friends
បណ្តាជនៗ	people, public
បណ្តក់	to buy on credit; to take turn
ទិញបណ្តក់	to buy on credit
លក់បណ្តក់	to sell on credit
ធ្វើបណ្តក់	to take turn
បណ្តប់	to cause to break; to stop
បណ្តាញ	something interwoven, mesh, network
បណ្តាញបំណប់	irrigation network
បណ្តាលមកពី	caused by
បណ្តាលឱ្យ	to cause
បណ្តាសា	curse
បណ្តឹង	lawsuit
កាត្យបណ្តឹង	a complaint
បណុះ	to grow
បណុះសណ្តែក	to sprout beans
សណ្តែកបណុះ	bean sprout
បណ្តាល	center, core, middle, pith, xylem
បណ្តាលចិត្ត	dear, darling; favorite
បណ្តៅ	to cause to fall
បន្តិច	along; little by little;
	to escort, walk someone
...បន្ត... បន្ត	to both (verb$_1$) and (verb$_2$) at the same time
រៀនបន្តរកបន្ត	to go to school while working
បន្តញ	to chase away, kick out; to eject, emit
បន្តក	to cause to float; to float
បន្តកបន្តយ	to neglect; to permit
បន្តយ	length; to let
បន្តយឱ្យ	to allow someone to do something according to his wishes
បន្តយទៅតាមទន្លេ	along the river
បន្តយឱ្យ	to allow, let
បន្ត	to liberate; to solve; to surreptitiously take from one place and hide in another
បន្តជាការ	temporary, for the time being; as an emergency measure
បន្ត	advice; message, last words of advice
ទទួលបន្ត	to recall someone's advice
បត់	to turn; to fold
បត់ទ្វារផ្លូវ	to wind (road)
បត់ឆ្វេង	to turn left
បត់របៀប	to wind
បត់ស្តាំ	to turn right
បទ	matter; part
បទ	act, matter, work; song, musical piece; classifier for musical pieces
បទកាកគតិ	a kind of verse
បទបវរសាកក	a kind of verse
បទកោកិលា	a kind of verse
បទចំរៀង	a kind of verse
បទ្ធុកតិតិ	a kind of verse
បទឧក្សណ្ត	a kind of verse (also ឧក្សណ្តិសា)

បទមន្ទី	felony (but less severe than បទឧក្រិដ្ឋ)
បទល្មើស	misdemeanor
បទរំលោភ	law violation
បទឧក្រិដ្ឋ	felony
បន់	to pray, wish
បន់ស្រន់	to pray, wish
បនល់នន់	whorehouse
បន្ត	to continue
បន្ត ៗ	continuously, one after another and so on
បន្តបន្ទាប់គ្នា	one after another
បន្តបន្ទាប់បក	following
បន្តវិជ្ជា	to continue one's education
បន្តិច	a little, a little bit, slightly
បន្តិចបន្តួច	a little
បន្តិច+v. បន្តិច + v.	to do often

ស្រុកយើងចូលចិត្តធ្វើបុណ្យណាស់បន្តិចរឺងបន្តិចទៅIn our country we like to have holidays, and we have them often.

v. +បន្តិចទៀត+ v. + បន្តិច more or less

បន្តិចទៀតក	a little later, in a little while; a little (bit) more
បន្តិចម្ដងៗ	a little at a time, little by little
បន្តឹង	to tighten; to be severe with someone
បន្តូប	to pile on top of each other
បន្ទោង	pendant
បន្ថយ	to cause to retreat, pull back; to decrease, lessen, reduce, take away
បន្ថែម	lightly; gradually; carefully
បន្ថែម	to add, increase
បន្ថោក	to cheapen; to downgrade someone; to undermine
បន្ទន់	to soften

បន្ទាបខ្លួន	to humble oneself, be modest (not by choice)
បន្ទប់	room
បន្ទប់បំរើស្រ្តីស្រល	servant's room
បន្ទប់ដេកសន	bedroom
បន្ទប់ទទួលស្រ្ក	living room
បន្ទប់ងូត	bathroom
បន្ទប់ទឹក	bathroom
បន្ទប់ទុកដាក់គ្រឿង	store room
បន្ទប់រក្សា	bedroom
បន្ទប់ហូប	dining room
បន្ទប់សំណាក់ស្រ្ក	guest room, living room
បន្ទរ	to chorus; to add on (speech)
បន្ទាត់	line; ruler
បន្ទាន់	immediate
ឃ្លាបន្ទាន់	immediately, urgently
ការបន្ទាន់	urgent affair
បន្ទាប់	next, next to
បន្ទាប់បន្សំ	secondary, trivial, unimportant
រឿងបន្ទាប់បន្សំ	unimportant affair
បន្ទាប់ពី	after, next to
បន្ទាប់ពីនោះ៖	after that
បន្ទាប់មក	later (on)
បន្ទាប	to cheapen, degrade, lower; to undermine
បន្ទាបបន្ថោក	to cheapen, downgrade
បន្ទាយ	barracks, fortress, post
បន្ទុក	burden, responsibility
ទទួលបន្ទុក	to be in charge, take responsibility
ស្ថិតក្នុងបន្ទុកខ្ញុំ	in my responsibility
បន្ទុលកាក	crow's cry (see បក)
បន្ទោស	to blame, reprimand
បន្ទះ	piece, sheet, slab, strip, thin slice
ក្ដារមួយបន្ទះ	a sheet of board
ក្រណាត់ខ្លួមួយបន្ទះ	a piece of cloth
បន្ទេត	to cause to lean

78

បណ្ស	to ease, relax, release; to loosen; to soften	១ក បុរ្យ៉	to reserve (for)
បណ្ស/បណ្សយ	to loosen, tolerate	បរ្យ៉	to serve, wait on (a.w. បរ្ស៉)
បណ្	thorn	ទ្ បរ្ស៉	servant, maid
រ្ស្លូសបណ្	barbed wire	ភក្ខបរ្ស៉	waiter, waitress, servant
បណ្ត	to frighten, scare	បុរ្យ៉៖	to shake off; to wiggle; to resist (arrest)
បណ្ស	to make something long, lengthen; small waterway	បរ	to drive
បណ្សយរ្ស	to stretch the rope	បរទេស	foreign
បណ្សយទក	small waterway	ការបរទេស	foreign affairs
បណ្សយរកល	to delay the time, extend the time	បរលោក	next life, next incarnation
បណ្ស៉	a change of clothing (classifier of clothing)	បរណេយ្យ	Borneo
		បរទុយការ	Portugal
បន្ល	vegetable	បរម	high, noble
បន្លបណ្រ	vegetables	បរម៉	tiny (lit.); minute, small
បន្លបណ្ត	mixed vegetables	បរម៉ណ្	atom
បន្លៅ	to play	ការបរិបកបរម៉ណ្	atomic bomb
បន្លៅកសទរ (ឬបកន្លៅបន្លៅកសទរ) name of a traditional game		បរាជ័យ	to defeat, be defeated; defeat (n.)
បន្លៅឡ	to amuse, play	ទទលបរាជ័យ	to be defeated
បន្ល	to cheat; to camouflage, confuse, trick	បរិទ	to serve (literary)
លួចបន្លៃនិងរកសលស	to mix in the crowd as to avoid being seen	បរិទារិក្	service (literary)
បន្លបន្ល	to cheat, dupe	បរិក្	Sutra or prayer to protect one from danger
បរ្សៅយ	to dampen, moisten	បរិនិព្វ	to achieve Nirvana
បបរ	rice grits, rice gruel	បរិបាណ	enough, plenty
បបរ	lip, rim	បរិភោគ	to consume, eat
បបររ៉ក	lips	បរិយាកស	atmosphere
បបួស	to ask	បរិហរ	galaxy, satellite
បបួសគ្ន	to do as a group, do all together	បរិវារ	edges, perimeter
បរ៉ូវ	noisily and repeatedly	បរិស៉	crowd, people
និយយបរ៉ូវ	to be jabbering	បរិសទ	faithful, pure
បរសល	to brush lightly	បរិហរ	to speak ill of someone
បរសលអរសៅល	to touch and caress lightly and frequently	និយយបរិហរ	to speak ill of someone, to spread gossip
ប្រមរ	sign (warning)	បរកក	arranger, executive, performer of rites
ប្រមណ	to intend, plan; almost (a.w. បរ៉ណ)	បល្ល័ង្	throne
		បវរ	best, most beautiful, superior

ប៉ឺរកញ្ញា	beauty queen
ប៉ឺសាភិព	to reconvene
ប៉ុស	(spoken) to belong to (c.s. របស់)
ប៉ស	animal
ប៉សុស្យ	animal husbandry (formal)
ប៉ស្យាន	place for raising animals
ប៉ុព្វ	west (literary)
ប៉ា	male; you (to male)
គោ ប៉ា	bull
ប៉ា	father (urban)
បាក់	to be broken
បាក់កម្លាំង	to overwork (said of hard labor), be exhausted
បាក់ដៃ	to have a broken arm
បាក់ទ័ព	to be routed, be thoroughly defeated
បាក់ស្បាត	to learn one's lesson; to be powerless
បាក់ផ្លូវ	the road is cut (by weather)
បាក់មុខ	to be ashamed, lose face
បាក់សាច់	not fresh, stale (said of meat)
បាក់ស្លាប	to be afraid (forever)
បាក់	to embroider
បាកកា	pen (for writing)
ស្លាបបាកកា	pen (for writing); pen point
ស្លាបបាកកាទឹក	fountain pen
បាក់ទី១	first baccalaureate (first secondary certificate)
បាក់ទី២	second baccalaureate (final secondary certificate)
បាក់រទេះ	rocking, unbalanced, unstable
បាងកក	Bangkok
បាច	to scatter, sow; to bail water
បាច់	bunch, bundle
បាឡ	crematory
បាញ់	to shoot (firearms)
បាញ់ថ្នាំ	to spray (chemical)
បាញ់រះ	to strafe
បាញ់សត្វ	to hunt
បាត	bottom; foot (formal)
បាតជើង	sole of the foot
បាតដៃ	palm of the hand
បាតទន្លេ	river bed
បាតព្រះហស្ត	palm of the hand (royal, divine)
បាត់	to disappear, lose
បាត់ខឹង	not to be angry any more, get over being angry
បាត់ឈ្លោះគ្នា	not to be angry any more
បាត់ចង់បាន	to no longer want
បាត់ឈឺ	to recover from sickness, have no more pain
បាត់បង់ជីវិត	to die, lose one's life
ការបាត់បង់ជីវិត	death
បាត់មុខ	to disappear
គេមិនឲ្យខ្ញុំ របៀតបាត់មុខមួយវិនាទី	She really hangs on me; I can't even disappear for one second.
បាត់រូបាត់	to disappear
បាត់សាព	to cease being heard about, be silent
យើងមិនបានឮសាពអ្នកសោះ?	We haven't heard from you at all, how so?
បាត់ស្មារតី	to be unconscious; to lose one's memory
ភ័យបាត់ស្មារតី	to be scared (the hell) out of one's wits
បាត់ស្រេក	to be no longer thirsty
រើសបាត់	to walk away, be gone
ទៅបាត់	to go away, be gone
ទៅឲ្យបាត់ទៅ	Get out of my sight.
បាត់ដំបង	Battambang (Cambodian province)
ប៉ុកសាព ប៉ុកសៅ	to discuss unrelated subjects

80

ព្រ	to be manifest, apparent
ព្រក្ប្ម	demonstration, march
ព្រក្ម	demonstrator, marcher
ព្រក្ម្រ	miracle, phenomenon
ព្រប្រ	a monk's begging bowl
ពាក់ព្រប្រ	to give food (or alms) to monks
ព្រ	yes (polite response particle used by men)
ព្រេរ	no
ព្រប្រ្យ	teacher of morals, scripture, and laws
ព្រ	to get, have, obtain; to be able to; all right, fine, well, O.K.; not until; that is why; (resultative verb denoting ability and capability to do something)
ព្រកា	to be productive, effective
ព្រកា	to be of use
ព្រ្យង	good at

ការ់ព្រ្យងនិឃ្រ្យ
He's good at talking.

ព្រម្ប្ប	to get a swollen head, get spoiled
ព្រម្ប	that's why, so that, with the result that

ឃ្រ្រមរឃ្រព្រមាឃ្រិន្ម
that is the reason why

ព្រម្ប	to get spoiled to the point where one feels no limits on his actions; to have advantage
ព្រម្ប្រ	to deserve; can only
ព្រម្បយ្រ្ម	good in all
ព្រម្បរ្រេ	to be successful; to have decided
ព្រម្ប្រ្រ	to get to eat
ព្រម្ប្រ្ម្រ	to mean
ព្រម្ប្ម្រ	that's enough, O.K.
ព្រម្ប្រ + v.	what will (they) + v. + with

ម្រម្បរ្យម្ប្ម្ម១ និន្មរ្មរ្មរ្ម១

ព្រន្ម្ម្ម្ម្ម្ម្មរ្មរ្មម្រ? ?
If the middle-income people rent (that kind of house), what will they use to buy rice to eat?

ព្រព្រ	dependable, trustworthy; generous
ព្រព្រ	to want to have
ព្រព្រ	to be able to do

ម្ម្រ្មព្រម្ម្មព្រម្ម
I can do it, it's not difficult.

ព្រម្រ្មម្ម	to have seen, saw

ម្ម្ម្រ្មព្រម្រ្មម្ម្ម
We won't study until a little later.

ម្ម្មព្រម	to understand
ព្រម	to calculate, estimate, guess; pot
ព្រម្ម	teapot
ព្រម	sin (opposite of ម្ម្ម)

ម្ម្ម្រ្មព្រម្ម
Don't give him a hard time. Don't be hard on him.

ព្រម្ម្រ	bad friend, friends who give troubles
ព្រម	cooked rice; food, meal; to eat (rural)
ព្រម្ម	leftover rice (from the night before), cold rice
ព្រម្ម្រ	rice crust
ព្រម្ម្រ្ម	dried cooked rice
ម្ម្រព្រម្ម្រ្ម	porous volcanic rock
ព្រម្ម្រ	to eat out regularly at a restaurant at which one is charged by the month
ព្រម្ម្រ	Chinese food
ព្រម្ម្រ (ម្ម្រ)	lunch
ព្រម្ម្រ	a meal
ព្រម្រ្ម្រ	breakfast
ព្រម្ម្រ្ម	glue (made of sticky rice flour)
ព្រម្ម្រ្ម	fried rice
ព្រម្ម្រ្ម	dinner

ពយឫ	a tiered ceremony ornament made of banana tree components
ពយរ	mortar
ឃ្លានពយ	to be hungry
ដាំពយ	to cook rice
អត់ពយ	to go hungry, have nothing to eat, starve
ក្តៅ	a Chinese gesture of respect; to kowtow
ពរ	to empty (container) by hand; to remove
ពរយ	to worry, be anxious; worry (n.)
កុំពរយភ្នំ!	Don't worry!
ពនលសាប	name of large lakes built near Angkor Wat
ពរ៉	cigarette, tobacco
ប៉ារីស	Paris
បារាំង	French
បារាំងសែស	France; French (French: français)
ខ្ទឹមបារាំង	onion
សាតិបារាំង	French national
ដំឡូងបារាំង	potato
ប្រទេសបារាំង	France
ភាសាបារាំង	French language
ស្រុកបារាំង	France
បាល់	ball
បាល់ទាត់	soccer
បាល់បោះ	basketball
បាល់ទះ	volleyball
បាលី	Pali
បា៉	bag, bale, a large sack; maid, servant
បាវបម្រើ	servant (old word)
បា៉	to treat (to a meal); to charter; to take all
ខ្ញុំបា៉អ្នក	I treat you (for a meal)
បា៉កបា៉ស់យន្ត	to charter an airplane
បាសក	layman (spoken) (a.w. ឧបាសក)
បា៉ស្ព័រ	passport

បាសក់	Bassac (name of an arm of the Mekong River)
ប៉ាស៊ីហ្វិក	Pacific
បា៉ឡាត់	deputy to the chief of a ស្រុក
បិណ្ឌ	to beg for food (clerical); to ask (clerical)
បិណ្ឌបាត	to beg for food (clerical); to ask (clerical); food offered to monks (a.w.បិណ្ឌបាត)
បិត	to sharpen with a knife
បិតខ្មៅដៃ	to sharpen a pencil
បិតា	father (formal)
បិទ	to block (a road); to close; to attach, fasten on; to glue, seal, stick
បិទតែម	to stick a stamp to a letter
បិទទ្វារ	to close the door
បិទបាំង	to cover up, conceal
បិទសំបុត្រ	to seal the letter
បិន	to be clever, skillful, be good at
បិនណាម	to what extent
បី	a kind of flute
បី	to carry (or hold) in both arms; three
បីបាច់	to take care of
បីបាច់ថែរក្សា	to take care of
បីដូច	like, the same as; for example
ប៊ីយែរ	beer
បីសាច	a kind of ghost some forms of which suck blood, others make people ill, others live off corpses
បឹង	lake
បឹងបួ	lake
បឹងស្នោ	Boeng Snao (a red-light district of Phnom Penh)
បើក	to wear very little clothing, go half naked, topless
បឹក	to absorb, inhale, suck in

បុក	to pound; to bump, collide, hit, poke
បុកឆ្គេ	to stir up trouble
បុកស្រូវ	to pound rice
ត្រូវរថយន្តបុក	to be run over by a car
ឡានបុកគ្នា	to collide (of cars)
បុគ្គល	individual (formal)
បុគ្គលិក	employee; personnel (formal)
ប៉ុន្មាន	how many, how much
ធំប៉ុនប៉ុណ្ណ	big, large
ប៉ុណ្ណោះ	that much ... and that's all, to that extent, this much, only
ប៉ុណ្ណេះ:	that much
បុណ្យ	ceremony, feast; good deed; influence, power
បុណ្យសព	funeral
បុណ្យខួប	celebration, holiday
បុណ្យបិដិសន្ធិអាយុ	birthday
បុណ្យជាតិ	national holiday
បុណ្យណូអែល	Christmas
បុណ្យកាតិកា	exhibition festival (no longer in practice) in which each province makes an exhibit for displaying on the king's birthday
បុណ្យទាន	ceremony, alms giving, merit making
បុណ្យផ្កា	a ceremony of giving gifts to monks
បុណ្យ១០០ថ្ងៃ	a ceremony performed 100 days after a person's death
បុណ្យរើសក្បាលខ្មោច	a ceremony during which the body is uncovered to be cremated or to be reburied in a new place
បុណ្យសក្ដិ	rank, status
បុណ្យឧទ្ទិសកុសល	a ceremony for a person who has died
បុណ្យអុំទូក	a festival of thanks to the Mekong River after the seasonal flood waters recede in November
ឈប់បុណ្យ	to have a holiday
ថ្ងៃបុណ្យ	a holiday
ធ្វើបុណ្យ	to celebrate; to make merit, do good deeds
ចាប់បុណ្យ	to achieve merit
មានបុណ្យ	gifted, talented; lucky; superhuman
យកបុណ្យ	to acquire merit
ឡើងបុណ្យ	to be promoted
អ្នកមានបុណ្យ	fortunate person
បុត្រ	child (formal) (literary)
បុត្រា	son (formal) (literary)
បុត្រី	daughter (formal) (lit.)
ប៉ុន	equal to, same as, similar; equivalent, like
ប៉ុនគ្នា	same size, alike
ប៉ុនណា	how big, to what extent
ប៉ុនចង់	to want, wish
ការប៉ុនប៉ង	intention
ប៉ុន្តែ	but, however
ប៉ុន្មាន	how many, how much
ប៉ុន្មាន + time word + មកនេះ	the past several ...,
ប៉ុន្មានថ្ងៃមកនេះ	the past several days
ប៉ុន្មានថ្ងៃនេះ	the past few days
បុព្វ	first, original
បុព្វកថា	introduction, foreword, preface
បុព្វជិត	clergy, priest (formal)
បុព្វបុរស	ancestors, forebears
បុរសបុរាណបុរស	the dead (a.w. បុព្វបុរស)
បុរីបុរស	the dead
បុរសហេតុ	fundamental reason
ប៊ូរ៉ូ	desk, office
បុរស	male, man (literary)
បុរាណ	ancient, classical
បុរាណកាល	ancient time
បុរាណភាព	integrity, wholeness
បុល	to borrow (rural); goods for return at double rate, not usually used for money

ប៉ុស្តិ៍	channel, station (T.V., radio), post office
បុស្ស	name of second lunar month (mid-December to mid-January)
បូក	to add (numbers); hump
សរុបបូក	addition (arithmetic)
បូកគោ	Bokor (name of a mountain resort)
បូជា	to offer to a superior or divinity; to burn, cremate; act of offering, act of taking advice of a superior
បូជាសព	to cremate a body
បូក	to hold and slide along (the object)
បូកពុកចង្កា	to stroke the beard
បូព៌	east
បូម	to pump; to take
បូស	abscess, boil
កើតបូស	to have a boil
បុរាណ	ancient, classical, old, old-fashioned
បុរាណកាល	ancient times, the old days
បុរាណនាយ	ancient time
បុរបុរ	Borobodur (ancient Buddhist city in India)
ប៉ូលិស	police
ប៉ូវ	to bet, guarantee; to match
បឹង	lake (obsolete)
បន់ស្រន់	to pray for, wish for
បួន	four
បួនជ្រុង	quadrilateral
បួនជ្រុងទ្រវែង	rectangular
បួនជ្រុងស្មើ	square
បួនប៉ុន្មាន	a few
បួស	to become a monk, enter the monkhood
បើ	if
បើដូច្នេះ	in that case

បើដូច្នេះ	in that case
បើយ៉ាងណាស់កើ..at least
បើដូចនេះ	if not so
បើណា	if, suppose
បើណាណា	if, suppose
បើណាណាក៏	if, suppose
ខាងប្រសើរ	better
បើក	to open, uncover; to allow, permit; to drive, fly (an airplane), operate; to turn on (light); to cash
បើកឆាក	to begin a play, open a play
បើកទឹក	to turn on the water
បើករថ	to drive
បើកលុយ	to cash, draw money, get paid
បើកលុយឱ្យ	to issue the money to
ថ្ងៃបើកលុយ	pay day
បើកសម័យ	to open a session
បើកសម័យប្រជុំ	to open a session
បើកឡាន	to drive a car
បើកឱ្យ	to allow, authorize
ហើរ	to fly (by the force of air and in the air)
បៀ	playing cards; money; fee, salary, wage
បៀខែ	salary
លេងបៀ	to play cards, gamble
បៀក	close, near
បៀកបៀន	to bother; to menace, threaten
ជិតបៀកតុ	close to the table
បេក្ខ	someone who wants to do something
បេក្ខជន	candidate
ប៉េកាំង	Peking
ប៉េងប៉ោះ	tomato
បេតុង	concrete (French: beton)
បេឡាឡាន	bus station
បេសក	something fulfilled
បេសកកម្ម	mission

របៀប	fund (literary)
របៀបសោធន	pension fund
ប៉ូអ៊ីម	P.M. (prevote militaire, military police)
របះ	to pick, pluck
របះដូច	alike, identical
ដូចរបះដូច	alike, identical, very similar
របះខ្លះ	heart
របក	to be broken; to divide
របកកំរាស់	revealed (of secret activities)
របកផ្កា	to branch out, spread (plant)
របកគំនិត	to change one's mind, become aware of alternatives, have other ideas
របកឆ្ងាក	to break up (intrans.)
របកចិត្ត	to betray (love affair), stop loving, stop caring for
របករបៀក	to divide
របករសៀម	to perspire, sweat
របកញាក់	to be broken, be separated (husband and wife)
របកបួយដាក់	to think very hard, think one's head off
របកប្រាជ្ញា	to become more intelligent, develop more ideas
របកកក់	to get muddy
របករៃ	to bring out the leaders of a swarm of bees or wasps
របកសំបុក	to become fully aware of
ផ្លូវរបក	fork road
របក	a part, region
របង	to divide; to multiply (increase in number)
របងរបៀក	to divide
ប៉ែតសិប	eighty
របប	kind, method, way; probably, it seems that, it appears that
របបូគឮ	it looks like ...
របបុរស	perhaps
របបួស	mean, way; manner; kind
របបឥស	plan, system
គ្រប់របបប្រប់ឈ្នះ	all kinds
របរ	to turn
របរកា + n.	to turn into, turn to
របរកា + v.	to (verb) instead
របរៃ	as for
របៃ	shovel, spade (French: pelle)
របៃស៊ិក	Belgium (French: Belgique)
រប៊	(indicates surprise)
របកៃ	green
រប៊ណ្ឌ	Pailin (place name)
របក	to beat, smash; to cheat, dupe, swindle; to fool; to slam; to launder
របកសំរាមសំ	to do the laundry, wash clothes
របកបររំ	to cheat, swindle
របកញ្ញាប់	to cheat, deceive; brutal
កន្ទឹកកាត់របកញ្ញាស់រៃ When he's mad, he's brutal.
របៈរបក	to be rude, nasty, insolent
ស៊ីឆ្ងៃរបៈរបក	rude language
កុំរបក ទ្វាររៃរបក Don't slam the door too hard.
របក	inflated, swollen up
របក	metal container, tin (larger than can)
របៃ	apple
របៃរក	to wave the hand
របរ	deformed, warped
របរៃឱ	to lose one's face; be in disgrace
ឱសរៈ:របរៃរៃ This album is already warped
របល	to gallop, spring away, run towards
របល	pendulum

85

នាឡិការប៉ោល — pendulum clock

របោស — to clean, sweep

របោសបោស — to clean up, sweep out

របោសសំអាត — to clean up, sweep out

របោសរួយ — bum

របោះ — to pitch, throw; to drive (a nail)

របោះរចោល — to throw away

របោះឆ្នោត — to vote; to hold an election

របោះតំ — to pitch a camp

របោះរកកសោល — to drive a nail

របោះត្រា — to put a seal on, stamp, seal

របោះទង់ — to grow out

របោះភ្ន — to insinuate, be ironic

របោះពុម្ព — to publish, print

របោះពុម្ពផ្សាយ — to publish

របោះស្ទុយ — to swoop

របោះផ្សាយ — to publish

របៅ — to nurse, suckle (child)

បណ — to intend; intention

បណ — to wish; act of wishing

សងបណ — to pay the pledges of a fulfilled wish

បណ — liquid that is bailed out

បណ្តើនិង — since (spoken) (c.s. ម្តែងបើនិង)

បណ្តុល — debt

បណ្តក — to break

បណ្តកបវុក — to provoke a breakup (family affairs)

បណ្តករសះ — to break a horse

បណ្តកស្យាត — to teach a lesson; to punish someone so that he won't repeat the same act again

បណ្តក — to cheat; to lose; cause to lose; to eliminate

បិទ — to close (trans.)

បួស — to ordain as a monk; to teach someone a new trick (normally bad ones)

បរបក — to cause to break; to break (trans.); to separate

បរបកក្ប — to break ranks

បរបុ — to cause to change position

បរបាល — to cause to gallop

បរបៅ — to breast-feed, nurse, suckle (mother)

បរបៅក្មេង — to breast-feed a child

បាំង — to obstruct the view; to hide

បាំងបាំង — to camouflage

បៅ — to lift one side, tilt; to incite

បៅ:បរបស — to incite, rabblerouse

បរញ — to launch, cause to leap

បាញ — to cause to gallop

បំផុ — of all, the -est of all (superlative marker)

ជាពិសេសបំផុ — especially, particularly, most of all, finally

បរម៉ — to make (a girl) pregnant

បំផ្លាញ — to destroy, lay waste to, squander, waste

បំភ្លេចបំផ្លាញ — see បំផ្លាញ

បញ្ជ — to change, transfer (trans.)

បញ្ជុល — to exaggerate

បរញ — to launch, cause to soar

បំពក — to stack wood in building a fire

បំពង — to deep-fry

បំពង — container, tube

បំពងក — throat

បំពត — to bend; to discipline (child)

បំពក — to cause to wear, put a garment on someone else; to decorate (with a medal); clothing

បំណាក់សំណូ	to decorate (with a medal, etc.); to award a promotion (military)
សំរាប់)ក្របំណាក់	clothing, clothes
បំពាន	to walk against; to bump into (intentionally); to break the law
ទឹសរលាយបំពាន	to blunt
បំពាន	to abuse (law); to step on (intentionally)
បំពានបំពាន	to violate, break the law
បំពុល	to poison
បំពួន	to hide (something)
បំពេរ	to lull to sleep (child); lullaby
បំពេញ	to complete, fill, fulfill
បំពេញចិត្ត	to please, satisfy
បំពេញវិជ្ជា	to study (higher education)
បំភ័យ	to frighten, scare; to threaten
បំភិតបំភ័យ	to frighten, scare
បំភាន់	to confuse, deceive
បំភ្លឺ	to clarify, enlighten
បំភ្លេច	to forget (deliberately)
បំរាម	a warning sign
បំរាមផ្លាកសេចក្តី: កុំឈ្មានលើស្មៅ	That sign reads: Keep off the grass.
បំរាមការណ៍	curfew
បំរាស់ (ឬបះ)	to move, wiggle, move out from under
បំរុង	to intend, plan; almost
បំរើ	to serve, wait on
បំរើភ្ញៀវ	to serve a guest
ស្រីបំរើ	maid
អ្នកបំរើ	servant, waiter
បាក់	(represents sound of impact)
បាំង	to conceal, conver, hide (something); to block off, obstruct
បះ	to stand up, become erect; to boycott, strike, revolt, riot; uneven
បះរេះ	to fall on one's backside with one's legs sticking up; to lose (a fight)
បះរេះឡើង	to fall on one's backside with one's legs sticking up
បះរេះស្រយោង	to collapse, fall on the back; to be defeated
បះបោរ	to have an uprising, riot, strike
បះសក់	one's hair stands on end (from fear); to be surprised
បះ	to come into contact with, hit, touch; to affect; to patch
បះកង់	to patch a tire
បះកង់ស្បែក	to patch a tire
បះពាល់	to be affected, have an effect; to touch
បះមុខគ្នា	to confront one another
កុំបះឡានខ្ញុំ	Don't hit my car. Don't touch my car.
បាក់	to blot ink, pat dry
ប្ដី	husband
ប្ដីដើម	first husband
ប្ដីចុង	minor husband
ប្ដីប្រពន្ធ	husband and wife
បណ្ដឹង	to complain, bring suit, sue; to denounce; to report
ប្ដឹងប្ដល់	to bring suit, sue
ប្ដូរ	to change, exchange, swap
ប្ដូរជីវិត	to give one's life, risk one's life
ប្រាណប្ដូរប្រាណ	to risk one's life
ស្បថ	to be determined (to), vow
របស់	to be successful, prosperous
របស់របរចិញ្ចឹម	do one's task or one's living
របស់បំពេញការ	to do one's work
របស់រៀបរយ	to be endowed with, be equipped with
របស់របរ	to comply with; along with

ប្រកបរបរ	to have a profession, earn a living
ប្រក់	to be roofed, roof
ប្រកច	to have a convulsion; to slander (spoken)
ប្រកស	to be hard to please, be prejudiced to mind, be offended, be conceited; to be conservative, reserved, insist on; to hold onto; particular, stuffy
ប្រកស់ខន	to be conceited, to be offended
ប្រកស់សាសន៍	chauvinistic, racist
ប្រកស់ឈក	to establish, maintain
ប្រកស់ស្ដាំ	rightist; to keep right (traffic)
ប្រតិប្រកស់	see ប្រកស់
ប្រកច	to fight with knives
ប្រកប្រ	to fight with each other
ប្រករ	kind, type; issue, point
ប្រកស	to announce, proclaim; announcement, declaration, notice
សេចក្ដីប្រកស	to announce, declare, issue a notice
ឧបសគ្គប្រកស	to announce
ប្រកិត	very close
ដេញប្រកិត	to pursue closely
ប្រកួត	to compete, race
ប្រកួតប្រជែង	to compete, race
ប្រកែក	to argue, deny, disagree; to refuse
ប្រក្រតី	normal, ordinary
តាមប្រក្រតី	as usual
ប្រក្រតិទិន	calendar
ប្រខាំ	to bite one another
ប្រគល់	to give, hand over
ប្រគល់ឱ្យ	to give, hand over; to deliver
ប្រគងប្រគាំ	fork of a tree
ប្រគេន	to give (to a Buddhist monk)
ប្រគុំ	to gather; to play

ប្រគំភ្លេង	to play music
ប្រគំភ្លេង	to play music (poetic)
ប្រចណ្ឌ	jealous (sexual)
ប្រច្ឆេប្រចណ្ឌ	jealous (sexual)
ប្រចាក់	to fight each other with knives, stab each other
ប្រចឹក	to peck one another
ប្រចាំ	to be stationed at; for the ..., every (+ time word); regular
ប្រចាំខេត្ត	for the province; stationed in the province
ប្រចាំខែ	monthly, every month
ប្រចាំគ្រួសារ	for the family
ប្រឆាំង	against, opposed to
ប្រជា	people, population
ប្រជារាស្ត្រ	people, population
ប្រជាជាតិ	the people; nation
ប្រជាធិបតេយ្យ	democracy; democratic
ប្រជានិយម	of the people, populist
ប្រជាប្រិយ	popular
ប្រជាប្រិយភាព	popularity
ប្រជាពលរដ្ឋ	the populace, the people of the nation
ប្រជាមតិ	public opinion, referendum
ប្រជាមានិត	for or of the people
ប្រជាជន	people, population
ប្រជុំ	to have a meeting, meet; meeting
ប្រជុំជន	population center
ប្រជុំភ្នំ	mountain cluster
ប្រជ្រុយ	beauty mark, mole
ប្រជ្រៀត.ក	to squeeze into
ប្រជ្រៀតគ្នា	to squeeze together
ប្រញាប់	to be in a hurry, hurry
ប្រញាប់- ប្រញាល់	hasty, quickly, in a hurry, urgent
ប្រញឹបប្រញាប់	be in a hurry
ប្រញាក់	to be busy; to hurry; urgent
ប្រដាក់ញ	to act in relay with one another

ប្រដាប់	intrument, tool, utensil; to be equipped; set (classifier for clothing)
ប្រដាប់ប្រដា	intrument, equipment, tool, utensil
ប្រដាប់ដោយ	equipped with
ប្រដាប់ភ្លេង	musical intruments
ប្រដាល់	to box, prize-fighting
ប្រដាល់សេរី	Thai style boxing (in which elbows, knees, and feet are permitted as well as fists)
ប្រដូច	to compare
ប្រដេញ	to chase, pursue
ប្រដៅ	to discipline, teach manners to
ប្រិនប្រដៅ	to discipline, teach manners to
ជួយប្រដៅ	to assist, teach
ប្រដី	earth, land (literary)
ប្រឌិត	to create; fictitious
រឿងប្រឌិត	fiction
ប្រតិបត្តិ	to execute; to follow through, respect
ប្រតិបត្ត	respect (n.) (formal)
ប្រណី	to forgive, pity
ប្រណី	to pardon, tolerate
ប្រណាំង	to compete, race
ប្រណាំងប្រជែង	to compete, race
ប្រណាំងសេះ	horse race
ប្រដប់	to punch repeatedly
ប្រតិកម្ម	reaction, response
ប្រតិដ្ឋ	to invent, originate, think up
ប្រតិបត្តិ	to execute, put into effect
ប្រតិបត្តិការ	operation
ប្រតិព័ទ្ធ	to be in love with; to awe; adjacent; relation (formal)
ប្រតិភូ	delegate
គណៈប្រតិភូ	delegation
ប្រទ្យុន	in trouble; ordinary people (who are still far
	from enlightenment and Nirvana)
ប្រថុយ	to gamble, risk, take a chance
ប្រទល់	to cause to face each other; facing; border
ប្រទល់ដែន	border, frontier
ប្រទាញ	to pull away
ប្រទាន	to give (royalty)
ប្រទេច	to curse
ប្រទេស	country
ប្រទេសកំណើត	homeland
ប្រទេសចិនប្រជាមានិត	People's Republic of China
ប្រទេសជិតខាង	neighboring countries
ប្រទះ	to meet, run across
ប្រទះឃើញ	to run across, see (accidentally)
ជួបប្រទះ	to meet, run across
ប្រទាត់	to kick each other
ប្រធាន	subject (of a conversation or of a sentence), topic; chairman, president (of an organization)
ប្រធានាធិបតី	president (of a country)
ប្រព័ន្ធ	a traditional song
ប្រព়័រ	edge, rim
ប្រពัรមាត់	lips (of the mouth)
ប្រផេះ	grey; ash
ប្រពន្ធ	wife
ប្រពន្ធចុង	minor wife
ប្រពៃ	excellent, good
ប្រពៃណី	tradition
ប្រព្រឹត្ត	to do, perform
ប្រព្រឹត្តទៅ	to take place
ប្រភព	origin, source
ប្រភពដ៏ស្មោះត្រង់	reliable source
ប្រភេទ	category, class, kind, type
ប្រមាញ់	hunter
ប្រមាណ	about, approximately, around

ប្រមាត់	gallbladder
ទឹកប្រមាត់	bile
ប្រមាថ	to despise
ប្រមាថមើលងាយ	to despise, look down on, undermine
ប្រមាទ	carelessness, negligence
ប្រមឹក	drunkard
ប្រមុខ	chief, head person
ប្រមុខរដ្ឋ	chief of state
ប្រមូល	to assemble, collect, gather, round up
ប្រមូលប្រមូល	to gather
ប្រមៀល	to cause to roll; to roll (something)
ប្រមោយ	antenna; elephant's trunk
ប្រយ័ត្ន	to be cautious, be careful
ប្រយ័ត្នប្រយែង	be careful
ប្រយុទ្ធ	to attack, fight,
អ្នកប្រយុទ្ធ	fighter
ប្រយោជន៍	importance, usefulness; purpose; utility; use; interest
ប្រយោជន៍ដើម្បី	in order to, so that
ប្រយោជន៍ឲ្យ	for the purpose of
មានប្រយោជន៍	important, useful, interesting
ប្រល័យ	to destroy, kill
ប្រល័យ(និរ)ក	to annihilate
ប្រលែង ឬប្រិផ្ទ	to play together
ប្រលោមលោក	novel
ប្រវត្តិ	history
ប្រវត្តិវិទូ	historian
ប្រវត្តិវិទ្យា	the study of history
ប្រវត្តិសាស្ត្រ	history
ប្រវ	to grasp
ប្រហារ	to fight, hit each other
ប្រវែង	length; long
ប្រវែងប៉ុន្មាន	How long? (distance)
ប្រសប់	capable, clever, good at, skillful, smart
ប្រសប់និយាយ	to be eloquent
ប្រសព្វ	to meet (said of a waterway) (literary)
ប្រសព្វគ្នា	to make friends; to meet (friendship)
ប្រសា	designating an in-law of a descending generation
កូនប្រសា	son- or daughter-in-law
ប្រសាសន៍	utterance, word
មានប្រសាសន៍	speak (formal)
ប្រសិទ្ធ	effective
ប្រសិទ្ធពរ	to wish; success, wish
ប្រសិទ្ធភាព	effectiveness
ប្រសិន	if
ប្រសិនបើ	if
ប្រសិនជាកាល	if
ប្រសិនបើ	if
ប្រសូត្រ	to be born (royal, divine); to give birth (royal, divine)
ប្រសើរ	good (formal)
ប្រស្នា	riddle
ប្រស្រ័យ	to deal with, have relations with; to seek out
ប្រហារ	to attack, beat, kill (formal)
ប្រហារជីវិត	to execute; to sentence to death
ប្រហុក	'prohok' (Cambodian fish paste)
ប្រហើរ	aromatic, delicious-smelling (spicy)
ប្រហែល	about, maybe, perhaps
ប្រហែលគ្នា	similar
ប្រហែលៗគ្នា	about the same, similar
ប្រហាក់ប្រហែល	to be not quite sure; about the same
ប្រហែស	to neglect
ប្រហោង	hole
ប្រឡង	to take a test; examination, test
ប្រឡងជាប់	to pass (an exam)
ប្រឡងធ្លាក់	to fail (an exam)
ប្រឡងប្រជែង	to compete

ការប្រឡង់ exam, test

ប្រឡាក់ to stain, soil; to be stained, he soiled

ប្រឡាយ path, trail

ប្រឡាក់ to join in, to mingle

ប្រឡាក់ប៉ុក ៧ក to discuss unrelated subjects

ប្រឡំប្រឡាក់ to get involved, join in

ប្រឡំក្របែកto compete

ប្រលែង to play together

ក្មេងចូលចិត្តប្រលែង children like to play with each other

ប្រឡៅ (ប្ឡៅ) to cheat; to confuse

ប្រឡេបេប្រឡៅ to cheat; to confuse

ប្រអប់ box

ប្រអប់ប្រាក់ silver box

ប្រអប់មាត់ mouth

ត្រីប្រអប់ canned fish

ប្រអូស to drag away from each other

ប្រអូសសណ្ដោង to pull and drag from each other

ប្រាក់ money; silver

ប្រាក់កក់ security deposit

ប្រាក់ក៏បាត់ ចំណីក៏ខាត
Money's gone, and so is the pouch (connotation: Spend all the money and get no result.)

ប្រាក់កាស money

ប្រាក់ខែ salary

ប្រាក់កន្ត្រៃការ tax money

ប្រាក់ដើម capital, principal

ប្រាកដ exact, sure, true

ប្រាកដនិយម realism

ប្រាកដប្រជា certain, sure

ប្រាជ្ញ cleverness, intelligence

ប្រាជ្ញសាស្ត្រ to chitchat

អ្នកប្រាជ្ញ an ingenious man, scholar, scientist

ប្រាជ្ញា clever, intelligent; intelligence

ព្រះត្រៃបិដក name of a Mahayana Buddhist scripture

ព្រះកាយ body (formal)

ព្រះទ័យ to desire, intend, wish

ព្រាប់ to tell

ព្រាប់ឱ្យ+ clause to tell (someone) to do (something)

ខ្ញុំព្រាប់គាត់ឱ្យធ្វើស្រេចហើយ
I told him to do it already.

ព្រាង to create, formulate; to be created

ព្រាត to fling; to leave in a hurry

ព្រាកព្រាត to be separated (family affair)

ព្រាសខ្លួន to escape

ប្រាសាទ ancient temple, citadel, fortress, rampart, ruins

ប្រាសាទអង្គរវត្ត temple of Angkor Wat

ព្រៀងឆ្នៃ to converse; to understand each other; get along with; to seek out, deal with

ព្រៀងឆ្នៃកិច្ចការ to deal

ប្រិត to be careful, be strict

ប្រឹងប្រៀងto be careful

ប្រឹងប្រៀងto be careful, be strict

ប្រឹក្សា advisor; advice

ប្រឹង to try hard, strive

ប្រឹងប្រែងto try hard, strive, make an effort

កិច្ចប្រឹងប្រែង effort

ប្រុង to be ready, be alert

ប្រុងនឹង + v. to be about to, be planning to

ប្រុងប្រយ័ត្ន careful

ប្រុងប្រៀបto be ready; to prepare

ប្រុងស្មារតី to be attentive

ប្រុស male (person)

កូនប្រុស son

ប្រុម to combine forces

ប្រុមខ្សែ to strengthen the cord

ប្រយុទ្ធ	to join the fight
ប្រូតេស្តង់	protestant
ប្រើ	to use
ប្រើការ	to use
ប្រើប្រាស់	to use
ប្រើមុខស្នេហា	to act as if one loves a person in order to receive benefit; to have a love spell cast
ប្រើរាស់	to use (something) to get something else
ប្រើស	deer
ប្រេង	oil, petroleum, product
ប្រេងកាត	kerosene, petroleum
ប្រៀនប្រដៅ	to teach manners to, give advice
ប្រៀប	to compare, match; advantage
ប្រៀបធៀប	to compare one another
ប្រៀបបានទៅ	to be comparable to
ប្រៀបប្រដូច	to compare
ខាតប្រៀប	to have disavantages
លះ:ប្រៀប	to have advantages
ទាសប្រៀបរាស់	to have advantages
ប្រេត	a ghost, one who has died; slimy form of life that lives in muddy, dirty places; a creep
ប្រែ	to translate; to change, turn over; to plow for the second time in a growing cycle
ប្រែញញ	to change
ប្រែកំនិត	to change one's mind
ប្រែចិត្ត	to change one's feelings
ប្រែកា	to change into; to change one's way
ប្រែប្រួល	to change, shift
ប្រៃ	salty
ក្តាមប្រៃ	pickled salted crabs
ទឹកប្រៃ	salt water

ទិសានុភ័យ	to have influence over other people
ប្រៃសនីយដ្ឋាន	post office
ប្រោស	to inspire; to revive (from the dead)
ប្រាំ	five
ប្រាំប្រាំ	fifteen
ប្រាំបី	eight
ប្រាំបួន	nine
ប្រាំពីរ	seven
ប្រាំមួយ	six
ប្រាំកប្ប	fifteen
ប្រាំង	arid , without rain; dry
ប្រះ:	to crack; cracked
ប្រះស្រាំ	to crack (and about to be broken)
ប្លង់	map, plan (French: plan)
ប្លង់កន	messenger
ប្លន់	to plunder, rob
ប្លប	to do something at someone's expense
ប្លបស្មាំ	to have something to eat at someone's expense
ព្លក	to go too far, slip
ព្លប	more than, (number)+ odd
សាមសិបព្លប	30 odd
ប្លែក	different, interesting; odd, strange; new
ប្លែកពីសម្បតន	different from usual
ប្លែកភ្នែក	to be surprised
ប្លោក	bladder; bag, pouch
ផ្លោះ:	to jump over, skip, skip over
ប្អូន	younger sibling; I, me, you
ប្អូនជីដូនមួយ	(young) first cousin
ប្អូនថ្លៃ	younger sibling-in-law
ប្អូនពៅ	youngest sibling in the family
ប្អូនស្រី	sister (younger)

ស៊ិ	also, too; along with
ស៊ិ...ស៊ិ	while
កុំ ន៊ិយាយ ស៊ិ ន៊ិ យាយ ស៊ិ	Don't talk while you're eating.
ស៊ក	to be caved in, be sunken
ស៊ល	fruit, product, result; benefit, interest, profit; consequences of Karma (good and bad)
ស៊លិតាព	produce
ស៊លបរយោស៊ន៍	advantage; benefit, interest
ស៊លវិបាក	bad consequence; event, incident, occurrence
កម្មស៊ល	consequence of one's deeds
ស៊លានិសង្ឃ	merit, benefit of merit, that one has made, merit that comes from good deeds
ស៊លិក	(pertaining to production)
ស៊លិកកម្ម	product, production
ស៊លិកករ	producer
ស៊លិកកល	produce, product, production
ស៊លិកកាព	productiveness, productivity
ស៊ល្គុន	name of fourth lunar month (mid February to mid March)
ស៊ាក	to fine, penalize
ស៊ាក់	to push away; to color, paint (painting); to put on make-up
ស៊ាក់រោល	to conceal, discard, throw away

ស៊ាក់ពណ៌	to color (drawing)
ស៊ាក់ម៉ុយ	to put on make-up
ស៊ាមស៊	solid color silk
ស៊ាយ	to gallop
ស៊ាក់របោលយ	to run very fast (from fear)
ស៊ាវ	firecracker
ស៊ាស្បកម៉	extremely fast
រក់ស៊ាស្បកម៉	to run extremely fast (without looking back)
ស៊ិក	to betray
ប្រស៊ិកប្ដ	She (wife) betrays her husband.
ស៊ិក	to drink (familiar)
ស៊ិ	to bog down, sink in
ស៊ិ ង្ស	to be stuck, be trapped
ស៊ក	to get free of, get clear of; to be stuck, have no way
ស៊កកន្ស យវិភ្ក	to be out of sight, as far as the naked eye can see
ស៊ក ឬ ស៊ក	out of reach (physical)
ស៊ក កស្ស ម	to die
គ៏ យ្ក ស៊ិ ស៊ក ឬ ស៊ លក់	to be terribly terrified, be afraid to death
របរ ហ៊ រស្ស ស៊ក ន្ម្ស រ៊ យ	They've already gone over my name.
រ៊ស៊ន ស៊ក គ៊ យ្ ការ ្ខ្ក រ៊ យ	We're free of danger.
រ៊ស៊ន ស៊ក រ៊ យ	We're stuck.
ស៊យ	flimsy, soft, tender, unstable

93

សាច់គោស្ងួ	The meat (beef) is tender.
ស្ងួ	to appear, bellow, emerge, rise up
ស្ងួ	blanket (a.w. ស្ងួ)
រស្ងួ	vase, large pot
រស្ងួ	pregnant
រស្ងះ	ashes
រស្ងួ	dock, port
រស្ងួកំពង់	dock, port
ផ្ទះរស្ងួ	floating house
រស្ងួ	disk, circular layer
រស្ងួ	globe, world
រស្ងួការ	plan
រស្ងួការរយៈឆ្នាំ	5-year plan
ស្ងាយ	to pass wind (vulgar)
ស្ងា	flower
ស្ងា	coral
ស្ងា	flower
ស្ងារស្ងា	sparks (from fire)
ស្ងាទាស	prostitute
ស្ងាទាស	prostitute, whore
ស្ងារស្ងា	cauliflower
ស្ងាប់	to face down, turn over
ស្ងាយ	star
ស្ងាយះកស្ងាយ	comet
អាចម៍ស្ងាយ	meteorite
ស្ងាក់	to cause to remain
ស្ងាត់	to shelter
ស្ងាកស្ងា	to give aid and comfort to, take care of; to supply
ស្ងា	thunder
ស្ងាប់	to please, satisfy someone; to apple-polish, brown-nose
ស្ងាប់ផ្ការ	to apple-polish, brown-nose
ស្ងាប់ចិត្ត	to please, satisfy someone; to apple-polish, brown-nose
ស្ងា	to compare, match

ស្ងូ	to bundle, combine, unite
	to group, put together
ស្ងូរភ្លើង	to start a fire (wood fire)
ស្ងា	to face up, turn over, turn up, turn up-side up
រកកស្ងា	to sleep on the back
ស្ងោ	to simmer
ស្ងោបាយ	to simmer rice
ស្ងា	to do something carefully
ស្ងាកស្ងា	to concentrate (on)
ស្ងាកាត់	to defeat
ស្ងាកាត់ស្ងា	to rub it in
ស្ងាណូ	piano
ស្ងា	navel (spoken ស្ងា)
ស្ងាផ្ដើម	to initiate, start
ជួយស្ងាផ្ដើម	to assist
រស្ងា	to send for
រស្ងាទុក	to count on, depend on
រស្ងា...ស្ងា...	to leave ... with, put... together with
ស្ងារស្ងា	to send a verbal message with someone
ខ្ញុំយកមករស្ងាឲ្យអ្នក	I brought it for you.
ស្ងាក្ដ	to wish ill to someone
ស្ងាក្ដរទាស	to punish
ស្ងាល់	to provide, supply
ស្ងាច់	to cause to break, cut off; to break an engagement
ស្ងាច់ការ	absolute
អំណាចស្ងាច់ការ	dictatorial, totalitarian
អ្នកកាន់អំណាចស្ងាច់ការ	dictator
ស្ងាច់ជីវិត	to terminate one's life
ស្ងាច់ចក	to break diplomatic relations
ស្ងាច់មុខ	exclusive, sole; to be monopolized
សស្ងាច់រស	most beautiful
ស្ងាល	silly, ridiculous

និយាយស្ពាយ — to say something without foundation

ស្ពៃស្ពាយ — pernicious, ridiculous, silly, useless

កុំសើរស្ពៃស្ពាយ — Don't be silly

ស្ពៅ — to curse (spoken) (c.s. ជេរ)

ស្ពៅស្ទើ — to have a cold, have the flu; respiratory illness

ស្ពត់ — to blot, cause to absorb; to imprint, print

ស្ពត់រូបថត — to print a photograph

ស្ពត់ក្រយៅដៃ — to fingerprint (also ផ្ដិត ដៃ)

ស្ពាន់ — to cause to fall

ផ្ដើម — to initiate, begin, originate, start

ស្ពក — to lay, cause to lie down

ស្ពកចិត្តនឹងគេ — to go along with; to be in love with

ស្ពៃរ — a panel that covers the space between two layers of a roof

ស្ពៃរ — rattan

ស្ពៃ — to assemble, gather, group, round up

ស្ពៃ — to leave a message, tell someone to do something; let one's wishes be known

ស្ពៃចាស់ — to have a last fling before one is too old

ស្ពៃរនឹ — to send a verbal message with someone

ស្ពៃស្ពៃ — to leave a message, tell

ស្ពៃ ស្ពៃ — to do something so that one may recall it in the future

ផ្ដុំ — to converge from all corners

ពាញ់ផ្ដុំ — to fire from all corners, concentrate fire

ស្ពៃនេយ — to embarrass someone when he makes a mistake

ស្ពៃប់ (នឹង) — adjacent, against, close

to, next to

ស្ពៃប់នឹងកំផែង — against the wall

ស្ពៃល់ — in person, personal, relating to; personally

ស្ពៃល់ខ្លួន — personal

ស្ពៃល់នឹងភ្នែក — with one's own eyes

ស្ពៃល់មាត់ — orally

ស្ពៃស្ពៃល់ — to rub it in

ឱ្យស្ពៃល់ដៃ — to give to someone in person

ផ្ទឹម — to compare, match; to put side by side

ផ្ទុក — to load

ផ្ទុយ — contrary, opposite

ផ្ទុយគ្នា — opposing, opposite
ផ្ទុយទៅវិញ — on the contrary, on the other hand

ឆ្លើយផ្ទុយ — to answer the opposite way

ពាក្យផ្ទុយ — antonym

សួរផ្ទុយ — to ask someone the opposite question

ផ្ទេះ — to explode

ផ្ទេន — redundant

ផ្ទៀង — to check something against something, make something certain; to synchronize

ផ្ទេរ — to change (from one place to another), transfer

ផ្ទៃ — area, surface; pregnancy

ផ្ទៃក្នុង — domestic, internal

ផ្ទៃក្រឡា — area (measurement)

ផ្ទៃមេឃ — sky

ផ្ទៃដី — surface

មានផ្ទៃ — to be pregnant

មានផ្ទៃពោះ — to be pregnant

ផ្ទំ — to lie down, sleep (royal, divine)

ផ្ទាំង — sheet, slab, flat piece

ផ្ទះ — apartment, home, house

ផ្ទះថ្ម — a house built of stone or stucco or brick

ផ្ទះបាយ — dining room; kitchen

ផ្ទះបីសារ័	four-story house (American way), three-story house (Khmer way)	បើកឡានបញ្ច្រាសផ្លូវ	to drive the wrong way on a one-way street
ផ្ទះលក់ថ្នាំ	drug store	ផ្លូវបីបែក	fork road
ផ្ទះសំរ្យ៉ាង	home, house (a.w. ផ្ទះសំប៉ែង)	ផ្លូវល្អ	trail
ចាំផ្ទះ	to keep house	ផ្លូវប្រសប	the parallel street
ឡើងផ្ទះ	to have a house-warming; to enter a house	ឃ្លានផ្លូវដើរ	no chance, no way
ផ្នត់	pleat	បើកផ្លូវ	to give hints, open the way
ផ្នូរ	burial ground, grave, tomb	មានផ្លូវ	to have hope, have chance, have something important
ផ្សះ	one who gives up the world; act of giving up the world	របៀលផ្លូវ	to wait for someone impatiently
ផ្នែក	branch, part, section	អស់ផ្លូវ	hopeless, no other alternative
ផ្នែកសម្ភារៈ	material; materialistic	ផ្លេកបន្ទោរ	flashes of lightning
ផ្លាស់	to change, replace, transfer	ផ្លែ	fruit; blade (of knife); outcome; callous
ផ្លាស់សំលៀកបំពាក់	to change one's clothing	ផ្លែឈើបួ ៗ	budding fruit
ផ្លាស់គំនិត	to change one's mind	ផ្លែឈើ	fruit
ផ្លាស់ផ្ទះ	to move to another home	ផ្លែទំពាំងបាយជូរ	grape
ផ្លាស់ប្តូរ	to change	ផ្លែផ្កា	to flower and bear fruit; insinuation
ផ្លិត	fan	ផ្លែសន្ទូច	fish hook
ផ្លិប ៗ	flickering (light)	សាក់ផ្លែ	to insinuate, say on the sly
ផ្លិប	40 (used in counting fruit)	សាក់ផ្លែសាក់ផ្កា	to insinuate, say on the sly
ផ្លូវ	passage, path, road, route, street, way	ផ្លែក	freakish, odd, strange
ផ្លូវកាត់	short cut	ផ្លុំ	to blow; to play a wind instrument
ផ្លូវការ	formal, official		
ផ្លូវខ្ទះៗរណ្តៅ	potted, pot-holed roads	រសៀល	to soar
ផ្លូវបំបែង	cross-road, intersection	រលះ	to jump over, leap, skip over; to skip a grade (in school)
ផ្លូវបំព្រួញកាត់	beltway	ផ្សង	to wish; to risk
ផ្លូវចិត្ត	morale, psychological	ផ្សងសំណាង	to take a risk, take a chance
ផ្លូវជាតិ	national road	រើសផ្សងសំណាង	to have adventure, venture
ផ្លូវជើង	foot path	អ្នកផ្សងសំណាង	adventurer
ផ្លូវដីស្អូក	dirt road	ផ្សាយ	to advertise; to broadcast diffuse, disseminate, spread
ផ្លូវរថភ្លើង	railroad		
ផ្លូវទឹក	water way		
ផ្លូវបញ្ច្រាស	the wrong way (against traffic)		

ការស្ពាយ	advertisement, propaganda	ស្ពឹមស្ពេ	to match up (arranged marriage)
ការស្ពាយការសាស្ពឹកម	commercial advertisement, commercial	ស្ពកស	to tame
ស្ពឹកស្ពាយ	to spread everywhere	ស្ពះស្ពក	to arbitrate, mediate, straighten out (argument)
ស្ពី	market, downtown; town; to solder, weld	ស្ពវ	to move closer to; to put next to
ស្ពីចាស់	Old Market	ស្ពក	to call a truce; to postpone, put off, suspend
ស្ពីសាកាស	bazaar		
ស្ពីថ្មី	New Market	ស្ពវ	to be spoiled (said of food)
ស្ពីស្ពី	market	សស្ពល	to be scared and run (usually used for animals), be startled (animal)
ស្ពីក	mushroom; navel (spoken)		
សស្ពវ	to moisten, wet (trans.)		
សស្ពស	different, separate	សស្ពស	to bend, lean
សស្ពស ៗ	various	សស្ពសស្ពស	to lean; to cock the head, turn this way and that to see oneself
សស្ពស	smoke		
ស្ពី	to assemble, gather; to combine, mix	សស្ពក	to lean back, lean on, recline
ស្ពីកនិក	to collaborate, conspire	សស្ពវ	sweet

97

ក	to carry a child on the hip
កពោះ	to be pregnant
កក	to be bumpy, bump, lump
កកក	goiter
កស	to lay an egg; to get blisters; egg; blister
កសក្រវិ៍	oval
កសចប	the ill person (séance language)
កសមាន់	chicken egg
កស មាន់សឲ្យន	omelette, scrambled eggs
ក្របស់	to abduct, elope
ក្របាប	to level
ក្របើក	to enlarge, expand (trans.)
ក្របស	to harden, stiffen, strengthen
កស្រុ	arena; circle; clique; family (a.w. វ៉ង្រុ)
ក្រញាក់	to cause to be surprised or to become startled; to stun someone
ពណ៌	color
ពណ៌ក្រហម	red
ពណ៌ខៀវ	blue, green
ពណ៌ខ្មៅ	black
ពណ៌ស្រាប់	dull color (opposite of ពណ៌រលប)
ពណ៌ត្នោត	brown
ពណ៌ក្រៅយ៉ងៅ	light green
ពណ៌បៃតង	green
ពណ៌ប្រផេះ	grey
ពណ៌កិនស្ងំ	dark purple, almost black
ពណ៌រយ	sky blue
ពណ៌រសៀង់	yellow
ពណ៌រសៀងស្ត	orange
ពណ៌ស	white
ពណ៌ស្ទុស	a kind of dark purple brown
ពណ៌ស្លាប	a pale green
ពណ៌ស្ងៃស្ត	a deep brownish yellow
ពណ៌ស្វាយ	purple
ពណ៌នា	to describe
កប់	to bend
កប្លេន	to stretch oneself
កប់ចិត្ត	to adapt, behave, conduct oneself (in a specific way)
កពិមាន	information, news, press
កំព	to encircle, surround
កំពស់នៅកិរ	to encircle, surround
កំពំស់ម	to surround by a magic spell
កម	like សម: (used by child or to a child) (see សម:)
កម្រវមាន	beyond measure; very
កណ្ដាក	a great deal, exceedingly, much
កម្ង	tax; tie, bond (lit.) (a.w. កម្ង)
កម្ងការ	tax
កម្ងមាន	jail, prison
កម្ងន	to cause to sag or droop; to extend
កម្ងុក	to slow down, delay; to hinder

98

ក្ដុក	bud; dear, darling
ក្ដប់	to turn off (light); to extinguish, kill (fire)
ក្ដោក	chisel
ក្ដូវ	to make something go down, sink
ក្ដើក	immense
ក្ដូវ	to sink (said of nail); to degrade someone
ក្ដី	illumination, light
ក្ដប់	to perform an abortion; to get an abortion
ក្ដីស	to cause to exceed; to exaggerate
ក្ដៀង	to cause to go faster
ក្ដៀង	to let go
ក្ដៈ	to cut off; to go full blast
ក្ដារ់	to explain
ក្ដារ្យ	to frighten someone by showing something (a.w. ក្ដារ្យ)
ក្ដារ្យៈ	to incite
ក្ដារ្យៈរុក្ខឱ្យខាំ	to incite the dog to bite
ក្ដារ្យៈឱ្យគេវាយគ្នា	to incite (them) to fight
ក្ដារ្យ	see ក្ដារ្យ
ក្ដក	cloud
ក្ដកឱ្យរាយ	to holler names of merchandise hoping that people come to buy them (used by street vendors)
កកស	a kind of candle holder in the form of a bo tree leaf which is used in a wedding ceremony
កកក	rheum in the eye (អង្គ័ រ័ក)
កក់ៈ	foam
និយាយរឿកកក់ៈទាត់	to say something over and over again without result
កក្ក	group
កកៀ	goat
កក្ញ	dumb, stupid
ក្ញកកក្ញ	dumb, stupid
កក្ញកក្ញ	dumb, stupid
កម	to eat, hold something in the mouth
កយ	refers to a head that extends toward the back, projecting
កi	good wishes, blessing; yes (like ច្ៈ, used by a monk)
កiសkជ៎	welcoming wishes
បiម៌កiៈ	yes; to say good bye (clerical)
ឲ្យកi	to wish...well
ឧំយកi	to wish...well
កi	Pear (name of a montagnard tribe)
កiពយរ្ដ	Portugal; Portuguese
កស	force, strength; troops; subgroup of the laborer caste, determined by the nature of the group's occupation
កសកម	energy
កសi	soldier
កសiក	private (soldier)
កសៗសៀ្ម	sergeant
កសៗសៀៈ	chief sergeant
កសៗសៈក	sergeant-major
កសៈៈ	hereditary laborers attached to wat (during ancient times)
កសៈ	the people
កសៈក	p.f.c. (military)
កស	tax; salvation
កសម	sacrifice
កស	strength (literary)
ក.ស	Buddhist Era (= ក្ឌសកiស)
កស	snake
កៗ	multi-, poly-, many (lit.)
កៗសកស	polygon

99

Khmer	Gloss
កាក់	to hang up; to wear, put on any garment (other than pants or skirts)
កាក់កណ្ដាល	center, half, halfway
កាក់កណ្ដាលផ្លូវ	halfway there, on the way
កាក់សក្តិ	to have rank
កាក់សក្តិប៉ុន្មាន	What rank?
កាក់អី	What rank?
កាក្យ	word, utterance
កាក្យចចាមអារ៉ាម	rumor
កាក្យថោកទាប	obscene word
កាក្យផ្អែម	soft, sweet words
កាក្យរិៗ	backtalk, rude words
កាក្យរើសទាន	well-chosen words
កាក្យស្លោក	slogan, saying
កាក	large storage jar, vat
កាណិជ្ជ	commercial (formal)
កាណិជ្ជកម្ម	commerce
កាណិជ្ជករ	businessman, merchant
កាន់	thousand
កាន់	to bump into, walk against
កាន	to wear a scarf under the armpit and over the other shoulder
កាយ	harbor; mouth of a river
កាយ	to be extinct
កាយ័ព្យ	northwest (lit.)
កាន់	to step on
កាល់	to touch
បៈកាល់	to violate; to interfere
កាល	bad, branded
ក្មេងកាល	bad kid
មនុស្សកាល	a branded person
កាស, កសា	sand (literary)
កាស	to cover over, spread over; completely covering, everywhere
កាសរកាព	all over, everywhere
កាសកល. ·កាសកាស	all over, completely
កិរិយ:	draft animal
កិការ	crippled, disabled
មនុស្សកិការ	cripple, disabled person, invalid
កិការភាព	disability, invalidity
កិច្ចការ:	to confer, discuss (a subject)
កិលាត	to murder
កិត្យការ	to ponder
កិន	a kind of Khmer harp
កិនតន្ត្រី	a kind of classical music,
កិត	true
កិតណា	certainly, surely
កិតផ្ដល	to inform of someone's mistake to another (usually boss)
កិត្យាការ	certain, for sure
កិតវៀរតែ	while, it is true that
ការកិត	fact, truth
កិមន	ceiling
កិណ្ណ	act; plan, program
កិ	ceremony, occasion; method
កិ័ការ	protocol
កិ័សេវ៉ាសាសន៍	a ceremony to propitiate a spirit
កិ័ស្ត្រីសំពាកម្ម	a ceremony to propitiate a patriarch spirit
កិ័ស័យ	to fine (formal)
កិ័ត្យ	to censor, examine, observe
កិ័ន	grade, mark, point (in a score)
កិតរណ៍	exhibition, exposition
កិតណិន	to describe
កិច្ចក	difficult, hard
កិច្ចកទុក្ខ	to worry, be worried
កិសាក	universe, world
កិតរសាក	world
កិតណ្ឌ	to discuss
កិ្ចកិតណ្ឌ	discussion
កិទ្ធ	crime; fault
កិល	battery; flashlight

ពិស	poison, venom
ពិសា	to eat (formal)
ពិសាគ្យ	to have a meal
ពិសាខ	name of the sixth lunar month (mid-April to mid-May) (a.w. ពិសាខ)
ពិសេស	special
ជាពិសេស	especially
ពិសោធ	to experiment, test
ការពិសោធ	experience, experiment
ការពិសៅធន៍	experiment
ពិសោធន៍	experience, experiment
ការពិសោធន៍	experience, experiment
ពី	about, concerning; from; indicates past
ពីខែណា	What month?
ពីឆ្នាំណា	What year? (past)
ពីរៃម	originally
ពីដំបូង	at first, originally
ពីណា	who (colloquial) (= អ្នកណា)
ពីថ្ងៃណា ?	What day?
ពីមុន	before, previously
ពីម្សិលណេះ	the other day
ពីអន្លាយ	since, when
ពីងប៉ុង	ping pong
ពីងពាង	spider
ស្រីពីងពាង	prostitute, whore
ពីព្រោះ	because
ពីរ	two
ពីរបី	a couple of, two or three
ពីរោះ	pretty (to hear), melodious, harmonious
ពឹង	to ask for a favor; to depend on, count on
ពឹងវិស័ក(រស័យ)	to depend on
ពឹងពាក់	to depend on
ពឹងពាក់រស័យ	to depend on
ពុះ	to try very hard
ពុក	father (address form)
ពុក	decayed, dry rotted, soft
ពុករលួយ	corrupt, rotten
ពុករលួយនិងឈឺ	corruption (as a way of life)
អំពើពុករលួយ	corrupt act
ពុកចង្កា	beard
ពុកមាត់	moustache
ពុត	to deceive, fake, pretend
v. + ពុត	to fake, pretend
ធ្វើពុត	to fake, feign
ពុតមាត់	hypocritical
លាក់ពុត	to be sneaky, hypocritical
ពុទ្ធ	Buddha (usually preceded by the word ព្រះ)
ពុទ្ធពរ	good wishes from Buddha
ពុទ្ធបដិមា	statue of the Buddha
ពុទ្ធបរិស័ទ	Buddhist (including clergy)
ពុទ្ធរូប	statue of Buddha
ពុទ្ធដីកា	utterance of the Buddha
ពុទ្ធសករាជ	Buddhist Era
ពុទ្ធសាសនា	Buddhism
ពុទ្ធសាសនិកជន	Buddhism
ពុទ្ធសាសនិក	Buddhist (excluding clergy)
ពុទ្ធសាសនិកជន	Buddhist (including clergy)
ពុទ្ធាភិសេក	a ceremony to consecrate a Buddha image
ពុទ្ធោ	Oh my god! Alas!
ពុទ្ធោ ធម្មោ សង្ឃោ	Oh my god! (Buddha, Dharma, Sangha)
ពុន	to carry suspended from one end of a stick over the shoulder
ពុម្ព	print, type, cast (letters)
បោះពុម្ព	to print, publish
រោងពុម្ព	printing plant
អក្សរពុម្ព	printed (letter)
ពុល	to be poisoned; be completely absorbed in; poison
ពុលវិស្សង	to be crazy about gambling

ណៈ	to chop, cut, split; to boil (intrans.); to be decisive	រកិត ៗ	slow; slowly
		រឝិកររកិតៗ	to do something slowly
ណៈកាត	to overcome	រកិតិ	to bulge, jut out
ទិតណៈកាត	to be fearless, be decisive	រកិតិសុទស	to throw out one's chest
ទិកណៈ	The water is boiling.	រកិតិសុទសកាត់	to despise, show off
ណ	= ៤ but less formal than ៤)	រកិតុ	to meet, run across
		រកិតុបូបៈ	to meet, run across
ណុសស	you	រកិតុ ៗ	slowly
ណក	cushion, mattress	រកាៗ៤	to be dented, deformed, crushed
ណិក	clever, good at, smart, skillful; strong	រកាៗបូ៤	to be crushed, deformed, dented
ថ្ងៃណិក	effective medicine	រកាៗុ	to be overloaded
ណៃ	breed, descent, lineage, seed	រកាៗ	bad actions, sin
៣៣កណៃ	bastard, no breeding (curse word used for both sexes)	ចសរកាៗ	to be vindictive, rancorous
ណក	to squeeze or form into balls in the hands, squeeze out; to rinse	រកក	so, too, too much
		រកាៃ	diamond
		រកកណ	full
ណរតា	ax, hatchet	រកកណ + place	all over the place
ណៃ	to build up, pile up	រកកណទិក	to be pleased, satisfied
ណក	Puok (name of montagnard tribe)		
ណក	gang, group	រកកណទោតៗស	adult, mature
ណកររៀកកស	the Vietcong (group)	រកកណឆ្លូប	legal
ណកតៃក	friend	រកកណរកាយ	full of
ណក	to combine forces, unite, join in	រកកណទិ	completely, in every respect, fully
ណកកៗ	to combine forces, unite	រកកណទៀកស	all over the city
ណកៃក	to join forces, unite	រកកណទិតស	full strength
ណៃ	to hide (oneself)	រកកណបៃក	full responsibility, plenipotentiary
ណយ	to throw (something long and pointed)	រកកណសៈ	all over the house
រញៈកៗយ	to fly down very fast (said of birds), dive, swoop	រកកណយៃ	fully qualified, legitimate, proper
		រកកណយៈរកកៗស	in fully appropriate style, normal with respect to social status
ណៃ	rope		
ៃឿៗកៃ	cable, rope		
រកិ	to pretend not to know or see, etc.; pretence	រកកណលកៈៈ	in full status; meeting all requirements
		រកកណរៃកណ	full; completely
រឝិៃរកិ	to feign, pretend	រកកណៃយ	to have reached adulthood

សេចក្ដីអង្គុយ	in full session
ពេទ្យ	hospital; medical; doctor
ពេទ្យធ្មេញ	dentist
ពេទ្យសត្វ	veterinarian
គ្រូពេទ្យ	doctor, physician
សំរាកពេទ្យ	to be hospitalized
មន្ទីរពេទ្យ	hospital
ថ្នាំពេទ្យ	medical drug (as contrast to folk medicine ថ្នាំស្រុក)
ពេប	to protude the lower lip as to make fun of someone, or to be about to cry
ពេបមាត់	to mock
ពេបប្រាស្រ័យ	to mock
ពេមពេម	slowly and hesitantly
ពេល	time; when
ពេលសំរាកបំរើការ	break, vacation
ពេលណា	when
ពេលណាក៏ញ៉ាំងរ៉ែ	any time will do
ពេលឥឡូវនេះ	recently
ពេលឆ្អែត	meal time
ពេលទំនេរសំរាប់	spare-time
ពេលសំរាម	time
ពេស្យា	prostitute, whore
ស្រីពេស្យា	prostitute, whore
ពែង	cup
ពែងកាហ្វេ	coffee cup
ពែងតូច	kind of small cup
ពែងតែ	tea cup
ពែន	to sit by crossing legs
ពែនភ្នែន	to sit by crossing legs
អង្គុយពែន	to sit by crossing legs
ពែនម៉ីប៊ីកុផ្នែ	driver's license
ពែង	buoy
ពោត	corn, maize
ពោធិ៍	bo tree; enlightenment
ពោធិ៍ចិនតុង	Pochentong (name of Phnom Penh airport)
ពោធិ៍ព្រឹក្ស	Bo tree (a kind of tree under which Buddha

	achieved enlightenment)
ពោធិ៍សត្វ	Budhisattva (a future Buddha; a Buddha divinity considered to be a saving spiritual power)
ពោធិ៍សាត់	Pursat (Cambodian province)
ពោង	to have risen; swollen; too much
ពោរពេញ	all, completely
ពោរពេញ	filled (with); plenty
ពោល	to say (formal)
ពោលគឺ	that is to say
ពោលអះអាងថា	to affirm
ពោះ	stomach
ពោះទទេ	empty stomach
ពោះម៉ាយ	widower
ពោះវៀន	intestine
ពោះវៀនតូច	inner tube
ពោះវៀនពោះធំ	intestine (colloq.)
ឈឺពោះ	to be sick in the stomach, stomach ache
ក្រពះពោះ	to be fat (pot-belly)
ពៅ	youngest child in a family; dear, darling
ពៅកាន	darling, dearest
កូនពៅ	youngest child in a family
ប្អូនពៅ	youngest sibling
ព៉ (ទែ, សាត់, គ្រ)	not
ព៉ីស្វា	a kind of fragrant tree; a kind of mango
ព៉ម	pile, stack
ព៉ម	a ball (of food, etc., made in the hands)
ព៉	to carry something in the mouth or beak
ព៉	to block, stand in the way
សណ្ដប់ស្ដី	to block someone's way, stand in someone's way
ភ្នង	Phnong (name of a montagnard tribe; generally used for montagnard or savages but with derogatory meaning)

103

ស្រៅ	a kind of fruit from which a glue is made
ព្យញ្ជនៈ	consonant
ព្យាង្គ	syllable
ពាក្យពីរព្យាង្គ	disyllabic word
ពហុព្យាង្គ	polysyllable
ព្យាបាទ	to have ill will, bear ill will
ព្យាបាល	to assist, take care of
មន្ទីរព្យាបាលសុខ	hospital
ព្យាម	length from finger tip to finger tip if both arms are extended to the sides (see ខ្នង)
ព្យាយាម	to be persistent
ព្យួរ	to hang, suspend
ព្យួរទោស	to suspend a sentence
ព្យុះ	violent winds
ព្យុះសង្ឃរា	hurricane, tempest
ខ្យល់ព្យុះ	hurricane, storm with violent winds, typhoon
ព្រងើយ	to be unconcerned; not to care
ព្រងើយកន្តើយ	to be unconcerned; not to care
ព្រង់	strong cord made of animal hide
ព្រងាង	stick, stake
ព្រម	to agree; together
ព្រមគ្នា	to be in agreement; all together, chorally; likewise
ព្រមទាំង	together with
ព្រមព្រៀង	to agree
ព្រមព្រៀងគ្នា	to come to an agreement
កិច្ចព្រមព្រៀង	an agreement
ព្រលប់	dusk
ព្រលឹង	soul
ធាត់ព្រលឹង	to be fat, be plump
ភ្ញាក់ព្រលឹង	to be frightened out of one's wits
លស់ព្រលឹង	to be extremely shocked
ព្រលឹម	dawn, early morning, early in the morning
ពីព្រលឹមទាល់ព្រលប់	from dawn to dusk
ព្រលឹមមកខ្ញុង	in the morning, come morning
ព្រលាវ (ប្រលាវ)	to try to grasp
ព្រលាហ	insolent, nasty, rude, disrespectful
សំឌីព្រលាហ	arrogant and insolent speech
ព្រហ្ម	fair, good (literary); Brahma
ព្រហ្មគតិ	Brahma's gait (see ណ៎)
ព្រហ្មចារ	virginity
ព្រហ្មញ្ញសាសនា	Brahmanism, Hinduism
ព្រហ្មទណ្ឌ	penal (literary)
ព្រាង	to draft, plan, prepare, sketch
ព្រាងៗ	unclear
ព្រាងទុក	to draft, prepare
សេចក្ដីព្រាង	draft, plan
ព្រាប	pigeon
ព្រាត់	to be separated from a loved one
ព្រាត់ព្រាស	to be separated
ព្រាន	hunter
ព្រាលៗ	faded, light-colored, pale
ព្រាវ	by guessing, by trial and error
និយាយព្រាវ	to guess
ព្រាហ្មណ៍	Brahman
ព្រិល	hail; to have blurred vision
ភ្លៀងផ្កាព្រិល	hail with rain
ព្រិលភ្នែក	to be blinded by the glare
ព្រិង	a kind of deep purple fruit
ព្រឹក	morning
ព្រឹកព្រលឹម	too early in the morning (very) early morning
ព្រឹកមិញ	this morning (past)

ព្រឹក្ស	vegetation
ព្រឹត្តិការណ៍	event, happening
ព្រឹត្តិបត្រ	bulletin, newsletter (formal)
ព្រឹទ្ធ	old and mature, senior
ព្រឹទ្ធសភា	senate
ព្រឹទ្ធាចារ្យ	exploitation
ព្រើ	without thinking, careless-ly
ព្រឺ	to have goose pimples
ព្រឺក្បាល	one's hair stands on end
ស្ករព្រឺក្បាល	to have no fear
អស់ព្រឺទេ	that doesn't scare (me)
ព្រុយ	tuft (of hair or feathers); barb (said of fish); lint
ព្រុស	to bark
ព្រួន	intestinal worm, roundworm
ព្រួញ	arrow
ព្រួម	to combine, double, join forces
ព្រួមគ្នា	to combine forces, join forces
ព្រួមកំលាំង	to combine forces, join forces
ព្រួយ	to be sad, worried, un-happy; to worry
ព្រួយចិត្ត	to be worried, sad
ព្រួយព្រោយ	to be worried, sad
	to be worried, sad
ព្រួស	to spray (saliva); to sow
ស្រពើស	stunned
ភ្ញាក់ស្រពើស	to be startled
អរស្របើស	to be momentarily glad
ស្រពើន	to be naughty
ស្រពន់	ancient, antique, old; fate, luck
ស្រពន់ណាយ	ancient time
ស្រពន់សំណាង	destiny, luck
គូស្រពន់	predestined partner (of husband and wife, friends)
ល្បងមើលស្រពន់	to try one's luck
ស្ទង់ស្រពន់	to take a chance, be

	adventurous
ពាក្យបុរាណ	old saying
រឿងព្រេង	fable, fairy tale, legend
ស្រេន	to make small offerings to spirit
ព្រែ	satin
ព្រែក	canal, creek, small river, stream; to fork (into two or three)
ព្រែកកកើត	man-made canal
ព្រែកកណ្ដាល	natural canal
ព្រៃ	jungle, forest
ព្រៃផ្សៃ	fierce, savage
អំពើព្រៃផ្សៃ	savage action
ព្រៃប្រៃ	jungle
ព្រៃស្រោច	thin forest
ព្រៃនគរ	Saigon
ព្រៃវែង	Prey Veng (Cambodian province)
ស្រេវ	old maid
ស្រោះ	because, since; to sow
ស្រោះតែ	because
ស្រោះមា	because (colloquial)
ព្រំ	line of separation, limit; carpet, rug
ព្រំដែន	border, frontier
ព្រំប្រទល់	border, frontier
ព្រះ	holy, royal, sacred; (precedes nominals, refer-ring to royalty or divini-ties)
ព្រះអង្គ	you, he (very deferent, used to or of males) (also ព្រះអង្គ)
ព្រះគ្រូសង្ឃ	superior of a wat
ព្រះគ្រូសង្ឃ	high ranking clerical official with authority over the wats in a province
ព្រះចន្ទ	moon
ព្រះបាទ	king
ព្រះបាទអធិរាជ	emperor
ព្រះជន្មាយុ	age (royal)

ព្រះសូរសៀង utterance (royal, divine)

ព្រះមានសូរសៀង to speak (royal, divine)

ព្រះឥស្ស-
ព្រះករុណា address form or title for any cleric or for a very high-ranking commoner

ព្រះករសាន earth (literary)

ព្រះអង្គ she (royal)

ព្រះនាម name (royal)

ព្រះបរមសព corpse (of royalty)

ព្រះបាទ title preceding the name of a king

ព្រះបាទ Prabat (name of a mountain cluster)

ព្រះប្រមុខរដ្ឋ royal chief of state

ព្រះពុទ្ធ Buddha

ព្រះពុទ្ធរកា Buddha's utterance

ព្រះពុទ្ធបវរ Buddha

ព្រះពុទ្ធរូប statue of Buddha, image of Buddha

ព្រះពុទ្ធសាសនា Buddhism

ព្រះព្រហ្ម Brahma

ព្រះមហាក្សត្រិយាធិរាជ he, him (royalty, clergy, divinity)

ព្រះមហាក្សត្រ king

ព្រះមហាស្វេតច្ឆ័ត្រ seven-tiered white umbrella over the royal throne

ព្រះទ្រង់សួស្ដី Oh heavens!

ព្រះរតនត្រ័យ 'the 3 precious gems' (Buddha, Dharma, and Sangha)

ព្រះរស្មីភ្លឺ bright, outstanding

ព្រះរាជគ្រូ noble teacher

ព្រះរាជធានី royal capital

ព្រះរាជិនី queen

ព្រះរាជបល្ល័ង្ក throne

ព្រះរាជបុត្រ child (royal)

ព្រះរាជវង្ស នុវង្ស the royal family

ព្រះរាជពិធី an enclosure where a major holiday is celebrated

ព្រះរាជសារ royal message, royal notice

ព្រះរាជអាជ្ញា prosecutor

ព្រះរោគ disease or illness of royalty

ព្រះវិស្ណុ Vishnu

ព្រះវិហារ Preah Vihear (Cambodian province); temple, sanctuary of a wat

ព្រះសង្ឃ Buddhist monk

ព្រះសង្ឃរាជ patriarch of one of the two Cambodian Buddhist orders of monks

ព្រះសមណគោតម the Buddha Siddhartha

ព្រះសិវ: Siva

ព្រះហឫទ័យ heart (royal); feelings (royal)

ព្រះហស្ថ hand (royal)

ព្រះអង្គ he, she (used for royalty, high-ranking clergy, and divinity)

ព្រះអាទិត្យ the sun

ព្រះឥន្ទ Indra (Hindu god)

ព្រះឥសូរ Siva

ព្រៃ: very tight; difficult

ញឹកញ្រៃ: very tight; difficult

ច្របៀញ្រៃ: very tight; difficult

106

ភក់	mud
ភក្ដិ	devotion, respect
ភក្ដីភាព	devotion, respect; pleasure
ភ័ក្ត្រ	face (royal, clerical)
ភណ្ឌ	equipment; wealth
វត្ថុភណ្ឌ	object of value
សម្ផស្ស	beauty
ភទ្របទ	name of the tenth lunar month (mid-August to mid-September)
ភទ្រេស្វរ	noble Siva
ភ័ន្ត	to be confused, be mixed up (a.w. ភាន់)
ភ័ន្តច្រឡំ	to be confused, be mixed up
ភព	world; birth; progress (literary)
ភពលោក	universe, world
ភ័ព្វ	fortune, luck
ភ័ព្វខាងមុខ	luck in the future
ភ័ព្វសំណាង	good luck
មានភ័ព្វ	to be lucky
ភ័យ	to be scared, be afraid
ភ័យបាត់ស្មារតី	to be scared out of one's wits
ភ័យខ្លាច	to be afraid
ភ័យស្លន់ស្លោ	to be afraid (frightened) out of one's wits
ភ័យរន្ធត់	to be terribly frightened
ភ័ក្រភ័យ	to be fearful
ភរ	to lie

ភរភរ	to lie
ភរិយា	wife (formal)
ភរិយាដំបូង	first wife
ភព្ធ	place, residence; property, thing
ភព្ធភ័ស្ត	evidence, proof
ភព្ធភ័ស្ត	tribute; place of birth; cause; gift; thing
ភាគ	part; used between the numerator and denominator of a fraction
ភាគច្រើន	majority
ភាគរយ	percent
មួយភាគរយ	one percent
មួយភាគបី	one third
វិភាគទាន	contribution
ភាគ	success, victory; well; well-being; successful (a.w. ភាគ្យ)
ភាតៈ	relation, sibling (lit.)
ភាតរភាព	brotherhood, fraternity
ភាន់	to be confused, be mixed up
ភាន់ស្មារតី	to be confused, lose memory
ភាព	state of ..., state of being, -ness
ភាពសាហាវ	savagery
ភាពទន់ខ្សោយ	weakness
សុខភាព	health
ភាពយន្ត	moving picture
ខ្សែភាពយន្ត	movie film
រោងភាពយន្ត	movie house, theater

ឆ្នះ:	duty, responsibility, role
ឆ្នាក់ងារ	duty, task
ទទួលឆ្នះ:	to take responsibility
មានឆ្នះ:	to have a duty
ឆ្នាការ	chargé d'affaires
ឆ្នាស្ត្រ	to meditate, pray, recite scriptures at time of death
ភាសា	language
ភាសាកណ្តាល	lingua franca
ភាសាបរទេស	foreign language
ភាសាទំនើប	modern language
ភាសាស្លាប់	dead language
គ្រាមភាសា	dialect
សម័យភាសា	modern language
ភាសិត	proverb, saying
ភិក្ខុ	Buddhist monk, novice
ភិក្ខុនី	female ភិក្ខុ
ភិត	to be afraid (rare)
ភិតភ័យ	to be afraid, be scared
ភិតភាគ	appearance, form, shape
ភិរម្យ	exceedingly; large quantity; much (lit.)
ភិរម្យភាព	muchness
នាគ	dragon
នាគស្នាម	dragon's gait (see ០០)
ភូមិ	earth, land (literary)
ភូមិទេព	god of the earth
ភូមិន្ទ	assistant, deputy
ភូមិន្ទរាជ	deputy provincial governor
ភូមិន្ទការ	lieutenant governor
ភូត	to lie
ភូតកាត	to lie
ភូត	something born or created (literary)
ភូមា	Burma; Burmese
ភូមិ	village; earth, land
ភូរិយ៉ា:	a large, impressive building, villa
ភូមិភាគ	region

ភូមិសាស្ត្រ	geography
ភោគ	royal; king
ភក់	to belch, burp
មិត្ត	friend
មិត្តភក្តិ	friend, pal
ភៀស	to flee
ភៀសខ្លួន	to take refuge, flee
ជនភៀសខ្លួន	refugee
ភេទ	gender, sex
ភេទប្រុស	male
ភេទស្រី	female
លក្ខណភេទ	characteristics
ភេរវ	terror
ភេរវករ	terrorist
ភេសជ្ជ:	beverage, drink, refreshment
ភោគ	to eat (poetic)
ភោគ	goods, property
ភោគសម្បត្តិ	property, resources
ភោគផល	goods, property
ភោគសម្បត្តិ	fortune, resources
ភោជន	food (formal)
ភោជនីយដ្ឋាន	restaurant
ភ្លាម	to blank out, black out; to be astonished, be stupefied, be surprised; a short moment
ភ្លាមក្រោយភ្លាម	to be stupefied
លក់ភ្លាម	to be asleep for a short moment
ភ្ជាប់	to point a weapon closely at
ភ្ជុំ	to bring together, put together; to connect
ភ្ជិត	to cause to be closed, patch up, seal
ភ្ជរ	to plow
ភ្ជុំ	to gather; to bring together; short for ភ្ជុំបិណ្ឌ Pchum Ben holiday
ភ្ជុំបិណ្ឌ	annual holiday in honor of one's ancestors

ភ្ញាក់	to get up, wake up; to be surprised, be startled
ភ្ញាក់ខ្លួន	to come to reality; to be awakened
ភ្ញាក់រឭក	to be startled, be surprised
ភ្ញាស់	to hatch; to incubate
យើងភ្ញាស់(បង្កើត)គំនិតបានសម្រេចហើយ ។	We hatch a plan.
ភ្ញី	a kind of ornamentation
ភ្ញៀវ	guest
ភ្ញៀវកិត្តិយស	guest of honor
ភ្ញៀវកាន់	guest
បន្ទប់ទទួលភ្ញៀវ	living room
ភ្នក	to think
គិតភ្នក	to think
ភ្នក់	place for building a fire
ភ្នក់ភ្លើង	bonfire
ភ្នង	Phnong (name of a montagnard tribe, generally used to mean montagnards or savages but with derogatory meaning)
ភ្នាក់ងារ	agent, employee
ភ្នាក់ងារសម្ងាត់	secret agent, spy
ទីភ្នាក់ងារ	agency
ភ្នក់ដៃ	armrest
ភ្នាល់	to bet, wager
ភ្នែក	eye
ភ្នែកស្រវាំង	failing vision
ភ្នែកបន្ទោរ lightning (ផ្លេកបន្ទោរ)	lightning
ភ្នែកស្រលៀង	squint-eyed, lazy eye
ភ្នែកស្រលៀងស្លាប	cross-eyed
កន្ទុយភ្នែក	the corners of the eyes
សំឡៀងកន្ទុយភ្នែក	to glance
ក្រឡេកកន្ទុយភ្នែកfar away	far away
សម្លឹងកន្ទុយភ្នែកfar away	far away
ចិញ្ចើមភ្នែក	eyebrow
ត្របកភ្នែក	eyelid
បញ្ចោរភ្នែក	iris (of the eyes)
ឆ្អឹងភ្នែក	brow-bone (of the eye)

ធ្វើសញ្ញាភ្នែក	to signal with the eyes, wink
ភ្នំ	to sit crosslegged
ភ្នំ	hill, mountain
ភ្នំគូលែន	Mount Koulen (resort in Battambang)
ភ្នំទំពរ	Mount Tompor
ភ្នំបូកគោ	Mount Bokor (resort in Kompot)
ភ្នំពេញ	Phnom Penh (capital of Khmer Republic)
ភ្នំឱរ៉ាល់	Mount Oral (highest mountain in Cambodia)
ភ្លក្	to sample, taste, try (said of food)
ភ្លា	raw meat salad
ភ្លាត់	to deviate, depart from; to slip; to be dislocated
ភ្លាត់ងារ	to be trapped
ភ្លាត់ជើង	to trip, slip; to have a dislocated joint in the leg
ភ្លាត់ដៃ	to have a dislocated joint in the arm
ភ្លាត់ភ្នែក	to deviate, go away from
ភ្លាត់មាត់	to make a slip of the tongue
ភ្លាត់ស្មារ	to make a mistake
ភ្លាម	at once, right away, immediately
ភ្លី	flat taste, tasteless
ភ្លីមាត់	see ស្ងួតមាត់
ល្ងីល្ងើ	dumb, foolish, idiotic, stupid
ភ្លើ	to daydream; to lose consciousness, pass out, be unconscious
ទប់ភ្លើ	to have noticed; to notice
ភ្លឺ	bright, light
ភ្លឺរ្យាល	dike (dividing the rice field, and keeping the water in the field)
ភ្លុក	ivory, tusk (elephant)
ភ្លុក	to turn over, crash upside down (said of vehicle)

109

រេ្ភីង	electricity; fire, light
រេ្ភីង/កបាទ	red light, traffic light
រេ្ភីងរគះដង	electricity
រេ្ភីងអគ្គិសនី	electricity (formal)
ខ្សែរេ្ភីង	electrical wire
បិទរេ្ភីង	to turn off the light
បើករេ្ភីង	to turn on the light
បង្កាតរេ្ភីង	to make a fire
ផ្កររេ្ភីង	sparks, sparkles
លត់រេ្ភីង	to put off the fire
រងើករេ្ភីង	embers
ស្រមោចរេ្ភីង	kind of small red ant
អណ្តាតរេ្ភីង	flame
រភ្លៀង	to rain; rain
រភ្លង	music
រភ្លងការ	wedding music
រភ្លងក្ដរ	music
រភ្លងអារក្ស	music for a séance
លេងរភ្លង	to play music
ស្ដាប់រភ្លង	to listen to music

អ្នករភ្លង	musician
រភ្លច	to forget
រភ្លចខ្លួន	to forget oneself, be absent-minded, become unaware; to forget one's troubles
រភ្លចខ្លួនឆ្នាំរាំរដូវ	the year passes by unnoticeably
រភ្លចគុណ	to be ungrateful
រភ្លចលេន	to completely forget
ខ្ញុំរភ្លចលេនរាំរេ៍យ	I completely forgot it.
រភ្លចរភ្លែក	to be absent-minded, be negligent, neglect
រភ្លត	immediately, instantly
រភ្លះ	double, twin
កូនរភ្លះ	twin children
រភ្លៅ	thigh (a.w. ភ្លៅ)
ញកទឹករភ្លៅ	crowded
មនុស្សញកទឹករភ្លៅ	in a big crowd
រេ្ភ	naïve, stupid

ម.	meter (unit of measurement) (= ម៉ែត្រ)
ម៉	square meter
មក	to come; to, toward (to the speaker)
មកកាន់	to, toward (in direction of the speaker)
មកសល់ទាំ	up to (now)
បន្ទប់បន់	next, then
មករា	January
មកុដ	crown
មគ្គ	gate, road, way
មគ្គទេសក៍	creator, founder (q.w. មគ្គទេសក៍)
មគ្គផល	benefit, merit of good deeds; a way of referring to the fourfold path (leading to Nirvana)
មង	a kind of fishing net (seine)
ម៉ង់ដា	money order
មង្គល	health, happiness and prosperity, progress
មង្គលការ	wedding ceremony
សុខមង្គល	happiness
មង្ឃុត	mangosteen
មច្ឆ:	fish (literary)
មច្ឆឧបករ	fishery
មជ្ឈ	central, middle
មជ្ឈដ្ឋាន	center, place; medium of communication
មជ្ឈន្តិកកាល	noon (literary)

មជ្ឈមណ្ឌល	center, place; medium
មជ្ឈិម	average, intermediate, middle
មឈូស	coffin
ក្នុងមឈូស	coffin
ម៉ត់	fine, smooth
មណ្ឌល	center, region, zone (formal)
មណ្ឌលកីឡា	arena, stadium
មណ្ឌលគិរី	Mondulkiri (Cambodian province)
ម៉ត់ចត់	careful, close, with attention paid, meticulous, precise
មតិ	idea, opinion (formal)
មធ្យម	average, intermediate, middle
មធ្យមសិក្សា	secondary education
មធ្យមសិក្សាប័ត្រ	baccalaureate (secondary certificate)
មធ្យមសិក្សាបឋមភូមិ	see ឋកទី១
មធ្យមសិក្សាបឋមភូមិ២	see ឋកទី២
មធ្យ័ត	careful
មធ្យោបាយ	means, measure, solution, strategy, tactic, technique
មន	Mon (name of a people culturally and linguistically related to the Khmer); mulberry
មនសិការ	conscience, mentality, professional
មនុស្ស	human being, person

111

ទស្សនឃាត	assassination, murder
ទស្សនៈ	hypocrite, sneak
ទស្សនៈនិយម	humanism
ទស្សនៈ	people
ទស្សនៈ	humanity, humanitarianism; humane
ទស្សនៈជន	human being, mankind
ទស្សនៈ	callous, thick-skinned person
ទសា	feelings, mind, spirit (literary)
ទសានៈ	idea, ideology, opinion
ទសានៈ	ideology, theory
ទសា	enjoyable, pleasant
ទសា	interest, thought, sentiment, feelings
ទស្ស	blessing, spell
ទស្ស	civil servant official (literary)
ទស្ស	to suspect
ទស្ស	to suspect
ទស្ស	place, office
ទស្ស	headquarters
ទស្ស	hospital
ទ.ម	millimeter (= មីលីម៉ែត្រ)
ទម	gnat
ទម	at once, urgently
ទម	horse (name of the 7th year of the 12-year cycle)
ទម	dazedly, sleepily
ទម	pubic hair
ទម	to talk in one's sleep
ទម	in one's sleep, dazedly
ទម	goat (name of the 8th year of the 12-year cycle)
ទម	sludge
ទម	to put on airs
ទម	to put on airs
ទម:	death
ទ	mourning, agony of death
ទ	death
ទ	to die, pass away
ទ	heritage, inheritance
ទ	heritage, inheritance
ទ	mortar (gun) (French: mortier)
ទ	catastrophe
ទ	(spoken) to come, come along (= មក)
ទ	let's go
ទ	big, great, large
ទ	the people
ទ	name of Buddhist scripture telling the story of Preah Vesandor, a favorite story of Khmer Buddhists
ទ	Angkor, the great realm
ទ	Mohanikay (name of the larger of the two Buddhist orders in Cambodia)
ទ	Mahayana (branch of Buddhism)
ទ	boulevard
ទ	university
ទ	name of the first day of 3-day New Year holiday
ទ	general assembly
ទ	ocean (formal)
ទ	banquet, dinner (formal)
ទ	king
ទ	queen
ទ	great power (said of countries)
ទ	ambition
ទ	extremely; huge, immense
ទ	queen
ទ	name of a kind of traditional Cambodian music
ទ	concert

រោងមហោស្រព   theater

មហោស្ពិត   successful

សារមហោស្ពិត   overwhelmingly

មា   uncle younger than one's parents

មាំ   indicates contempt

សម្បាយអ្វីមាំសាក្យអ្នកនឹងរកមើលពេក ?   What's so great about just wandering around and looking?

មាក   brand, mark, trademark

មាក់   mom, mommy, mother (urban)

មាក់ឪ   parents (urban)

មាក់ងាយ   to look down on, despise

មាគ៌ា   approach (policy), road, route, way (literary)

មាឃ   name of the 3rd lunar month (mid January to mid February)

មាឌ   built, figure, frame, form, shape, size

គាត់មាឌធំធេង   He's well built.

មាត់   mouthful; classifier for words

មួយមាត់   a mouthful; a word

ចាំមួយភ្លែតឆ្ងាយ! ចោយមួយមាត់ពីរសិន ។   Wait a minute! Let me eat a bite or two first.

ខ្ញុំនិយាយបានត្រឹមប្រាំមាត់ គាត់ស្រាប់តែរកឃើញចេញ   I had only managed to say 5 words when he suddenly walked out.

មាត់សោមាត់ឃ្លីសហើយ   Whatever he says, it's true; he's firm.

កុំនិយាយមាត់សោមាត់ឃ្លីសពេក: Don't be too firm!

មាត់   edge, mouth, rim; bank, shore (said of river); to talk (familiar); to speak, speak noisily

មាត់ក   to talk loudly; to reply

មាត់ច្រក   gate

មាត់សាយ   to speak one's mind

មាត់ទន្លេ   edge or bank of a river

មាត់ទឹក   edge of a body of water

មាត់ទ្វារ   gate, door

មាត់រអិល   to be unable to hold one's tongue

មាត់រឹង   to be tough in talking, be firm

មាត់សមុទ្រ   seashore

ខឹងក្រៀមមាត់   to be terribly furious

ឆួចមាត់   to be prone to say something bad, be 'a bad mouth'

ខ្ទប់មាត់   to be engaged in a conversation and not be able to break

ស្រេកមាត់   to feel like eating something

ព្រឹលមាត់   to make a slip of the tongue

ព្រលមាត់   to make a slip of the tongue

ត្រូវមាត់   to be right (of taste); to be scolded, be reprimanded

ទន្ទេញចាំមាត់   to memorize, learn by heart

ទឹកមាត់   saliva

ទឹកមាត់រឹប   to have influence

ថ្នាស់មាត់   to be rude with someone

ធ្លប់មាត់   to be in the habit of (pertaining to eating tasty food or talking about someone)

បបូរមាត់   lips

ច្រើនមាត់ច្រើនក   to be talkative

ច្រើនវិកមាត់   to be a windbag

ពុកមាត់   mustache

ភ័យរន្ធត់មាត់   to be terribly frightened

ភ្លាត់មាត់   to make a slip of the tongue

ស្របមាត់(ស្រកក)គ្នា   to be in agreement with one another

ស្គាល់មាត់   to know well; to be fluent

ស្ទុះមាត់   to make a slip of the tongue

រអ៊ូទាស់	to be prone to tease some-one
រីងទាស់	to lack fluency, say hesitantly
សំដីទាស់	to be surprised into saying something, exclaim
ស្យូវទាស់	to have bad breath
ទាឆ្ពុកដុក	Chau Doc (Cambodian name of a province in South Vietnam that used to be part of Cambodia)
ទាក	mother (formal)
ទាកម៉ែក	parents (formal)
ទាង	mother (literary)
ឯកឫស្សនាស	motherland
ទាឫក្ដៅ	motherland
ទ្យាក	article, section
ទាន	there is, there are, etc.; to have, possess; own; to exist
ទាន + v.	indicates that the act has actually occurred
ទានកម្ម	to be sinful
ទានកល	to be tricky
ទានការអ៊ី	Can I help you? What can I do for you?
ទានខ្លួន	to feel always uneasy about oneself; paranoid
ទានគុណ	to be grateful
ទានចិត្ត	to be always willing to give a helping hand
ទានខល	even to the point of...
ទានតែ + clause	the only way is ..., the only choice is ...
ទានចុះ:ខ្ល	to have the status of
ទានជឿទាស់	to be persuasive, be convincing
ទានទេ+ v. yet	
ទានទោស	to be guilty; to be punished
ទានទៅទានមក	to work two ways, be a two-edged sword
ទានទៅអ្នកណា+ v.	there is no one who

ទានអ្នកណាទៅ+ v.	there is no one who
ទានអូ	generous, kind
ទានអុរ:	to have troubles, have business
ទានឱ្យ	to happen to, have occasion to; past time indicator
ទានឫទ្ធ	gifted; lucky; talented; chosen by the gods for special benefits; superhuman
ទានប្រយោជន៍	useful
ទានប្រសាសន៍	to say (formal)
ទានផ្ទៃ	to be pregnant
ទានផ្ទៃពោះ:	pregnant
ទានផ្លូវ	there's a way, there's a chance
ទានពុល	poisonous (animal, plant)
ទានពុត	to be sneaky, be sly, be hypocritical
ទានព្រះតម្រាស់	to say, speak (used to a monk)
ទានមាឌ	to be fat, chubby
ទានមរ:ស្យទានស់	to speak (royal, divine)
ទានមរយាទ	to have good behavior or conduct
ទានរឿង	to have a conflict, have a fight
ទានលប្ធិភាព	competent
ទានឆ្ងានទានចុក	to have (enough) to eat
ទានស្រស់បំពុ	to have an attractive face
ទានអ៊ី	Why not? of course, O.K., all right; You're welcome
ទានសោក	on the contrary (connotes overcoming an obstacle)
ទានឱកាស	to have an opportunity, have a chance
ទានឹ	to be stubborn
ទាស់	chicken
ទាស់ទា	poultry
ទាស់ក្រហតាល	coward
ទាស់ឃ្នាន	turkey

114

មាសឈូ	coward
មាន់ក្រ	to like, love (poetic)
មាឃ	to put on airs
មារ	devil, evil, illusion, Mara; barrier, obstacle
មារសាទ	character, manner
មាស	gold, darling, dearest, month (literary)
ឆមាស	semester
ត្រីមាស	trimester
ពណ៌ទឹកមាស	gold color, gold paint
ម៉ាស៊ីន	device, engine, machine, motor
ម៉ាស៊ីនដេរ	sewing machine
ម៉ាស៊ីនត្រជាក់	air conditioner
ម៉ាស៊ីនទឹក	water fountain
ម៉ាស៊ីនថតសំឡេង	tape recorder
ម៉ាស៊ីនភ្លើង	generator (electricity), electrical plant
ម៉ាឡេស៊ី	Malaysia
មិគសិរ	name of the first lunar month (mid-November to mid-December)
មិច	to blink eyes as to give signal
មិត្ត	friend (a.w. មិត្រ)
មិត្តភក្តិ	friend
សម្លាញ់មិត្ត	intimate friend, good friend
បច្ចាមិត្ត	enemy
មិត្តភាព	friendship
មិត្តសម្លាញ់	friend
ចៅមិត្ត	bad friend
រាជមិត្ត	enemy, adversary
មិថុនា	June
មិន	no, not
មិនល្អ	no good, useless
មិនខាន	certainly, without fail
មិនឱ្យ + v.	wouldn't + verb under any circumstances
មិនអ្វី	no use, it's no use
មិនខ្វះ	a lot of, plenty, no lack

មិនក្រាន់តែ ... ទេ	not only ... but ...
រឿងនេះមិនក្រាន់តែរិះរឿងធ្វើយឱ្យពិបាករទេ ធ្វើឱ្យយើងព្រួយស្មារតីទៀត	This matter not only gives us a hard time but it makes us worry too.
មិនក្រាន់តែ...ទាំង...not only ... but ...	
មិនចេះអស់មិនចេះរៀបយ៍ endlessly	
មិនលើសលា no more than	
មិនលើប៉ុន្មាន it's nothing	
មិនលា...ប៉ុន្មានទេ not very, not so	
មិនលាស្គ្រ very similar, about the same	
...មិនខាន់... not as ... as...	
មិនដឹងខាងបាស doesn't know which end is up; ignorant, foolish	
បណ្ឌសលឆ្គួតភ្គក	ignorant, foolish, stupid
មិនដែល never (used only in past)	
មិនដែលនិងមិន + v.	never have and never will + verb
មិន(ដែល)ទាំង + v. not even + verb	
មិនរឹតប៉ុណ្ណោះ not only this, that, etc.	
មិនរឹតប៉ុណ្ណោះ:... ទេ	not only that ... but
មិនត្រឹមត្រូវ incorrect, not proper	
មិនត្រឹមមិន ... ប៉ុន្ទោះ៖ទេ(ទើបមានទ)...	not only ... but ...
មិនតាមិន...ឥត never only ... but ...	
ខ្ញុំមិនតាមិនអស់កម្លាំងស(ទេ)ឃ្លានម្ហូបឥត	I'm not only tired but hungry too.
...មិនមានទ there's nothing more to worry about, it's all finished	
មិនអ៊ីទ it's nothing, no problem (also មិនអ៊ីទ)	
មិនទាន់ not yet; not on time	
មិនទៀងទ it depends, it's not certain	
មិនឱ្យ + v. wouldn't	
មិនទាំង + v. ...ក៏ not only ...but	

115

ទិសត្រូវ	not to have to, not need to, not to be necessary
ទិសការ	no good, not productive
ទិសប៉ុន្មាន	not much, not important
ទិស...ប៉ុន្មាន	not so ..., not very ...
ទិសការ:	it's no use, there's no point to it, no result, no good
ទិសយឺតទិសយ៉ាង	sooner or later
ទិសខាន	without doubt, without fail
ទិសលឿន	to run very fast
ទិសល្អ	not very ..., not much, not many
ទិសល្អអីទេ	it's nothing, no problem
ទិស...សោះ:	not at all
ទិសឃ្លាន + n.	the same one
ទិសឃ្លាន + v.	the same as verb
ទិសអីទេ	you're welcome, it's nothing
មី	derogatory or intimate title for a female, corresponding to មា for a male; egg noodles
មីក្រូប	microbe, germ (French: microbe)
មីង	aunt (younger than one's parents), 2nd or 3rd person pronoun for younger aunt
មីងទៅណា?	Where are you going?
មីលក់ចេកអាំង	woman who sells grilled banana on the street
មីងម៉ឹង	serious, severe
មីត្រៃយ៉ឺស	a type of large machine gun (French: mitrailleuse)
មីន	mine (explosive)
មីនា	March
មីនាត	minute
មីល	bean threads
មីក	squid
មីក	to try hard; to dash away, run
មីន	firm, solid; stubborn

សូបមីន	solid, well connected
មឺន	ten thousand
មុខ	face, front, in front; kind; field; variety; dish; edge
មុខការ	duty, job
មុខកាំបិត	sharp edge of a knife blade
មុខងារ	duty; status; function
មុខក្រាស់	shameless; callous, thick-skinned; to have nerve
មនុស្សមុខក្រាស់	shameless person
មុខស្លេក	dead face, pale face
មុខស្លាប	dead face, pale face
មុខការ	job, position, work
មុខ(ជា)	probably, undoubtedly; will, shall
មុខអាប	one who abases oneself and begs
អាបមុខអាប	to abase oneself
មុខស្រ	sad face, sourpuss
មុខជា	certainly will, will
មុខឈ្មោះ	influence; well recognized; state of being famous
ប្រើមុខឈ្មោះ	to exert one's influence
មុខវ	grim face
មុខយ៉ាង	angry face
ធ្វើមុខយ៉ាង	to show anger in the face
មុខរបរ	occupation
មុខស្រ	sad face
មុខស្រ	apathetic, indifferent
មុខស្រយ	dissatisfied face
កាត់មុខ	to cut in
អស់មុខ	to feel in disgrace
វិលមុខ	to feel dizzy
ប្រើមុខ	to stand up and do something openly; to appear; to show up
កាត់មុខ	to hang one's head (in shame); to change face expression in distress
សូបមុខ	exclusively

ទឹកមុខ	facial expression
នាំមុខ	to lead
បាត់មុខ	to disappear; to be absent
ខ្មាសមុខ	to be ashamed
បង្អាក់មុខ	to make someone lose face
លំអៀងមុខ	to be partial, take sides
អោនមុខ	to be downgraded, be disgraced
មុង	mosquito net
ម៉ុងហ្គោល	Mongol
ម៉ុងហ្គោលី	Mongolia
មុជ	to dive, immerse, shower
មុជទឹក	to take a shower, go swimming
មុត	sharp (edge); to be cut
មុតមាំ	hard, firm, sharp and decisive
ទឹកមុត	to be decisive; audacious
មុទ្រា	position, posture (a.w. មុទ្រ)
មុន	before, first
មុនដំបូង	first
មុនដំបូងបង្អស់	first of all
មុននឹង	before
មុននឹងរៀនខ្ញុំញ៉ាំបាយ	I eat before studying.
មុននេះ	before this
មុនម៉ោង	ahead of time
មុនីវង្ស	Monivong (name of a Cambodian king)
មុំ	angle, corner
មុយ	timid
ម៉ូត	fashion; fancy, fantasy, fashionable
ម៉ូតូ	motorbike, motorcycle
មូត្រ	urine
ទឹកមូត្រ	urine
មួរ	to roll up
មូល:	origin
មូលដ្ឋាន	base (military, philosophical and physical)
មូលធន	capitalist, tycoon; capital, investment
មូលនិធិ	funds, principal (financial)
មូលហេតុ	basic reason, basic cause
មូល	round
មូលគ្នាមូលស៊ី	to have a family reunion
មូលភិន្នភាគ	to be in agreement with one another
មូល (គ្នា)	to get together; to assemble
មូលមត់	to agree unanimously
មូលរាងមុន	oval (adj.)
មូស	mosquito
មូសុង	monsoon (French: mousson)
មួ	angry, frustrated, in a bad mood
មួរ	angry, frustrated
មួយ	in a bad mood
មួក	hat, cap
មួកដែក	helmet
មួយ	one
មួយៗ	each; slowly
មួយស្ទើ	a lot, a pile, plenty
មួយបូ	one round, once, all the way through
មួយឆ្នាំៗ	every year, each year
មួយជាតិ	all one's lifetime
មួយកន្លែងៗ	various areas
មួយទល់នឹង	one to one, duel
មួយភ្លែត	one moment, a minute
មួយទៀតសោត	and another thing, furthermore, in addition
មួ	to turn, twist
មួលបង្កាច់	to accuse falsely, fabricate
មើលៗ	very slow, slowly
មើម	tuber, tubercle
មើល	let's see; to be like
មើល	to look at, watch; to read
v. + មើល + n.   to (verb) like (noun)

117

[Khmer]	to inspect, supervise, take responsibility
[Khmer]	to see a movie, watch a movie
[Khmer]	to babysit, take care of a child
[Khmer]	to despise, look down on
[Khmer]	to cure, take care of an illness, treat (a patient)
[Khmer]	to be able to read
[Khmer]	to be unable to read
[Khmer]	maybe, perhaps
[Khmer]	it seems that, like, as if
[Khmer]	to despise, look down on
[Khmer]	to wait for someone impatiently
[Khmer]	to visit a doctor
[Khmer]	to make an attempt, try
[Khmer]	female animal (that has given birth); poetic for woman, mother; chief, head; classifier for bees and wasps
[Khmer]	chief of works
[Khmer]	chief of conscription
[Khmer]	a medium that spreads lice; figuratively a bad influence, a bad apple
[Khmer]	leader (pejorative)
[Khmer]	see [Khmer]
[Khmer]	village chief, town mayor
[Khmer]	treasurer
[Khmer]	leader
[Khmer]	magnet
[Khmer]	thumb; medal
[Khmer]	woman who's taking care of breast-feeding newborn (other than its own mother), wetnurse
[Khmer]	partner
[Khmer]	to have sexual intercourse
[Khmer]	leader of troops

[Khmer]	military officer
[Khmer]	big boss, main leader
[Khmer]	commander
[Khmer]	see [Khmer]
[Khmer]	to run very fast
[Khmer]	housewife
[Khmer]	forester (official)
[Khmer]	hamlet chief
[Khmer]	tinder, source of fire; electrical relay station
[Khmer]	hen
[Khmer]	woman who lost her husband, widow, divorcée
[Khmer] (= [Khmer])	divorcée
[Khmer]	widow
[Khmer]	lesson
[Khmer]	germ, microbe, virus
[Khmer]	any member of a wat who is in a position of leadership
[Khmer]	district chief
[Khmer]	matchmaker
[Khmer]	Mekong (river) (a.w. [Khmer])
[Khmer]	Mekong (river)
[Khmer]	sky
[Khmer]	cloudy sky
[Khmer]	clear sky
[Khmer]	in the sky
[Khmer]	how, why
[Khmer]	how come, why (colloquial), at least
[Khmer]	At least I'll get a dollar.
[Khmer] ...	how come?
[Khmer] }	how come?
[Khmer]	Menam(river)(European name for the Chao Phrya a river in Thailand)
[Khmer]	to forgive, pity; please (carries a strong pleading connotation)

របស់របរ	pity (n.)
សេចក្ដីស្ម័គ្រស្មាន	friendliness, friendship
មេធាវី	lawyer
មេសា	April
មេអំបៅ	butterfly
ម៉ែ	mother (address form for ម្ដាយ)
មេបា	parents
មែក	branch
មែកឈើ	branches
ម៉ែត្រ	meter (unit of measurement)
មែន	real, true; really; really?
មែនទេ (ទេ)	isn't, are they, am I, etc.
មែនទែន (ទៅ)	really, in fact
មែនឬ៎	really?, is that so!
មើ	to suspect; to have the opinion
មគ្គ:	elimination of suffering, Nirvana
មគ្គ:ញាណ	the truth that leads to the elimination of suffering
មោឃ:	useless
យកមកមោឃ:	to consider (it) useless
មោង	whip
ម៉ោង	hour, time of day; clock
ម៉ោងប៉ុន្មាន?	What time is it?
មោរ	(spoken) ghost (c.s. ខ្មោច)
មនោរម្យ	happiness (literary)
មៅ	to take over a task by oneself
ទិញមៅ	to buy all
មៅនិយម	Maoism
មៅសេទុង	Mao Tse Tung
ម៉ាំ	firm, definite, strong
ម៉ាំម៉ាំ	firm, strong
ម៉ាំមួន	firm
មាំមួន	definite, firm, strong

ម្ខាង	one side, one (of a pair)
ម្ខាងទៀត	the other side
ស្បែកជើងម្ខាង	one shoe
ស្បែកជើងម្ខាងទៀតនៅឯណា?	Where is the other shoe?
ម្ខែ	one month (= មួយខែ)
ម្ងៃ	a day (spoken) (= មួយថ្ងៃ)
ម្ងៃណោះ	the other day (spoken)
ម្ចាស់	boss, owner, master
ម្ចាស់ផ្ទះ:	landlord, landlady
ម្ចាស់ឡាន	car owner
ម្ជុល	needle, syringe
ម្ជុលខ្ទាស់	(safety)pin
ម្ជុលព្រ័ត្រ	pin
ម្ជូរ	a sour ingredient
ម្ជួកម្ជាក់	to be coquettish
ម្ដង	once; for a change
ម្ដងៗ	once in a while
ម្ដងម្កាល	once in a while
ម្ដងម្ដួច	once in a while
ម្ដាយ	mother
ម្ដាយក្មេក	mother-in-law
ម្ដាយចង	stepmother
ម្ដាយធម៌	godmother
ម្ដាយមា	aunt (older than one's parents)
ម្ដាយបង្កើត	real mother
ម្ដាយមីង	aunt (younger than one's parent)
ម្ដេច	how (see ម៉េច)
ម្ដេចក៏ + clause	how come?
ម្ដុំ	area, region, vicinity
ម្ទេស	hot pepper
ម្ទេសប្លោក	bell pepper
ម្នាក់	a person
ម្នាក់ៗ	each, every one of them
ម្នាក់ម្ដង	one (person) at a time,
ម្នាក់ឯង	alone, by oneself
ម្នាស់	pineapple
ម្ញ៉ែម្ញ៉ា	to hurry, rush around doing things

ម្នុស្ស	(spoken) human being (c.s. មនុស្ស)
ម្ភៃ	twenty
ម្ភៃប្រាំ	twenty-five
ម្យ៉ាង	kind, way, method
ម្យ៉ាងទៀត	another thing, furthermore; in other words, on the other hand
ម្រក្រ្សូរ	lacquer
ម្រាក់	friend
ម្រាក់រភ្លៃ	friend
ម្រាម	digit (finger, toe)
ម្រាមជើង	toe
ម្រាមដៃ	finger
ម្រឹគ	four-footed animal (wild)
ម្រឹគា	male animal (wild)
ម្រឹគី	female animal (wild)
ម្រឹគាម្រឹគី	fauna, wild animals
ម្រេច	black pepper
ម្រះ	bitter melon
ម្លប់	shade

ម្ល៉ឹង	like that, thus
	betel
	jasmine (flowers)
រម្ល៉ះ	so, such
រម្ល៉ះទើប	therefore
ម្សាញ់ (ពស់)	snake (name of the 6th year of the 12-year cycle)
ម្សិល	yesterday
ម្សិលមិញ	yesterday
ម្សិលម្ងៃ	day before yesterday
ម្សិលម្ងៃសាយ	2 days before yesterday
រម្យ	guy, fellow (often slightly derogatory)(French: Monsieur)
រម្យ	flour, powder
រម្យាស៊ូ	monosodium glutamate
ម្ហូបៗ	in a palpitating or throbbing manner
ម្ហូប	food
ម្ហូបកំប៉ុង	canned food
រៀបម្ហូប	to prepare food, cook

 យ៉ុ abridged, in brief
ន័យឬយ៉ុ to brief, give a short detail
យក to take
យកការ to charge interest
យកការណ៍ to spy
យកខ្យល់អាកាស get some fresh air
យកចិត្ត to apple-polish, please someone for a favor
យកគុណ to claim a favor
យកចិត្ត to apple-polish, flatter, please, try to please (often used with a sense of servility or self-seeking)
យកចិត្តទុកដាក់ to do with care, pay attention; to be diligent, be serious
យកសារ to be a friend
យកដើម to apple-polish, be a bootlicker
យកទឹមទៅវិនិយោគ to invest
យកតម្រួតស្រួច really
យកញ្ញាសា to make an issue of
យកប្រពន្ធគេ to commit adultery
យកពន្ធ to collect tax
យកមិនអស់ plenty, a lot
យកមុខទៅលាង (ខ្មាសាយ) to be embarrassed
យករួចខ្លួន to escape with one's life
យកសុខ to ask for peace of mind
យកអានុសារ to help

devil, giant, monster (a.w. យក្ស)
យក្សមុខខៀវ blue-faced monster, giant or devil (figuratively in reference to Americans and the capitalist world)
យក្ស plural of យក្ស
យាងយាង fierce, savage
សាហាវយាងយាង ferocious, savage
យោគ consequence (also យោគសោគ)
កម្មយោគ whatever will be, will be
យោគសោគ consequence
យន្ត engine, machine
យន្តហោះ airplane
យប់ night, nighttime
យប់ស្រៅ late at night
យប់មិញ last night
យមរាជ guardian of the nether world (in religion) (used figuratively for the minister of justice or for any judge); attorney general
យល់ to understand; to be partial with respect to
យល់ខ្ម to be partial, take sides
យល់ឃើញ to realize
យល់ញាតិ to favor the family, practice nepotism
យល់គាប to agree
យល់ព្រម to agree
យល់ខ្ម to be partial
យល់សប្តិ to dream

យល់ព្រម	to agree		trade mark
សុខយល់	to be indulgent, lenient, tolerant	ឈ្មោះ	name, reputation; stars
យស	honor	អាប់ឈ្មោះ	to have a bad reputation
យសសក្តិ	honor, rank	ឈ្ងើ!	expression of anger
យាង	to go (royal) (preverbal honorific used before verbs of motion)	ឈ្នួរ	elastic; late; slow
		ឈ្នួរៗ	slowly
យ៉ាង	kind, type, way	ឈ្នួរៗៗ	slow
យ៉ាងស្រួច(ណាស់)	at the most	ការឈ្នួយ	delay (n.)
យ៉ាងឆាប់(ណាស់)the earliest		ឈ្នួ	that which is right, proper
យ៉ាងណា? how?, which way?			
យ៉ាងណាក៏ដោយanyway, nevertheless		យុត្តិធម៌	justice
យ៉ាងណាទិញ likewise (literary), for example		យុថ្កា	anchor
យ៉ាងតិច at least		យុទ្ធ	fighting
យ៉ាងតិចណាស់... ក៏ដោយ at least		យុទ្ធជន	fighter
យ៉ាងម៉េច how?, why?		យុទ្ធសម្ភារ	military equipment, war equipment
យ៉ាងឈឺណាស់ at the latest		យុទ្ធន្តរាគមន៍	armistice
យ៉ាងឆោទ... រៀ at least...		យុទ្ធសាស្ត្រ	strategy
យ៉ាងតោចណាស់ at least		តយុទ្ធ	to fight, resist
យ៉ាងហ្នឹងព្រោះបើសិនណាthat's why		យសណាន	Yunnan (a.w.យូណាន) (in South China)
យាន	vehicle (formal)		
យានកម្ម	-ization	យើៈ	young
នៃយានកម្មKhmerization (pertaining to education)		យើកស្រាៈ	young man
		យើនៈ	youth, young people
យានភ័ណ្ឌៈ	means of transportation	យើនៈ ស្រ ណ្ឌ ស្ន្តា	the salvation youth (government-sponsored youth organization)
យានហ កាសៈspacecraft			
យ៉ាប់	bad, difficult, hard; tired; to be no good	យើនី	young woman
		យើយយ៉ាយ	sound of shouting
យ៉ាប់យ៉ឺន	lamentable, deplorable	យើរ	long (time), late
យាម	to guard	យើរណាស់ហើយwlong time now	
រៀមយាម	to patrol	យើរណាស់មកហើយ long time now	
យាមកាស	to guard, patrol		
យាយ	grandmother; old woman	យើរ?ម្តង	once in a while, seldom, intermittent
យាយី	to menace, pervade, threaten	យើរពេក	too long
		យើរនានា	long time
យារ	to sag; to put hand into position to do something hanging down	មិនយើរមិនណប់	sooner or later
		យើរយាវ	long (time)
ឈី!	Gee!		
ឈីរាន	company name, store name,	យួន	Vietnamese

យួរ	to carry suspended from the hand, e.g., purse
រឺ	expression of anger, astonishment, or disbelief
រឺង	we, us, our; you (familiar)
រឺងខ្ញុំ	we
រយ)កណាម	Vietnam (also វៀ)កណាម)
រយស៊ូ	Jesus
រយស៊ូគ្រីស្ត	Jesus Christ
រយាក្រៅ	third-in-command in a ក្រុម ,with special responsibility for documents
រយាក	to earn a living; property; construction (literary)
រយាង	to pull upward

រយាងរៀបកាម	with reference to
ឆ័ត្ររយាង	parachute
រយាងឆ្ងាយ	distance the eye can see
រយាងឆាយ	name of Pali grammar (in Pali)
រយាកទ័ពខាត	military district
រយាធា	military (formal)
រយាបល់	opinion, suggestion
តាមរយាបល់ខ្ញុំ	according to my opinion
រយាល	to go with the momentum of, swing
រយាលរៀបរយាល	... in reference to...
យំ	to cry, weep
យំសសិក	to sob
យាត	to spread apart
យាតឆ្នង	to spread the legs apart

123

រក	to find, look for, search for, seek	រស់បររន៑	to feel light and dizzy, e.g., as when one is about to faint
រកសល	to be about to		
រកការរង្វ	to look for a job	រន៑ររន៑	confused, mixed up, stupid
រកស្រក់	to make extra money, " moonlight"	ររន៑ក	ember
រកឧរករ	to find out the truth, seek out the truth	ររន៑ករឆ្ន៑ស	ember
		រស៑	decorous (music), quiet, melodic
រកឧរល់	to gasp for breath		
រករឃ្ញ្ម	to find	រឆ្ខណ៑ស	amphitheater
រកិក + v. + ក៑ម៑ិនរក៑ក	can't even + v.	រឆ្សល	dance hall
		រឆ្ន៑ (សឆ្ន៑)	in tight waves (from the name of a kind of tree with tiny leaves arranged along a stalk)
រកលុយ	to look for money to borrow; to make money		
រករ៑	to earn a living, start up a business	ររឆ៑	to quake, shake, vibrate
ខ្ញុំរកគិកម៑ិនរឃ្ញ្ម	I can't figure it out, I can't think of it.	រឆ៑ស	circle
		រឆ្ណស	gift, reward
រក្ប	to take care of	រឆ្ណល	device for measurement (volume)
រ័បរក្ប	to take care of		
រក (ច៑ស)	cock (name of the 10th year of the 12-year cycle)	រឆ្ណល់	device for measurement (length)
រង	to be a victim; to defend	រឆ្ណល់រឆ្ណល	measurement device (volume and length)
រងក្ម្ប	to have a miserable life		
រងររណះ	to be a victim, be injured	ររឆ្ស	widely spaced
ន៑ស រងរ្ណះ	victim	រចក	to make a pattern, think in an organized way; decoration, pattern
ឯកររងរ្ណះ	victim		
រងទក្ខ	to suffer, undergo suffering	រឆ្កល	period of reign
		រក៑ម៑ិរក៑ម៑ិ	in a shaky manner
រស៑ច	to wait for	រញ្ម្ប	to shake, tremble
រសៈ	chilly (with wind), cold, cool	រក៑ស	to speak with an accent
		រឆ្ស	season
		ររ្ឆ្ទិករន៑ស	flood season
		ររ្ឆ្ទិករទ្ប៑ស	flood season

រដូវវស្សា	rainy season	រត់ចោលស្រុក	to flee the country
រដូវវស្ស	wet season	រត់តាក់ស៊ី	to drive a taxi
រដ្ឋ	state	រត់តាមប្ដី	to elope
រដ្ឋការ	civil service, government	រត់ពេញព្រោងជើង	to run very fast
រដ្ឋធម្មនុញ្ញ	constitution	រត់និរដេសរកមិនរួច	to be trapped, be cornered, be unable to get away
រដ្ឋធានី	capital city		
រដ្ឋបាល	administration; management	រត់សង្ហៀន	to dash away very fast
រដ្ឋប្រហារ	coup d'état	រត់គិររដេសរកមិនបាន	to be trapped, be cornered, be unable to get away
រដ្ឋមន្ត្រី	cabinet minister		
រដ្ឋលេខាធិការ	secretary, cabinet minister, secretary of state (a high government official below cabinet rank)	រត់ចោល	to be fluent
		រត់មិនរួចរកមិនរក	to be trapped, be cornered, be unable to get away
រដ្ឋសភា	congress, national assembly, parliament	រត់មិនរួចគិររកមិនរក	to be trapped, be cornered, be unable to get away
រដ្ឋអាជ្ញា	prosecutor	រត់លាស	to run and to crawl; to struggle
របបរដ្ឋ	government, regime		
របបរដ្ឋាភិបាលសង្គ្រោះជាតិ		ស្ទូងរត់លានការយល្ម	to have been struggling together
	Government of National Salvation (name of the government that was in power before, during, and after the overthrow of Norodom Sihanouk in 1970)		
		រត់សំបុត្រ	to deliver mail
		រត់ឡាន	to work on a bus
		រតនៈ	gem, precious metal; precious personal thing
របប	to be dependent on (political term); satellite		
របបណៈ	front	រតនគិរី	Rattanakiri (Cambodian province)
របបណៈជួបរួមជាតិកម្ពុជា		រថ	vehicle (formal, royal)
	National United Front of Kampuchea (name of the group operating in the name of Norodom Sihanouk in the early 1970's)	រថក្រោះ	tank (vehicle)
		រថភ្លើង	train
		រថយន្ត	motor vehicle (formal)
របៀរ	saw (tool)	រឿរ	to complain
ររណ្ដៅ	ditch, hole (in ground)	រទេះ	cart, vehicle
រដ	to rattle	រទេះគោ	oxcart
រសាឫ្កឫ្កា		រទេះភ្លើង	a train
	to chatter (said of teeth)	រទេះសេះ	horse-drawn cart
រត់	to run	រសល	naked
រត់កប៉ាល់	to work on a boat	រនាត	xylophone
រត់ខយ	to smuggle	រនប	floor
រត់ចោល	to desert	រនៅ	jungle
រត់ចោល	to abandon	រនាស់	harrow, rake

125

	bolt, sliding bolt; informer
	inside informer
	a kind of squash
	period of waning moon
	curtain, screen, shade
	thunderbolt
	cavity, hole
	to be moved emotionally
	to flake off (said of skin); to peel
	fence, hedge
	manner, order; regime
	rainfall
	low water level
	high water level
	well-behaved boy
	dictatorial monarchist regime
	profession, trade
	occupation
	belong to; thing
	antiques
	things
	bad character, crooked, naughty, untrustworthy
	to get loose; to slip (from holding)
	to make a slip of the tongue
	to be injured, be wounded; wound (n.), injury
	a kind of brocade with metallic threads
	to cause to move; to be opened
	method, order, style, way
	behavior, manner
	order
	suitable; sociable; fashionable
	tuberculosis

	to come off (said of fruit), fall down; to slip
	to be scattered
	dancing, show
	partition
	fidgety, mischievous
	fidgety, restless
	to be prone to say anything
	bicycle or motorcycle-drawn trailer; trailer (French: remorque)
	resort area
	to itch; itchy
	to have an urge to say something
	to glance
	to be ungrateful
	twisted; intertwined; to churn (said of muscle)
	cramp
	turmeric
	to roll (on a slope)
	always, frequently
	modest
	modesty
	interval
	latitude
	longitude
	hundred
	two hundred
	earring
	in a poor condition, shabby, deteriorated, flabby, loose
	in a dangling manner
	torn apart, in rags (said of clothing)
	to be split apart
	to be torn apart
	to undulate; ripple, wave

126

រលកអាកាស	(radio) frequency
ចុករលក	to be seasick; seasickness
រលត់	to be extinguished; to be stalled
រលប់	erased, rubbed off
រលា	to be unrolled, be spread out
រលាក	to burn (on skin)
រលាក់	to shake; bumpy (said of road)
រលាស់	to be peeling off, get scratched (on skin)
រលាយ	to be destroyed; to melt
រលាស់	to shake
រលាស់ដៃ	to wash something off one's hand
រលីង	completely gone, barren (restricted distribution)
ដីរលីង	barren soil
រលីងស្អាត	cleaned out, completely gone
អស់រលីង	no more, completely gone
រលឹក	to feel nostalgic, miss
រឭក	to feel nostalgic, miss
រលុង	not tight, loose, too big
រលុប	erased, rubbed off
រលូត	to have a miscarriage; to get loose
រលួយ	to be decomposed, decayed, rotted, spoiled
ររលីង	uprooted
ររលីប	shiny
ខ្មៅររលីប	shiny black
ររលាស់	polished, smooth
រលំ	to collapse, fall down
ររល់	to care about; busy
កុំររល់នឹងគាត់ ។	Don't worry about him.
វ៉ិររល់	very busy, busy with
រវាង	between, during; duration, interval
ររ៊ីក	to move
ររ៊ីរាយ	to daydream; to talk nonsense
រវិ	to spin; to dial, crank
រស	essence, flavor
រសជាតិ	flavor
រស់	to be alive; to live
រស់រវើក	in a lively manner
ការរស់រៅ	life; living conditions
រសាត់	to drift, float; to unravel, to run (said of stocking)
ស្រោមជើងនេះមិនរសាត់ទេ ។	This stocking won't run.
រសាប់រសល់	restless, uncomfortable, uneasy
រសើប	to be ticklish
រសៀល	afternoon
រសៀករសៀក	lethargic and uncomfortable
រស្មី	light, ray of light; fortune, luck
រហ័ស	to be in a (excessive) hurry
រហ័ន	fast, rapid, quick
រហ័សរហួន	fast, rapid, quick
រហាក់រហឺ	unclear; vaguely
ឮរហាក់រហឺ	to have heard something unclearly
រហាត់	spinning wheel
រហាត់ទឹក	water wheel
រហូត	all the way, through, without intermission
រហូតដល់	all the way to
រហែប	gapped; gapping
រហើយ	refreshed
រហេមរហាម	miserable, poor
រហែក	to be torn
រហែករហាយ	to be torn in rags
រហែក	pierced through; worn-out (said of hole or screws)
រអ៊ូៈរអ៊ាៈ	childish, playful
និយាយរអ៊ូៈរអ៊ាៈ	to talk nonsense
មនុស្សរអ៊ូៈរអ៊ាៈ	a childish person
រាយ	to have learned one's lesson; to no longer dare; sick and tired

រអាទិព្យ	to be sick and tired, be fed up	រកា	king; royal
រអាក់រអួល	not fluent, sluggish	រកាណាចក្រ	kingdom, realm, royal domain
រអិល	slippery	រកាភិសេក	coronation(usually includes a royal marriage)
រឆ្នួន	in bad mood, irritated (formal)	រកួ	period of reign of a king
រអ៊ូ	to complain, to nag	ក់កា	radar
រអ៊ូរទាំ	to complain	ក៊ុទិយោ	radio
រអូរ	to talk too much	រករាបរ	to invade
រអ៊ូរ៊ូរអូរ	to talk too much about someone else's affairs	រកៀក	evening (formal)
រអ៊ែរអ៊ៈ	to groan, restless	រកន	stand (n.)
រនៃរនស់	to be afraid	រប	flat, leveled
រ	to hinder, obstruct	រប៉	to count, to give some consideration (said of relationship)
រារាំង	to hinder, obstruct		
រា	attention-getting particle used between men (non-formal term)	រប៉ + number	by the (+ number), (number)s
		រប៉កាន់	thousands, by the thousands
រាក	to have diarrhea	រប៉សាគ្ន	to be friendly
កំឡុករអាចប់	to be terribly frightened	រប៉ជ្ញកា	to consider as, count as
រាក	exclamation of surprise or disagreement	រប៉មិនឈ្មោះ	a lot, countless
		រប៉មិនអស់	countless
រាក់	shallow; easy	រប៉រក	to seek out, be friendly with, consider someone as a friend
រាក់ទាក់	to be friendly		
រង	to learn one's lesson, form, shape	រប៉រៀប	to recount, tell in detail
		រប៉អាន	to have consideration for someone, be friendly with, seek out; to esteem
រងសណ្ឋានរាង oval			
រងរាន	to learn one's lesson well		
សម្ដែងរង	to show off, put on airs	រ៉ប៉	to take responsibility
រាជ	royal	រ៉ប៉រង	to assume responsibility
រាជការ	civil service, government	រម	Ream (name of Cambodian port)
រាជការកណ្ដាល central government (in a monarchy)			
រាជធានី	(royal)capital	រមករ៊	Khmer version of the Ramayana
រាជបញ្ញ	royal command	រាយ	to spread, scatter; messy, scattered; retail
រាជរដ្ឋាភិបាល royal government			
រាជរដ្ឋាភិបាលសហប្រជាតិ		រាយការណ៍	to make a report, report
	Royal Government of National Unity (pro-Siha-nouk organization)	រាយរង	secondary, small, trivial, unimportant
រាជសម្បត្តិ	kingdom; throne	ទិញរាយ	to buy retail
រាជអាជ្ញា	prosecutor	លក់រាយ	to sell retail
		លុយរាយ	change (money)

កន់កយ	messy, unorganized
កល់	each, every
កល់គ្នា	all (together), every
កល់ទីន	each and every
កល់ថ្ងៃ	every day
កល់អ្វីៗខ្លួន	each one
កយ	to expand, spread
កយកយ	to spread out
កយកោសកោស	all over
កៃ	to grope; thin (said of solution), watery
កៃៗក	to grope, research, search
អ្វីៗកៃ	fiery, impetuous, juvenile
ស្រកៃ	liquid
កល់	to harrow, rak?
កឬ	stars (astrological); astrological measurement for segments of the sky; fortune (esp. good ones); group, pile, set
កឬថ្ម៖	one's fortune will be bad
កឬល្អ	good fortune
កឬសៗ	one's fortune will be good
កៃយ	the people
យៈសាកា	charisma; power (lit.)
ចិយ	dull (edge)
ចិ៖	to think; stingy (slang)
ចិ៖កស់	to criticize
ឧសិ៖	miser
ចិក	to bloom, burgeon; to expand, swell
ចិកចៗ	to expand, prosper
ចិកថ្ម	to be insolent
ចិកកយ	happy
ចិក	to become dry, dry up, dehydrate, evaporate
ចិកៗ	dehydrated, chronic
ជំងឺចិកៗ	chronic disease
ចិក	as for, whereas
យក	attitudes, character
យកក	personality
យកកសូរ្យ	respectful, modest
យកញ	wise, of good character
យកឃុំកក់	dishonest
អំរៃឃុយក	to be a social climber (= កឃុំញយក)
ឆ្ងាយយក	to put on airs; to be a social climber
កឧយក	to be a social climber
ចិក	hard, stubborn
ចិកញ្ញា	hard-headed, stubborn
ចិកល្អ	to feel uneasy; to be embarrassed, be shy
ចិកឆ្ងៃ	insubordinate, obstinate
ចិកល្អ	to be able to survive on one's own; hard and stiff
ចិកៗក	to talk tough, to lack fluency
ចិត្តចិក	to be cool-hearted
ស្មោចិក	to be (very) alert
ចិក	to rub; to tighten; to relapse; to tune a stringed intrument, tune up; to force (intentionally or unintentionally, affecting things)
ចិកៗក	increasingly
ចិកៗក ... ស្អៗ	increasingly
ចិវ	to constrict, squeeze
ចិវឃុយ	to confiscate
ឫ	question particle (a.w. យ)
យក	or ... (on the other hand)
យៗ	question marker
ចិៗ	Reuter (name of an international news agency)
យក	root
យកៗយក	hemorrhoid
យញ	bamboo
យញ្ញិ៖ក	wild bamboo
ៗក	to poke, push in
ៗកៗ	to invade
យកៗក	to incite, instigate; to poke

រុក្ខរក្ស	rocket
រុក្ខ:	vegetation (poetic)
រុក្ខសាតិ	vegetation
រុក្ខព្រាយ	forester
រុក្ខវិថី	avenue
រសរៀង	peaceful, pleasant; prosperous
រុញ	to push
រុញច្រាន	to hustle, push
រុញរា	hesitantly
រុយ	fly (insect)
អាចម៍រុយ	freckle
ទៅនំស្រាយស្រ	to go to the toilet
រុស	to force one's way in by crawling
រុស្សី	Russian
ស្រុករុស្សី	Russia
រុះ	to break apart, take apart
រូង	hole, tunnel
រូត	to pull (curtain)
រូប	body, figure, form, shape; classifier for person
រូបកាយ	body
រូបសណ្ឋាក៍	sculpture, statue
រូបថត	photograph, picture
រូបអក្សរ	orthography, spelling
រូបភាព	image, picture
រូបមន្ត	formula
រូបរាង	body, form, shape
រូបសាកកុសំងាយ	You're also handsome.
ថតរូប	to take pictures
មនុស្សបីរូប	three persons
ពណ៌ផ្សាយ	image
រូបី	concrete (opposite of abstract)
រូបិយប័ណ្ណ	currency
រួច	to finish; to be free; already; then
រួចខ្លួន	to break even, get even; to get out of a punishment,

	to escape from danger; to to be free from an obligation
រួចតែ	to get (it) done just to get it out of the way
រួចចោល	to say for the heck of it; to make up a story
រួចរាល់	completely finished
រួចស្រេច	already, complete
រួចហើយ	already; just after that, then
រួញ	to be contracted, be shrunken; to shrink; curly (hair)
រួញរា	to be afraid; hesitantly
សក់រួញ	curly hair
រួម	to combine; to join, unite
រួបរួម	to unite
រួម	to join, unite
រួមចំណែក	to unite; to collect the shares
រួមបំណាបនឹង	together with
រួមដំណេក	to sleep together, engage in sexual intercourse
រួមរ័តិកិច្ច	to have sexual relations (formal)
រួម	to unite
រួយ	to be tired, be exhausted
រួយ	to get tired of saying
រសាយ	to be talkative
រើ	to belch, burp; to move, remove; to wiggle; to get worse, relapse
រើចូល	to move in
រើចេញ	to move out
រើរ:	to modify something
រើរៃ	to review
រើម៍	to change one's words
រើរៃក	to be retired or to retire
រើស	to choose; to find, pick up
រើសរើរ	to discriminate
ខ្ញុំរើសបានលុយ	I found a dollar.

រើសរើស	to choose, elect, select
មិនរើសមុខ	indiscriminately, impartially
រឿង	matter, trouble, story
រឿងប្រឌិត	fable
រឿងព្រេង	folk story, legend, tale
រឿងក្តី	conflict, fight, fuss, quarrel
រឿងរ៉ាវ	fable
រឿងសម័យ	modern story, novel
រករឿង	to cause trouble
រឿយ១	frequently, often
រៀង	consecutively, in order
រៀងៗខ្លួន	each one, individually, separately
រៀងរាល់	each and every
រៀងៗគ្នា	each one
រៀងៗរហូត	continuously, regularly
ឈររៀងគ្នា	to stand in a row
លេខរៀង	sequential number
រៀន	to learn, study
រៀប	to arrange; to meet a spirit's demands, prepare (in accordance with spirit's orders); to be about to
រៀបការ	to get married
រៀបខ្លួន	to get ready; to get dressed up
រៀបចំ	to arrange, prepare
រៀបចំការរៀប	to arrange marriage for children
រៀបចំខ្លួន	to get ready; to get dressed up
រៀបចំរៀប	to make a bed
រៀបចំម្ហូប	to prepare food
រៀបតុ	to set the table
រៀបនឹង	to be about to
ខ្ញុំរៀបនឹងសាស់វាហើយ ។	I was about to hit (him).
រៀបផ្ទះ	to arrange things in the house
រៀបមង្គលការ	arrange or perform a wedding ceremony
រៀបរយ	in order, proper
រៀបរាជាភិសេក	to crown (ceremony usually includes marriage) (royal)
រៀបរាប់	to describe, narrate
រៀបរៀង	to arrange, compile, edit
រៀបអាពាហ៍ពិពាហ៍	to get married (formal)
រៀម	elder brother
រៀមច្បង	elder; senior
រៀល	riel (Cambodian monetary unit)
រៀវ	slender, slim, tapering; spindly
រេ	to flicker, precarious, volatile, changeable
រេរិក	to flicker; precarious, volatile, changeable
រេចុះរេឡើង	to change positions back and forth
រេច	cropped short (grass); deteriorated, worn out
រេចរិល	worn out badly, used up
ប្រាប់វារេចរាល់ហើយ	to have told him many a time
រេរ	to collapse (said of piles or stacks)
រេស៊ីដង់	resident (French: résident), French provincial governor (in Indochina)
រេស៊ីដង់សឺប៉េរីយ៉ើរ	Résident Supérieur
រ៉េអាក់ស្យុង	jet (French: réaction)
រឺ (= ឬ?)	(spoken) question marker, don't you see?
រឺ៖	final particle that makes a suggestion
រែ	mine, ore
អណ្តូងរែ	mine shaft
រែក	to carry things suspended from both ends of a pole
ស៊ីរែក	to take both sides
រឹង	you (intimate)

131

វិរៈ	to sieve, winnow (in order to separate broken bits or rice from the large grains)	រោយម្រេច	to sprinkle black pepper
រីរ៉	to slow down, wait and decide; lazily (said of doing something or walking)	រោស	to roast, warm up (by a fire); to have a rash (due to allergy); lightly burned
រៃ	to assess, collect	រោសរអួង	to smoke cure (so as to have a smoke smell, smoke odor)
រៃសូយ	to take up a collection, collect money	រោសរង្គើស	to burn lightly, roast, warm up
រោគ	disease, illness	រ៉	to bandage, wrap
រោគក្រឡ	V.D. (venereal disease)	រ៉ប់សំម៉ត់	to bandage
រោគា	disease (in general)	រិកស	to move something without lifting, scoot
រោគាព្យាធិ	diseases	រឿង	to annoy, disturb
រោង	hut, shelter, roofed structure; factory; dragon (name of the 8th year of the 12-year cycle)	រសាប	to calm, pacify
		រសាល	to cook for a long time, stew until tender or until coconut milk emits oil; to refine
រោងកុន	movie theater	រុស	to agitate, tremble
រោងចក្រ	factory, plant	រំភើបរុស	to affect deeply, move; emotion
រោងពុម្ព	printing plant	រីឫស	a kind of aromatic white root, horse radish
រោងស្រាយ	theater (plays)	រីកា៖	to free, liberate
រោងអារឈើ	sawmill	រីកា៖ទុក្ខ	to free oneself from suffering; to go to the toilet
រោងឧស្សាហកម្ម	factory		
រោក	refers to the waning moon in lunar dates	រិង	roaring (sound)
ថ្ងៃ ចន្ទ ១១ រោក ខែ មាឃ	Monday the 11th day of the second half (waning moon) of the month of Miakh.	កងរិង	in a roaring manner, tumultuous
		រិពត់	whip
		រិសយ	all over
រោទ៍	to cry out loud (with exaggeration); to ring (bell); to roar	រិតង (រិស)	to depend on
រោទ៍កណ្តឹង	to ring the bell (signal)	រិតងគិត	to think about, ponder; to weigh (idea)
រោទ៍ម៉ាស៊ីន	to race the engine or motor	រិតប	moment
នាឡិការោទ៍	alarm-clock	រិតបរសា៖	immediately, suddenly
រោម	to encircle, surround; to swarm; body hair except pubic hair and head hair	រិត	to expect, wait for
		រិតរងា	to expect someone
		គិតរិត	to think or plan carefully, ponder; to expect
រោមភ្នែក	eyelash	រិរើប	to be glad, be moved, be touched (emotionally)
រោយ	to sprinkle; to fall		

សណ្ឌុំរំភឺប	emotion, excitement
ដ៏គួររំភឺប	touching
រំលង	to skip over
រៀបលង់ទៅរំលង…	to go outside of channels, skip normal chains of command
រំលត់	to extinguish, put out
រំលាយ	to liquidate, do away with; to melt
រំលឹក	to remind (a.w. រលឹក)
រំលូត	to get or give an abortion
រំលឹក	to remind someone of past favors
រំលំ	to uproot, cause to fall
រំលេចពណ៌	bright and varied in colors, multicolored
រំលែក	to share, take out some; to divide; sympathize
រំលោភ	to violate
រំលោភរលៃ ច្បាប់	violate the law

រល់	to demolish, knock down; to overthrow
រលៃយ	cool, relax (=លរៃយ)
រំញក	to compel, insist, nag
រាំ	to dance
រាំក្បាច់	to dance in the classical style
រាំក្បាច់ដ៏រស់រវើក	to dance in the classical style with lively movements
រាំរ	to dance
រាំរៃក	to dance jubilantly
រាំង	to block, close off; to cease, let up (rain)
រាំងរៃ	to interfere with, get in the way
រះ	to appear, rise (used of heavenly bodies)
ថ្ងៃរះម៉ោ ៧ ។	The sun rises at 7 o'clock.
ស្ទាញរះ	to strafe

ឯ ស ឯ	etc.
ស	to sample, taste, try
សក់	to sell; to fall asleep (resultative verb)
សក់រជ្ជ	to sell on credit
សក់សាច់	to sell (intrans.) (used for goods, e.g., those books aren't selling); to sell well
សក់ញ្ញ	to buy and sell; to be in business
សក់ដុំ	to sell wholesale
សក់ថ្លឹង	to sell by the weight
សក់បណ្តក់	to sell on credit
សក់ឡាយឡុង	to sell at auction; auction
រកកសក់	to be soundly asleep
សង្គ្រោះ	condition
សង្គស់ (ស័ក)	dye
សង្គស់:	aspect of character, character, quality, characteristic
សង្គស:បណ្ត	average characteristic
សង្គស សព្ទ	character
សង្គនិក:	by-laws, statute
សង់	to haunt
សង់	to drown, to overdo
សង់កនិក	unable to change one's attitude
សង់រក	to overact, overdo
សង់ទឹក	to be drowned
លិចសង់	to be bogged down
សង់ធិ៖	brass, bronze
សង្ហ្គ	Ceylon (Sri Lanka)
សង្ហ្គរាតសង្ហ្គ	name of a Mahayana Buddhist scripture
សវ្លែក	Lovek (post-Angkor capital of Cambodia)
សក់	to extinguish, put out; to temper
សក់ភ្លើង	to extinguish a fire
សា	vines; creepers
សារ៉ាយ	vines, vegetation
សេ៖	decision, result
សេផល	product, outcome, result
សេមក	result
សេ	ideology, regime
សេ្រីបុរាណិបរាយ	democracy
សរម	to admit one's guilt; to apologize
សន្ទសន្ទ្រ	melodic, sentimental
សប	to sneak, spy upon, do something secretly
សប៧	slowly, sneakily
សប់ ស្បប់	to cover up (trace, hole); to erase, wash
សបមុខ	to wash face
សបលក់	to wash one's face or body
សសក	cuckoo
សាក្	shell, skull
សាក្តុក	coconut shell
សប	light, small, unimportant
រតសប	misdemeanor
បទសប	misdemeanor
ស	to unroll, unfold; to leave, say good bye; donkey; term designating

	a relative five generations from ego
សាក់	to hide
សាក់ខ្លួន	to hide oneself
សាក់ព្យស្ន	to tell (you) the truth; frankly
សាក់កក	hypocrite, sneaky
សាក់ស្ងួ	secret, on the sly; hidden
សាក់ស្រាយ	to do something on the sly
សម្ងាត់សាក់	secretly, furtively
សាស	to wash
សាសជម្រះ	to expiate sins
សម្ងាសាស	to wash the body or face
សាក	to spread, unfold; to expose; plain, without pattern, solid color
សាកដៃ	to stretch the hands
សាកព្រកាស	to expose
សាកស្នើស	to cover, extend, spread
សាក់	to roll up
សាក់ស្នែសជើ	to roll up trousers
សាក់ដៃអាវ	to roll up sleeves
និយាយសាក់.រឿង	to talk behind someone's back
សាន	million; platform
សាស់	to creak; loud, noisy
សាស់ឱស	to exclaim; to burst out, say loudly; to complain
រសើចសាស់	to laugh with joy
សាប	to paint, spread paint
សាប់	to relapse (said of illness)
សាគ	good fortune, luck, success
ឱសាគ	to be lucky
សាគ	excrement; bad, cheap
មនុស្សសាគ	cheap person
អំពើសាគ	bad deeds
សាយ	to blend, mix; to stir
សាយសន្ធាប់	in writing
សាយ្រា	to mix drinks
សាយខ្ញុំ	to mingle, mix
សាវ	Lao, Laotian
ប្រទេសសាវ	Laos
សាស	to bloom, burgeon, spring forth; to expand, progress, prosper
ច្បាស់សាស	clearly
ចម្រើនសាស	to prosper
សិទ្ធ	document, letter; ticket (in some cases)
សិង្ស	linga, lingam (Hindu phallus), symbol for the Khmer god-king
សិច	to set, sink, submerge; west
សិចទឹក	to be inundated; to sink
សិចសាស់	destroyed, ruined
ថ្ងៃសិច	the sun sets
សិក	to lick
សិឡ	to lick
សិ	to carry (propped up against the shoulder, e.g., a rifle)
សិស	to roast (of grain)
សិក្រ	liter
សិត	bachelor, single (male or female)
សិប	to be sunk in, go in, disappear
ឮ	to hear; loud
ឮព្រកើ	to have heard (from someone)
ឮព្យេក	to have been heard, rumored
ឮស្ឡ	to be audible
ថ្លែងឮខ្ញ	to say (it) aloud
លុក	to invade; to cross a forest
លុកលុយ	to invade
ចូលលុក	to invade
លុកព្រ	to apple-polish
លុក (កង្កៀស)	to kneel, kneel down
លុប	to erase, eliminate, wipe off
លុយ	to ford (a river); money

135

ស្យយកាក់	money
ស្យ់យរើ៍ម	capital, principal
អ្នកកាន់ស្យយ	cashier, treasurer
ស្យ៖	when
ស្យ៖លោរីស	on condition that
ស្យ៖រីស	only if, on the condition that
ស្យ៖ក្រោរីស	on the contingency that provided that, until pipe (sewage)
ស្យ	to howl (said of dogs);
ស្យក	to reach, put (hand) in; length from armpit to middle fingertip
ស្យកចោស	to reach in; figuratively: to enter
ស្យកខាន់	to be able to afford
ស្យករីក	to reach out
ស្យកមិនៗះ	can't reach
ស្យក	to grow, become longer, lengthen
ស្យស	to grow, grow bigger and taller
ស្យកលាស់	to bloom, burgeon, grow; to progress, prosper, spring up; to swell; to appear, arise
ស្យត	to crawl on one's belly, crawl, creep
រកស្យតសាយយម	to struggle against something together
ស្យុត	to comfort, console; to entice, lure
ស្យុតរលាប	to comfort, console; to influence
រង្វាន់ស្យុតចិត្ត	consolation prize
ស្យុតក្រាប្រាប	Luang Prabang (seat of the Kings of Laos)(a.w. ស្យុត ក្រ៖ប្រាប)
ស្យប	to sneak; to steal
ស្យប+ v.	to do something without letting people know, to do on the sly

ស្យចូល	to sneak in
ស្យ	designating a relative five generations from ego (ascending and descending)
ស្យស	to trim off, strip off; wire
ស្យស្យបន្លា	barbed wire
រីខ្យស្យ	wire, telegram
ក្យុរីខ្យស្យ	to wire, telegram, send cable
រើស	above, over, up, on the top
ខាងរើស	upstairs
រើសកំពូល	on top
យករើស	to take advantage of someone (=រើសរើខ្យរើស)
រើសក	to lift, remove, raise; instance, time
រើសកកូនស្រីឲ្យ	to offer one's daughter in marriage to someone
រើសកួន	to brag about oneself, put on airs
រើសកគ្នា	to gather the people to do something
រើសកញើស	to brown-nose, flatter
រើសកដៃ	to raise the hand
រើសកដៃគ្នា	to help each other
រើសករីស	except
រើសកទ័ព	to mobilize, raise an army, muster an army
រើសកទី១	the first time
រើសកទឹកចិត្ត	to encourage
រើសកទោស	to pardon, reduce sentence
រើសកផ្លូវ	to build a road
រើសករកាy៍ v.	to have neighbors in to help with a task
រើសករលស់រីស	except
រើសករលស់ទោស	acquit, excuse
រើសករារាយ	to offer
រើស	to exceed, surpass, pass
រើសលប់	beyond all limits
ស្យរើសសស	most beautiful

លឿង yellow
លឿងទុំ orange (color)
លឿន fast, speedy
លៀង to give a party for, treat; to entertian, feast
លៀន to protrude , stick out
លៀស a kind of small saltwater clam
លេខ number; numeral
លេខសំគាល់ខ្លួន serial number
លេខហារី messenger (male)
លេខហារិនី messenger (female)
ប្រធានាធិបតី Lincoln លេខទីប៉ុន្មាន? Which president was President Lincoln?
ផ្ទះលេខ ២០៣ house number 203
ផ្ទះលោកលេខប៉ុន្មាន? What is your house address (number)?
លេខា written symbol, writing
រដ្ឋលេខាធិការ secretary (an official)
រដ្ឋលេខាធិការក្រសួងបរទេស Secretary of State
លេង to play; to do something for fun; not serious
លេងខ្លួន to dress or adorn oneself in an elegant manner
លេងតេនិស to play tennis
លេងគំរោះ to get tough, strict
លេងបៀ to play cards, gamble
លេងសើច to tease
លេងសំដី to satirize, joke
ការលេងសំដី, លេងពាក្យ verbal joke, pun
លេងអោយអស់ to go all the way
v. + លេង to (verb) for fun; not serious
ដើរលេង to go out, stroll
លេច to appear, emerge, rise; to be showing, show up, spring up
លេចគូថហើយ Your butt is showing.
លេចពណ៌ to be brightly colored; bright
លេចមុខលេចក្រោយ ragged and full of holes front and back
លេចឮ to be heard, rumored; to hear
លេប to swallow
ថ្នាំលេប pill (drug)
លេស excuse, pretext
លែង to divorce; to give up, quit
លែងក្បាលសរហាស to divorce (colloquial)
លែងលេច to be unable to figure (it) out
គិតលែងលេច to be unable to figure (it) out
លែងលះ to abandon; to divorce
លែងអីមិន... (= លែងអីនឹង...) naturally, of course
លែងអ្វីនឹង to be bound to
លែងអីនឹងត្រូវ It's bound to be right.
លៃ to estimate, give a thought, manage
លៃលក to find a way, manage
លៃអោយ to share, to give a thought
លោ inclined (forward or backward), tilt ed; if, in case, in the event that
លោធា when (often used in sarcasm)
លោតិក incidentally, unexpectedly
លោក mister; you (formal); planet, world
លោកខែ moon
លោកគ្រូ (male) teacher
លោកគ្រូចៅអធិការ superior of a wat,
លោកគ្រូ- -សង្ឃ្នាក superior of a wat, abbot (= សង្ឃ្នាក)
លោកជំទាវ title for a very high - ranking woman official or the wife of a high-ranking official
លោកតា way of referring to an elderly monk or elderly person

លោកិយវត្ថ	secular
លោកឆ្នាក់	a gentleman
លោកសង្ឃ	monk
លោកសរេ្សី	the free world
លោកញី	you (to women of high social status); madam
លោកអ្នក	you (plural) (formal)
លោកអ្នកៈ	important people
លោកអ្នកអាន	readers
លោកីយ	refers to the world and secular life
លោក	to jump
លោកកំពស់	high jump
លោកកញ្ជ្រោលកើរេ្យ	to jump up and down, to be overjoyed
លោកឆ័ត្រ	to jump, parachute
លោភ	to be greedy, greed
ភ្លោភ	to be greedy
លោម	to comfort, console
សំលោម	to comfort, console
លោហ:	mineral (literary)
លោហធាតុ	minerals, ore; mineral element
លោហិត	blood (literary)
ញាតិលោហិត	family, relatives
លោះ	to buy back, redeem, pay a ransom
លំ	cleared just enough for passage
ផ្លូវលំ	path, trail
លំដាប់	level, stratum; arrangement, order, sequence
លំដាប់អក្សរ	alphabetic order
តាមលំដាប់	in an orderly way
លំនៅ	place one lives, dwelling
ទីលំនៅ	dwelling, residence
លំនាំ	introduction
លំបាក	difficult, hard to do
លំហើយ	to cool (off), relax
លំហែ	to rest, refresh, take a break

លំអ	to decorate, improve; beauty, charm
លំអង	pollen
លំអងធូលី	dust
លំអោន	to bend over; to cause to bend over
លុតសំអោន	to pay respect to
លំ	mouthpiece (said of wind musical intruments)
លះ	to cut limbs from a tree; to go all the way in speaking, say without restraint
លះបង់	to abandon, quit
លះរលង់	to quit
លះរលង់ស្រ	to divorce
ល្ខោន	drama, play
ល្ខោនជាតិ	national play
ល្ខោនយោសាក់	a kind of play
ល្ខោនឧរេោ្យ	a kind of classical play
ល្ខោនសម័យ	modern play
ល្ង	sesame
ល្ងង់	ignorant, stupid
ល្ងង់ខ្លៅ	ignorant, stupid
ស្ងីវល្ងង់	ignorant
ល្ងាច	evening, late afternoon, night
ល្ងាចមិញ	yesterday evening
ល្ងាចស្អែក	tomorrow evening
រល្ង	dumb, stupid
រល្ងកខ្សាស	dumb, stupid
ស្ងីរល្ង	dumb, stupid
ល្ពក	peeled, scrapped, scratched
ល្បង	= លោកបង់
ល្បង	to attempt, test, try
ល្បងប្ញា្ង	to test the intelligence
ល្បងមើល	to try
ល្បប់	alluvial soil
ល្បាត	to patrol
យាមល្បាត	to patrol
ល្បិច	stratagem, trick

138

ស្លុកកិច្ចការ strategem, trick

ស្លុយ famous, popular, well-known

ស្លុយល្បី: famous, popular

ស្លុយល្បីឈ្មោះ famous, well-known

ឮស្លុយ to have heard about

ស្លុយក words used in humorous pun; a short distance; a kind of cloth

ស្លយ speed, velocity

ស្លយ game, gambling

ស្លយសិលស gambling

ស្លុក: period, stanza

ស្លុក pumpkin

ល្មម enough; fair, proper

ល្មម៧ small, trivial; average

អ្នករកស្បៀងបានល្មម៧ the average income earner

ល្មម៧ទៅ take it easy!

ល្មម + vp + ស៊ែរ should, it's proper to (verb)

ល្មមដល់ just enough; by the time

លុម a kind of fruit

ល្មើស to violate, transgress; to be disrespectful

ល្មើសគុណ (spoken) ungrateful (c.s. រមិលគុណ)

ល្មើសនិតិ្យប to transgress the law

កូនល្មើស disobedient child

ទោសល្មើស minor offense (= បទល្មើស)

លោភ to be fond of; greedy; greed

ល្វីង bitter

ល្វីងចាស to be confused, be mixed up

ល្វើយ reluctant, uninterested

ស្លុក a kind of Chinese apartment, in which each apartment is a single unpartitioned unit extending from front to rear of the building, with kitchen and bathroom in the back; classifier for house

ខ្ទះមួយស្លុក a house

ល្ហុង papaya

ស្ងួយ cool (breeze)

ជញ្ជឹងស្រើបស្ងួយ to be unable to break the tension, feel very uneasy

ល្អ beautiful, good, nice, pretty

ល្អមើល appropriate, right; nice; interesting or pleasant to watch

ល្អល្អក young and beautiful

ល្អស្អាត neat and handsome, nice

ល្អល្អ: good-looking, nice

ហ្នឹងល្អ good, O.K.

ល្អក់ cloudy, muddy (said of water)

ល្អង dust

ល្អងធូលី dust

ល្អិត fine, tiny

ល្អិតល្អន់ in detail

ល្អិតល្អ tiny, unimportant, trivial

ល្អិតល្អ in tiny fragments, tiny

គំនិតល្អិតល្អ detailed thoughts

ល្អី basket (marketing)

ល្អៀង to be biased, be slanted, be not neutral; to depart; slightly different

ខ្លាច to be afraid of, be scared; fear

វ៉	monkey (name of the 9th year of the 12-year cycle)
វ៉	crazy, confused
វ៉ឆ្កួ	all over, completely
វ៉ងៃ	to be crazy about women (= វ៉ឆ្ងៃ)
វ៉ឬយ៉ាងៃ?	Are you crazy or something?
វគ្គ	paragraph, stanza; rank in the traditional array of the Khmer alphabet
វគ្គិយ	an advanced disciple
វង់	circle, circular places; group, orchestra, team
វង់ក្រចក	parentheses
វង់ភ្លេង	band, orchestra
វង់សង្ស័រ	life cycle
វង្វេង	to lose the way, be lost
វង្វេងវង្វាន់	to be confused and lost
វង់ប្រជុំគ្រសា	circle, arena; family family
វចនៈ	utterance (literary)
វចនានុក្រម	dictionary
វឌ្ឍនៈ	advanced, developed
វឌ្ឍនភាព	progress
វឌ្ឍនកម្ម	progress
វណ្ណៈ	caste, lineage; color, color of complexion
វណ្ណអភិជន	aristocrat
វណ្ណបទ	name of the 2nd day of the 3-day New Year holiday (a.w. វនបត , វណបត)
វតិ	fence (literary)

វត្ត	monastery, pagoda, temple
វត្តវ៉	= វត្ត
វត្តអារាម	monastery, pagoda (= វត្ត)
វត្តបុប្ផារាម	name of the wat in Phnom Penh which is the seat of the Thommayut order of monks
វត្តភ្នំ	Wat Phnom (name of a hill in Phnom Penh)
វត្តឧណ្ណាលោម	Wat Unnalom (seat of Mohanikay order of monks, located in Phnom Penh) (also known as វត្តសម្ព័)
វត្ត	action, duty; to act (lit.)
វត្ថុ	substance, thing (formal, literary)
វត្ថុរិន	raw materials
វត្ថុសាស្ត្រ	element, thing
វត្ថុបំណង	goal, objective
វត្ថុរាវ	liquid; liquor (colloquial)
វស្ស	year (literary)
វៈ	to gore (said of buffalo)
វៈ	to have (a quality) (used at the end of Pali loans)
វយ	to disseminate, distribute, spread
វយនកម្ម	distribution
វប្បធម៌	culture
ពាក្យវប្បធម៌	literay word (usually of Pali or Sanskrit origin)
វ័យ	age, intelligence
ឆ្លាតវ័យ	clever, quick-witted, sharp (= ឆ្លាតវៃ)

ក្មស៍ឃ្ញុំ young

ឯ to be in trouble

ឯ៧ + clause   if you don't watch out...

ឯ៧... ឲ្យ: watch out or else..., I'm afraid that ...

ឳឯ   to be in trouble

ឯ: high

ឯក្ស   elite

ឯរស្ទៅ្យ   Major (military)

ឯរស្ទៅស   Lieutenant Colonel

ឯរស្ទៅក   Colonel

ឯវ៉ក   up and down and in and out, thoroughly

ឯ   creeper, vine

ឯង្ស   rainy season (lunar calendar) (= ឯង្សរ)

ឯង   rainy season

ឯ   it, he, she, they (familiar or contemptuous)

ឯ   to pass (a car)

ឯកស   to take a vacation, recess (French: vacances)

ឯក   to be confused, get stuck

ឯឯ   orator

ឯស   to avoid; to go by a long way, go around Robin Hood's barn

ឯ៥ (᧒᧕)   to thin

ឯ៣   utterance, word

ឯក   to expand, increase

ឯក   to snap backward like a fishing line

ឯ᧓   philosophy; utterance

ឯឃុំ   to fight, hit, slam, slap, strike

ឯឃុំកឃុំ᧓ក   to wink (as a signal)

ឯឃុំ᧓   to fight each other

ឯឃុំ᧓ង្ស   to telegram, wire

ឯឃុំក᧓᧓   to typewrite, type

ឯឃុំរង៩᧓᧓   to telegram, wire

ឯឃុំកឃ្ញក   to invade

ឃ᧓ឃុំកឃ្ញក   invasion

ឯឃុំឃ្ញក   to assault, invade

ឯឃុំរឃុំ᧓᧗   to tell the meaning

ឯឃុំឃ៉ក   to assault

ឯឃុំរឃ្ញករ᧔ស   to polish shoes

ឯ᧓   to creep, crawl

ឯឃុ   clearing, field, plain

ឯឃ្ញរ᧓᧓᧓   cemetery

ឯឃ្ញ   plateau

ឯឃុឃ្ញរ៣:   airfield

ឯឃុឃ្ញ៉   alluvial terrain

ឯឃុរ᧔᧓ឃ្ញ᧓   desert

ឯឃុរ᧓᧓   place name in Kampot province

ឯឃ៉   to measure (volume)

ឯឃ៉ឃ្ញកឯឃ៉ឃ្ញ᧓   all day

ឯᦆ᧓   suitcase

ឯឃ្ញក   sand (= ᧓ឃ្ញក) (lit.)

ឯឃ្ញករ᧓᧗᧗   a stupa made of sand (= ᧓ឃ្ញករ᧓᧗᧗)

ឯឃ៉   to measure (distance)

ឯឃ᧓   fate

ឯᦆ᧓រក᧓   Washington

ᦆឯឃុ᧓᧓ក   crazy

᧗᧓᧓᧓᧓ᦆឯឃុ᧓᧓ក   psychiatrist

ᦆ᧓រ᧓ក᧓᧓   editorial

ᦆ᧓រ᧓᧓᧓᧓᧓   reason

ᦆ᧓᧓ក   colorful; mixed

ᦆ᧓ក᧓ឃ្ញ: fine arts

ᦆ᧓᧓   November

ᦆ᧓᧓ក᧓   terrorism

ᦆ᧓   field of learning (a.w. ᦆ᧓᧗)

ᦆ᧓រក᧓ឃុ᧓   professional study

ᦆ᧓ᦆ᧓:   occupation, profession

ᦆ᧓᧓ក᧓រ᧓ឃុ   subject, technical

ᦆ᧓᧓᧓:   home economics

ᦆ᧓ឃុ᧓   science

ᦆ᧓ឃុ᧓ᦆ᧓   scientist

វិជ្ជាស្ថាន	institute
វិញ	again, back, instead
វិញ្ញាណ	consciousness, soul, spirit, sense (five senses), sensation
វិញ្ញាណក្ខន្ធ	soul
វិញ្ញាបនប័ត្រ	certificate
វិញ្ញាបនប័ត្របឋមសិក្សា	the elementary certificate
វិញ្ញាសា	subject (exam)
វិន័យកម្ម	disobedience to the law
វិថី	road, street
មហាវិថី	boulevard
រង្វិថី	avenue
វិទូ	-ologer, member of the intelligentsia, expert (agent suffix replacing វិជ្ជា in a noun indicating a specialist in a field of study)
គណិតសាស្ត្រវិទូ	mathematician
ទស្សនវិទូ	philosopher
ប្រវត្តិសាស្ត្រវិទូ	historian
វិទ្ធង្សនា	subversion
វិទ្យា	knowledge
វិទ្យាល័យ	secondary school, lycée
វិទ្យាសាស្ត្រ	science
វិទ្យុ	radio
វិទ្យុទូរទស្សន៍	television
វិធាន	plan, program; act
វិធានការ	action taken to solve a problem, measures, steps
វិធានការសំបុរណកាលខ្លី	short term measure
វិធានការសំបុរណកាលវែង	long term measure
វិធី	method, style
វិធីសាស្ត្រ	methodology
វិន័យ	discipline
វិនាទី	second (unit of time)
វិនាស	to be destroyed, be vanished; to vanish
វិនាសកម្ម	destruction, devastation
វិនិច្ឆ័យ	to judge
វិនិយោគ	investment
វិបត្តិ	change, crisis, event
វិបត្តិនយោបាយ	political crisis
វិបត្តិសេដ្ឋកិច្ច	economic crisis
វិបល្លាស	perturbation, perversion
វិបាក	incident (with negative consequences)
វិភាគ	division, part, share
វិភាគទាន	alms, charity, contribution, donation, portion
លះវិភាគទាន	to contribute, sacrifice
វិមាន	edifice, monument
វិមានឯករាជ្យ	Independence Monument
វីរ: (វិរ:)	audacious, brave, strong, tough, ingenious; high, noble, valuable
វីរជន	hero, someone of high status; a notable member of the elite
វីរបុរស	founding father, important figure in the history of a country, hero
វិរុទ្ធ	different, incorrect, wrong
អក្ខរាវិរុទ្ធ	orthography, spelling
វិល	to return, spin, turn
វិលមុខ	to be dizzy, evolution
វិវត្តន៍	evolution
វិវាទ	to have a quarrel (lit.); dispute at law, suit
វិស័យ	field, range, scope
វិសាខ	name of the 6th lunar month (mid-April to mid-May) (a.w. ពិសាខ)
វិសាមញ្ញ	extraordinary
វិសុទ្ធ	perfect, pure
វិសុទ្ធកម្ម	purification
វិសុទ្ធភាព	perfection
វិស្វកម្ម	engineering
វិស្វករ	engineer
វិស្សម:	recess
វិស្សមកាល	vacation, recess

វិហារ	church, sanctuary, temple	វេន	turn (in line)
វិឡ្ល (វីឡ្ល)	stucco or stone house, villa, single-family home	ដល់វេន	it's (your) turn
វះ	almost	ឆ្លាស់វេនគ្នា	} to take turns
វះនឹង	almost	wកវេនគ្នា	
វី	exclamation indicating regret	វេទនា	misery, suffering; miserable, suffering
វី	see វៀ	វេទិកា	rostrum
វីកវៃ	to turn upside down all over; to spread thin; thin	វេទិកា	gratitude
វិកវៃ	confusedly	វៃយ្យករណ៍	grammar
វីយ៉ូឡុង	violin	វេរ	to offer, give to clergy (formal)
វីក	to beat, stir	វេរងាយ	food for monks
វីកវៃ	to be in trouble, be in difficulties	វេឡា	time (formal) (= ម៉ោង)
វីលវិល	to deteriorate into confusion and drunkenness	វៀ៖	to evade, play hooky
វី	(= វៀ) (intimate)	វៀរ	to make a part, part, separate, split; ladle
ទៅណាវៀ?	Where are you going?	សិនសក់វៀរ	to part hair
ស៊ីអ្វី?	What are you eating?	វៀរសក់	to part hair
វីៗ	slowly	វៀរហៀក	to analyze, explain by breaking a problem into components
វៀ	indicates urging or warning (familiar)		
វៀច	crooked, dishonest, not straight	វៀរ្យៈ	to separate; to be partisan; to find (fig.)
វៀចវរ	twisted	វៃ	long (said of things)
ចិត្តវៀច	crooked mind	វៃឆ្ងាយ	far, far ahead, into the future
វៀតណាម	Viet Nam	វៃវែងឆ្ងាយ	long and continuous
វៀតណាមូបនីយកម្ម	Vietnamization	វែនតា	glasses
វៀរវៃ	to discard, give up, throw out	វោហារ	elocution
វៃ	Hué (ancient Vietnamese capital)	វាំង	palace
វៃច	to fold over, pack, pack and wrap into a package	វាំងនន	curtain
វៃ៖	to cut open; to operate (surgery)		
វៃ	to cut open; to operate (surgery)		
វៃបុប្ផា	doctor of medicine	វះកាត់	to perform an operation
វៃ	to twine	វះពោះវៀ	to gut a fish

143

ស	white
សក្យស	virgin white
សស្អិត	clean white, cotton white
សស្លស	virgin white
ឥស	chalk
សអាងរឰស្ពែញ	to demonstrate, prove, show
សក	to peel; to shed skin or shell
សកសំបក	to peel skin or bark
ក្ដាមបសក	soft shell crabs
ផសសក	to be immortal
ស័ក	time; the progression of years, era
សកពស	era
គ្រិស្ដសកពស	Christian era
ពុទ្ធសកពស	Buddhist era
សក់	hair (on the head)
សក់កស្ពាញាញ់	kinky hair
សក់រកញ្ញាញ់	kinky hair
សក់រញ៉ូ	undulated hair, wavy hair
សក់ស្លរ	gray hair
សក់អង្ក្លាញ់	curly hair
កាត់សក់	to get or give a haircut
រោរសក់	to shave the hair (of the head)
ចងសក់	to tie the hair up in a chignon
រឫសសក់	hairline, sideburn
ខ្ចងសក់	to tie the hair up in a bun behind the head
សិតសក់	to comb the hair

អ៊ឥសក់	to give a permanent (curl)
ស៊ក	to insert
ស៊កស្លក	to insinuate; to instigate
សកម្ម	active
សកម្មភាព	activity
យ៉ាងសកម្ម	actively
សក្ការ	respect, worship; gift to a superior, offering
សក្ការបូជា	offering, sacrificial object
សក្ខី	witness (a.w. សក្ខ្យ)
សក្ខីកម្ម	evidence, proof
សក្ដិ	to tattoo; tattoo; grade, rank, stripe
សក្ដិៈ	captain
សក្ដិភូមិ	feudal
សក្ដិសិទ្ធ	holy, sacred; effective
ការសក្ដិសិទ្ធ	effectiveness
សក្ខ្យ	witness
សគុណ	favor, obligation
ជំពាក់សគុណ	to owe an obligation
សង	to repay, return (something); to subtract
សងគុណ	to repay a moral debt
សងសឹក	to retaliate, revenge
ល្បងសឹងសង	gambling
២សងពីរបី សល់ប៉ុន្មាន?	How much is 2 subtracted from 3?
សងខាង	both sides
សង់	to construct, build
សង់ខ្យ	custard, pudding

144

សង្កត់	to press, put (weight) on
សង្កត់ក	to press the neck against something; to oppress
សង្កត់សង្កិន	to extort; to oppress
សង្កថា	speech
សង្កាត់	a political division of a town or a district
សង្កិល	to grind by milling action, flatten, run over
សង្រៃ	bedbug
សង្រេក	to observe
សង្រ្កាន្ត	arrival (formal); departure; completion of a solar year; new year holiday
សង្ខាង	both sides
សង្ខារ	life (literary)
សង្ខេប	to summarize
សង្ខេបបញ្ចូលមក	in short
ដោយសង្ខេប	summary
សង្គម	society
សង្គមកិច្ច	social affairs
សង្គមនិយម	socialism; socialist
សង្គមវិទ្យា	sociology
សង្គ្រោះ	salvation; aid, assistance, help
សង្គមសុខុមាល:	devoted to social welfare
សង្ឃរាជ	superior of a wat, abbot
សង្គ្រាម	war
សង្គ្រាមចិត្តសាស្ត្រ	psychological warfare
សង្គ្រាមបដិវត្ត	revolutionary war
សង្គ្រាមសកលលោក	world war
សង្គ្រោះ:	to help, save; help, saving
សង្គប	to pounce upon in order to catch
សង្ឃ	member of the Sangka, a Buddhist monk
សង្ឃទាន	a ceremony in which monks are invited to the house so that a person who can not get to the wat can offer food

ព្រះសង្ឃ	monk
សង្ឃឹម	to hope; hope
សេចក្ដីសង្ឃឹម	hope
អស់សង្ឃឹម	to be hopeless, despair
សង្រ្កោក	to be sad, be unhappy
សង្វាក់	rhythm, timing
សង្វៀន	to try hard, persevere
សង្គ្រ	shrunken, tough
សង្វេគ	to feel pity; sad
សង្វេគចរណ៍	to feel empathy
សង្ស័យ	to suspect; to be suspicious, be fishy, be skeptical
មានសង្ស័យ	to suspect
...	There is something fishy about that accident.
សង្សារ	girl or boy on steady date; lover
សង្ឃា	arrogant, proud, showing off
សង្ឃរ	a large, black ant
សច្ច:	truth
សច្ចធម៌	the truth
សច្ចា	to vow, swear
ស្បថសច្ចា	to take an oath, be sworn in
ពាក្យសច្ចា	reliable words, true words
សំរេចចិត្ត	preference
សញ្ញា	signal, sign, symbol
សញ្ញាភ្លើង	flare; light signal
សញ្ជាតិ	nationality
សញ្ញាប័ត្រ	certificate (diploma) (formal)
សញ្ញាប័ត្របណ្ឌិត	advanced degree diploma
សញ្ញាប័ត្រមធ្យមសិក្សា	high school diploma
សមាត់	mouth
សមាត្រ	delta (geography)
សណ្ឋាប	manner, method, order, system
សណ្ឋាបធ្នាប់	conduct, manners

145

សណ្ដក	to stretch, be extended
សណ្ដកសង្ដែក	to stretch; to lie toward
សណ្ដែក	bean, pea
សណ្ដែកដី	peanut
សណ្ដែកបណ្ដុះ	bean sprout
សណ្ដែកសៀវ	soybean
សណ្ដោង	to haul; to drag something, tow
សណ្ឋាគារ	hotel, place to stay
សណ្ឋាគាររាជ	quarters for guests of the provincial government
សណ្ឋាន	aspect, attitude; phase
សណ្ឋាគារ	hospitality
សត:	hundred (Sanskrit)
សតវត្ស	century
សតិសម្បជញ្ញ:	awareness, mind
សតិអារម្មណ៍	conscience
សត្រូវ	enemy
ខ្មាំងសត្រូវ	enemy
បង្កសត្រូវ	to create an enemy out of a friend
សត្វ	animal, being (human or animal)
សត្វតិរច្ឆាន	beast
សត្វសាហាវ:	draft animal
សត្វលោក	being (esp. human)
សត្វល្អិត	insect
សត្វល្អិតរាវ	insects
សត្វស្លាប	bird
សទ្ធម្មបិដក	name of a Mahayana Buddhist scripture
សទ្ធា	belief esp. in merit, sin and karma; generous
សទ្ធាចិត្ត	believing in merit, sin, and karma; generosity
សណ្ឋាន	aspect, phase; faction
សន្តាន	breed, family
សន្តានចិត្ត	attitude, intention, state of mind
សន្តិ	peace

សន្តិភាព	peace
សន្តិភាបូនិកម្ម	pacification
សន្តិសុខ	safety, security
សន្តិសុខជាតិ	national security
សន្ទោស	gladness, happiness; acquital
សន្ទុះ:	moment, while; a burst of speed
សន្ទូង	young rice plant
សន្ធឹក	a lot, many
សន្ធឹកសន្ធាប់	lots, many
សន្ធឹង	to extend
សន្និដ្ឋាន	to assume, conclude
សន្និបាត	conference, convention; debate
សន្និសីទ	conference
សន្យា	to assume, conclude; to consider; to promise
សន្យា	to promise
សន្លប់	to have fainted, be unconscious, pass out; faint
សន្លឹក	sheet (of paper, leaf)
សន្លឹកឆ្នោត	ballot
សន្សំ	to save
សប	to inflate, pump air
សបកង់	to inflate a tire
សប្ត	dream
កាត់សប្ត	to interpret a dream
យល់សប្ត	to dream
សប្ដាហ៍	week (formal)
សប្បាយ	agreeable, happy, pleasant; nice
សប្បាយចិត្ត	content, proud
សប្បុរស	compassionate, generous, kind
សប្បុរសធម៌	compassion, generosity, goodness, kindness
សព	body, cadaver, corpse (formal); the late...
តាំងសព	to display a corpse in its coffin before a funeral

146

សកម្មភាពសុខ	the late Mr. Sok
សព្វនាម	pronoun
សព្វ	each, every; all, full, thoroughly
សព្វៗគ្នា	separately
សព្វក្រប់	adequate, all, completely, entirely
សព្វថ្ងៃ	at present, nowadays
សព្វថ្ងៃនេះ	nowadays, presently
សម្បីតែ + n.	even + noun
សព្វតែ	just, only
សព្វព្រះរាជ្យ	to be pleased, be satisfied (royal)
សព្វសារពើ	of every sort
សព្វាង្គកាយ	body (literary)
សព្វាវុធ	weapons of every sort
សភា	assembly, congress, legislative house, parliament
សភាចៅក្រម	prosecutor
សភាព	appearance, state of being; aspect (a.w. សភាវៈ)
សម	to be becoming, be appropriate, be proper; to fit well; fork
clause + សម + clause + ៗស	in fact..., in addition, furthermore
សម + clause + ៗស	at the same time as, in addition to the fact that
សមគួរ	to deserve
សមរម្យ	good, logical (somewhat formal)
ភាពសមរម្យ	decency
សមនឹង	appropriate to, fitting for
សមគួរ	appropriate, becoming
សមស្របសមរម្យ	appropriate
សមណៈ	one who follows the dharma, who strives to live in accord with Buddhist principles, a monk
សមត្ថ	capable

សមត្ថភាព	area of capability, area of competence
សមត្ថភាព	ability, capacity, competence
សមភាព	equality, state of being equal
សម័យ	era, modern, time
ស្ម័យសម័យ	modern times
សម័យទំនើប	modern music
សមរភូមិ	battlefield
សមាគម	association, club
សមាជ	(congressional) session
សមាជិក	member (male)
សមាជិកា	member (female)
សមាទាន	to accept; to express submission; to give
សមាធិ	to purify onself, overcome passion; devotion
សមាធិកម្ម	worship
សមាសភាព	coalition
សំណង់	construction
សម្បាយ	to cut off, give up, throw out
សមុទ្រ	sea
សម្បាតិ	keeper of vital statistics (=នាយទ្បិ)
សម្គាល់	to know, recognize, single out
សម្ងាត់	secret (adj.)
ការសម្ងាត់	secret (n.)
សំងំ	to brood, condone, remain silent in the face of wrong
សម្ដេច	nobleman, prince (a title that can be given to people of non-royal birth)
សម្ដេចព្រះ:សង្ឃរាជ	patriarch of one of the two Cambodian Buddhist orders
សម្ដេចឪ	'Papa Prince' (affectionate title for Prince Sihanouk)
សំដែង	to express

សតិសម្បជញ្ញៈ	alertness, awareness, conscience		consequences; assault; to snore
សម្បត្តិ	asset, property, belongings, wealth	សម្រុះសម្រួល	to arbitrate, ease, reconciliate, smooth the way
សម្បថ	oath, pledge (= សច្ចា)		
សម្បូរ	full, plenty; abundance (lit.); aptitude	សម្រួច	to sharpen (point)
		សម្រួល	to ease, simplify
សម្បុរ	to receive as one's responsibility	សម្រើប	to excite; excitement
រួមសម្បុរ	in common	សម្រេច	to decide, make a decision
សម្បុរ	complexion, skin color	សម្រែក	shout, scream (n.)
ស័ម្បុរសាច់	complexion	សម្ល	soup, stew
សម្បូរណ៍	abundant, plentiful	សម្លករ្យ	a kind of Khmer stew with many vegetables
សម្បូរ	Sambaur (place name in Kratie province)	សម្លរក្តិះ	a spicy stew
សម្បូរណ៍	abundant, plentiful	សម្លម្ជូរ	sour stew
សម្បូរណ៍ភាពabundance		សម្លាញ់	friend, love, mutual friendship
សន្ទុះ	terrible; extremely, terribly	សម្លាប់	to kill
សម្រស់	charm	សម្លាប់ខ្លួនឯង	to commit suicide
សម្ព័ន្ធ	ally (n.)	សម្លឹង	to look at, stare at
សម្ពោធន៍	enlightenment	សម្លុត	to intimidate
សម្ភារៈ	material, supplies	សម្លេង	voice, sound; vote (n.) esp. in a voice vote
ទាក់ទិនសម្ភារៈ	materialistic	សម្លេងសម្រាប	vote (n.)
សម្ភាសន៍	interview	សម្លេងសហរដ្ឋអាមេរិក	Voice of America
សម្ម	correct, good, true (lit.)		
សម្មាសម្ពោធិញ្ញាណ	enlightenment	សម្អុយ	to cause to stink; rail at, slander, spread bad things about someone, use bitter or abusive language
សម្រក់	to emit drops, shed		
សម្រស់	charm, prettiness	សួយ	to be unlucky; bad luck
សម្រាក	to relax, rest	សរសើរ	to congratulate, praise to encourage
សម្រាត	to undress someone, strip someone	សំណរសើរ	congratulations!
សម្រាន្ត	to sleep (formal)	សរសេរ	to write
សម្រាប់	for, used for; set (a.w. សំរាប់)	សរសៃ	nerve, tendon
សម្រាម	garbage	សរសៃ	string, thread, vein
សម្រាល	unimportant, trivial; ordinary	សរសៃខ្នងឆ្អឹង spinal cord
ពាក្យសម្រាលway everyday words		ច្របាច់សរសៃ	to massage
សម្រាល	to make lighter, lighten; to give birth	ស.រ.អ = សហរដ្ឋអាមេរិក
សម្រុក	to force one's way in without thinking of any	សរុប	to summarize
		សរុបមក	in short, in brief

និយាយឲ្យខ្លី .to make a long story short; in short
- ខ្លី

សល់ to be left over, remain; remains

ស. = សដាប់

សដាប់ to listen (literary)

សដាប់ញូ audience (with a dignitary)

សដាប់ខ្លា auditorium (formal)

សសរ column

សសររងោក a principal column

សសរញ្ជែង a kind of column found in temples

សំរាញ to approach

សហ united

សហករណ៍ co-operative (organization)

សហការ to cooperate, work together

សហការី colleague, co-worker

សហគមន៍ community

សហគ្រាស enterprise

សហព័ន្ធ syndicate, union

សហាយ comrade

សហប្រជាជាតិ united nations

សហប្រតិបត្តិការ cooperation

សហភាព union, federation

សហភាពម៉ាឡេស៊ី Malaysian Federation

សហភាព union

សហភាពសូវៀត Soviet Union

សហរដ្ឋ united states

សហរដ្ឋអាមេរិក United States of America

សហសន្តិ: joint welfare

សំដែងបង្ហាញ to demonstrate, prove, show

សាក to turn something over; to bring in something exposed to the sun

សារ to do again, repeat

សាឡើង to do again, repeat; again, another time

សាក to test, try, sample

សាកល universal; universe

សាកលលោក the whole world, universe

សាកលវិទ្យាល័យ university

សាក្សូហ្វូន saxophone

សាក្សី witness

សាខា branch; affiliate(d)

សាខាបុគ្គល personnel branch

សាគរ ocean (formal)

សាង to build (formal)

សាងឃ to become a monk, give up worldly life (- បួស)

សាច់ flesh, meat; muscle

សាច់ក្រក sausage

សាច់ស្បែកនាងរលីង Her skin is smooth.

សាច់ចៀម lamb (mutton)

សាច់ជ្រូក pork

សាច់ឈើ wood

សាច់ញាតិ relatives

សាច់ដុំ muscle

សាច់មាន់ chicken

សាច់សាសាឈ្មោះ relatives

សាទរ to agree with pleasure; to be courteous and nice, respect

សារភាពបណ្តឹង to complain, bring suit

សាធារណ: public

សាធារណការ public works

សាធារណជន the public

សាធារណរដ្ឋនិយម republicanism

សាធារណរដ្ឋ republic

សាធារណរដ្ឋសហព័ន្ធ federal; federation

សាធុ good, well done!; bravo; no big loss, O.K.; amen; hello (said by child to elder)

សាធុការ act of saying សាធុ

សាធុរឿង: (that's your trouble)

សាធុសាសា (គាត់) Say hello to him; shake hands with him

ស្ងប់	calm
ស្ងប់ស្ងាត់	peaceful
ស្ទូង	to sow (for eventual transplanting); bland, flat (taste)
ស្ទូងមាត់	mouth tastes like cotton
ស្ងួ	soap
ស្ទុះស្ទា	cooperation, team work, unity
ស្ទុះស្ទាមាន	solidarity
ស្ទង់	general, ordinary
ស្ទើរមាស	a novice monk
ស្ទើរ	thirty
ស្ទើ	the one concerned, the subject
ស្ទះ	to diffuse, spread about; evening, dusk (formal)
ស្ទះ	
ស្ទះស្រាយ	dusk (literary)
ស្ទះសម្ភារ	banquet (formal)
សារ	core, importance, usefulness; letter, message (a.w. សារ:)
សារបញ្ញើមាស	table of contents
សារគមនា	information, news, newspaper, press
សារមន្ទីរ	archive, museum
សារមន្ទីរជាតិ	national museum
សារ: សំខាន់	essence, importance
សារសំខាន់	essential, fundamental, important
អ្នកនាំសារ	messenger
សារពើ	of all kinds
ស្រពសារពើ	of all kinds
សារភាព	to admit; act of admitting one's fault
សារបរ	document for circulation, memorandum
សារិកាកែវ	mynah bird
សារុង	sarong
សាល	hall
សាលក្រម	letter announcing verdict of court, verdict
សាលាព្រឹក្ស	banyan tree (under which Buddha was born and died)
សាលា	hall, school
សាលាក្រុង	city hall
សាលាកុសលា	court that reviews decisions of lower courts and refers cases with which it is dissatisfied to the appeals court
សាលាឃុំ	township hall
សាលារៀនឧត្តម	institution of higher learning
សាលារៀន	school
សាលាដំបូង	court of the first instance
សាលាវិចិត្រសិល្បៈ	the school of fine arts
សាលាសង្គ	trial court
សាលាសង្គ = សាលាសង្គ	
សាលាសំរេច	supreme court
សាលាស្រុក	town hall
សាលាខណ្ឌ	district hall
សាលាព្រហ្មទណ្ឌ	criminal court
សាលាឧទ្ធរណ៍	court of appeals
សាលីស៊ីឡាត់	salicylate (from salicylic acid)
សាវ	capricious
សាសនា	religion
សាសនាព្រាហ្មណ៍	Brahmanism, Hinduism
គ្រិស្តសាសនា	Christianity
ពុទ្ធសាសនា	Buddhism
សាស្រ្ត	a kind of cloth that keeps crease well, shark skin cloth
សាស្ត្រ	study of, science of
គណិតសាស្ត្រ	mathematics
ប្រវត្តិសាស្ត្រ	history
ភូមិសាស្ត្រ	geography
សាស្ត្រា	palm leaf inscription
សាស្ត្រាចារ្យ	professor
សាហាយ	lover
សាហាវ	fierce, savage, wild
សាលាត	lettuce, salad

សាឡាត់បូក្រាម	lettuce
សាឡុង	couch, sofa; living room
សីអ៊ីវ	soy sauce
ទឹកសីអ៊ីវ	soy sauce
សិក្ខា	study (a.w. សិក្សា)
សិក្ខាបទ	a portion of Buddist monastic discipline
សិក្សា	to study (formal)
ការសិក្សា	education
ការសិក្សាសាអនុវត្តន៍	higher education
សិត	to comb (hair), to strain, discard
សិតសក់	to comb
សិតតែ	exclusively, only (= សុទ្ធតែ)
សិទ្ធត្ថ	Siddhartha (given name of the Buddha)(= សិទ្ធិ)
សិទ្ធិ	a right
សិន	first, for the time being, for a while
សិប្ប:	skill
សិប្បកម្ម	craftsmanship
សិប្បករ	craftsman
សិរិមតក:	Sirimatak (name of a Khmer leader)
សិរិលង្កា	Sri Lanka (Ceylon)
សិរិសួស្ដី	good health and good fortune
សិរីសោភ័ណ	Sisophon (place name in Battambang province)
សិលា	stone (literary)
សិលាចារឹក	inscriptions in stone
សិល្ប:	art
វិចិត្រសិល្ប:	fine arts
សិស្ស	pupil, student
សិស្សានុសិស្ស	students (collective)
សី	shuttlecock
សី	to eat, consume (intimate style in the city, and ordinary style in the country); to take a bribe
សីការ	to take advantage; to cheat
សីគ្នា	to be in harmony, be appropriate to one another, harmonize; to match
សីឈ្នួល	to go into domestic service; to take a job (usually menial)
សីសំណូក	to take a bribe
សីសល់	to take advantage
សីសប (ថា)	to depend on whether...or, it depends on; to be up to; to gamble
ល្បែងសីសល់	gambling
សីសំណូក	to take a bribe
សីហ្គាស	to consume gas
សីក្លូ	cyclopousse, pedicab
សីញ៉េ	to sign
សីតុណ្ហ	cold and hot
សីតុណ្ហភាព	temperature
សីម៉ង់	cement
សីរ	city, country (lit.)
សីល	religious rule, precept; grace, holiness, piety
សីលធម៌	manners and behavior that lead one to do good and avoid bad; precepts of rightiousness; holiness and virtue of people
កាន់សីល	to observe religious precepts (including abstinence)
ថ្ងៃសីល	day of abstinence and religious observance
ចូលសីល	to go to the wat on a day of abstinence to take food to the monks and participate in prayers
សីវិល	civilian
សីហនុ	Sihanouk
សីហា	August
សីឡ	horn, whistle
សឹក	to leave the monkhood
សឹក	to erode, wear out; to be loose; military, pertaining to war
សឹង	to sleep (clerical); almost

សិសិរ	almost	សូវ	gnat
សិសស្ងូប	extremely, really, very (colloquial)	សុចរិត	honest
សិម	later, then	ការសុចរិត	honesty
ស្រាប់ញ៉ាំសិនសិមរៀន	Eat first, then study	សុចរិត	good character
		សុរីសៃ	courtesy, manners
សិទ្ធិកាឌ	certificate of elementary school completion (French: certificat)	សុញ	to run out of ideas, be unimaginative
សិនងុកថាញ់	Son Ngoc Thanh (name of an antigovernment Cambodian politician)	សុនៈ	breast (human)
		សុត	egg
សិមិស	shirt (French: chemise)	សុទ្ធ	pure
សិរ	pear	សុទ្ធតែ	all, exclusively
សុកូឡា	chocolate	សុទ្ធសាធ	pure, real, true; absolutely
សុខ	to be healthy, be fine; to be safe, be secure, be peaceful	សុទ្ធសិសិរ	almost all
		សុភី	good, melodic; attractive, lovable, pleasing
សុខចិត្ត	to be willing, be satisfied; to agree; to sacrifice	សុភមាស	a good, welcome gift
		សូរ	soup
សុខសប្បាយ	happy, safe, well	សូវ	completely, really
សុខភាព	state of one's personal affairs	ជ្រួលជ្រប់	to infiltrate, be saturated
សួរសុខទុក្ខ	to ask after someone, say hello to	កុំទាន់តែរាងយ៉ាងសូវរសេវ He hasn't really sat down yet.
សុខភាព	health	សូរសាស	to infiltrate, be saturated
សុខសប្បាយ	How are you?	សុបិន	to dream; dream
សុខដុម្ម	well-being	សុមនស្ស	validation (literary)
សុខសាន្ត	calm, peaceful	សុភ:	good
សុខាភិបាល	health administration, health care	សុភមង្គល	good fortune, happiness
		សុភវិនិច្ឆ័យ	common sense
សុខវន្ត	healthy, well off	សុព	short for សុភាចារ្យ ; court room; prosecutor
សុខវន្តភាព	health, state of being healthy	សុពតុលាការ	prosecutor, prosecuting attorney
សុខោទ័យ	Sukjothai (name of the first Thai Kingdom)	សុភាព	modest, polite
សុគត	to die (clerical)	សុភាសិត	proverb, saying
សុកតិ	good action, just behavior (literary)	ស៊ុបក្រសៃ	to collaborate; hanky-panky
សុគតិកម្ម	Heaven (literary)	សុរា	liquor
សុង	carton (cigarette)	សុរិយ	sun (literary)
ពីរសុង	a carton of cigarettes	សុរិយវង្ស	Sun Dynasty (one of the Funanese dynasties concurrent with សុវណ្ណ)
		សុ:	thoroughly

សៈសាយ	all over
សៅ	courageous, tough, persistent
សៅ + v.	would rather + v. + instead
សៅ... សាសាៈ rather ... than
សៅសាបសាសាៈ ឬ សឆ្ងាយ	(I'd) rather die than go to serve in the military service.
សាក	to bribe
សាកញ្ញាៈ	to bribe
សៅស	shush, shhǃ
សាយក	to chant, recite
សាយក	silk
សាយកៅ	to chant prayers, recite scriptures
សាសា	nothing, zero
សាប	would like; please
សាឆ្កាក	Sumatra
សាបៀ (ឥក)	even; in spite of, including
សាៈ	noise, sound
សាវរ្ម័ៈ	Suryavarman (name of famous Khmer kings)
សាៈ	should, would rather
សាៈ + v.	would rather + v. + instead, rather + v., better + v.
សា	to walk on a horizontal pole or small bridge
សាក	lungs
សាស	garden
សាសបរៈ	garden, flower garden
សាសសក	zoo
សាៈ	to ask
សារឆៅយ	to interrogate
សាករប	to ask right to the main point, confront
សាសាឆៅ	to ask after someone, say hello to
សាកសាៈ	to ask, inquire
សៅឆ	to laugh
សៅឆៈឆ្ងាៈ	to laugh uncontrollably

សៅ	superficial
សៅ ៗ	superficially
សៅសៅ	to revise, review a case
សៅឆ	to investigate
សៅឆសាៈ	to investigate, find out
សៅឆ	damp, humid, wet
សាៈ	to swagger, be proud of oneself
សាៈ	bean sauce, black bean sauce
សាៈក	to carry in the belt
សាៈឆ	Thai
សាៈឆៅ	Siem Reap (Cambodian province)
សាៈសាៈ	book
សាៈសាៈសៅ	registration book for a cyclo (unofficial usage)
សាឆៅ	affair, matter, connotation, meaning, sense; contents, story; verb or adjective nominalizer
សាឆៅឆៅ	bravery, courage
សាឆៅសាៈ	draft (documents)
សាៈ៖ សាៈសាឆៅឆៅឆៅៈ?	What does this sentence mean?
សាៈ	goods, property
សាៈឆៅ	economy
សាៈឆៅ	object of value
សាៈសាៈ	economics
សាៈសាៈសៅ	economist
សាកៅ	dawn (literary)
សាៈ	cent, penny
សាៈ	army (formal)
សាៈឆៅៈ	marshall (military rank)
សាៈសាៈ៖	a place to sleep and sit (often clerical)
សាក	to eat; to live off; to associate
សាកកៅ	to associate with, be a member of the same crowd
សៅ	free
សៅកៈ	liberation

153

សេរីភាព	freedom	សោយទុក្ខ	to have troubles, worry; sad; grief
សេរ៉ូម	serum	សោយរាជ្យ	to reign (king)
សេរភាព:	association, intimacy	សោយហ្វី	cost, fee, price, tuition (money), expense, fare
សេរភក្ខ	association, act of making love, intercourse (formal)	សោះ:	at all; to be completely out of
សេអ៊ុល	Seoul	មិន... សោះ:	not ... at all
សេះ:	horse	សោះ:សេរ៉ាតិអារម្យ	It's completely flavorless
សែង	to carry (by two or more people)		
សែន	hundred thousand; to sacrifice to spirits; to give a bribe (to spirits); very..., really	សុំ	to ask for, beg
សែន		សុំធ្វ	to volunteer
យ៉ាងសែន	very, exceedingly	សុំច្បាប់	to ask for permission
សែនស្រោង	to sacrifice to spirits	សុំទឹកស្រួចរ:a ceremony in which water is placed before a Buddha image, prayed over, and then drunk or used to wash the face in the hope that it will bring luck or protect from danger	
សៅ	boss, chief, sergeant (familiar) (French: chef)		
សៅសិប	forty		
សៃលេន្ទ្រ	Sailendra (name of a Javanese dynasty)		
សៃវ៉ែង	(boxing) ring	សុំទោស	Excuse me, I beg your pardon.
សោ	lock; term to call one's sister-in-law	សុំសីល	to go to the wat on a day of abstinence to take food to the monks and participate in prayers
កូនសោ	key		
ចាក់សោ	to lock; to unlock	សុមេត្តា	please
សោក	to be sad, be unhappy	សុមេត្តាចូល	Please come in.
សោកសង្រេង	unhappy, sad	សុក	to sit or stand doing nothing
សោត	as for, thus		
ម្ល៉ោះសេរ៉ាក៏កមិនដឹង	He didn't know even that.	សុំខាន់	important
		សុមល	to remark, observe
សោភ	pension (literary)		
សោភា	beautiful, good, grand (literary); beauty	សុវរ	to stop over for a short time; to park temporarily
សោភណភាព	beauty, goodness, high quality	សុំខន	to expose
សោម	moon (literary)	សុខ	speech, utterance
សោមវង្ស	Moon Dynasty (one of the Funanese dynasties, concurrent with ស៊ីវវង្ស)	សុខ្រែពម្លួញ nice and sweet words	
		សុរែង	to express (an idea), state
សោមនស្ស	curious, interested; concerned; happy (formal)	សុរា	to, toward
សោយ	to eat (royal)	សុម	lead
សោយទិវង្គត to die (royal)		សុមផ្កាមា tin	
		សំណង់	building, construction

154

សំណប់ចិត្ត	favorite
សំណល់	something left over
សំណាក់	place one lives occasionally; to live at a place
សំណាក់អោយស្ថិតយូ	to stay
សំណាង	chance, luck
សំណាត់	something that drifts, drift (n.)
សំណាប	seedings before transplanting
សំណាល	to chat, converse
សំរាះសំណាល	to chat, converse
សំណឹក	erosion
សំណូក	bribe
ស៊ីសំណូក	to take a bribe, be corrupt
សំណូម	appeal, petition, request
សំណើច	laughter
ធ្វើសំណើច	to find ridiculous, to burst into laughter
សំណើម	dampness, humidity
សំណៅ	copy (n.)
សំណុំ	bunch, chunk, piece, pile
សំណុំរឿង	case history, file, record of the case (used for courts)
សំនួរ	question
សំបក	husk, rind, shell, skin
សំបកកាត	ID card form
សំបុក	nest
សំបុត្រ	letter; ticket
សំបុត្រកំណើត	birth certificate
សំបុត្រឆ្លងដែន	passport
សំបុត្រថ្នាំ	prescription (drugs)
សំបុត្រសុខ	health certificate
សំបុត្រឡានស្អាត	car title
សំបុត្រឡាន	car registration
សំបុត្រអះសាងរ៉ាប់រង	insurance certificate
ស្រោមសំបុត្រ	envelope (for letter)
បូរព្រៃកកុក	Sambour Prey Kauk (place with famous pre-Angkor ruins)

សំប៉ែត	flat (said of a thin object, e.g., disk)
សំផឹង	prostitute, whore
សំពះ	to strike with a stick from behind the back and over the shoulder
សំពត់	cloth, dry goods; a kind of skirt
សំពត់សារ៉ៃ	a skirt with a border
សំពត់សារម៉ុត	a sampot made of solid color silk
សំពត់សាឡុ	blue skirt worn with a white blouse as a uniform by schoolgirls
សំពត់ហុល	sampot made of tie-dyed thread
សំពាយ	a bundle tied so that it can be carried slung from the shoulder under the arm
សំពឹក	slow-moving, stolid
សំពាវ	a bundle done up in a woven mat or hide
សំពះ	to greet with hands pressed together and raised to the face, a gesture of respect
សំពះការ	a part of the traditional wedding ceremony
សំពោះ	in a visible manner
សំយុង	to hang down, hang straight down
សំរាក	to rest
សំរាប់	for, in order to; a set, suit
សំរាម	garbage, trash
សំរាល	to make lighter, lighten
សំរាលកូន	to deliver a child, give birth
សំរិត	to discard, refine
សំរុក	to lower
សំរើបចិត្ត	to excite, be aroused
សំរេច	to decide; to succeed
សំរែ	Samre (name of a montagnard tribe); bumpkin, country hick

155

សំលៀកបំពាក់	clothing, dress (formal)
សំស្ក្រឹត	Sanskrit
សំឡាញ់	something loved, friend
សំឡី	cotton
សំឡឹង	to look at
សំឡាប់ៗ	to kill little by little
សំអប់	hatred
សំអាង(លើ)សំអាង	something which one relies on, to rely on
សំអាត	to clean up
សំអុយ	to cause to smell bad, stink
សាំ	to get used to
ខ្ញុំសាំការងារ។	I get used to working.
សាំង	to be tame; gasoline
សះ:	cured, healed
សះស្បើយ	cured, healed
សក់	to be empty of contents, be only a shell, be unproductive
ស្ករ	sugar
ស្ករសរ	brown sugar which is sold in the form of discs
ស្កាត់	to go off the beaten track, lay a trap, waylay; to change the subject; to block, stop
ស្គម	skinny, thin (used only for humans and animals)
ស្គាំងស្គម	emaciated, skinny, thin
ស្គរ	a kind of drum
ស្គរវាលស	name of a kind of Khmer marching music
ស្គាល់	to be acquainted with, recognize
ស្ងប់	to be in a lull
ការស្ងប់	things are in a lull
ស្ងាត់	alone, quiet, without people
ស្ងាប	to yawn

ស្ងួត	dry
ស្ងួន	adorable, something lovable
សរើប	to admire
ស្ងៀម	to be quiet, silent
ស្ងោរ	to boil; to make into soup; soup
ស្ញប់ស្ញែង	to be impressed, be awed, admirable
ស្តម្ភ	column; firm
ស្តាត	stadium (French: stade)
ស្តាប់	to listen
ស្តាប់ញ្ញ	to understand
ស្តាប់ឮ	to hear
ស្តាយ	to regret
សេចក្តីស្តាយ	regret
ស្តី	to scold, reprimand; to ask for a favor, request
ស្តីឱ្យការថាបង់ញ្ញ។	May I ask you to buy me some coffee?
ស្តីបន្ទោស	to reprimand
ស្តីបន្ទោស	to blame, scold, reprimand
ស្តី	acting, pro tem
ស្តុក	a lot, many, much
ស្តុកស្តម្ភ	rich, wealthy
ស្តឹង	extended and motionless
ស្តើង	slender, slim
ស្តួចស្តើង	few, scanty
សើត	thin
សេត	king, member of the royal family; sometimes used before a verb of motion if the king is the subject
ព្រះអង្គសេតយាងចេញមកហើយ	He (the king) is coming out now.
សេចចត	name of a traditional game
ស្តែង	apparent, clear, evident; dramatic, tragic
ស្តោះ	to spit
ស្តាំ	right (side)
ស្រី	woman, women

ក្មេងស្រី	female child (literary); woman (in general)	នេសាទ	to fish
ស្ថាន	location, place (formal) (a.w. ស្ថាន)	ស្ទូច	to lift, raise (by supporting from below); to indulge, spoil
ស្ថានការណ៍	situation	ស្ទើរ	insufficient
ស្ថានទូត	embassy	ស្ទើរតែ	almost, barely
ស្ថាននរក	hell	ស្ទៀង	Stieng (name of a montagnard tribe)
ស្ថានភាព	state of affairs		
ស្ថានីយ	station (communication, transportation)	ស្ទុះ	to be in the image of, represent; something returned
ស្ថានីយវិទ្យុ	radio station	ស្នងការ	commissioner
ស្ថានីយរថភ្លើងឈ្មោល railroad station, train station		ស្នា	spear
		ស្នា	crossbow
ស្ថិតិ	institution	ស្នាក់	to dwell, live at, stay for a short time; to seat (office)
ស្ថិតិយោធា	military institution		
ស្ថិតិជាតិ	national institution	ស្នាក់អាស្រ័យ	to dwell, stay at
ស្ថាបនា	to build (formal)	ស្នាដៃ	handiwork, masterpiece, work (e.g., of art)
ស្ថិរ	definite, permanent (formal)		
ដោយស្ថិរ	permanently	ស្នាព្រះ:ហស្ថ	handiwork, masterpiece, work (royal)
ស្ថិតនៅ	to be located at (formal)	ស្នាម	footprint, mark, print, scar
ស្ថិតិ	records, statistics; custom, law; act of being located; life	ស្នាមភ្លោះ:	ditch, moat
		ស្និទ្ធ	to be on intimate terms with; really; to do well and conscientiously
ស្ងាត់	slow, sluggish		
ស្ងាត់	to estimate, probe	ស្និទ្ធស្នាល	sincere, on close terms
ស្ងាត់ការ	to survey	ភាពស្និទ្ធស្នាល sincerity	
ស្ងាត់	to ambush, waylay	ដោយស្និទ្ធ	to consume with enjoyment
ស្ងាត់សាយ	to ambush	ស្នូក	trough; turtle's body
ស្ងាត់ស្ងៀម	to be uncertain	ស្នូកកាំភ្លើង rifle butt	
ស្ងាត់	fluent; skillful, proficient	ស្នូរ	noise, sound
ស្ពប	to touch	ស្នូល	core, pith, xylem; filler
ស្ទឹង	small river	ស្នើ	to advise, propose, suggest
ស្ទឹងត្រែង	Stung Treng (Cambodian province)		
		ស្នើរ	tactics, technique, trick
ស្ទាំ	hazy and indistinct, blurred	ខុសស្នើរ	to make a mistake
ស្ទះ:	to accelerate, burst forth, pick up speed, run at full speed, rush; to prosper	ស្នេហ៍	love charm
		មានស្នេហ៍ខ្លាំង charming	
		ចងស្នេហ៍	to have a love charm put on someone
ស្ទូង	to transplant		
ស្ទូង	to hoist, lift		

ស្នេហា	to love (poetic); love
ស្នេហាជាតិ	patriotic (literary)
ស្បៃ	monk's sarong-like garment
ស្បថ	to swear
ស្បថ	custom; characteristic; way
ចេះស្បថ	to have learned one's lesson
ស្បូន	uterus, womb
ស្បូវ	a kind of long, coarse grass often used for thatch, sod
ស្បើយ	no longer ill, well (said when someone sneezes)
ស្បៀងអាហារ	food, provisions
ស្បែក	hide, leather, skin
ស្បែកក្រាស់	callous, thick-skinned
ស្បែកកន្ទុយ	goose bumps, goose pimples
ស្បែកជើង	shoe
ស្បែកភ្នែក	eyelid
ស្បោង	a small sack
ស្នា	tray
ស្ព័រ	sports
ស្ពាន	bridge
ស្ពាន់	copper
ស្ពាយ	to carry suspended from the shoulder
ស្ពាយរាប	to carry a heavy load on the back
ស្ពឹក	numb, without feeling
ស្ពៅ	swollen
ស្ពៅ	deformed, misshapen
ស្ពៅ	cabbage, mustard greens
ស្ពៅក្រញ៉ូវ	round cabbage
ស្ពៅចង្វា	Chinese cabbage
ស្ម័គ្រ	to volunteer
ស្ម័គ្រចិត្ត	to volunteer
ស្មា	shoulder
ស្មាន	see ស្មាន
ស្មឹង	to become absorbed in an act or thought to the exclusivity of everything else
ស្មាន	to believe, guess, think
ស្មារតី	imagination; nerve, reflex
ដឹងស្មារតី	to be alert, be at attention, pay attention
ស្មារតី	to be unconscious
ស្មឹងស្មាធិ	to meditate
ស្មុគស្មាញ	hairy, complicated and difficult
ស្មើ	to be equal, even
ស្មើភាព	alike, equivalent, equal, even
ស្មៀន	clerk, secretary
ស្មោកគ្រោក	dirty, filthy, nasty
ស្មោះ:	honest, straightforward, faithful
ស្មោះត្រង់	honest, straightforward
ស្មោះស្ម័គ្រ	frank, straightforward
ស្មៅ	grass, weeds
ស្រក	to diminish, recede
ស្រកទម្ងន់	to lose weight
ស្រក់	to drip
ស្រក់ទឹកមាត់	to make one's mouth water, salivate
ស្រករ	in a messy manner
ស្រងាប់ស្រងោក	to be blue, sad; quiet, silent
ស្រង់	to extract, pick out, esp. from water
ស្រង់	to bathe (a Buddha statue, divinity, clergy)
ស្រងាកចិត្ត	to be disappointed
ស្រងាត់	dull greenish colored; deserted, desolated
ស្រងូត	sad (facial expression)
ស្រងូតស្រងាត់	blue, melancholic, mournful, sad
ស្រណោះ:ស្រណោះ	to be sad; sadness
ស្រនៃ	to speak, say
ស្រដៀង	similar

ស្រណុក	comfortable, easy, good
ស្រទប់	layer
ស្រទបុរាណ	name of a piece of classical Khmer literature
ស្រប	consistent with, parallel, complied with
ស្របក	(spoken) bark, husk, shell (c.s. សំបក)
ស្របក់	a moment
ចាំមួយស្របក់	Wait a moment.
ស្រមក	to snore
ស្រមុះ	sourpuss, unhappy (face)
ស្រមោច	ant
ស្រយាល	far (rare)
ស្រវឹង	drunk
ស្រស់	charming; fresh
ស្រាកស្រាយ	to get over one's anger
ស្រាកស្រប	to eat (rural)
ស្រាស(សាស្ត្រា)ferryboat	ferryboat
ស្រឡាញ់	to love, be fond of
ស្រឡៃ	a kind of flute
ស្រឡកកក់	to be appalled; to be in panic
ស្រឡះ	clear
មេឃស្រឡះ	clear sky
ស្រអែម	dark brown (used only of skin)
ស្រា	alcohol, liquor
ស្រាទំពាំងបាយជូរ	wine
ចម្រាញ់ស្រា	to distill or brew alcohol
ស្រាត	to go naked, be naked; to take off clothing; to streak
ស្រាប់	already; ready-made
ស្រាប់តែ	suddenly
ស្រាពណ៍	name of the 9th lunar month (mid-July to mid-August)
ស្រាយ	to untie
ស្រាល	light (weight)
ស្រាវ	to haul in a rope, roll up string
ស្រាវជ្រាវ	to do research
ការស្រាវជ្រាវ	research
ស្រី	female, girl; lady, woman
ស្រីក្រមុំ	unmarried girl, young girl
ស្រីចោ	prostitute, whore
ស្រីសំផឹង	prostitute, whore
ស្រុក	city, district; country, village
ស្រុកខ្មែរ	Cambodia
ស្រុកទេស	country, nation
ស្រុកស្រែ	countryside, rural area
ស្រុកស្រែចម្ការ	countryside, rural area
ស្រុត	to cave in, sink, to collapse
ស្រុះ	altogether
ស្រុះតែ	altogether, all at the same time; united
ស្រូក	to hurry
ស្រូកសៀ	Hurry up!
ស្រូប	to pour soup over rice
ស្រូបស្រប	to eat, have a snack (rural)
ស្រូវ	uncooked, unmilled rice
ស្រូវកះ	a fast-growing variety of rice that gives a small yield
ស្រូវដំណើប	glutinous rice
ស្រូវប្រាំង	dry-season rice
ស្រូវទំ	upland rice
ស្រូវវស្សា	rainy-season rice
ស្រូវស្រាល	early-maturing rice
ស្រូវទឹកស្រៀប	a k.o. rice that grows well under flooded conditions
ស្រួច	sharp and pointed
កងចម្បាំងស្រួច	spearhead forces
ស្រួល	comfortable, easy
ស្រួលខ្លួន	to be well, be healthy
ស្រួលចិត្ត	to feel at ease; content, happy

Khmer	Definition
ស្រួល	comfortable, convenient, easy, right, well; carefully, orderly, properly
ស្រើប	to feel strong desire, aroused
ស្រេក	to shiver
ស្រេកស្រន់	to shiver
ស្រេក	to be thirsty
ស្រេកទឹក	thirsty
ស្រេច	already, complete
ស្រេចរំលើង	forget it, no way, that's the end of it, completely shot
ស្រេច(តែ)នៅ	to depend on, be up to
ស្រេចតែនៅអ្នក	It's up to you.
ស្រេចសៅនៅ	to depend on, be up to
ស្រេចចិ្ឆយ	It's all wrong!
ស្រែ	rice field; countryside
ស្រែក	to shout, scream
ស្រោច	to sprinkle water
ស្រោចទឹកសាខាឈាបះ	a ceremony in which monks sprinkle water and chant to avert foreseen danger or bad luck
ស្រោចស្រង់	to rescue, save, salvage
ស្រោម	case, envelope, sheath
ស្រោមជើង	sock, stocking
ស្រោមដៃ	glove, mitten
ស្រោមសំបុត្រ	envelope (for letter)
ស្រះ	vowel
ស្រះផ្សំ	diphthong
ស្រះ	a small pond, a man-made pond on the grounds of a wat, an ornamental pond
ស្រះម	to do together
ស្ល	to stew
ស្លន់	to be in panic
ស្លន់ស្លោ	to be in panic
ស្ល	areca (tree) (fruit is part of betel that is chewed by old people)
ស្លាថោ	a ceremonial ornament made with a banana tree trunk base
ស្លាធើដូង	a ceremonial ornament made with a coconut base
ស្លាប	feather, wing
ស្លាបប៉ាកកា	pen (for writing)
ស្លាបព្រា	spoon
ស្លាបព្រាកាហ្វេ	coffee spoon
ស្លាប់	to die
ស្លាប់បាតសហោង	to die an unpleasant death
ស្លឹក	leaf; four hundred (old measurement for counting fruit)(see ស្ល)
ស្លឹកគ្រើ	scallion, spring onion
ស្លឹកគ្រៃ	lemon grass
ស្លឹកឆ្នោត	ballot
ស្លឹកឈើ	a leaf
ស្លឹកត្រចៀក	ear
ស្លុត	docile, tame
ស្លុតគ្រាន់	decent, of good character
ស្លេកស្លាំង	sick and skinny
ស្លៀក	to put on a lower garment
ស្លៀកពាក់	to get dressed, be dressed
ស្លែ	algae, mold, slime
ស្លៃ	to be pale with fear or illness
ស្លោក	to be burned; saying, slogan
ពាក្យស្លោក	saying, slogan
ស្លាំង	to be pale, be appalled
ភ័យស្លាំងស្លៃ	to be really afraid (the face turns pale instantly)
ស្វ័យប្រវត្តិ	automatic
ស្វា	monkey
ស្វាគមន៍	welcome
ស្វាធ្យាយ	to recite, study
ស្វាមី	husband (formal)
ស្វាយ	mango; gonorrhea, V.D.
ស្វាយរៀង	Svay Rieng (Cambodian province)

160

ស្វ៊ីស	Switzerland	ស៊ី	what?, what sort of thing?
ឆ័ត្រស្បែ	a white umbrella (lit.)	ស្អីគេ	What is that?
រិស	to look for, search for	ស្អុយ	bad smelling, stinky
ស្វែ:រ្វែ	to look for, search for	ស្អូច	Saouc (name of a montagnard tribe)
ស្អប់	to hate		
ស្អាត	beautiful, clean, nice	ស្អែក	tomorrow
ស្អាតស្អំ	attractive, clean, well (dressed)	ខានស្អែក	day after tomorrow
ស្អាតស្អី	clean	ស្អែកខនស្អី	the next day
ស៊ិត	sticky	ស៊ី	to pat medicine on, treat by heat or by ice, apply

161

ហត់	fatigued, tired	ហាមមិនឲ្យយើងធ្វើការធ្ងន់ៗអស់	
ហត្ថ	hand (lit.); length from elbow to tip of middle finger		He forbade me to do any heavy work.
		ហាល	to dry, expose to the weather
ហត្ថកម្ម	manual labor (formal)		
ហត្ថករ	manual laborer	ហាលបង្គា	dried shrimp
ហត្ថលេខា	signature (formal)	ហាសិប	fifty
ហប់	stuffy	ហិកតា	hectare (unit of metric land measurement equivalent to ten acres)
ហប់	too full (said of stomach)		
ហស្ថ	hand (royal)	ហិត	to smell, sniff
ហស្ថលេខា	signature (royal)	ហិន	to be all gone (wasted)
ហ៎	sentence-final particle that calls attention (familiar)	ហិប	suitcase, trunk (a.w. ហិប)
		ហិរញ្ញ	currency; finance
ហ៊	older brother (Chinese)	ហិរញ្ញិក	finance (fiscal)
ហា	to open (said of mouth)	ហឹ	to not care; represents a spoken pronunciation of
ហាមាត់	to open the mouth		(ឥហឹ)
ហាក់	to seem		
ហាក់ដូចជា	it seems	ធ្វើឥហឹ	He's acting unconcerned. He's pretending not to know.
ហាង	shop, store		
ហាងឥណ្ឌា	Indian store	ហីន	cheap; small (lit.)
ហាងឈួស	a store that acts as a middleman	ហីនយាន	Hinayana (branch of Buddhism)
ហាងថ្នាំ	drug store	ហ៊ីន	deafening
ហាងបាយ	restaurant	ហីប	suitcase, trunk
ហាត់	drill, exercise, practice	ហឹ!	interjection of anger or desperation
ការហាត់	drill (n.)		
ហ្វឹកហាត់	to practise, train	ហ៊ី!	interjection indicating anger; sound of a groan
ហាន	to be brave, dare		
ហាន់	to cut into strips, slice	ហ៊ឺហា	fancy, flamboyant, showy
ហាម	to forbid, warn	ហុកសិប	sixty
ហាមមិនឲ្យ	| to forbid + v.	ហុច	to hand over, pass over
		ហ៊ុន	share (e.g., of stock)

ហ៊ុនចង	company (business)
ចូលហ៊ុន	to be a partner (in business)
ហ៊ុព	to surround
ហុយ	to rise like steam or smoke; to be dusty; to fume
ហូត	to pull out
ហូរ	to flow
ហូរកាត់	to flow through
ហូរចូល	to flow into
ហូល	a type of handwoven fabric usually silk, in which the pattern is dyed into the threads before they are woven
ហុល្លង់	Dutch
ហួច	to whistle
ហួសម៉ោ	see ឈ្មៀម៉ោ
ហួត	to be dried up, be absorbed
ហួតហែង	to be dry, be dried up
ហួស	to exceed, surpass
ហួសចិត្ត	incredible, amazed
ហួសពេលទៅ	it's too late
ហួសវិស័យ	to exceed one's capacity
ហួសសម័យទៅ	out of date
ហួសហេតុ	beyond reason
ហើម	to swell, be swollen
ហើយ	well!, O.K.; already, and; then
ហើយឫសង?	yet (question marker)
ហើរ	to fly (flapping wings)
ហៀរ	to overflow, be too much (said of liquid); to exceed
គាត់និយាយហៀរទឹកមាត់ ។ He talks dribbling saliva.
ហៀប(នឹង) + v.	to be about to; almost
ហេង	to be lucky, be fortunate
ហេតុ	matter, reason
ហេតុការណ៍	cause, problem, trouble
ហេតុតែ	just because

ហេតុនេះទៅបានជាហេតុ	this is why
ហេតុផល	reason; consequence
ហេតុអ្វី	why?
ហេតុផយ៉ាងខ្លះៗ	why? (expects answer with several reasons)
មានហេតុ	something happens
ហេមន្ត	cool season, autumn (lunar calendar) (= ហេមន្តរដូវ)
ហេវ	tired; hungry
ហែ	to accompany in a procession, escort, march, parade
ហែសព	to have a funeral procession
ហែខ្មោច	to have a funeral procession
ហែក	to tear
ហែកផ្តាច់	to destroy one's reputation by slandering him, reveal skeletons in the closet; to gossip
ហែង	dry
ហែល	to swim; to struggle
ហៃ	oh!
ហៃ	attention-calling particle (familiar)
ហោ	to shout jubilantly
ហោការ(ឫ) to shout jubilantly
ហោង	indicates an end of a list or an issue
ហោចណាស់	at least
យ៉ាងហោចណាស់ at least
ហោប៉ៅ	pocket
ហោប៉ៅយួរ	handbag, purse
ហោរ	astrologer
ហោរា	astrologer; astrology; horoscope
ហោះ	to fly (mechanically)
ហៅ	to call, invite; to order
ហៅ + v. + អ្វីទ do you call that + v.?, how can you call that + v. ?

163

ស៊ុ-ស៊ុ	to encircle, surround	ស្មើស្មា	fine, small, smooth
ស៊ុ៖	question marker indicating anger	ស្មើស	firm
		ស្មើសណ្ឋ	serious, strict
ស៊ូ	familiar final particle (= ណ៎)	ស្មីន	film
ស៊ូស	that, this, these, those	ស្មីញ៉ាមៃ	Philippines
ស៊ូសហើយ	that's right, yes	ស្មីកស្មីត	to drill, practise, train
ស៊ូសសស	that's right, yes; so, thus	ស្មុក	herd, school (said of fish)
ចាំស៊ូសហើយ។ Wait here.		ស្មុន	Funan
ស៊ូ៖	really (intimate)	ស្មុស	phosphate
ស៊ូ៖	you hear! (urges action) (non-formal)	ស្រើន	brake (French: frein)
ស្មូ	elephant driver; doctor, healer	ស្រាការតា	Djakarta
		ស្រាវ៉ា	Java
សមូញ៉ូ	doctor, healer	ស្រាជឺណៃវ៉	Geneva
ស៊ូសូស	close, careful, with attention paid, meticulous, precise (a.w. ស៊ុសូស)	ស្ម	familiar final question particle
		ស្មៅ៖	occurs at the end of a question (= ឫ៎)
		ស្មៅស	you (intimate)

ឡាក់	to make funny gestures
ឡាន	automobile, car
ឡានឈ្នួល	bus
ឡានភ្លើង	fire truck
ឡានសង្គ្រោះ	ambulance
ឡាតាំង	Latin
ឡាយឡុង	to sell at auction
លក់ឡាយឡុង	to sell at auction
ឡូ	dozen
ឡេវឡយ	arrogant, insolent
សំដីឡេវឡយ	insolent words, arrogant words
ឡឺឡា	to talk loudly
ឡើង	to go up, rise
v. + ឡើងវិញ	to do again, repeat; again
number + ឡើងទៅ	from (number) up, (number) or more
ពីរនាក់ឡើងទៅ	two or more people
ឡើងទាស	to get stuck up, get above oneself
(ឡើង)...ភ្...	to ..., ... times as much

ឡើងងាកៀ	more than twice as much
ឡើងរកាស	to get a swollen head, show off
ឡើងឈាម	to have good color (not pale); to have high blood pressure
ឡើងឋាក់	to be promoted
ឡើងប្រាក់ខែ	to raise a salary
ឡើងសក្តិ	to get promoted
ឡើងផ្ទះ	to enter a house
ឡើងតាគ្រ	to get stuck up, get above oneself
ឡើងវិញ	again
ឡើយ	...at all...
ឡេវ	button
ឡេវឡា	to be thrown into a panic
ឡេកៅ	worn out (said of nuts, holes, etc.)
ឡេប	to ambush, surround
ឡបរបៀប	to ambush
ឡបឆ្នាំ	bolt
ដែកឡបឆ្នាំ	bolt
ឡៃ	wooden case

អ:	not (prefix)
អកុសល	unfortunate, unlucky
អក្សរ:	letter, consonant (a.w. អក្សរ)
អក្ខរវិទ្យា	orthography, spelling
អក្សរ	alphabet, consonant, letter
អក្សរសាស្ត្រ	literature
អគ្គ	exalted, high; general
អគ្គមហេសី	queen
អគ្គបញ្ជាការ	high command
អគ្គលេខាធិការ	secretary general
អគ្គលេខាធិការដ្ឋាន	secretariat general
អគ្គស្នងការ	commissioner general
អគ្គី	fire (literary)
អគ្គិសនី	electricity (formal)
អង់គ្លេស	English (French: anglais)
អង់តែន	antenna (French: antenne)
អង់អាច	brave, fearless, strenuous
អង្ករ	rice (polished uncooked)
អង្ករបុក	rice which has been husked by pounding rather than milling
អង្ករសំរិត	completely milled rice
អង្ករសំរូប	milled but unpolished rice, brown rice
អង្កាល	when (future, question marker)
អង្កាលណាខាង	that time
កាលអង្កាល	when? (past, question marker)
អង្កាម	shaft
អង្កេត	to investigate

អង្គ	corps; group; classifier for royalty, clergy, and deities
អង្គទូត	diplomatic corps
អង្គប្រជុំ	the assembled participants in a conference (formal)
អង្គការ	organization
អង្គការសហប្រជាជាតិ	United Nations Organization
លោកសង្ឃមួយអង្គ	a monk
អង្គតាសោម	Ang Tasom (name of a town in Takeo province)
អង្គរ	Angkor (name of the old capital)
អង្គរវត្ត	Angkor Wat
អង្គុញ	sea bean; a kind of traditional game played with this fruit
អង្គប់ (អង្គប់)	trap
អង្គុយ	to sit down
អង្គុយគិតគូរ	to just be concerned about (also. អង្គុយគិតគិ)
អង្គុយគរ	to keep (doing exclusively)
អង្គុយលើចង្ក្រានលើកខ្លួនផង	proverb: Don't be a social climber., to put onself up, be a social climber
អង្គុលិលេខ	typewriter
អង្គ្រ	(spoken) to shake, tremble (c.s. អង្គ្រ)
អង្គរ	to beg, plead
អង្សុក	monk's inner garment, with a pocket
អង្សា	degree (temperature)

អវិស្សល	to caress; to rub
អវិជ្ជមាន	permanent
អញ	I, me (non-formal)
អញនិយម	selfishness
អញ្ចឹង	in that case, so, then, therefore, well
អញ្ចុ៎ះ	like that (spoken usage)
អញ្ចេះ	like this (spoken usage)
សោកត្រវាឱ្យឈរសេចក្ស៎ាកើត	To be right, you must say like this.
អញ្ជើញ	to invite; please
សោកអញ្ជើញទៅណា ?	Where are you going?
អញ្ជើញចូល	Please come in.
អឌ្ឍភាគ	half portion
អឌ្ឍមាស	semimonthly
អណ្ដាត	tongue
អណ្ដូង	well; mineshaft
អណ្ដូងរ៉ែ	mine, mine shaft
អណ្ដើក	turtle
អត់	to be patient, bear, put up with; no, not
អត់ទោស	pardon
អត់ប្រយោជន៍	futile, useless
អត់អ្វី	there's no way
អត់មាន	to be out of, not to have
អត់អីទេ	It's nothing.
អតិ	too much (literary)
អតិបរិមា	maximum (literary)
អតិសុខុមប្រាណ	germ, microbe
អតីត	past, the past; ex-, former
អតីតកាល	the past
អតីតប្រធាន	ex-president, former president
អត្ត	self
អត្តឧត្ត	selfish
អត្តលេខ	identification number
អត្តសញ្ញាណបណ្ណ	ID card
អត្ថ	to explain; explanation

	translation; business, matter; result; thing; first, primary
អដ្ឋកថាសូត្រ	name of a Buddhist scripture scripture
អត្ថន័យ	definition, meaning
អត្ថបទ	article, passage
អត្ថប្រយោជន៍	primary interest
អត្ថាធិប្បាយ	lecture; description
អនិត្យ	temporary (literary)
អធិការ	to administrate, inspect, administrator, chief, director, head, inspector (formal)
អធិបតី	to govern, preside; to sponsor
អធិបតិភាព	chairmanship, leadership
អធិបតេយ្យ	by power, sovereign (lit.)
អធិបតេយ្យភាពsovereignty
អធិប្បាយ	to discuss, explain (as in an article)
អធិរាជ	emperor
អន្យោន្យភាព	to be understanding; mutual understanding
អធ្រាត្រ	midnight
អន់	to decrease; inferior, low; no good
អន់ចិត្ត	to feel bad, have bad feeling, to be upset
អន់ថយ	inferior; no good
អនាគត	future
អនាគតកាល	future time
អនាធា	bum
មនុស្សអនាធា	a bum
អនាធិបតេយ្យ anarchy; disorder
អនាម័យ	hygiene
អនាមិក	anonymous
អនិច្ចកម្ម	to die; death
អនិច្ចា	alas! (obsolescent)
អនុ	under, vice
អនុគ្រោះ	see អនុគ្រោះ:

អអ្សក្តោះ	to help each other, support, sympathize
អអ្ញញត (សអាយ)	to give permission; permission
អអ្ឡុរិទ	to abstain; neutral; abstention
សេតអអ្ឡុរិទ	abstention vote
អអ្ស្របសា	vice president
អអ្សសា	attaché
អអ្សម៌ត	to approve; to decide (formal)
អអ្សសាយ	to comply
អអ្សរ្ត	to apply, execute, follow
អអ្សរ្តា	application, execution
អអ្សឡ្បសាយ	junior high school
អអ្សសាន្តីយត្រា	2nd Lieutenant
អអ្សសាន្តីយាសា	1st Lieutenant
អអ្សសាន្តីយសក	Captain (army)
អអ្សឡ្បរិយ៉	souvenir
អអ្សរ:	prefix meaning: inter
អអ្សរាតិ	international
អគ្គរាមេត	intervention
អអ្សនយ	disaster, disorder
អអ្ស្ត	little (c.s. បង្ត)
អអ្ស្នក	trap
អអ្តក់កាង	name of traditional game
អអ្ស:អអិសា	to show signs of severe pain or discomfort
អអ្ស្តិឡ៉	bestial
អអ្ស្នយ	continuous, viscous
អអ្ស្ត	ditch, hole, foxhole
អអ្ស្តញ	a vertically striped silk used for skirts
អអ្ស្ត	level, part, region
អអ្ស្ត	see ទ្គអអ្ត
អអ្ប	to please someone
អបសារ	to approve heartily, be glad
កអបកាត់ស្រកោះ:អ្ទន់ចាន្ត្រើសឡ្បសាស្ញត្	
	He pleases him because he wants to be promoted.
អប៉	to odorize

អប៉រ	to bring up, discipline, educate
អបនន៌យ	victory
អឡ្បសារ អមតិ បត៌ បសារ ឡ្បសាន៌ បត៌	Pali for: ក្សមនិន្ទស សារ ស្របសាន្ត កាសមរក្សាយស អអាយរន៌ កាសសរ្បុសសាន្ត កាសស្ថិតិសអាយឡ្បូ
អ្បិម	bad, nasty
អឡ្បសា	apsara: a heavenly dancer, attendant to the gods
អអ្ស្ញក	to get bored; lonely
អម្ញ	fog
អម្ញប	unclear (literary)
អម្ញញកិត្ត	neutral
អម្ញញកិត្តស្នាក	neutrality
អតិម	unfortunate, unlucky
អតិយ	to forgive
អតិយសាន	to forgive, pardon
អតិ	extreme, high, very
អតិស្ត	a high-ranking parson
អតិស្ប	a teaching to initiate thinking
ឡ្បសាំអតិស្ប	the breath of life
អតិញន	chief, director, governor, head of an organization
អតិញសាសេក	province chief, governor (a.w. អតិញសាសេក)
អតិទ្ឡ្ប:	development
អតិទ្ឡ្បសានាសេត	community development
អតិសាក	to crown; coronation (royal), a ceremony honoring a new Buddha image
អប	to assist
អបសឡ្បសេ	inhumanity; inhumane
អយស្ញួសសា	locomotive
អយ្តសេ	injustice; unjust
អស	to be happy, be glad
អសក្តន	thank you
អសប៉	one who has succeeded in detaching himself from worldly desire (= អសប្ត)

អរូ	abstract
អរ្យ៖	civilized
អរ្យធម៌	civilization
អរ្យប្រទេស	civilized country
អរិយ៖	orderly, proper, very, good
អរិយធម៌	civilization
អរិយប្រទេស	civilized country (literary)
អរុណ	morning (formal)
អលង្ការ	jewelry
អវិរុទ្ធ	correct, not wrong
អវិរុទ្ធភាព	obedience to the law
អស់	to be finished, be out of, to be used up, run down; all of, entirely
អស់កម្លាំង	to be tired, exhausted
អស់ចិត្ត	to give up (stop hoping), to be satisfied
អស់ពីចិត្ត	without reservation
អស់រលីង	completely gone
អស់លោក	all you gentlemen
អស់លោកធំៗ	all the important people
អស់លោក - លោកស្រី	ladies and gentlemen
អស់លោកនាង	ladies and gentlemen
អស់សង្ខារ	exhaustive; complete
អស់សំណើច	to find something ridiculous
អស់ឥន្ធនៈ	out of gas
អស់រលីវ	all gone, finished
អស់អានចប់អស់រលីង	completely, fully
អវៈវ៉ាយ	insecurity, disorder
អាក្រក់	(prefix) bad, unpleasant
អាក្រក់	quarrelsome, unpleasant, bad
អាក្រក់	bad thoughts, evil person, enemy of the gods
អាបអោយ	a ghost which walks at night, lives on unclean things, and haunts people
អាចម៍	foul smelling, smelling like a corpse
អស្ចរ្យ	great, magnificent
អស្សុជ	name of 11th lunar month (mid-September to mid-October)
អា	intimate or derogatory prefix
អាគ្រុ៖	fool, ignoramus
អាណា	which one?
អានា	what, who, whom
អានាក៏បាន	take any one
អានាឯង	who is that?
អាណោះ	that one(colloquial)
អានេះ	this one, this
អានោះ	that one, that
អាញ៉ូវ	familiar address form for a male
អាញ៉មសោ	sycophant, toady
អាម៉ួយនេះ	the one
អាម៉ួយនេះ	this one
អាវ៉ា	dummy, marionnette, puppet
អានី	familiar address form for a female
អាសាត្វ	bestial (referring to a bad person)
អាសៃវ	vocative form used in addressing one with whom one is on familiar terms
អាឯង	you (intimate or contemptuous)
អាក់	to miss out, give up on
អាក់ចិត្ត	to feel bad, to be disappointed
អាក់អន់ចិត្ត	to be humiliated, be upset; to feel bad, have one's feelings hurt
អាកប្បកិរិយា	attitude, behavior, position
អាកា	heritage, inheritance
សន្តានកា	heritage, inheritance
អាក្សរ៖	letter of the alphabet; letter; missive
អាការ	condition, symptom
អាការសាល	liquor (spirits language)

169

អាកាស	air, space, outer space
អាកាសចរណ៍	airline (formal)
អាកាសទេវតា	angel of the air
អាកាសធាតុ	climate, weather
	(= ធាតុអាកាស)
អាកាសយាន	airplane (formal)
អាកាសយានដ្ឋាន	airport (formal)
អាក្រក់	bad, unattractive, ugly; traumatic
ការធ្លាក់អាក្រក់	traumatic experience
អាគម	act of coming, act of entering; interrelation, into
អាគម	a spell
អាគារ	building
អាគុយ	a battery (car)
អាមេរិក	American (colloquial)
អាគ្នេយ៍	southeast (literary)
	(= ទិសរវាងខាងកើតនិងខាងត្បូង)
អ្នកអាក	big person (slang)
អាស្រ័យ	to be dependent on, to rely on, depend on
អាង	basin, vat, tank
អាងនឹង+ clause	to depend on the fact that..., just because ...
អាងឫទ្ធិអំណាច	to take advantage of status to injure others
អាច	to be able
អាច	can, capable, possible
អាចម៍	excrement
អាចម៍គោ	manure
អាចម៍ត្រចៀក	ear wax
អាចម៍ច្រមុះ	snot
អាចម៍រណ្តៅ	shavings
អាចម៍ភ្នែក	eye exudate
អាចម៍រណារ	sawdust
អាចម៍ក្រ	freckles
អាចារ្យ	teacher (a.w. អាចារ្យ)
អាចារ្យវាទ	philosophy of the teacher

អាចារ្យ	layman who acts as liason between monks of a wat and other lay people, also acts as a practitioner of traditional rituals; professor, teacher
អាជីវៈ	living, subsistence
អាជ្ញា	authority; law, power
អាជ្ញាធរ	common law (literary)
អាជ្ញាកណ្តាល	arbitrator, intermediary, mediator
អាជ្ញាករ	authority
អាជ្ញាសឹក	martial law
អានិក	whatchamacallit
អានិក	derogatory word
អាណត្តិ	appointment, order, assignment
អាណា	who (non-formal)(=ណាអាណា)
អាណា	law, power
អាណាចក្រ	subject territory
អាណាខេត្ត	domain, realm, territory of a state
អាណានិគម	colony
អាណានិគមនិយម	colonialism
អាណាព្យាបាល	protectorate
អាណាព្យាបាលភាព	protection
អានាម	alien, foreign
អានាមក	resident alien
អានាម	to pity, to feel sorry for, to have a feeling
អាត្ម	I, me (used by a monk); self
អាត្មាន	I, me (used by a monk)
អាថ៌	explanation, matter, translation, result, (a.w.អត្ថ)
អាទិ	first thing, origin
អាទិទេព	divinity, god
អាទិត្យ	week
អាទិត្យក្រោយ	next week
អាទិត្យមុន	last week
ថ្ងៃអាទិត្យ	Sunday
ព្រះអាទិត្យ	sun

170

អាន	to read
អានក	to be ill (classical)
អានចំណោងការ	marriage (formal)
អាយ៉ាប	to be ashamed, be seriously embarrassed, lose face badly
អាម៉េច	how, what's it like
អាមេរិក	America
អាមេរិកាំង	America
អាយ	local, near, neighboring
អាយ	word used to fill out meter in verse (= នាយ)
អាយុ	age, years, time from birth
អាយុប៉ុន្មាន	How old are you?
អាយុកាល	lifetime, life span
អាយុមធ្យមវ័យកាល	average life span
ខ្ញុំអាយុដប់ឆ្នាំ	I am ten years of age.
អារ	to saw
អារក្ស	to take care of (literary)
អារក្ស	a kind of nature spirit (a.w. អារក្ស)
អារម្មណ៍	spirit
អ្នកអារម្មណ៍	spirit medium
អារម្ភកថា	preface
អារម្មណ៍	contemplation, thought; impression, thinking
វត្ថុនេះធ្វើឱ្យយើងចាប់អារម្មណ៍ ។	It makes us interested.
អារញ្ញ	plants (literary), vegetation
អារញ្ញិកអារក្សព្រៃ	god that cares for the forests (literary)
អារ្យាន	Aryan
អាល័យ	a place (literary)
អាល័យ (រវល់)	to be busy with, busy at
អាវ	coat, upper garment, shirt
អាវកកករបស់	a kind of jacket worn by dignitaries on ceremonial occasions, with high collar and buttons down the front
អាវយឺតទ្រនាប់	slip, undergarment, bra
អាវរងា	coat
អាវភ្លៀង	raincoat
អាវយឺត	undershirt, T-shirt
អាវសៃមីស	shirt (French: chemise)
អាវស៊ុតៀន	bra, brassiere (French: soutien-gorge)
អាពាហ៍ពិពាហ៍	marriage
អាវុធ	weapon
អាវុធយុទ្ធសម្ភារៈ	weaponry
អាវ៉ូកា	lawyer(French: avocat)
អាសន្ន	emergency (adj. or noun), urgent
អាសន្នរោគ	cholera
អាសាឍ	name of 8th lunar month (mid-June to mid-July)
អាស្រ័យ	to help
អាស្រ័យផលគ្មាន	no use; no result
អាស៊ី	Asia
អាស៊ីអាគ្នេយ៍	Southeast Asia
អាស្ពីរីន	aspirin
អាស្រ័យ	to depend on; to eat; to live at
អាស្រ័យហេតុនោះ	for that reason, because of that reason
អាហារ	food
អាហារូបករណ៍	scholarship, fellowship(formal)
អាហារ	food (literary)
អាហារបរិភោគ	a stage of asceticism involving deprivation of food
ឥដ្ឋ	brick (a.w. ឥដ្ឋ)
ឥណ្ឌា	India
ឥណ្ឌូចិន	Indochina
ឥណ្ឌូណេស៊ី	Indonesia
ឥត	not
ឥតគណនា	countless
ឥតគុណ	ungrateful
ឥតមាន	to lack, not to have
ឥតឡើយ	emphatic negative: not... in any way

Khmer	Definition
ស្ដី	power, progress, success, very good
ស្ដីកម្ម	force, influence
ឥន្ទ	Indra (Hindu deity)
ឥរិយាបថ	manner, position
ឥស្លាម	Islam
ឥស្សរៈ	free, noble
ឥស្សរជន	dignitary
ឥស្សរភាព	liberty
ឥស្សរភាវូបនីយកម្ម	liberalization
គ្រឿងឥស្សរិយយសinsignia of rank, regalia
អឺ	umm (indicates indecision)
អី	aunt (Chinese)
អី	What? anything, which ones?
អី	used at the end of a negative answer to a question ending in ឬ
អីកើត	of course...
អីចឹង	like that, thus
អីចេះ	like that, thus (a.w. ម៉េ៖)
អីសេ៖	like this, thus (a.w. អីសេ៖)
អីដោះអាណ៍	at all
អីសោ៖	at all
ឃើញអីទេ?	Do you see anything?
គ្មានអីទេ	It's nothing.
អីញ្ច	inch
ឥវ៉ាន់	goods, object, merchandise thing
ឦសាន	northeast (literary)
ឥសី	a teacher of sacred matters
ឥឡូវ	now
ឥឡូវនេះ៖	now, nowadays
ឥឡូវនេ៍ងដ៍	now, right now
អឹកធឹក	impressive and well attended (used of religious ceremonies)
អឺ	yes (very familiar)

Khmer	Definition
អឺរ៉ុប	Europe
ឧ.	example (= ឧទាហរណ៍)
ឧក្រិដ្ឋ	criminal, serious (formal)
ឧក្យ	expresses surprise, anger regret
ឧដុង្គ	Oudong (former Cambodian capital)
ឧណ្ណាលោម	Unnalom (name of the wat that is the seat of the Mohanikay Order, also known as វត្តឧណ្ណាលោម)
ឧត	to press (clothes), iron
ឧតសក់	to set or curl hair (permanent)
ឧត្ដម	exalted, good, high
ឧត្ដមក្រុមប្រឹក្សានយោបាយ	High Political Advisory Council
ឧត្ដមគតិ	ideal
ឧត្ដមនាវី	admiral
ឧត្ដមភាព	superiority
ឧត្ដមសេនីយ៍	general (rank)
ឧត្ដមានុត្ដម	important, wealthy, well to do
ឧត្ដរ	north (literary)
ឧត្ដរភាគ	the northern section
ឧត្ដរមានជ័យ	Oddor Meanchey (Cambodian province)
ឧទក	water (literary)
ឧទកបវាស	a stage of asceticism involving deprivation of water
ឧទាហរណ៍	example
ឧទ្ទិស	to dedicate, to pray for (formal)
ឧទ្ទិសកុសល	to dedicate prayers, to pray for (formal)
ឧទ្ទិសផល	to dedicate prayers, to pray for(formal)
ឧទ្ធម្ភាគចក្រ	helicopter (formal)
ឧទ្ធរណ៍	to appeal (legal)
ឧប	to assist, to help
ឧប៖	assistant, helpful, lower
ឧបករណ៍	aid, help

172

ឧបករណ៍	instrument, tool
ឧបត្ថម្ភ	to help (literary),to support
ឧបទ្វីបករណ៍	-ization, -ation
សេរីករណ៍ឧបទ្វីបករណ៍	liberalization
វៀតណាមូបទ្វីបករណ៍	vietnamization
ឧបទ្វីប	subcontinent; peninsula
ឧបនាយករដ្ឋមន្ត្រី	vice premier
ឧបយោគ	to use (formal)
ឧបទ្រព	danger, misfortune, disaster
ឧបមា	suppose that...
ឧបសគ្គ	obstacle; challenge
ឧបទ្រព	optics
ឧបាធ្យាយ	a teacher of morals, scripture and laws
ឧបាយ	trick
ឧបាសក	layman
ឧបាសិកា	laywoman
ឧបាទិស	to disagree (literary)
ឧបទ្ទវហេតុ	incident
ឧ.ស. = ឧត្តមសេនីយ៍	general (military)
ឧស	firewood (a.w. អុស)
ឧសថ	drug, medicine (literary)
ឧសថាល័យ	dispensary
ឧសភា	May
ឧស្សាហ៍	industrious; hard working
ឧស្សាហ៍ + verb or adj	frequently + verb, often
ឧស្សាហ៍ឈឺ	to be sick frequently
ឧស្សាហកម្ម	industry
អ៎	Oh!
អរ៉ឺ	O.K.
អូតែល	hotel
អូន	intimate or familiar address form for younger sibling or for one's wife or girl friend
អូយ	ouch!
អូរជ្រៅ	O Chreav (name of a town in Battámbang province near the Thai Border)
អូស	to pull, tow, drag, repossess, to put a lien on, to take collateral in payment of a debt
អូស្ត្រាលី	Australia
អ៊ូររ៉ា	crowded, filled with people
អួត	to brag, boast
អួតអាង	to brag, boast
អួតអាត	to brag, boast
អួស	food or air gets caught in the esophagus; sluggish (machine)
អើ	yes (very familiar)
អើយ	gee whiz! for heaven's sake! goodness!
អើស	to dig up
អើសអើ	to be concerned, pay attention, be interested in
អើយ	familiar vocative particle
v.+អើយ+ v.	to really + verb, to (verb) a lot
អៀក	sound made by a person who is stabbed, hit, choked
អៀន	to be shy, bashful
អៀនខ្មាស	to be embarrassed, be ashamed
អេលីកុបទ័រ	helicopter
អេស្ប៉ាញ	Spanish
អេ:	question marker,(represents fast speech pronunciation), (= អី)
ឯ	at; as for, regarding
ឯណា	where?, somewhere
ឯណា	What do you mean... ?
ខ្ញុំឯណា ...	What do you mean fight? I just got out of school last year.
ឯណ៎	there (= ឯនោះ)(spoken)
ឯនេះ	here
ឯនោះ	there (spoken usage)
ឯទៀត	other, various others;

ឆ្ងាយ	far	ឱប	to embrace
ស ... ៌ញ	as for...	ឱវាទ	advice
សក	one (literary)	ឱសថ	drug, medicine (literary)
សក្ចិត្ត	unanimous; independent (person)	ឱសថស្ថាន	drugstore, pharmacy
សករាស	private (opposite of public)	ឱព្ជ័យ	successful (used of an occasion)
សករាស	specialist, expert(adj.)	ឱឡឹក	watermelon
សកម្ម	unity	ឱយ (= អោយ)	to allow, give; for
សករាជ	independent	ឱយ	so that
សកសណ្ឋាន	uniform (garment)	ចាំឱយខ្ទាំងបន្តិច Say it a little louder.
សភារគេរ៉ស	ambassador, plenipo-tentiary	ឱយ +clause + ក៏ + clause + ឥឡូវ if (I) have to (v), I'll + v
សគុណ	his excellency, your excellency	ឱយ+n. + v to expect + n. to + v.
សម	alone, one, only (= ម្ញ, ម្ញ)	ឱយគេដឹង to tip off
		ឱយខ្ញី to lend
ខ្ញុំ	I, me (less formal than ខ្ញុំ but more formal than អញ); you (familiar, intimate)	ឱយអនុញ្ញាត to give permission
		ឱយដៃ to go along with, coope-rate with, encourage
V + ខ្ញុំ	by oneself, automatically	ឱយសា as long as, provided that
ខ្ញុំៗ	automatically, by oneself	ឱយរលៃ to give absolution
n.+ ខ្ញុំ	you (familiar)	ឱយសុខសប្បាយ to bless, to wish the best
ឯងខ្ញុំ	you (intimate or con-temptuous)	ឱយដឹ to show how strong and brave one is
អ្នកខ្ញុំ	you (impersonal, non-formal)	ឱយរលៃយ ... so that it will be finished
ឥតប	to approach, be close to, to accost	ឱយអស់ដៃ fully, full strength
ឥតបញ្ចប	to be a yes-man; toady	ឱយអស់ពីចិត្តអស់ពីថ្លើម completely (colloquial), in detail
អ្នកឥតបញ្ចប	sycophant, toady, yes-man	កាយ body (poetic)
ឥស	expresses surprise	ឪ father (short for ឪពុក)
ឥសឃ	expresses surprise	ឪពុក father
ឧស្ម	beyond, farther	ឪពុកក្មេក father-in-law
ឧស្មអាកាស	in the sky	ឪពុកធំ uncle (older than parent)
ឱ	oh!	ឪពុកមា uncle(younger than parent)
ឱកាស	opportunity, occasion	ឪពុកម្ដាយ parents
ឱជារស	flavor, taste	ឪម៉ាល់ wasp
ឱទ្យាន	garden, park (royal)	អុំ to row (a boat)
ឱន	to bend down, bow, bend over	អុំទូក to row a boat; name of a holiday in honor of the beginning of the flood season

ឣ័	address and intimate reference form for aunt or uncle (older than parent)
ឣណឥ	patience
ឣណរ	gladness
ឣណរគុណ	thanks (n.)
ឣណច	power
ឣរណយ	donation, gift
ឣបិល	salt
ឣបុរ	family, lineage
ឣមល់	to make trouble for
ឣពរ	to appeal
ឣពរសរ	to appeal, ask
ឣពិល	tamarind
ឣពី	about, concerning; from
ឣរពី	act, action
ឣរពីឧក្រិដ្ឋ	crime, felony
ឣរពៅ	sugar cane
ឣកល	to bake, broil, roast
ឣ:ណល	to assure, guarantee
ឣក	the one who..., -er, person
ឣកកចកអ	gang-buster, crime shooter; oppressor, bully
ឣកកករ	organizer, planner
ឣកចបចល	law enforcement officer with powers of arresting without catching in the act
ឣកគរូ	woman teacher
ឣកចទសករស	defendant
ឣកក្សត្រសិឡយ	correspondent
ឣកជាតិនិយម	nationalist
ឣកសាតិនិយម	Nationalist (name of the organ of the Sangkum, Rest Niyum, Sihanouk's political party)
ឣករិនសិរ	member of a pagoda
ឣកជំងឺ	patient, sick person
ឣកសំខាញ់ករ	an expert
ឣករិនចទស	plaintiff
ឣកណា	who?

ឣកខ្ម	spirit (guardian)
ឣកតំណាង	representative
ឣកតំណាងរាស្ត	representative, congressman, M. P.
ឣកទូត	diplomat
ឣកទោសល	convict, criminal, guilty person, prisoner
ឣកធំ	big shot, VIP
ឣកនាង	you (to address an adolescent unmarried girl)
ឣកនិពន្ធ	author, writer (formal)
ឣកនេសាទ	fisherman
ឣកនាំសារ	messenger
ឣកបរ	you (woman) used for person of slightly higher social status or slightly greater age (urban)
ឣកប្រម៉ាញ	hunter
ឣកប្រាជ្ញ	genius, savant
ឣកផង	people; everyone
ឣកផ្សងព្រេង	adventurer
ឣកផ្សាយណ្ណសាសនា	missionary
ឣកភ្លេង	musician
ឣកមាន	rich person, the rich
ឣកមានគុណ	someone to whom a debt of gratitude is owed
ឣកម្ដាយ	mother (respectful address form)
ឣកយុទ្ធសកម្ម	militant union officer
ឣករងគ្រោះ:	victim
ឣករិសគរ្សាស់	observer, onlooker
ឣកស្រុក	the people of a region, villager
ឣកស្រុកភូមិ	aboriginal population
ឣកស្រែចំការ	country person, farmer, peasant
ឣកអង្គម្ចាស់	prince, princess (grandchild of a king, both parents being king's children)
ឣកឣនុករ្យា	old title for a high civil servant
ឣកឣនុករ្យា	I, a (high) civil servant

175

អ្វី what?

n. + អ្វីទេ that's no + n.

v. + n. + v. + អី to (v.)+(n.) and things

អ្វីក៏ ... ម្ល៉េះ why so...?, how... ?

អ្វីៗ and the like, etc...

អ្វីៗក៏ដោយ whatnot, watchamacallit

អ្វីៗទៅ say whatever you like

អ្ហែង you (intimate) (= អ៊ែង)

GLOSSARY
ENGLISH - CAMBODIAN

INTRODUCTION

The English-Cambodian section of this glossary contains approximately 7,500 entries, the glosses of the Cambodian vocabulary contained in the introductory lessons and the subject-matter modules comprising the Contemporary Cambodian course.

Abbreviations used

n.	noun
adj.	adjective
adv.	adverb
pron.	pronoun
conj.	conjunction
prep.	preposition
v.	verb
v.i.	verb intransitive
v.t.	verb transitive
p.p.	past participle
pres.p.	present participle
pl.	plural
superl.	superlative
fig.	figuratively

a (adj.) ម្យ

  a person មនុស្សម្នាក់ (ម្យសាក់)

ab- (prefix) ឯសាតិ, មិន, មិនរូមន, អ:

  abnormal ឯសាតិស្មុភា, មិនស្មុភា
      មិនរូមនស្មុភា

abacus (n.) ក្បូច

abalone (n.) ខ្យាងកំបុង, ខ្យាងសំខ្

abandon (v.t.) ចោរចោល, រចាស, សាយ,
      រព្រះបង, បំបរបង, លះបង,
      លះវិលង, រលងលះ, រកររោល

abandoned (p.p.) រករព្រះរចោល, រករអក
      រចោល, ក្មេងទ្បស

abandonment (n.) ការចោករចោល, ការរព្រះ
      រចោល, ការលះបង

abase (v.t.) បន្ទាប, បន្ទោក, បន្ទាប

abase (v.t.) ខ្យាស ចាប, រព្រូមេរ, អាន

abash (v.t.) បំសាញ្ញរសចក្តិទុកចិត្តរលិ
      ខ្មាសស

abate (v.t.) បន្ថន, បន្ថយ, សូបចោល

abatement (n.) ការបន្ថន, ការស្មូបចោល

abbot (n.) រចាអនិការ, សង្ឃរាជ

ABC soil (n.) ដីរិសសរូចកសាប៊ីរសចាប
      ភ÷ រូសចាប A, B និង C

abbreviate (v.) បុនសញ្ញ, សង្ខប,
      សររសរកាត

abbreviation (n.) ពាក្យកាត, អាក្សរកាត,
      អាក្សរសង្ខប

abdicate (v.i.) សាកកស្យ

abdication (n.) ការសាកកស្យ

abdomen (n.) រផ្ទ, រពា:

abdominal (adj.) រិកសារារពា:

  abdominal part ខ្លាសរពា:

abdominous (adj.) រពា:ធំ

abducent (adj.) រិកសាខ័ររចក្ម,
      រិកសាបហ្ចាររិ

abduct (v.t.) ព្លកត, ចាបព្លងកត
      ចាបព្លងកត់ទាំងបន្ថ

abduction (n.) ការព្លងកត, ការស័ររចក្ម

abet (v.) ធ្យ; ព្រះរក្ញស; រសិកទិក
      ទិត្ត

abhorrent (adj.) ភ្យររអាយរ្ថ្ម

abide (v.i.) រស្ថិភាម, រ្បរកិត្តភាម,
      អាកិរៅ

ability (n.) សមត្ថភាា, រសចក្តិអសអាច

ablaze (adj.) រគ:រឆ្ញង

able (adj.) ច្:, ស័សាក្ម, រ្បសប
  to be able រិកិត, ចលច:, ច្:, ស័សាក្ម,
      ចាន, អាច

abnegate (v.t.) ក្បត្ថនសស, លះបង

abnormal (adj.) ឯសាសសស, ឯសាតិស្មុភា,
      រស្មើយ, រិលុក

aboard (v.i.) រឡ្ញងឆ:,
      ច:/រឡ្ញង យានសំនិ:

179

abode (n.) ភេហដ្ឋាន, ទីសំនាក់, ស្នុះ

abolish (v.t.) បំបាត់បង, បំផ្លាញចោល, លុបចោល

aboriginal (adj.) ដើម

     aboriginal population អ្នកស្រុកដើម

abort (v.t.) រំលៀ(ក្លៀ) មិនរាយយ៉ាន សំរាច, រំលូត(កូន)

     (v.i.) រំលូត (កូន)

abortion (n.) ការរំលូតកូ, ការមិនៗកូ សំរាច, ការរំលូត

     to get an abortion ្បូកូ, ទន្លេ, រំលូត

     to perform an abortion ទន្លេ

about (adj.) ចាស, ជិត, ្បូននឹង, រកករាល, រៀបុ, រៀបនឹង, រៀបុ, រៀបនឹង

     (adv.) ្រុម៉

     (prep.) ពីការ, ជិត, នាវម៉ុ, ្បូមាណ, ្បូវហល, គ៉ រៀបុ, រស្លីរឹត(នឹង), រៀបុរឹត

above (prep.) ខាងលើ, នៅរលើ, រលើ

abreast (adv.) ជិតៗ, ទន្លេម៉ៗ

abridged (p.p.) ្រុប់

abroad (adv.) បរទេស, ្រុកស្រុក

abscess (n.) បូ

absent (adj.) អបា, នៅមិនរោក, ទាត់មុ១

absent-minded (adj.) ភយ៉ាយ, រភ្លច រភ្លើ្រកៗ)ក, រភ្លចច្រាង

absolute (adj.) ថ្កាស, ្កាចកា, ្សុនា

     absolute power អំនាចថ្កាចការ

absolutely (adv.) ្សុ្ងាសា

absolution (n.) ្កម៉

     to give absolution រអាយស្រម៉

absorb (v.t.) ស្កាត់, ្ណុង

absorbed (p.p.) ស្កាត់, ស្កាត់ឆ្ក,្រកក្រាប, ជិនករម៉ាត់, ្ញុម

     to be absorbed in ស្កាត់, ្ញុ

abstain (v.i.) ្ញុននឹស, រស្ត)សកា, ្ញុ

     to abstain from voting អន្ត្បៀ៉ង

abstention (n.) អន្ត្បៀ៉ង

abstinence (n.) ការ្រក)សកា, ្សុ

     day of abstinence ថ្គ្សុ

abstract (adj.) ្តុលមិនសាចរ្ណុស, រ្លឹង, អ្បូ

absurd (adj.) ្បូចសស្បូចសា, មិនសមរហតុសមសល

abundance (n.) ្សុ្ញុ្រុក

abundant (adj.) បរិបុរ្ណុ, ្សុ្បូណ៌

abuse (n.) របច្កីរសាក

abuse (v.t.) បំកា, បំការ, បំការ បំកា, ្បូមាចរ្បៀសសាយ, រំសាច (រលើ)

academic year (n.) ្កាសិកា

academy (n.) ប្ណុាកសា

accede (v.i.) យសព្ត្រាម, រអាយឆ្កាប់

accelerate (v.t.) រ្ញីរអាយរលឿន, បន្ស៉

     (v.i.) ្ញៈ

accent (n.) ្លាស, សំនៀ, សំ្ញុង

     to speak with an accent និយាយសរសឡៀង

accept (v.t.) ទទួល, ទទួលស្ញាស, យក

accessory (n.)្បៀៗង, ្បៀៗងទកសានិសយ, ្បូសាប់

accessory (adj.) ្បូសរ, សាណុ្សុ

accident (n.) គ្រោះថ្នាក់

   to have an accident មានគ្រោះថ្នាក់

acclaim (v.i.) ស្រែកអបអរសាទរ

accommodate (v.t.) ទទួល

   (v.i.) ភ្ជាប់ចិត្ត, ផ្សះផ្សា

     សមចិត្តគ្នា

accompany (v.t.) ផ្ញើ, ផ្ញើសំឡេង, ដឹកនាំ

    ទៅ, ដង

accomplice (n.) អ្នកចូលរួម, អ្នកស្មគ្រគំនិត

accomplish (v.t.) សំរេច

accord (n.) កិច្ចព្រមព្រៀង

according (to) (prep.) តាម…, តាមដែរ

   according to one's desire តាមចិត្ត

   according to what តាមដែល

   They do according to what the
   teacher tells them.

    គេធ្វើតាមដែលសាស្ត្រាចារ្យប្រាប់
    ទៅ

accordingly (adv.) ក៏, ដូច្នេះតាម,
    ដោយហេតុបានសោ…

accost (v.i.) ដងប

account (n.) គណ, បញ្ជី

   on account of ដោយព្រោះ:ដោយ

   on my account ដោយយល់ខ្ញុំ, ដើម្បីខ្ញុំ

   on the account ដូច

   Who worries on his account?

    អ្នកណានឹងព្រួយបារម្ភពីគេ?

   to take into account គិតគូរ,
    គិតទាំង

accountable (adj.) ទទួលខុស, សំណល់ដែរ

accumulate (v.i.) រើសផ្តុំ

accuracy (n.) ការត្រឹមត្រូវ, ការត្រ្បាស់លាស់

accurate (adj.) ប្រាកដមែន, ត្រ, ត្រឹមត្រូវ,
    ច្បាស់, ច្បាស់លាស់, គត់ត្រ្បាក់

accuse (v.t.) ចោទ

   to falsely accuse ចោទថ្លើប, មួលបង្កាច់

accustom (v.t.) ធ្លាប់

   to accustom oneself ធ្លាប់ខ្លួន

accustomed (adj.) ស្គាល់

   accustomed to ជានិច្ច, ទីប

   to become accustomed to ធ្លាប់

   to get accustomed to ធ្លាប់

achieve (v.t.) បានសំរេច, ជោគ,
    សំរាយបានសំរេច

   to achieve an end by bribing គិតគូរ

acquaint (v.t.) ស្គាល់

acquainted (adj.) ស្គាល់

acquit (v.) រំដោះ, រំដោះកំហុសស្រោចស្រង់

acquitted (p.p.)

   to be acquitted រួចខ្លួន, រួចផុត

   to have acquitted រំដោះ

acrid (adj.) ជូរ, ចត់

acrimonious (adj.) ចង្រៃសាហាវ, ខ្ញាល់ល

   acrimonious debate ការជជែកគ្នាដែរ
    ដ៏ក្តៅសន្សនៃការខ្ញាល់:
    ប្រវិកកចង្រៃសាហាវ ។

act (n.) កាណា, ឃាត, សួគ, ទំនៃ,
    បទ, គំនៃ, វិសា, អំពៃ

   criminal act បទឧក្រិដ្ឋ

act (v.i.) ធ្វើ, ធ្វើកាយវិការ, ធ្វើឥរ្យ,
    បរិយាយចលនា, រាស់

   to act as (play, movie) ដើរ

   to act as ring leader ចាំនៃ

acting (adj.) ស្ដីដឹកនាំ, ស្ដៃ

   acting chairman ប្រធានស្ដៃ

action (n.) កាយ, វិសាការ, អំពៃ

bad action ស្មγ)ៈ , អំពើអាក្រក់

to take action ចាត់វិធានការ

active (adj.) សកម្ម , សកម្មូ

actively (adv.) សសកម្ម, យ៉ាងសកម្ម

activity (n.) សកម្មភាព

actor (n.) តួសក

actress (n.) តួសក

actual (adj.) ពិត , ជឿន

actuality (n.) បច្ចុប្បន្នភាព

actually (adv.) តាមពិត , ជឿនជាក់ស្ដែង

adapt (v.i.) កែទ្រាម, កាត់ចិត្ត , សំរបសំរួល

add (v.t.) បូម , បូក , បន្ថែម

(v.i.) ក

to add on បន្ថែម

addicted (adj.) ស្ពា)ន

addition (n.) ការបន្ថែម, សេចក្ដីបូក, រសៀក្ដីបន្ថែម

in addition ស្រាប់តែនេះ, ជឿនទៀតក, ម្យ៉ាងវិញទៀតក

in addition to that ស្រាប់តែនោះ

address (v.t.) ថ្លែងសកាល់, ផ្ញើសល (ស្វ្ទ , សម្ព្), សំនែក, សហ្វា

How do I address her?
ខ្ញុំសហ្វាតាត់យ៉ាងសម្ដែច ?

address (n.) ទីសំនាក់ , សេចក្ដី: , អាសយដ្ឋាន

adept (adj.) សក់ដ៏សាកល្ប

adequate (adj.) ល្មម , សក្ដម្សប

adhere (v.i.) សកាស , ទាម , ស្អិតសាប់

adjacent (adj.) ស្ពា)ក, សាប់, ទល់ , ស្ពាប់និស

adjective (n.) គុណសាម

adjust (v.t.) កែ

to adjust oneself កែ, កាត់ចិត្ត (តាម)

administer (v.t.) គ្រប់គ្រង, ចាត់ការ, ចាត់ចែង, ព្រះរាជ

administration (n.) រដ្ឋការ, ការការ, រដ្ឋបាល, អភិបាល

administrative (adj.) នៃរដ្ឋបាល

administrator (n.) អភិបាល

clerical administrator ស្មៀនបាល

admirable (adj.) ស្ងប់សង្កែ

admiral (n.) នាវមេសៅ

admire (v.t.) សកោតសរសើរ, សរសើរ

admit (v.) ទទួលសាគាត, ព្រមឱ្យ
I'll admit I'm wrong. ខ្ញុំសុមទទួលខុស

adopt (v.t.) ចិញ្ចឹម (សំយកកូនទៅចិញ្ចឹម) បក្ដ , បន្ស៊ីត

adorable (adj.) គួរឱ្យស្រឡាញ់ញ្ញា, ស្អាត

adorn (v.t.) តសំ

to adorn oneself តែងស្ពន

adult (n.) សកាញ៉ចាកាស់

adultery (n.) (to commit -) ស្ពាបរាមស្ត្រី

advance (v.i.) ចំសៅ, រសៀ)ន, សៅមុ, សអាយមុន

advance (n.) ការរសៀ)នសៅ)ន

in advance ទក, ទកមុន, មុន
He gives it in advance.ទ១ទុយមុន
to buy in advance ទិញទុក

advanced (adj.) សាន់ខ្ពស់, ខ្ពស:
the advanced country នខ្ពស់បរសស

advantage (n.)ស្រ្ប)បសើ, ស្រ្ប)បសសាស សសប្រយាជន៍

to have an advantage សៈស្រ្ប)ប , ចាននៈ, ទានស្រ្ប)ប

to take advantage ស្ដៀក , វិវិវរវឫ,
ឆ្ញុំវឫ

adventure (v.i) ស្ងាស់ឥ្ឃក់;

(n.) ភារស្ងាស់ឥ្ឃក់;
ឆ្ងក ស្ងាស់ឥ្ឃក់

adverb (n.) គឺ៏ឃវិវសស

adversary (n.) ស្ងបឃន់ស , ស្ងបវឫស

advertise (v.) វឃាសឈា , ឝាក់សក់ , ស្ងឃ ,
ឝ្ងឃ សក់

advertisement (n.) ភារស្ងឃ

commercial advertisement
ភារស្ងឃ ឃឝាំឆ្ឃកឃ

advice (n.) ឝ្ញឞា៩ , វិឞាឞ៏ , បឝ្ងោ
ឝ្បិរ្ង , វឃាបស់

to give advice ឝាស់វឰ្ឃ៩ , ឃប)៩ ឝបវឝ)

last words of advice បឝ្ងោ

advise (v.t.) ៩ឞា៩ , ឝ្បិរ្ងp , វឰ្ឃ ,
វវឝ ឃវ ឃវ បស់

advisor (n.) ឝ្បិរ្ងp , ឆ្ឃិឝ្បិរ្ងp

high political advisor
៩ឝ្ងបឝ បឝ្បិរ្ងp ៩វឃាឝៃឃ

affable (adj.) ឃ៩វ៏វសឃ ឃ៩ ,
សឃ ឃស្ងឝ បឝ

affair (n.) ភារ , ឝវឆ្ឃ , ឝ៏ , ឝវ:
religious affairs ឝឃឝវ

state of affairs ឝ្ងឃឃឃឃ

affect (v.t.) វឰ្ឃវវឃវឝ្ងបឝឃស

affected (p.p.) ឝវ , ប:ឃស់

affectionate (adj.) វសសវវឃឃសឝ្ងឝញ្ឃ

affectionately (adv.) វឝឃឃវ ឝឃឃឝញ្ឃ

affiliate (n.) ឃឃឃ

affirm (v.t.) វវ:វវឃ , វឃសឃ:វវឃ

affix (v.t.) ឆ្ឃវ

to affix a seal វឝ:វឝ

afford (v.) ឃវ ឃស

to be able to afford ឃឝស់ឃស់

It's too expensive; I can't afford
it.
វឝវឃកវឆស ឃឃសវ

afraid (adj.) ឝឝស , ស្ងវ , ស្ងវឝស ,
ឝវឝឝកឆ្ឃ , ឝវឝឝកស្ឃវឝឃវ
ឝញក , ឆ្ឃឃសវ , សវ , ស្ឃក

to be afraid (forever) ឆ្ឃកស្ឃក

after (conj.) ឝឃវ , ឝឃឃវឆ្ឃ , បឝវបឆ្ឃ ,
ឝវ , ឝវវសវឃវ , វសវឃវ

after me ឃវឝ្ងំ

to take after ឃវវវវក , ឃវឃកវក

after that ឝឃឃឃក , ឝឃឃឃឈ្ងស ,
បឝវបឆ្ឃវស:

afternoon (n.) វឆ្ឃវវស)ស , ឆ្ឃវ ,
វសស)ស , ស្ឃវ

late afternoon ស្ឃវ

again (adv.) វឆវ , វស្ឃក , ឃសវវ)ក ,
វស្ង , វស្ឃវសវស្ង

against (prep.) ឝបឝស(ឰ្ងស) , ឝ្ឃប(ឰ្ងស)

Put it against the wall.
ឝកឝ្ឃប(ឰ្ងស) ឝឝ្ងស

(adv.) សស់ , សស់ឰស

against the law សសឝ្ឃប

age (n.) ឝស , សឰ្ងសវ , ឝវ:សឰ្ងសវ ,
វសវ , សវវ

to come of age ឝស់សវវ

aged (adj.) ឃស់ , ឆសសស់ , ឝក , សវវ

agency (n.) ឆ្ឃសកសវ

agenda (n.) ឝឃវឰ្ឃ , ឆ្ឃសវសសឃ

agent (n.) ស្ឃកសវ

183

aggression (n.) អំពើឈ្លានពាន

aggressive (adj.) ឈ្លានពាន ,

      ឫសយាឈ្លានពាន

agitate (v.i.) ញាប់

   (v.t.) កេរើក

ago (adv.) មករហើយ, មុន , រហើយ

agonize (v.i.) ឈឺចាប់

agonizing (pres.p.) ដែល (ដឹកឈ្លប់)

agony (n.) ការឈឺចាប់

   agony of death ឧសសន្នៈ

agree (v.i.) ព្រម , ព្រមព្រៀង , ឃុលគ្នា,

      ឃុលចិត្តគ្នា , យល់ព្រម,

      យល់ព្រម , យល់ស្រប,

      ស្របចិត្ត

   to agree to យល់ព្រម

   to agree with one another ឃុលគ្នានឹង

      គ្នា, ឃុលមតិគ្នា, ឃុលចិត្តគ្នា

   I agree with you.

      ខ្ញុំយល់ស្របនឹងអ្នក

agreement (n.) កិច្ចព្រមព្រៀង ,

      សេចក្តីព្រមព្រៀង

   to be in agreement with one another

      ឃុលនិតគ្នា, ឃុលមតិគ្នា,

      ឃុលចិត្តគ្នា

   to come to an agreement ព្រមព្រៀងគ្នា

agriculture (n.) កសិកម្ម, ការធ្វើស្រែចម្ការ

ahead (adv.) ទៅខាងមុខ, មុន

   go ahead ទៅមុខ, អញ្ជើញ, អញ្ជើញទៅមុខ

   (prep.) មុន

   ahead of time មុនកំណត់

aid (v.t.) ជួយ

   (n.) ការជួយ, ជំនួយ, ឧបករណ៍

aide (n.) អ្នកជំនួយ

aim (v.t.) តម្រង់

   (n.) គោល , គោលបំណង

air (n.) ខ្យល់ , អាកាស

   to get some fresh air យកខ្យល់អាកាស

   to put on airs កើបក្រអើ, ភ្លើយក,

      មាយ , មាយមាយ

air conditioner (n.) ម៉ាស៊ីនត្រជាក់

aircraft (n.) យន្តហោះ

aircraft carrier

      នាវាផ្ទុកកប៉ាល់ហោះ

airfield (n.) ទីឡានអាកាសយាន , កាស

      កប៉ាល់ហោះ, កាសយន្តហោះ

air force (n.) ទ័ពកកប៉ាល់ហោះ ,

      ទ័ពអាកាស

airline (n.) អាកាសចរណ៍

airplane (n.) កប៉ាល់ហោះ, យន្តហោះ,

      អាកាសយាន

airport (n.) ទីឡានយន្តហោះ, ទីឡាន

      អាកាសយាន, អាកាសយានដ្ឋាន

alarm (n.) កណ្ដឹង , សូរៈ

   (v.t.) សង្រ្គា , រកទើ

alarm-clock (n.) នាឡិការទើ

alas (interj.) អនិច្ចា

album (n.) ចាស

   music album ចាស, ចាសចម្រៀង

   photo album សៀវភៅរូបថត

alcohol (n.) ស្រា , គ្រាំ, អាក្កុល

alert (adj.) រសៀបរសៀបវាំង, កាំងស្មារតី,

      ប្រុង , ស្មារតីវាង

alertness (n.) សុក្រឹតៈ

alga (n.) រស

alien (n.) អនាកកៈន

alike (adj.) ខុ, ខុ, ដូច, ដូចគ្នា, ប៉ុនគ្នា, ស្មើគ្នា

  about alike ប្រហាក់ប្រហែល, ប្រហែល

    គ្នា, ប្រវែលស្ទើគ្នា

  all alike ខុគ្នា ទាំងអស់

alive (adj.) រស់រានិ, រស់

all (adj.) គ្រប់, ទាំងអស់គ្នា, សកល

    ទាំងអស់

  all four ទាំងបួន

  all day រាល់ថ្ងៃ, មួយថ្ងៃ, មួយថ្ងៃរាល់គ្នា,

    ទាំងពេញមួយថ្ងៃ

  all the time គ្រប់រាល់, រាល់រាល់

  (pron.) គ្រប់គ្នា, គ្រប់ៗគ្នា, ទាំងអស់,

    ទាំងនេះ, ទាំងអស់គ្នា

  all of គ្រប់

  all of these ទាំងនេះ:

  all of those ទាំងនោះ:

  almost all ស្ទើរតែទាំងអស់

  not at all ទេ ... រាល:

  of all បណ្តាស់

  (adv.) ទាំងអស់

  all over ខ្ទើស, កាសរាល់គ្នា, កាលពាល

    កាលកាល, រាល់គ្នា, រាល់រាល់,

    ពេញកាសរាល់គ្នា, រំពេយ

  all right ព្រមព្រៀ, ព្រៃ, ព្រៃ

    All right, go ahead.

    បានទៅ, ទៅចុះ:

  all together ទាំងអស់គ្នា, ព្រមគ្នា

allergic (adj.) មិនត្រូវ, ទាស់

allow (v.t.) អនុញ្ញាតយ, បណ្ដោយយរានយ,

    បើកការានយ, រានយ

  to allow someone to do something
  according to his wishes
  បណ្តោយយតាម

alloy (n.) សំរិទ្ធ ឬ សំរិទ្ធ

alluvial (adj.) ដីល្បាប់ដីល្បាប់

  alluvial soil ដីល្បាប់, ល្បាប់

  alluvial terrain ភាសល្បាប់

ally (n.) សម្ព័ន្ធ, សម្ព័ន្ធមិត្ត

almost (adv.) ទាស់, ជិត, ប៉ុន្មាន, ជិះ:,

    ជិះដល់, ស្ទើ, ស្ទើនឹង,

    ស្ទើស្ទើនឹង, ស្ទើរនឹង,

    ស្ទើ)ប, ស្ទើ)បនឹង

  That time he almost went to bed.

  រាលរានះ:ភ ប៉ុនរានទៅរកក
  រានរឺយ

alms (pl.n.) ទាន, រទុព្យទាន, វិភាគទាន

  Lu yive alms សូរ/ទាន, សូរ/ឬឬ/ា

alone (adv.) ឯករនះ, ឯកម្នាក់រនះ

  (adj.) ឯកម្នាក់រនះ, ល្មក

along (adv.) តាម, តាមបរាមាយ,

    រកាយ

  along with តាមនឹង, ប្រកបតាម, នឹង

alphabet (n.) អក្សរក្រម, អក្ខរា

alphabetic (adj.) តាមលំខាប់អក្ខរា

  alphabetic order លំខាប់អក្ខរា

already (adv.) រួចរាល់ទ, ទៅ, ទៅរួចទៅ,

    ព្រាប់, ស្រាប់ទ, រឺយ

also (adv.) ក៏, ដង, ទ្បង

alter (v.i.) ស្ថកដ, ក្ដ

alteration (n.) កានដ្តៃប្ដូ,

    ការស្ដាប់ប្ដូ

alternative (n.) ផ្លូវ, បន្ទាប់ព្យ

  to have an alternative ទាផ្លូវ

  to have no alternative

    អស់ផ្លូវ, អាស់ផ្លូវ

although (conj.) ទុកជា, ទុកជា...ក៏ដោយ
    ថ្វីត្បិត... ក៏ដោយ,
    សោះ:...ក៏ដោយ,
    សោះបី... ក៏ដោយ,
    សោះបីសា,
    សូម្បី... ក៏ដោយ

altitude (n.) កំពស់

altogether (adv.) ទាំងអស់គ្នា, គ្រប់គ្នា,
    ទាំងអស់

always (adv.) រឿយៗ, សាកប, សានិច្ច,
    សានិច្ចកាល, រាល់ខ,
    រាល់ខរាន, មិនរសៈឡើយ,
    រហូត, រហូតរាន

amaze (v.t.) ធ្វើឱ្យឆ្ងល់ស្មារតី

amazed (p.p.) ស្ងប់

ambassador (n.) ឯកអគ្គរដ្ឋទូត

    ambassador plenipotentiary
        ឯកអគ្គរាជទូត

ambition (n.) មហិច្ឆតា

ambulance (n.) ឡានពេទ្យ

ambush (v.t.) ស្ទាក់ចាំ, ស្ទាបបង្ខំ

amen (interj.) អាម៉ែន

America (n.) ប្រទេសអាមេរិក

American (n.) អាមេរិកាំង (colloquial)
    អាវេរិកាំង
    (adj.) អាមេរិកាំង

ammunition (n.) គ្រាប់

amnesia (n.) ការភ្លេចស្មារតី

    to have amnesia ភ្លេច

among (prep.) ក្នុងចំណោម, បណ្ដា

amount (n.) ចំនួន

amphitheater (n.) រង្ករ

amuse (v.t.) បំភ្លឺ

    to amuse oneself កំសាន្តចិត្ត

amusement (n.) ការកំសាន្តចិត្ត, កំសាន្ត

amusing (pres. p.) កំប្លុក

analysis (n.) ការវិភាគ, ការវិភាគសិក្សា

analyze (v.) វិភាគវិភាគ, វិភាគ,
    ពិភាគសិក្សា

anarchy (n.) អនាធិបតេយ្យ

ancestor (n.) ដូនតា, បុព្វបុរស

anchor (n.) យុថ្កា

ancient (adj.) បុរាណ

    ancient times បុរាណកាល, បុរាណ-
    -ទាង, សម័យបុរាណ

and (conj.) ហើយ, ព្រម, និង, ឬ, ឬក៏,
    រើយ, រើយនិង

angel (n.) ទេវតា

anger (n.) សេចក្ដីខ្លាស, កំហឹង, កំហឹង

Angkor អង្គរ, នគរ

Angkor Wat អង្គរវត្ត

angle (n.) មុំ

angry (adj.) ខឹងសម្បា, ខឹងចិត្ត, ទ្រោះ,
    ខឹងសម្បា, ឈ្មោះ, ប្រកាស,
    ខឹង

    angry face មុខក្រញ៉ូវ

animal (n.) សត្វ

    animal husbandry បសុកម្ម

    draft animal សត្វបន្ទុក, សត្វបន្ទុក

    female animal សត្វញី, ញី

    male animal សត្វឈ្មោល, ឈ្មោល

    place for raising animals
        បសុដ្ឋាន, បសុដ្ឋាន

ankle (n.) កជើង

annihilate (v.t.) កំទេច (សម្លាប់រាប់),
    ប្រល័យ

anniversary (n.)

announce (v.t.)

announcement (n.)

annoy (v.t)

annoyed (adj.)

anuity (n.)

annul (v.t.)

anonymous (adj.)

anoint (v.t.)

another (pron.)

  another thing

  and another thing

answer (v.t.)

  (n.)

ant (n.)

antelope (n.)

antenna (n.)

anticipate (v.t.)

antidote (n.)

antique (n.)

antonym (n.)

anvil (n.)

anxiety (n.)

anxious (adj.)

any (adj.)

  any one

  anyhow (adv.)

  anymore (adv.)

  not any more

  I don't desire it anymore.

  anyone (pron.)

  anything (pron.)

  Do you see anything?

  anyway (adv.)

apart (adj.)

  apart from

  to break apart

  to spread apart

  to take apart

apartment (n.)

apathetic (adj.)

apologize (v.i.)

appall (v.t.)

appalled (p.p.)

apparent (adj.)

apparently (adv.)

appeal (v.t.)

  (n.)

  court of appeals

appear (v.i.)

it appears that ្រថង់ , ្រឿប

appearance (n.) ទិដ្ឋភាព , ទំនង់ , ទំនាក់
ទំនង់ , សភាព

to make an appearance បង្ហាញខ្លួន

appendix (n.) ឪពុកបំពេញទានសម្រាប់យ ,
បរិសិដ្ឋ

applaud (v.t.) ទះដៃ

apple (n.) ប៉ោម

apple-polish (v.t.) ផ្កាប់ , ផ្កាប់ក្បាល ,
ផ្កាប់ចិត្ត , ផ្កាប់ខ្លួន , យក
ៗប់ , យកចិត្ត , យកពនឹង
សម្រាប

application (n.) ការយកទៅប្រើ , ការស្នើ ,
ពន្យល់ក្បាល

application for a job
សំបុត្រសុំធ្វើការ

apply (v.t.) យកសំបុត្រសុំធ្វើការ , ស្នើ ,
ពន្យល់ , ពន្យល់ក្បាល

appoint (v.t.) តែងតាំង

appointment (n.) ការណាត់ , ការតែងតាំង ,
កំណត់ , ទានាត្តិ

to make an appointment សុំណាត់

to set an appointment សណាត់

appreciate (v.t.) ពុលចិត្ត , រាល្បាចិត្ត ,
ពិពិតសា

approach (v.t.) ទៅជិត , និយាយបណ្ដើរមក
ផ្លូវអ៊ីមួយ , សង្ស្យេ , ទៅ
(n.) ផ្លូវញយ

appropriate (v.t.) ញកង់ទុក , កាក់ស ,
ពិកស់ទុក , សិរស

appropriate (adj.) ្រសប , ចំ្រាស ,
្រតិម្រតិ , សម , សម្រ្យ ,

appropriation (n.) សយ្រកង់ទុក ,
សយកាក់ទុក

approve (v.t.) ពុលស , យល់្រាប ,
អនុម័ត

to approve heartily ពលជាជា

approximately (adj.) ្របាណ , ្រ្របៗ ,
្រ្របីសីសម , ្រ្រប្របិស
ម , ្របម

April (n.) មេសា , ្រាអ្រីល

apsara (n.) ពុយ្រ

aptitude (n.) ្រមថៅ , សម្បុ , សម្បុស

Arabic (adj.) អារាប

arbiter (n.) អ្រ្រកស្រស

arbitrate (v.) ្រ្រ្ករ

archeology (n.) បុរាសម្បុពិិស

architect (n.) និម្បុបនិក , ្រស្បុ

architecture (n.) និម្បុបសកម្ម

archive (n.) សារ្បុ

area (n.) ្រប , ្រ , ្រ្របុ , ្រ

area of land ចម្ប :

arena (n.) បង្ករសិ្បុ , ្រប , ្រសរ្បុ

argue (v.t.) ្រ្ប្រ , ្រ្ប្រ , ្រក ,
ក , ្ក , ្រ្ក

to argue disrespectfully
្ក្ប្រ

arid (adj.) ្រ្រ , សក

arise (v.i.) ្រ្រ្រ , ្ប្រ្បា

aristocrat (n.) អ្នកអភិរក្ស

arithmetic (n.) នព្វន្ត, លេខនព្វន្ត

arm (n.) ដៃ

armed forces (n.) កងទ័ព, ទ័ព

    national armed forces

       កងរាជការជាតិ

    Popular National Armed Forces
    for the Liberation of the Cam-
    bodian Nation (name for the pro-
    communist forces in Cambodia)

      កងកំលាំងប្រជាប៉ូឡូរ័
      ប្រសាសន៍រំដោះ៖ ជាតិ កម្ពុជា

armful (n.) កង

    an armful ឱប

armistice (n.) ការឈប់ផ្សឹកសង្គ្រាម,
    យុទ្ធសន្ធិការ

armpit (n.) ក្លៀក

armrest (n.) ម្ខល់ដៃ

army (n.) ទាហាន, ទាហានរឺកងទ័ព,
    ទ័ព, យោធា, សេនា

    to muster an army រៃកងទ័ព

    to raise an army រៃកងទ័ព

aromatic (adj.) ក្រអូប

around (adj.) ជុំវិញ, ព្រោលសា, ព្រវិលា ស

    (adv.) ភ្ញៀវ, ព្រវិលា ស

arrange (v.t.) ចាត់ចែង, ការរៀបរៀង, រៀបរៀង,
    រៀបចំ, រៀបចំៗ, សំរាល

    to arrange a marriage រៀបចំអាពាហ៍

arrangement (n.) ការរៀបចំ, ការរៀប,
    សំរាប

arrest (v.t.) ចាប់ចង, បញ្ឈប់

arrive (v.i.) ដល់, ទៅដល់, មកដល់

arrogant (adj.) ក្រអឺតក្រទម, ឫកខ្ពស់,
    អួយក, សង្ហា,
    សិឋិ្យក្រអឺត

arrow (n.) ព្រួញ

art (n.) សិប្បកម្មវិជ្ជា, សិល្បៈ

    fine arts វិចិត្រសិល្បៈ

arts-and-crafts (n.) ប្រដាប់ប្រដា

article (n.) ព្រកម, ប្រការ, មាត្រា,
    អត្ថបទ

artifact (n.) របស់ប្រឌិតៗ

artillery (n.) កាំរំភើងធំ

    artillery platoon ក្រុមកាំរំភើងធំ

artisan (n.) ស្នៃ

artist (n.) សិល្បករ

as (conj.) ដូច

    as expected តាមដូចធិត

    as for ចំពោះ, ចំនែកខាង,
      ចំនែកខាង...វិញ, ក្រាស,
      រៃ, រសេ, ស,
      ស...វិញ

    as if រេស, រេសវិត

    as is តាមតា, មិនចែចូវ,
      ហ្នឹងរបៀបក្លៀង

    (adv.) មិនតាញ

    as far តា

      as far as the eye can see
      សាចកន្លែងឃើញ

    as long as រសាយវិត

      I'll stay as long as he stays.
      ខ្ញុំនៅរសាយវិតកាតនៅ

    as much/ many as ស ស់ រៅ

    as soon as រស់រកស

189

ascend (v.i.) ឡើង

ascetic (n.) អ្នកបួស(សាសនា) ,
        អ្នកសាសនា

    a Hindu ascetic   ឥសី

ash (n.)   ផេះ:

    ash-colored ពណ៌ផេះ:

ashamed (adj.)   ខ្មាស , ខ្មាសគេ) ,
        ញ៉ាកមុខ , គួរមុខ ,
        អៀនខ្មាស

    to be ashamed   អៀនខ្មាសមុខ

Asia (n.)   អាស៊ី

    Southeast Asia អាស៊ីអាគ្នេយ៍

aside (adv.)   ឡែកពី , ឆ្ងាយពី

ask (v.t.)   ទាម , បួស , សាកសួរ ,
        សួរ

    to ask a favor ពឹង , សុំ...អោយ , សូ

    to ask for   សុំ , អង្វរសូ

asleep (adj.)   ដេក , គេងលក់ដេក

    to fall asleep   ផ្ងាកលក់ , លក់

    soundly asleep   ដេកលក់

asparagus (n.)   ទំពាំងបារាំង

aspect (n.)   ទិសភាព , លក្ខណៈ: ,
        សណ្ឋាន , សភាព

asphalt (n.)   ជ័រស៊ី , ជ័រស៊ីចាក់ផ្លូវ

aspirated (p.p) ដែលមានឧស្មាសបញ្ចេញ ,
        ឧស្ម

aspirin (n.)   អាសពីរីន

assassinate (v.t.) សម្លាប់ , លួចសម្លាប់

assassination (n.) ការលួចសម្លាប់ ,
        ឃាតកម្ម , មនុស្សឃាត

assault (v.t.)   វាយប្រហារ , វាយលុក ,
        វាយសំរុក , សម្រុក

assemble (v.t.) កិបប្រជុំ , ផ្តុំ , ផ្គុំ , ប្រមូល

ភ្ជុំ , ប្រមូល , ប្រមើលប្រមូល

assembled (p.p.) ដែលសមប្រជុំ

    the assembled members ឱ្យប្រជុំ

assembly (n.) ការប្រជុំ , សភា

    General Assembly មហាសន្និបាត

asset (n.)   ទ្រព្យ , ទ្រព្យសម្បត្តិ ,
        សម្បត្តិ

assign (v.t.)   ចាត់ , ចាត់ចែងអោយ , ដាក់ខ្ទង់

assignment (n.) ការចាត់ , ការចាត់ចែងអោយ
        កិច្ច , ការ: , អាណត្តិ

assist (v.t.) ជួយ , ឧបត្ថម្ភគ្រប់ , ទំនុក
        បំរុង , ឧបត្ថម្ភប្រកប ,
        ជ្រោមជ្រែង , ជួយ , ឧប

assistant (n.) ជំនួយ , ជំនិះ , អ្នកជួយ
        ទេសកាន្ទដសម្រេច , ជំនួស
        គ្នាជួយ , អ្នកជំនួយ

associate (v.) ចូលរួម

    to associate with ចងសម្ព័ន្ធមិត្ត ,
        ដេកអង្គុយ

association (n.) សមាគម

assume (v.t.) ស្មានស្មាន , សន្និដ្ឋាន ,
        សន្មត

assure (v.t.) ទទួលស្គាល់ , អះអាង

astonish (v.i.) ភ្ញាក់ , ភ្ញាក់ផ្អើលខ្លាំងភ្ញាក់ ,
        ភ្ញាក់ផ្អើលភ្ញាក់

astonished (p.p.) ភ្ញាក់ , ភ្ញាក់ផ្អើលខ្លាំងភ្ញាក់ ,
        ភ្ញាក់ផ្អើលភ្ញាក់

astrologer (n.) ហោរា , ហោរង្គ , ហោ
        សាស្ត្រ , ហោរៈ , ហោរ

at (prep.) នៅ , ត្រង់ , ឯ , ឆ្ងាយ ,
        ប្រហែ , ៗ

    at all   មិនសោះ:

at large   របស

minister-at-large   របសរដ្ឋមន្ត្រី

athlete (n.)   អត្តពលករ

athletics (n.)   អត្តពលកម្ម

atmosphere (n.)   បរិយាកាស

atom (n.)   បរមាណូ

atomic (adj.)   បរមាណូ

  atomic bomb   គ្រាប់បែកបរមាណូ

attach (v.t.)   ភ្ជាប់, ព្ចប់

attaché (n.)   អនុទូត

attached (p.p.)   ភ្ជាប់

attack (v.t.)   វាយប្រហារ, ប្រយុទ្ធ, ប្រហារ, វាយ,
     វាយប្រហារ

attacker (n.)   អ្នកវាយប្រហារ, អ្នកវាយលុក,
     អ្នកវាយប្រហារ

attempt (v.t.)   ល្បង , ល្បងមើល

     (n.)   ការសាកល្បង

  to make an attempt   សាកមើល, ល្បង,
     ល្បងមើល, សាក

attend (v.)   ចូល, ចូលរួម; ខាស

attention (n.)   ការប្រុងប្រយ័ត្ន,
     ការយកចិត្តទុកដាក់

  to attract attention   ទាក់អារម្មណ៍

  to pay attention   យកចិត្តទុកដាក់,
     រវីរវៃ

  to pay no attention   មិនរវីរវៃ, មិន
     ព្រើរវៃ, ព្រើរវៃ

attentive (adj.)   ប្រុងស្រវី

attest (v.t.)   បញ្ជាក់

attitude (n.)   ទំនៀម, សណ្ឋាន, សណ្ឋាន
     ចិត្ត, ឫក, អាកប្បកិរិយា

attorney (n.)   មេធាវី, អាវកាត

  attorney general   ចុងរដ្ឋ អ្នករសសា
     ទិការក្សាស្តង្ពត្តសម

attract (v.t.)   ទាក់, ទាក់ចិត្ត, ទាក់ទាញ

  to attract interest   ទាក់ទាញ

attracted (p.p.)   ត្រូវចិត្ត

  to be attracted to   ចូលចិត្ត

attraction (n.)   ការស្រឡាញ់, ទំនាប

attractive (adj.)   គួរឲ្យចូលចិត្ត, ទំនាប
     ចិត្ត, សាត, រាកយចូលចិត្ត

auction (n.)   ការរំលងថ្លៃ, លក់ឡាយ
     ឡាយ, ឡាយឡយង

  to sell at auction   លក់ឡាយឡយង

audacious (adj.)   ចិត្តមាន

audible (adj.)   ឮសូ

audience (n.)   សវនជន, អ្នកទស្សនា

auditorium (n.)   សវនដ្ឋាន

auger (n.)   ដែកខួង

August (n.)   សីហា, អាគុស្ត (ខែ)

aunt (n.)   មីង, ពូយមីង, អ៊ី

  (younger than parents)   មីង

  (older than parents)   អ៊ំ

Australia (n.)   អូស្ត្រាលី

author (n.)   សាស្ត្រ, អ្នកនិពន្ធ, អ្នកនិពន្ធ

authoritative (adj.)   ដែលមានអំណាច

authority (n.)   អាណាចម, អំណាច,
     អ្នកមានការ

authorize (v.t.)   រើកសរអយ, អនុញ្ញាត

automatic (adj.)   ស្វ័យប្រវត្តិ,
     អត្តនោមាត, ដក

automatically (adv.)   ដោយស្វ័យប្រវត្តិ,
     អត្តនោមាត, ដក, ដកៗ

automobile (n.)   រថយន្ត, ឡាន

autonomy (n.)   ស្វ័យស្ពិ, ស្វ័យភាព

avenue (n.)   គន្លងវិថី, អាវេនីយ

average (n.)   ល្បឿន៖ មធ្យម

    on the average   ជាមធ្យម

    (adj.)   ទីរៀង, បង្គួរ, មធ្យម,

      មធ្យម, ល្មម, ល្មមៗ

avoid (v.t.)   ជៀស, ជៀសវាង, ជៀសវាងកាត់, កាត់

    to avoid meeting   ជៀសមុខ

awakened (p.p.)   ភ្ញាក់ខ្លួន

aware (adj.)   ដឹងខ្លួន

    to be aware   ភ្ញាក់ខ្លួន

    to be aware of   ស្គាល់, ស្គាល់ប្រាកដ, ដឹង

    to become fully aware of   ដឹងកំបុក

awareness (n.)   សតិសម្បជញ្ញៈ, សម្បជញ្ញៈ

away (adv.)   ឆ្ងាយ, ឆ្ងាយពី, ទីឆ្ងាយ

    to do away with   បោស, បោះបោស, ចោលចេញ

awe (v.)   កោត, កោតខ្លាច, កោតសរសើរ, ស្ញប់ស្ញែង

    (n.)   ការកោតសរសើរ, សេចក្ដីកោតខ្លាច

    to be in awe of   កោត

awful (adj.)   អាក្រក់ប៉ែកវិសា

awkward (adj.)   ខ្វះ, រញ៉េរញ៉ៃ

awhile (adv.)   បន្តិចម្ដង

ax (n.)   ពូថៅ

B

baby (n.) កូនង៉ា, ទារក

    to have a baby ផ្ទៃទរពោះ

babysit (v.t.) រមើលកូន

baccalaureate (n.) បក្សុបសិក្ខាបរិក្ខា

bachelor (n.) លីវ, កំរសាវ:

back (n.) ខ្នង, ខាងខ្នង, ក្រោយ,
        ព្រ

    on the back ខាងខ្នង

      (adj.) ខ្នង

      (adv.) វិញ

    back and forth ទៅវិញទៅមក

    to be back ត្រឡប់វិញ

back (v.t.) កប្ស, ទល់ខ្នងក្នុ

    to back up កប្ស, ដកថយ, ជួយគាំទ្រ,
        ថយ, ថយខ្នង

backbite (v.t.) និយាយដើមគេ,
        និយាយលាក់ពីគេ

backbone (n.) ឆ្អឹងខ្នង

backfire (v.i.) ផ្ទុះសង្ស, ថយ:,
        កាត់មកវិញ

      (n.) ភ្លើងទាក់កក, ថយ:

background (n.) ឆាកខាងក្រោយ

backrest (n.) ផ្អែកខ្នង

backtalk (n.) ការក្យ, ការក្យ ៗ

backward (adj.) ថយក្រោយ, បញ្ច្រាស

      (adv.) បញ្ច្រាស

bad (adj.) អាក្រក់, ខូច, មិនល្អ

រប៉ូច, សាមក, អាប៉ើយ,
អាក្រក់

bad friend មិត្តអាក្រក់

bad heartedly ចិត្តអាក្រ

bad luck អាប្រិ

bad person មនុស្សិតអាក្រក់

too bad កុំឱ្យច:, កុំឱ្យសោ,
ស្ដាយណាស់

bag (n.) កញ្ចប់, ខ្ចប់, ថង់, ស្ងោក,
សំពាយ, សំរាប, ស្លាប

bail (v.t.) ស្នា

    to bail the water ស្ទាតទឹក

bait (n.) នុយ

bake (v.t.) អាំង

balance (v.t.) ថ្លឹង

    to balance out ធ្វើតុល្យ

      (n.) ស្ទុយការ, ស្ទុយភាព,
ស្ទើង

bald (adj.) ស (in the front)
        ក្រលាវ (completely)
        ទំលាក (in the top)

bale (n.) ថ្វ

ball (n.) ស

    ball of food ពំនក

ballet (n.) របាំ

    ballet company ក្រុមរបាំ

ballot (n.) ស្នោត, សន្លឹកស្នោត

193

barefoot (adj.) របើសជើង

barely (adv.) ដិត , របៀចរិត ,
របៀចរិត ... មិន

bargain (v.t.) តថ្លៃ

bark (v.i.) ព្រុស

bark (n.) សំបកឈើ, សំរៀងនៃញ្ញាស,
ស្រូបក

barman (n.) អ្នកលាយស្រា

barn (n.) ជ្រុកស , ជ្រុកក

barracks (n.) បន្ទាយ

barrel (n.) ធុង

barren (adj.) រលីង

barricade (v.t.) ទប់

barrier (n.) របាំង , ឧបសគ្គ

bartender (n.) អ្នកលាយស្រា

barter (v.t.) ផ្លាស់

basalt (n.) ថ្មភ្នាស

base (v.) សំរាង
(n.) គល់ , រឿម , មូលដ្ឋាន
(base of tree) គល់

bashful (adj.) ខ្មាស

basin (n.) អាង , អាងទឹក

basis (n.) គល់, រឿម, មូលដ្ឋាន

basket (n.) កន្ត្រក , កញ្ញា , កញ្ចើ ,
កញ្ច្រែង , បណ្តូ , ស្លៀ

basketball (n.) បាល់បោះ

bas-relief (n.) ចំលាក់លិប

bastard (n.) កូនអនាតា , អនាតា

baste (v.t.) ដេរ

bat (n.) ប្រចៀង , ប្រហែរ ;
ដំបង , ព្រនង់

bath (n.) ទឹក

to give a bath ងូតទឹក

to take a bath ងូតទឹក

bathe (v.t.) ងូតទឹក , លាងសំ

bathroom (n.) បន្ទប់ទឹក

battalion (n.) កងវរសេនាតូច

battery (n.) ថ្មពិល , កងអាវុធ , ពិល ,
អាវុធ

battlefield (n.) ទីលាន , សមរភូមិ

battleship (n.) កប៉ាល់ចម្បាំង

bay (n.) ឈូង

bamboo (n.) ឬស្សី

wild bamboo ឬស្សីរៃព្រៃ

bamboo shoot (n.) ទំពាំង

ban (v.t.) ហាម , ឃាត់

banana (n.) ចេក

banana flower pod ត្រចៀកចេក

band (n.) បង់ , វង់ភ្លេង

bandage (v.t.) បង់សំបត់ , រុំ
(n.) បង់សំបត់

banish (v.t.) បណ្តេញបង់, បិទព្រះបង់

bank (n.) ច្រាំង, ឃ្លាំង, មាត់,
មាត់ទន្លេ,
ស្ថានប្រាក់, ធនាគារ, បង់

bank note (n.) លិខិតសន្យាការ, លិខិតបង់

bankrupt (adj.) របើសខ្លួន, របើសរលុះ
(to go -) ក្ស

banner (n.) ទង់

banquet (n.) ជប់លៀងបបរាគាស់,
លៀងរោគាស់

bantam (n.) មាន់ស្ត្រីចិត្ត , មាន់ទៃ

banyan (n.) ឈើមានតាឫកិក្ស , ឥតាំ

bar (n.) ផ្សារ

194

barbarian (n.) មនុស្សថទទ្រ

barbaric (adj.) ថទ្រ

barbed wire (n.) រួយសបន្លា, រសស មសបន្លា, សសបន្លា

barber (n.) សងកត់សក់

barbershop (n.) ហាងកត់សក់

bare (adj.) ទទ

bare body ខ្លួនទទ

bazaar (n.) ផ្សារណក

bazooka (n.) កន្ថោងឆ្នាវញ្ញា

be (v.) ជា, ជាស, ស

beach (n.) ឆនសមុទ

beak (n.) ចព៖

bean (n.) សណ្ដែក

bean curd តសៅ

bean sauce ទសៅខ

bean sprout សណ្ដែកបណ្ដុ៖

bean thread ទស

bear (v.t.) សកនងខ្លួន, ទបទស, ផសកប់, ផទ, សត, សសក, សសត្រថ

bear (n.) ខ្លាឃ្មុំ

beard (n.) ពុកចង្កា

beast (n.) សត្វ, សត្វត រច្ឆាន

beat (v.t.) វាយ៖, ទក, សណ្តោក, ទក, វាយ

beaten (p.p.) ចញ

to be badly beaten រទប

beauteous (adj.) សទស

beautician (n.) ជ្ជកតទសក់

beautiful (adj.) ស, ស្អាត, ស្អាតពក, ស្អាតព

exceptionally beautiful ស ទក

most beautiful សខ្លាងកត, ស ទស សត,

ស ទស សលប

remarkably beautiful ស ទ ទ

beauty (n.) ស ម, ស , ស

beauty mark (n.)

beauty queen (n.)

because (conj.) ស , ស , . , , ៖, , ៖ , ៖ , ៖

because of , , ៖, ៖

become (v.i.) , ,

to become a citizen

to become established ៖, , ៖

to become more

becoming (adj.) ,

bed (n.)

to go to bed , ,

river bed ,

bedbug (n.)

bedroom (n.) ,

bee (n.)

beer (n.)

beeswax (n.)

before (conj.) ,

You must think before acting.

(prep.) , ,

as before

beg (v.t.)   សុំ , សុំទាន , អង្វរ , អង្វរករ

   to beg for food (monk) បិណ្ឌ , បិណ្ឌបាត

   I beg your pardan.   សុំទោស

beggar (n.)   សូមយាចក , អ្នកសុំទាន

begging bowl (monk) (n.)   បាត្រ

begin (v.t.)   ចាប់ , ចាប់ផ្ដើម , ផ្ដើម

beginning (n.) ដើម

   from the beginning   ពីដើមដើមមក

behave (v.t.)   កាន់ចរិត , ប្រព្រឹត្តខ្លួន

     ប្អូន , កាន់ចិត្ត

   Behave yourself.   ប្រព្រឹត្តខ្លួនប្អូន

behavior (n.)   កិរិយា , កិរិយាមារយាទ ,

     របៀបរបប , អាកប្បកិរិយា

   to have good behavior   មានមារយាទ

behind (prep.)   ខាងក្រោយ

    (n.)   ខាងក្រោយ , គូថ

being (pres.p.)   ដោយ

    (n.)   បុគ្គល , សត្តលោក

belch (v.i.)   រើ , រើ , ហៅ

   to belch out   ហៅយករលាម

belief (n.)   ជំនឿ , សទ្ធា , សទ្ធាចិត្ត

believe (v.t.)   ជឿ , ស្មាន ,

   can't believe it   ឥតសូចិត្ត

   can't believe that ...   ឥកាកើត

   to really believe   ជឿសាក់

belong (v.i.)   របស់

   to belong to   របស់

below (prep.)   ក្រោម , ខាងក្រោម

belt (n.)   ខ្សែក្រវាត់ . ខ្សែក្រវាត់

beltway (n.)   ផ្លូវខ្សែក្រវាត់

bend (v.i.)   កោង , ពត់ , កាត់ , បំពត់

   to bend down   ឱនក

   to bend on a side   ផ្អៀង

   to bend over   សំរោងក , ផ្អៀន (ពីក , ពទេពីក)

beneath (prep.)   ខាងក្រោម

benefit (n.)   ប្រយោជន៍ , សុស ,

     សសុបរយាសន៍

   benefit of good deeds   មគ្គសុល

    (v.t.) អោយកើរ , ទុយចំរើនសាញ

berate (v.t.)   ជេរ

beret (n.)   កាប , ក្រមប់ :

beriberi (n.)   រោគស្លឹក , ស្លឹក

beseech (v.t.)   ទូ

beside (prep.) ក្បែរ , ជិត

besides (prep.)   ក្រៅពី

best (adj.)   ប្រ , ស្អាតស្អម

bestial (adj.)   អាក្រក់ដូចa

bet (v.)   ភ្នាល់ , ប៉ុន

betel (n.)   ម្លូ

betray (v.t.)   ក្បត់ , និក (ប្រើនិកផ្ទុយ)

   to betray one's country   ក្បត់សាតិ

better (adj.)   ប្រសើរបើ

between (prep.) កណ្ដាល , រវាងកណ្ដាល ,

     រវាង

    (prep.)   រវាង

beverage (n.)   ទឹក , របសស្ល :

beyond (adv.)   រណ៎ាស , ហួស

   to go beyond   បង្ហួស

beyond (prep.)   រណ៎ាស , ហួស

   beyond all limits   រណ៎ាសស្លប

biased (adj.) លំអៀង , មិនត្រង់ស , មិនប្រក្រ ,

     រអៀង

bible (n.)   គម្ពីរ

bicycle (n.) កង់, រទេះកង់ឃ្លាន

bid (v.t.) ដេញថ្លៃ

big (adj.) ធ្ងន់, ធំ, ធំៗ, ធំសម្បើម, ប៉ុន្មាន ប៉ុន្លាក, មហិមា

     too big ធំពេក, ធ្ងន់

bigger (superl.) ធំជាងគេបំផុត, ធំទៃ

     a little bigger

big-shot (n.) មន្ត្រីធំ

     to be a big-shot ធ្វើធំ

bile (n.) ទឹកប្រមាត់

bill (n.) ប័ណ្ណ:, សំបុត្រការសល្យ

billfold (n.) កាបូប

billow (v.t.) រលក, រលកទឹក, រលកទឹកក្បាលរ

bind (v.t.) ចង, បញ្ចូលគ្នា, រុំបង

bindweed (n.) វល្លិ៍

binocular (n.) កែវយឺត

biography (n.) ជីវប្រវត្តិ

biology (n.) ជីវសាស្ត្រ

bird (n.) បក្សី, សត្វស្លាប

     mynah bird សារិកាបិលៀ

birth (n.) កំណើត, ពងា

     to give birth ផ្ដល់កំណើត, បង្កើត, ប្រសូត្រ, សំរាលកូន

birth certificate (n.) បញ្ញាសាតិ, សំបុត្រកំណើត

birthday (n.) ថ្ងៃកំណើត, ថ្ងៃកំណើត ប្រសូត្រស្រីសួស្តី

birthplace (n.) ទីទុកកំណើត, ស្រុកកំណើត

bite (v.t.) ខាំ, ទិច, ប្រឡាក់

to bite one another ខាំគ្នា

to bite the bullet សាងទ្រាំ

to cause to bite each other ខាំគ្នា

bitter (adj.) ល្វីងជូរ, ខ្មៅ

     bitter words ពាក្យល្វីងជូរ

     bitter lemon ក្រូច:

black (adj.) ខ្មៅ, ពណ៌ខ្មៅ

blackboard (n.) ក្តារខៀន

blacken (v.t.) ធ្វើឲ្យខ្មៅ

black-hearted (adj.) ចិត្តខ្មៅ

black out (v.i.) ងងឹត, សន្លប់

blacksmith (n.) ជាងដែក

bladder (n.) ប្លោក

blade (n.) ស្លឹក, ស្លឹកប៉ែម

blame (v.t.) ចោទ, ទោ, បន្ទោស, ស្តី, ស្តីបន្ទោស

     (n.) ទោស

     to accept blame ទទួលខុស

blamed (p.p.) ត្រូវគេចោទ

bland (adj.) សាប

blank (v.i.) (to - out) បាត់

     (adj.) ទទេ

blanket (n.) ភួយ (ភួយ)

blast (n.) កាំភ្លើងបាញ់ខ្ទេច:

     to go full blast ខ្ទេច:, ប្រយោល:

blend (v.t.) លាយ

bless (v.t.) ស្ដូងផ្ចង់, ឲ្យពរ, ឲ្យសង្ឃ្ឃាសុខ, ឲ្យសង្ឃាសុខស្បើ

blessing (n.) ពរ, ទព្វ

blind (adj.) ខ្វាក់

     blind in one eye ខ្វាក់ខ្ទិចក, ខ្វាក់ម្ខាង, ខ្វាក់

blindfold (v.t.) ចងភ្នែក, ចងភ្នែក

blister (n.) ពក,

   to get blisters ពក

bloc (n.) បក្ស

block (v.t.) ស... , ... , ... , ... ,

   ... , ... , ...

   to block off ... , ...

   (n.) ...

   I walked 5 blocks. ...

blood (n.) ឈាម , សាច់ឈាម

   in cold blood ...

   to have high blood pressure ...

bloom (v.i.) ... , ... , ... ,

   ...

blot (v.t.) ...

   to blot ink ...

blow (v.t.) ... , ...

   The wind blows. ...

blue (adj.) ... , ... , ...

   ... , ...

blunt (adj.) ... , ...

bluntly (adv.) ... , ...

   ... , ...

blur (n.) ...

blurred (p.p.) ...

boa constrictor (n.) ... , ...

board (n.) ...

boast (v.i.) ... , ... , ...

boat (n.) ... , ... , ...

   long dragon-shaped boat ...

   sail boat ...

   small boat (made of planks) ...

   to work on a boat ...

body (n.) ខ្លួន, រូបរ, ..., ...

   ... , ... , ...

   ... , ... , ...

   ... , ... , ...

bog (v.i.) សាប់ពក់ , ...

bogged (p.p.) ...

boil (v.t.) ...

   to boil water ... , ...

   (v.i.) ...

   (n.) ...

   to have a boil ...

boiled (p.p.) ...

boiling (pres.p.) ...

   The water is boiling. ...

bolt (n.) ... , ... ,

   ... , ... , ... ,

   (v.) ... , ...

   sliding bolt ...

bomb (n.) ...

   smoke bomb ...

bombshell (n.) ... ,

   ... ; ...

bond (n.) ... , ...

bone (n.) ...

bonfire (n.) ... , ...

book (n.) ...

bookcase (n.) ...

bookstore (n.) ...

border (n.) ... , ... , ...

   ... , ... ,

   ... , ...

bored (adj.) ធុញ, អផ្សុក

    to get bored ធុញទ្រាន់

born (adj.) កើត, ប្រសូត

borrow (v.t.) ខ្ចី, ប្រាក់

    to borrow money from ខ្ចីប្រាក់(ពី)

boss (n.) ចៅហ្វាយ, នាយ, ថៅកែ, ស្រុក, មេប, អធិបតី

botany (n.) រុក្ខសាស្ត្រ

both (adj.) ទាំងពីរ

    both ... and ... ទាំង...ទាំង

    both husband and wife ទាំងប្តីទាំងប្រពន្ធ

    both sides សងខាង

bother (v.t.) រំខាន, រំខាន, ធ្វើឲ្យ

    Don't bother. កុំបី

bottle (n.) ដប

bottom (n.) ខាងក្រោម, គល់, បាត

boulevard (n.) មហាវិថី, ផ្លូវធំ

bounce (v.i.) លោត, លោន

bound (v.t.) ចង់, បង្ខាំង

    to be bound ស្ថិតនៅនឹង

bow (v.t.) ឱនលំ, ឱនៗ

bow (n.) ធ្នូ

bowl (n.) ចាន, ពែង

box (n.) ប្រអប់

    silver box ប្រអប់ប្រាក់

box (v.t.) ប្រដាល់

boxing (n.) ប្រដាល់

boy (n.) ក្មេងប្រុស

boycott (v.t.) បដិ, ឈប់, ទាត់

bra (n.) អាវទ្រនាប់, អាវស៊ូទៀន

brace (v.t.) ទប់

to brace up តឹង

bracelet (n.) កង, កងដៃ

brag (v.) បំភ្លើស, អួត, អួតអាង, អួតអាង,

Brahma (n.) ព្រហ្ម

Brahman (n.) ព្រហ្មណ៍

Brahmanism (n.) ព្រហ្មញ្ញសាសនា, សាសនាព្រហ្មណ៍

braid (v.t.) ក្រង

    (n.) កង

braiding (n.) ករមង

brain (n.) ខួរ, ខួរក្បាល

braise (v.t.) ល

brake (n.) ហ្វ្រាំង

    (v.t.) សង្កត់ហ្វ្រាំង, ចាក់ហ្វ្រាំង

branch (v.t.) ជរបក

    to branch out ជរបកញែក

    (n.) ជមែក, ជមកសាខា, សាខា

branch (n.) ខាង, បំណែក, ផ្នែក, សាខា

    personnel branch សាខាបុគ្គលិក

brand (n.) ស្នាម, ម៉ាក

    (v.t.) ចាក់ម៉ាក, ចាក់សញ្ញាសំគាល់

branded (p.p.) ដែលមានស្នាម

    a branded person មនុស្សមានស្នាម

brandish (v.t.) កំរើក

brass (n.) លង្ហិន, ស្ពាន់

brassiere (n.) អាវស៊ូទៀន

brave (adj.) ក្លាហាន, ក្ដៀវក្លា, ចិត្ត, ចិន, អង់អាច

bravery (n.) សេចក្ដីក្លាហាន, សេចក្ដីអង់អាច

Brazil (n.) ប្រេស៊ីល

bread (n.) ស្ពៃស

break (v.i.) បាច់ , រំបក

    to break apart បាច់ , បាច់កំភ្ល , ព្រះ

    to break down ធ្លាយ , ច្បាក់ , ច្បាក់រំបក

    to break even ស្មើធ្នន

    to break off បាច់ផ្ល , រំបក

    to break out រកិតកើស្ឡិស , រំបកកាសាស់

    to break up រំបកថ្នុក , រំបកភ្ល

    (v.t.) បាច់ , កំរាស , បញ្ឈប់ ,

                    បំការ , បំច្បាក់ , បំរំបក ,

                    រំសាយ

    to break an engagement ផ្ដាច់

    to break a horse បំ្ច្បាក់សេះ

    to break ranks បំរបកថ្ន

    to break the law រំសាយកំណែច្បាប់

break (n.) រកសាយបំស័ក

breakfast (n.) ច្បាយព្រឹក

breast (n.) រកោះ , រឆ្មុស្ឆ , ្ស្ន

breastfeed (v.t.) បំរៀ

    to breastfeed a baby បំរៀកូន

breath (n.) ខ្យល់ , ្ស្ន្ថ

    breath of life ខ្យល់ររំ្ញ្ថ

    to have bad breath ្ស្យស្អុយ

breathe (v.t.) ្ក្ក្ស្ថ

breed (v.t.) បំ្ពោះ

    (n.) ្ពស , ស្ពស

breeze (n.) ខ្យល់ , ខ្យល់រសាវ

bribe (v.t.) ្សក , ្សក្ហច់ , រសស

    (n.) សំណក

    to accept a bribe ្ញ , ្ញ្សំ្ពក

brick (n.) ្ឥ្ច , ្ខ្ច

bride (n.) កស្ពក្មួ

bridegroom (n.) កស្កស្ស្រៈ្ក្ស្ពជ្ម ,

          សម្ស្ឆស

bridge (v.t.) ្ស្ក្ផ្ស

    to bridge teeth ្ស្ក្សច្ឈ្ណ

    (n.) ្ស្ស

brief (v.t.) ្និសសយ ្ប្ន 7 , ្សស្ពប

brief (n.) ្សសច្ឆ្សស្ប

    in brief ្ស្ស្បស្សើ ,

            ្ស្សស្សស្បច្ឈ្សើ , ្ប 7

briefcase (n.) ្ក្ម្ស , ្្ក្ប្ប

briefly (adv.) ្ក្ស , ្ក្ស្ភ , ្ស្ៃ 7

brigade (n.) ្ក្ឋ្ស្ស្ប

bright (adj.) ្គ្ម្ច , ្ស្ក , ្ក្ចៈ្ក្ចស ,

              ្ស្ញ , ្ស្ស្ច

    to make it bright ្ប្ស្ញ

    bright color ្ម្ស្ញ , ្ស្ស្ច

bring (v.) ្ន្ស , ្សៃ , ្ស្យក , ្ស្យក្ស្ក

              ្ម្ស្យ

    to bring suit ្ម្ស្ញ , ្ម្ស្ញ្ស្ស

    to bring to a close ្ប្ច្ញ្ប

    to bring up ្គ្ម្ស្ម , ្ក្ស្ម្ស ,

              ្ស្ស្ក , ្ស្ស្ប្ស

brink (n.) ្ច្ស្ក្ស្ស

broad (adj.) ្ធ្ស្យ , ្ខ្ស

broadcast (v.t.) ្ស្ផ្ស្យ

    (n.) ្ក្ស្ស្ផ្ស្យ

broccoli (n.) ្ផ្ស្ស្ស្ស្ញ

broil (v.t.) ្ស្ស្ស

broken (p.p.) ្ធ្ច , ្ស្ច , ្ច្ស្ក , ្រ្ប្ក ,

            ្ស្ប្ក្ច្ស្ក

    completely broken ្ស្ធ្ច , ្ស្ធ្ច្ម្ញ

    to have a broken arm ្ច្ស្ក្ស្ស្ក

broken-hearted (adj.) ្ធ្ច្គ្ម្ក , ្ម្ញ្គ្ម្ក

bronze (n.) រង្វាស់ស្ពាន់, លង្ហិន

brood (v.t.) ញាស់, ស្កុ

brother (n.) បង, ប្អូន

   elder brother (royal) ព្រះអង្គ, អង្គ

   older brother បងប្រុស

   younger brother ប្អូនប្រុស

brotherhood (n.) ភាតរភាព

brother-in-law (n.) បងថ្លៃប្រុស

        ប្អូនថ្លៃប្រុស

brought (p.p.) ដែលនាំមកហើយ, នាំមក

brown (adj.) ត្នោត, សម្បុរត្នោត

   dark brown ព្រឿងៗ

bruise (n.) ស្នាម

brush (v.t.) ដុស

   to brush teeth ដុសធ្មេញ

   to brush lightly បោសៗ

   (n.) ច្រាស

brusquely (adv.) ក៏បុកក៏បេយ

bucket (n.) ធុង, ធុងទឹក

buckshot (n.) គ្រាប់ចៃ

bud (n.) ផ្ការីក (fruit), ផ្កា

   new bud ត្រួយ

Buddha (n.) ព្រះពុទ្ធ

   statue of Buddha ពុទ្ធរូប, ព្រះពុទ្ធរូប

Buddhism (n.) ពុទ្ធសាសនា, ពុទ្ធសាសនា, ធម៌, ព្រះពុទ្ធសាសនា, សាសនាព្រះពុទ្ធ

Buddhist (n.) ពុទ្ធបរិស័ទ, ពុទ្ធសាសនិក, ពុទ្ធសាសនិកជន

budget (n.) ថវិកា

buffalo (n.) ក្របី

build (v.t.) កសាង, សង់, សាង, ស្ថាបនា

to build a foundation ចាក់គ្រឹះ

to build a road សង់ផ្លូវ

to build up a pile គរ

building (n.) អគារ, ព្រៃស្នា, វិមាន, សំណង់, ទីតាំង

bulb (n.) អំពូល

bulge (v.t.) ប៉ោង

   (n.) ភ្នាប

bulging (pres. p.) ស្ទុះ

   bulging eyes ថ្ងេរ

bull (n.) គោ, គោឈ្មោល

   wild bull គោព្រៃ

bullet (n.) គ្រាប់, គ្រាប់កាំភ្លើង

bulletin (n.) ព្រឹត្តិបត្រ, ព្រឹត្តិប័ត្រ, ប៉ុស្តិ៍ព័ត៌មាន

bum (n.) ចុកទ្រុង, មនុស្សចុកទ្រុង, មនុស្សអនាថា

   (adj.) ដែលឥតបានការ

bump (v.t.) បុក

   to bump in ផ្ទប

   to bump into ផ្ទប, បុកផ្ទប, ប្រទះ

   (n.) ភ្នាប, ផ្ទប

bumpkin (n.) ស្រុកស្រែ

bumpy (adj.) ព្រុយពង្រាយពុប, សាហាវ

bunch (n.) ចង, ស្មោង

bundle (v.t.) ខ្ចប

   (n.) ខ្ចប

   small bundle បង្វេច

buoy (n.) សញ្ញា

burden (n.) បន្ទុក

burgeon (v.i.) រីក, ដុះស្មៅ

burial ground (n.) ព្រៃ

buried (p.p.) កប់

Burma (n.)

Burmese (n.)

burn (v.t.)

    (v.i.)

burned (p.p.)

burp (v.i.)

burst (v.t.)

    (v.i.)

  to burst forth

  to burst open

  to burst out

    (n.)

  a burst of speed

bury (v.t.)

bus (n.)

  bus station

bush (n.)

bushel (n.)

  two bushels

business (n.)

  to do business

  to go into business

  to start up a business

  business owner

  business section

  to have business

  place of business

businessman (n.)

busy (adj.)

  to be busy at

  to be busy in

  to be busy with

    While he was busy playing around,
    his wife ran off with someone.

but (conj.)

butt (v.t.)

  to butt in

butter (n.)

butterfly (n.)

buttocks (n.)

buy (v.t.)

  to buy back

  to buy on credit

  to buy in advance

  to buy the whole thing

by (prep.)

  (adv.)

  by means of

  by that time

  by the way

bylaw (n.)

bystander (n.)

C

cabbage (n.) ស្ពៃក្តោប

    Chinese cabbage ស្ពៃទន់ , ស្ពៃស

cabinet (n.) ទូឆាន់: ក្ដ ឬ្គង្ឺ , ទទួលសិស្ស,

    a cabinet minister ក្ដ ឬ្គង្ឺ

cable (n.) ខ្សែភ្លើ

    to send a cable ផ្ញើសារខ្សែស

cache (n.) កន្លែងសម្ងាត់លាក់ទុក ,

    ឃ្លាំង

cacophony (n.) សូរសព្ទកណ្តោសព្ទ

cadaver (n.) សាកសព , សព

cadre (n.) កម្មាភិបាល

cage (n.) ទ្រុង

cake (n.) នំ

calculate (v.) គិត , គិតគូរ, រៀបគូ,

    ប៉ាន់

    to calculate in accordance with
    astrological principles គិតផ្កាយ

calendar (n.) ក្រ ឡាំងថ្ងៃខែ , ប្រតិទិន

calf (n.) កូនគោរបង់ , ក្រលៀន

caliber (n.) ឌីក , ក្រ

calisthenics (n.) កាយសម្ព័ន្ធ

call (v.) ហៅ

    to call back ហៅ , ទៅជួប

    to call off ឈប់ , ឈប់, រំលើកទៅស

    to call on ទស្សនា

    to call up ហៅ (តាមទូរសព្ទ),
    ហៅបម្រើទ័ព

called (p.p.) ហៅ: , ហៅ

callous (n.) ក្តី , ចិត្តស្វិតឆ្អែតក្តី,

    ឆ្អែតស្វិតកាសឆ្អែតក្តី

    (adj.) ឆ្អែតក្តី , ឆ្អែញក

calm (adj.) ទន្ទ្រាំសង្ងាត់, ស្ងប់ស្ងាត់ ,

    ស្ងៀមស្ងាត់

    (v.t.) ធ្វើឲ្យ

    to calm down ស្ងប់, ធ្វើឲ្យស្ងប់,ស្ងប់ស្ងៀម, ស្ងប់ចិត្ត
    ស្ងប់ , ស្ងប់

cambium (n.) ខ្ទម

Cambodia (n.) កម្ពុជ , កម្ពុជា

    Lower Cambodia កម្ពុជាក្រោម

Cambodian (n., adj.) ខ្មែរ , ជាតិខ្មែរ

camouflage (n.)) បាំង, បំបាំងបាំង

camp (v.i.) កំប៉ុ , ស្គេកជំ

    (n.) កជំ

can (v.i.) អាច , ចេះ , ចេះប

    Can you possibly go? តើឯងអាចទៅទ

can (n.) កំប៉ុង

    (big) can ឆ្នាំង

    garbage can ធុងសំរាម

canal (n.) ប្រឡាយ

    man-made canal ប្រឡាយក្សក

cancel (v.) បដិសេធ, លុបចោល ,
    រំលើកចោល

candidate (n.) បេក្ខជន

candle (n.) ទៀន

candy (n.) ស្ករ , ស្ករគ្រាប់

cane (n.) របស់ចោត

canned (p.p.) ក្នុងកំប៉ុង

   canned food ម្ហូបកំប៉ុង

cannon (n.) កាំភ្លើង, កាំភ្លើងធំ

can-opener (n.) ដៃកាត់សំ

Canton (n.) កង្តន់

cap (n.) ក្បូប, ក្របេ៖, មួក

capability (n.) សមត្ថភាព

   area of capability សមត្ថភាព

capable (adj.) ចំណាន, ប្រសប់, អាច

capacity (n.) ចំណុ៖, សមត្ថភាព

capital (n.) រដ្ឋធានី, ទសករាជធានី

   provincial capital ខេត្តក្រុង

capital (n.) ដើម, ដើមទុន, ទុន, ដើម,
        ដើមដើម, ប្រាក់ដើម,
        មូលនិធិ, សួយដើម

   to use as capital ដើម្បីដើម

capitalist (n.) នាយទុន, មូលធន
           (adj.) មូលធន

capricious (adj.) លាក

captain (n.) នាវាសេនាងាក,
        អនុសេនាងាក

caption (n.) ចំណង

capture (v.t.) ចាប់, ចាប់ឃាត, យកឃាត
   to capture by force បង្ខំចាប់

car (n.) រថយន្ត, ឡាន

carbine (n.) កាំភ្លើងការាទីន

carbon paper (n.) ក្រដាសកាបូន

carbonized (p.p.) ដុតឆ្លៅ

card (n.) កាត, ក្រដាសកាត

   ID card អត្តសញ្ញាណប័ណ្ណ

   playing cards បៀ

cardamon (n.) ក្រវាញ

care (v.i.) យកចិត្តទុកដាក់, ដឹង

   not to care ព្រងើយ, ព្រងើយយកកន្តើយ

   Who cares? គ្មានឬ៖

   (v.t.)

   to care for ថែរក្សា, ទុលចិត្ត, រំពៃ

   to love and care ស្រឡាញ់ថែ

   I don't care. ខ្ញុំមិនដឹងក្បាល,
        មិនរំខានដល់អ្វីនេ

care (n.) ការរំ៖
        ការខ្វល់, ការយកចិត្ត
        ទុកដាក់

   to do with care យកចិត្តទុកដាក់

   to take care of ត្រួតត្រាប់, ថែ,
        ថែដើម, ថែទក្សា, បីបាច់,
        បីបាច់ថែរក្សា, ក្យាក្យាស,
        រមៃល, រក្សា

   to take care of a child រមៃលក្មេង

   to take good care of oneself
        ថែ, ថែមួន

   to take very good care
        ថ្នាក់ថែ, ទំនុកថែ

careful (adj.) ស្ងួន, ស្និទ្ធស្ងួន, ប្រយ័ត្ន,
        ប្រយ័ត្នប្រយែង, ប្រុង,
        ប្រយ័ត្ន, ម្យ៉ាក, ហ្មត់ចត់

   to be careful ថែ, ប្រុង, ប្រុងប្រយ័ង,
        ប្រុងប្រយ័ប

carefully (adv.) ថែៗ, បន្ថើៗ, ហ្មត់ចត់

careless (adj.) ធ្មើឆ្មើ

carelessness (n.) ការប្រមាទ, រសើគ្រ៉,
        ស្ពឹកស្រពិល

caress (v.t.)

carpet (n.)

carrot (n.)

carry (v.t.)

　(by two or more people)

　(from the bottom)

　(held up to the chest)

　(in the belt)

　(in both hands,e.g., baby)

　(in a sack over the shoulder)

　(in the hand)

　(on either end of a pole)

　(on the hip)

　(on a stick over the shoulder)

　(over the forearm)

　(propped up against the shoulder)

　(suspended from the hands)

　(suspended from the shoulder)

　(on the head)

　(under the armpit)

　　(v.i.)

cart (n.)

　oxen cart

cartel (n.)

cartoon (n.)

carve (v.t.)

carving (n.)

case (n.)

　in case

　in that case

　in the extreme case

cash (n.)

　(v.)

　to cash a check

　to cash in something

cashier (n.)

cassava (n.)

cast (v.i.)

　to cast a horoscope

caste (n.)

castle (n.)

casualty (n.)

cat (n.)

catastrophe (n.)

catch (v.)

　to catch up with

　to catch the sight of

category (n.)

caught (p.p.)

cauliflower (n.)

cause (v.t.)

　(n.)

　basic cause

　main cause

　original cause

caused (p.p.) (- by)

cautious (adj.)

　be cautious

cavalry (n.)

cave (n.)

205

cave in (v.) កកិបុ , សគ , ប្រសគ

cavity (n.) ប្រហោង , រន្ធ

cease (v.) សឹប , សឹបសាយ , ចាត់ស្លាត់ កាំង

(v.t.) បញ្ឈប់

to cease to be a Buddhist monk

ចាកសិក្ខាបទ

ceaselessly (adv.) មិនសឹបសាយ

ceiling (n.) កំពស

celebrate (v.i.) ឧបសល្បង , រៀបបុណ្យ

(v.t.) ឧបសល្បងឲ្យ , រៀបបុណ្យឲ្យ

celebration (n.) បុណ្យកំរ

cell (n.) រសលល្យល

monk's cell កុដិរសាក

cement (n.) ស៊ីម៉ង់

cemetery (n.) ធ្លាសព្វរឿងទ

censure (v.t.) តិះដៀល

cent (n.) រយ , រសន

center (n.) កន្លែងចំរៈ , ទីចូម៉ៈ , បសាល , ភាគកណ្ដាល , មជ្ឈដ្ឋាន , មណ្ឌមណ្ឌាល , មណ្ឌល

in the center កណ្ដាល

population center ទីបូរ៍

central (adj.) កណ្ដាល , មណ្ឌ

century (n.) សករៀស

ceremony (n.) បុណ្យ , បុណ្យទាន , ពិធី , វិធី

certain (adj.) ច្បាស់ , សាត់ , រង៍ស់ , ប្រាកត , ប្រាកុ្របសា , ពិតប្រាកត ,

It's not certain. មិនរង៍សរេ

(pron.) ខ្លះ

certainly (adv.) ណ៎សទាសេ , សាមិន ទាន , ប្រាកត , ពិតសា , មិនទាន , រមន

Yes, certainly. ប្រាកតរហើយ , ពិត សាយ៍ងហ្នឹងរហើយ , រមន រហើយ , ហ្នឹងរហើយ

certificate (n.) សញ្ញាប័ត្រ , វិញ្ញាបនបត្រ

birth certificate បញ្ជីសាតិ

certification (n.) ការបញ្ជាក់ , វិញ្ញាបនៈ

certify (v.t.) បញ្ជាក់ , បញ្ជាក់សរាយ រឃើញ

Ceylon (n.) សស្ក

chaff (n.) របស្កប

chain (n.) ច្រវាក់

chair (n.) រកៅវី

chairman (n.) ប្រសស

chairmanship (n.) ភាពិបតិកាព

chalk (n.) ដ៍ស

chalky-tasting (adj.) ចត់

challenge (n.) ការសាកល្បង , ឧបសគ្គ

Cham (n.) ចម

Champa (n.) ចំប៉ា

Champion (n.) រឈ្នសំក

chance (n.) សំណាង

to have a chance ទានឱ្យកាស

to take a chance ប្រូយ , ស្យង់ , ស្យង់ស្យាង់ , ស្យង់សំណាង

there is a chance ទានស្ត

change (v.t.) ស្ដ , បំប្លាស់ , ប្ដ , រស្ត

to change into ក្លាយ , វ្ដិបសា

to change one's feeling វ្ដិបចិត្ត

to change one's mind ប្ដូរគំនិត, ប្រែគំនិត
 (v.i.) ក្លាយ, ងាយ, ងាករេ, ប្ដូរ, ប្រែ, ប្រែក្លាយ, ប្រែប្រួល, ផ្លាស់, ផ្លាស់ប្ដូរ, ដូរ

change (n.) ការដូរ, ការប្ដូរ, លុយរាយ
 for a change ម្ដង
 small change កាក់
 to make change រំលម

chant (v.t.) សូត្រ, សូត្រធម៌

chapter (n.) ចំពូក, ជំពូក

character (n.) កិរិយាមារយាទ, គំនិត មារយាទ, ចរិត, ចរិយា, មនុស្សខិល, មារយាទ, លក្ខណៈ, សញ្ញា, ឫក, [illegible]
 to be a character ខូច, ខិល, រពិលរពូច
  He's a character. គាត់ខិលណាស់
 good character សុចរិត

characteristic (n.) កិរិយាមារយាទ, ភិនភាគ, លក្ខណៈ, ហេតុភាគ
 personal characteristic កិរិយា

charcoal (n.) ធ្យូង, (ខ្យូង)

charge (n.) បន្ទុក
 to be in charge of កាន់ការ, កាន់កាប់, ទទួលបន្ទុក
 to be in charge of money កាន់លុយ
 to take charge ចាត់ការ, ទទួលភារៈ

chargé d'affaires (n.) ភារៈធារី

charge (v.t.) ចោទ
 They charge him with accepting bribes. គេចោទគាត់ថាស៊ីសំណូក
 (v.i.) ទិញជឿ; បញ្ចូលភ្លើង; [illegible], ប្រើការ, យកថ្លៃ, យកលុយ
 Do they charge? គេយកលុយទេ?

charisma (n.) បុណ្យ, បុណ្យានុភាព

charity (n.) ទាន, វិភាគទាន
 to give to charity ដាក់ទាន
 to do for charity ដាក់ទាន

charm (n.) សំអ, សំរស់, សម្ផស្ស, ស្នេហ៍
 love charm ស្នេហ៍
 (v.) ទំចង់, ដាក់ស្នេហ៍

charming (adj.) មានសម្ផស្ស, មានស្នេហ៍មុខ, ស្រស់

chart (n.) គំនូរ

chase (v.t.) ដេញ
 to chase out កំចាយ
 to chase away បណ្ដេញ
 (v.i.) ប្រដេញ

chassis (n.) តួ

chat (v.) សំណាល, សំណេះសំណាល

chatter (v.) រអារទាំរទេញ, រទាំរទេញ

Chattomuk (n.) ចតុមុខ

chauvinistic (adj.) ប្រកាន់, ប្រកាន់ជាតិ

cheap (adj.) ថោក, ថោកទាប, លាមក
 cheap person មនុស្សលាមក

cheapen (v.) បន្ថោក

cheat (v.) ភោរ, បន្លំ, បំបាក់, បោក, បោកបញ្ឆោត, បោកប្រាស, ប្រឡមប្រឡំ, ប្រឡំ, លួច

cheated (p.p.) ស្គាត់ល្បិច

check (n.) បង្កាន់ , សែក

    (v.) ពិនិត្យ , ពិនិត្យមើល

    to check something against something ផ្ទៀង

cheek (n.) ថ្ពាល់

cheer (n.) ការស្រែកទទូចផង , សរសើរ ស្រែកទទូចផង

cheese (n.) ឈីស

    big cheese ធំៗ

chemistry (n.) គីមី , គ៊ីមី

Chenla (n.) ចេនឡា

Chenla II ចេនឡា២ (name of a military operation in late 1971)

cherry (n.) ឆ៊ឺរី

chest (n.) ដើមទ្រូង , ទ្រូង , ហិប

chew (v.t.) ទំពារ

chicken (n.) មាន់ , សាច់មាន់

    (adj.) កំសាក , ខ្លាចស្លាប់

chief (n.) ចៅ , ចៅហ្វាយ , នាយ, នាយក , ប្រធាន , មេ , មេបញ្ជា ការ , មន្ត្រី

    Chief of Staff នាយសេនាធិការ

    Chief of State ប្រមុខរដ្ឋ

    Chief of Works នាយការ

    Royal Chief of State ព្រះប្រមុខរដ្ឋ

    hamlet chief មេភូមិ

    village chief មេឃុំ

child (n.) កូន , ក្មេង , ឃ្លា , ព្រះកនិដ្ឋ

    adopted child កូនចិញ្ចឹម

    youngest child កូនពៅ

    youngest child of a family ពៅ

childish (adj.) ដូចក្មេងៗ

children (pl.) កុនៗ , កូនៗ , ក្មេងៗ , ក្មេង ៗ

chilly (adj.) ត្រជាក់

chin (n.) ចង្កា

China (n.) ស្រុកចិន

    People's Republic of China ចិនប្រជាមានិត

china-closet (n.) ទូចាន

chinaware (n.) គ្រឿងឆ្នាំង

Chinese (adj.) ចិន

    (n.) ចិន , មនុស្សចិន

chip (n.) កង

chisel (v.) ចោះ (fig.)

    (n.) ដង្គាប់

chitchat (v.) ឆ្លៀតសរសើរ

chocolate (n.) សូកូឡា

choke (v.) ស្គាក់

choking (pres.p.) ថប់

cholera (n.) រោគអាចម៍

choose (v.) ជ្រើសរើស , រើស

chop (v.) កាប់ , ចិញ្ច្រាំ

    to chop with an ax ពុះ

chop suey (n.) ឆាបន្លែ

chopstick (n.) ចង្កឹះ

chorus (v.) ច្រៀង

chow mein (n.) មី , មីឆា

Christ គ្រីស្ត ,

    Jesus Christ អ៊ីស៊ូគ្រីស្ត , សេអ៊ីគ្រីស្ត

Christmas (n.) ណូអែល

chronic (adj.) រ៉ាំរ៉ៃ

    chronic disease រោគរ៉ាំរ៉ៃ

chubby (adj.) ធាត់ , មាឌធំ

church (n.) ព្រះវិហារ , វិហារ

churn (v.)

  stomach churns

cigarette (n.)

circle (n.)

circuitous (adj.)

circulation (n.)

circumstance (n.)

citadel (n.)

citizen (n.)

citrus (n.)

city (n.)

  capital city

city hall (n.)

civil servant (n.)

civil service (n.)

civilian (adj.)

civilization (n.)

civilized (adj.)

  civilized country

claim (v.)

  to claim for favor

clam (n.)

clan (n.)

clap (v.)

  to clap the hands

clarify (v.)

clash (v.)

class (n.)

classical (adj.)

claw (n.)

clay (n.)

clean (adj.)

  (v.)

  to clean up

  to clean with a swab

cleaned (p.p.)

  to be cleaned out

clear (v.)

  to clear the land

  (adj.)

  very clear

  it's clear that

  clear as black on white

clearing (n.)

clearly (adv.)

clergy (n.)

clerk (n.)

clever (adj.)

cleverness (n.)

click (v.)

cliff (n.)

climate (n.) សីតុណ្ហភាព, អាកាស, អាកាសធាតុ

climb (v.) ឡើង

climbing (pres.p.) ឡើង

  social climbing ការឡើងឋានៈ, ឡើងឋានៈ, កាយយស

clinch (v.) រមាស់, បញ្ចាញ់បុររាស់

cling (v.) សមាស់

clinic (n.) គិលានដ្ឋាន, មន្ទីរពេទ្យឯករាជ

clique (n.) បក្សពួក, ក្រុមអ្នកអាចប, ពួក

clock (n.) នាឡិកា, នាឡិកា

  pendulum clock នាឡិការប៉ោល, រវង់

close (v.) បិទ, បិតបិទ

  to close up ភ្ជិត

  to close off ពិត

    (adj.) រក្ស, ដិត, ដិតដិត, ដិតស្និទ្ធ, ជាមាស, រប្ល័យត

    close by ដិតនាស់

    very close ដិតបន្តិ៍យ, ប្រកិត

    close to each other ញ្ជិត

    to be close to ស្ពប (និង)

closet (n.) ទូ, ទូសម្ភាស់, បន្ទប់សាក់របរាបារ

cloth (n.) កំណាត់, ក្រណាត់, សំពត់

clothe (v.) ស្លៀកពាក់

clothing (n.) សម្លៀកបំពាក់, សម្លៀកបំពាក់

  to make clothing កាត់សម្លៀកបំពាក់

cloud (n.) ពពក

cloudy (adj.) មានពពក, ស្លុក

cloudy sky (n.) មេឃស្រទុំ

clown (n.) ល្ខោន (កំប្លែង)

club (n.) សមាគម

clump (n.) គុម្ព

a clump of plants គុម្ព

clumsy (adj.) ស្ពក

cluster (v.) របោម

  to cluster around របោម

clutch (n.) អំបុយយ៉ាស់

coach (n.) សម្លៀង

coagulate (v.) កក

coalition (n.) សមាសភាគ

coast (n.) ឆ្នេរ, ឆ្នេរសមុទ្រ, មាត់សមុទ្រ

coat (n.) អាវ, អាវដៃ

cobra (n.) ពស់វែក

Cochin China កូសាំងស៊ីន

  Lower Cochin China កូសាំងស៊ីនស្រុកម

cock fighting (n.) បណ្ដាល់មាន់

cockroach (n.) ក្រឡៅត

coconut (n.) ដូង

  coconut milk ទឹកដូង

  coconut palm tree ដើមដូង

code (n.) ក្រម

  penal code ក្រមព្រហ្មទណ្ឌ

coffee (n.) កាហ្វេ

coffin (n.) ក្ដារឈើ, មឈូស

cognac (n.) ស្រាកញាក់

coin (n.) កាក់, ប្រាក់រៀន

coincide (v.) (- with) ទី, ត្រូវ, ត្រូវ

coincidence (n.) (by -) ដ្ណ

cold (adj.) ត្រជាក់, រងា

  to have a cold ផ្ដាសាយ

collaborate (v.) (- with) ចូលដៃ (និង) ត្រូវ (និង), ត្រូវដៃ (និង) ស្មុកនិត, ស្ម័របក្រស់

collapse (v.)　ដួល, រលំ

collapsed (p.p.)　ស្រុតទ្រុឌ, រលំស្រុត

collar (n.)　កអាវ

collateral (n.)　របស់បញ្ចាំ

　to give as collateral　បញ្ចាំ

colleague (n.)　សហការី

collect (v.)　ចង, ប្រមូល,

　ប្រមូលផ្ដុំ, ដក

　to collect money　ដកលុយ

　to collect taxes　ចាកពន្ធ, ចងពន្ធ, យកពន្ធ, យកពន្ធ

collection (n.)　សំ; ការចងយក,

　ការចង, ការសន្សំចង

　to take up a collection　ចងលុយ

collide (v.)　ទង្គិច, បុកគ្នា

　to collide with　បុក, ប៉ះ:

colonel (n.)　វរសេនិយ៍ឯក

　lieutenant colonel　វរសេនិយ៍ទោ

colonialism (n.)　នយោបាយនិគមនិយម

colony (n.)　និគម, នយោបាយនិគម

color (n.)　ពណ៌, សម្បុរ:, សម្បុរ

　(v.)　លាបពណ៌

　color of complexion　សម្បុរ:

　gold color　ពណ៌ទឹកមាស

column (n.)　ជួរ, បង្គោល, សសរ

　base of a column　ជើងសសរ, ជាន

comb (v.)　សិត, សិតសក់

　(n.)　ក្រាស

combine (v.)　ផ្សំ, ស្អំ, ប៉ាប់ល, បញ្ចូល, រួម, រួបរួម, រួម, របួមគ្នាក

　to combine forces　ផ្សំ, ផ្សំគ្នា, ផ្សំកំ

combustible (adj.)　ឆេះ, ឆាបឆេះ

come (v.)　មក

　to come about　កើតមានឡើង

　to come off　 របូត:

　to come out　ចេញ

　to come to the end of　ចប់

comedian (n.)　តួក

comet (n.)　ផ្កាយដុះកន្ទុយ,

comfort (n.)　ការរស់នៅទំនេរ, សេចក្ដី សុខទំនេរ, សេចក្ដីសំរាកសុខ, រស់នៅកែកករ

　(v.)　សំរាក, សំរាលទុក្ខ, សំរាលសោ

comfortable (adj.)　ស្រួល, ស្រណុក

comic (adj.)　កំប្លែង

command (n.)　បញ្ជា, បង្គាប់ឲ្យ

　high command　បញ្ជាខ្ពស់បង្គាប់ណា

　royal command　ព្រះបញ្ជា

　(v.)　បញ្ជាឲ្យ, បញ្ជា

commander (n.)　មេបញ្ជាការ

　commander of a troop　មេទ័ព

commando (n.)　ក្រុមសុរ

commemorate (v.)　រលឹករឭកម្ចេញស្មារតីទៅនឹងអ្វី, នឹកសុ, នឹកឃើញ

commerce (n.)　ការសំ៊ញ្ជឹងមហ

commercial (adj.)　ដែលសាច់ការខាងនិយមពាណិ ច.កម្ម, ការសំញ៊ញ្ជឹង, ការសំញ្ជឹងកម្ម

commission (n.)　ឈ្នួល: ការ

　International Control Commission

　ឈ្នួល: ការបញ្ជាបណ្ដុ៊ជនសា៊តិ ឃាតបង្គាប់ប

commissioner (n.)　ស្នងការ

　General Commissioner　វរៈស្នងការ

　Chief Commissioner　វរៈស្នងការ

commit (v.) សាគ់, ប្រព្រឹត្តិ

    to commit an act ប្រព្រឹត្តិអំនើ

committee (n.) គណៈកម្មការ,

         គណៈកម្មាធិការ

    executive committee គណៈកម្មាធិការប្រតិបត្តិ

committment (n.) កិច្ចសន្យា

    to have a committment សាបកិច្ចសន្យា

common (adj.) ធម្មតា

    something common និស្ស័យ

    common sense សកវិនិច្ឆ័យ

commonwealth (n.) ឧត្តមរាស្ត្រ

commune (n.) និកម

communication (n.) គមនាគមន៍

communist (n.) កុម្មុយនិស្ត

community (n.) និព្ទបុរស្ស, ភូមិ, សហគម

    community development

         អភិវឌ្ឍនសហគមន៍

compact (adj.) បង្រួម, រឹងមាំ, ម៉ឹងម៉ាត់

companion (n.) គូកន

    companion in good and bad fortune

         គូកសុខ

    without a companion ឯកា

company (n.) ក្រុមហ៊ុន, ក្រុម, មាន្ត្រា

    to keep each other company សាគ្នា

    to keep company កំសាន្ត

    company name ឈ្មោះ

company (n.) កងអនុសេនាតូច

comparable (adj.) ដែលសមាធ្យ្របៀបប្ដ្រ,

         ប្រៀបបាន, ប្រៀបបានទៅ

         នឹង

compare (v.) ផ្ទៀប, ក្ល, ធៀប, ប្រដូច,

         ប្រៀប, ប្រៀបផ្ទៀប,

         ប្រៀបប្រដូច

compass (n.) ត្រីវិស័យ

compassion (n.) ក័រុណា, សប្បុរសចិត្ត

compassionate (adj.)) សប្បុរស

compel (v.) ទទូក

compete (v.) ចង់ឈ្នះចង់ចាញ់, ប្រកួត,

         ប្រឡ្បងប្រវើង, ប្រវើង,

         ប្រណាំង, ប្រណាំងប្រវើង,

         ប្រជ្រៀងប្រវើង, ប្រជ្រៀក

         ប្រវើង

    to compete for ដណ្ដើម

competence (n.)មានសម្ថភិទ្ធ, សមត្ថការ

    area of competence សមត្ថកិច្ច

compile (v.) ស្របស្រង់

complain (v.) អត់, ត្អ្ញ, ត្អ្ញត្អ្រ,

         ជ្រ, សាំនល់ក់, សាទុក

         មិនស្រួលចិត្ត, រអ៊ូ,

         រអ៊ូរទាំ

    to complain about someone ប៉ុង

complaint (n.) ពាក្យបណ្ដឹង

complete (adj.) គ្រប់គ្រាន់, សាកល្យស្រប,

         គ្រប់គ្រង, គ្រប់ស្រប,

         ស្រប

    (v.) កំរប, ចងក្រង, បញ្ចប់,

         បន្ថ្រម, បំពេញ

completely (adv.) គ្រប់, គ្របសព្វ,

         ស៊ីន, ពាសពេញ, ពេញ

         ទី, ទងញសង្ឃ, រហោ

         ពាស, រលីង, សល, សឡ

         ស្រប, ស៊ប, ស៊បស្រប,

         អស់អាចម៍អស់រោម

    completely gone អស់រលីង

complexion (n.) សម្បុរ, សម្បុរសាច់

complicated (adj.) សកស្មុញ

comply (v.)

to comply with

component (n.)

compose (v.)

composition (n.)

compress (v.)

compromise (n.) ,

comrade (n.)

conceal (v.) , ,

conceited (p.p.) ,

concentrate (v.) , ,

to concentrate fire

to concentrate on

concentration (n.) , ,

 ,

concern (v.) ,

to be concerned with

concern (n.)

concerned (p.p.) ,

 ,

 ,

the concerned one

concerning (prep.)

concert (n.)

conclude (v.) ,

concrete (adj.) ,

(n.) ,

condense (v.)

condescend (v.)

condition (n.) ,

 ,

on the condition that ,

 ,

condone (v.)

conduct (n.)

to have good conduct

confection (n.) ,

confer (v.) :

conference (n.) , ,

the assembled participants in a conference

confess (v.)

confirm (v.)

to confirm an engagement

confiscate (v.)

conflict (v.) , ,

 ,

(n.) ,

to be in conflict ,

to have a conflict

confront (v.) , , ,

confuse (v.t.) , ,

 ,

(v.i.)

confused (p.p.) , , ,

 , , , ,

confusedly (adj.)

congeal (v.)

conglomeration (n.)

congratulate (v.)

congratulation (n.) សរចុក្តសរសើរ

congress (n.) រដ្ឋសភា , សភា

congressman (n.) តំណាងរាស្ត្រ ,

 សមាជិកតំណាងរាស្ត្រ

connect (v.) ភ្ជាប់ , ភ្ជាប់ , បន្ត

to connect with ភ្ជាប់ជាមួយ, តនិង ,

ទាក់ទងជាមួយ

connected (p.p.) ភ្ជាប់

to be well connected ភ្ជាប់មឹង

connection (n.) ការទាក់ទង , តំណ ,

បញ្ចូលគ្នា

to have a connection with

ទាក់ទងទាក់ទងជាមួយ

connive (v.) ស្របគ្នា , ធ្វើជាមិនព្រម

connotation (n.) នយ , សរចុក្ត

conscience (n.) សមបជញ្ញ :

professional conscience មនសិការ

conscientious (adj.) ប្រុង ,

យកចិត្តទុកដាក់

conscientiousness (n.) ការយកចិត្តទុក

ដាក់ , សរចុក្តទៀងទាត់

conscious (adj.) ដឹងខ្លួន , ដឹងសតិ

consciousness (n.) ស្មារតី , ការដឹងខ្លួន, វិញ្ញាណ

to lose consciousness ភ្លើក , សន្លប់

consecutive (adj.) ជាប់ជាប់ , ជាប់ ,

ជាប់ៗគ្នា

consecutively (adv.) ជាប់ជាប់ , ៗ)ៗ

consequence (n.) ផល , ផលសល , សល ,

យថាកម្ម , យថាហេតុ, វិបាក

bad consequence ផលវិបាក

conservative (adj.) ប្រកាន់ , របប

consider (v.) គិត , ទុកខាត់ ... ថា

to consider as ទុកថា

to consider it as useless

ទុកថាឥតប្រយោជន៍ :

to consider that ថាត់ថា

to consider as ទុក ... ថា

considerate (adj.) ព្រួយបារម្ភ ,

ដឹកសតិទុកសល់វា

consideration (n.) ការផលបាមភ

to give some consideration

គិត , គិតផលវា

consistent (adj.) និង (មិនប្រែប្រួល)

consistent with ស្របនិងស្ថានភាព

consolation (n.) សរចុក្តសងចិត្ត

consolation prize រង្វាន់សងចិត្ត

console (v.) សុស , សុសចិត្ត , សុសសោក

consonant (n.) អក្សរ , ព្យញ្ជន : ,

ព្យអក្សរ

conspire (v.) ផ្គុំគំនិត , ស្គៀតល្បិចសមគំនិត

constant (adj.) ម្តយៗ

constantly (adv.) ខានិចខានាស , ឥតឈប់

ម្តយ , ឥតឈប់ៗ , ស្លើៗម្ត

to be constantly falling

ធ្លាក់សាសំសាប

constitution (n.) រដ្ឋធម្មនុញ្ញ

constrict (v.) រិត

constricted (adj.) ចង្អៀត

construct (v.) សាង

construction (n.) ការសាង , ការស្ថាបនា ,

សង្ឋង់ , សំណង់

consult (v.) សួរ

to consult a medium បួងសួង

consume (v.) ឆី , បរិភោគ , ប្រើ ,

ប្រើប្រាស់ , ស៊ី

contact (v.) ទាក់ទង

contact (n.) ᧑᧒᧓

  to come into contact with ᧑᧒, ᧓:

contagious (adj.) ᧑᧒

  contagious disease ᧑᧒᧓

container (n.) ᧑᧒᧓

contaminate (v.) ᧑᧒

contaminated (p.p.) ᧑᧒

comtemplation (n.) ᧑᧒᧓

comtemptible (adj.) ᧑᧒᧓᧑

content (adj.) ᧑᧒᧓, ᧑᧒᧓

context (n.) ᧑᧒᧓

contiguous (adj.) ᧑᧒᧓, ᧑᧒᧓, ᧑᧒᧓

continent (n.) ᧑᧒

contingency (n.) ᧑᧒᧓

  on a contingency ᧑᧒᧓... ᧑᧒

  on a contingency fee basis ᧑᧒᧓ ᧑᧒᧓᧑᧒᧓᧑᧒

  on the contingency that ᧑᧒:᧑᧒᧓, ᧑᧒:᧑᧒᧓

continuation (n.) ᧑᧒᧓

continue (v.) ᧑, ᧑᧒

  to continue one's education ᧑᧒᧓

continuous (adj.) ᧑᧒, ᧑᧒᧓

  viscously continuous ᧑᧒᧓

continuously (adv.) ᧑᧒᧓, ᧑᧒᧓, ᧑᧒᧓

  continuously one after another and so on ᧑᧒᧓

contract (n.) ᧑᧒᧓

  to make a contract ᧑:᧑᧒᧓

  on contract ᧑᧒᧓᧑᧒

contracted (p.p.) ᧑᧒

contrary (adj.) ᧑᧒

  on the contrary ᧑᧒᧓᧑᧒. ᧑᧒᧓᧑᧒

contribute (v.) ᧑᧒᧓

contribution (n.) ᧑᧒᧓

control (v.) ᧑᧒᧓, ᧑᧒᧓, ᧑᧒᧓᧑᧒᧓

  (n.) ᧑᧒᧓, ᧑᧒᧓

  to lose control ᧑᧒᧓᧑᧒

  to be out of control ᧑᧒᧓

convention (n.) ᧑᧒᧓, ᧑᧒᧓

conversation (n.) ᧑᧒᧓, ᧑᧒᧓

  to be caught up in a conversation ᧑᧒᧓᧑᧒

converse (v.) ᧑᧒, ᧑᧒᧓, ᧑᧒, ᧑᧒᧓, ᧑᧒᧓, ᧑᧒᧓, ᧑᧒᧓᧑᧒

convict (n.) ᧑᧒᧓᧑᧒, ᧑᧒᧓᧑᧒

convince (v.) ᧑᧒:᧑᧒᧓

convincing (pres.p.) ᧑᧒᧓

convoke (v.) ᧑᧒:

convulsion (n.) ᧑᧒᧓

  to have a convulsion ᧑᧒᧓

cook (v.) ᧑᧒᧓, ᧑᧒, ᧑, ᧑᧒᧓, ᧑᧒᧓

  to cook rice ᧑᧒᧓

  to slow cook ᧑᧒᧓

cooked (p.p.) ᧑᧒

cookie (n.) ᧑

cool (v.) ᧑᧒᧓

  to cool off ᧑᧒᧓

  (adj.) ᧑᧒᧓, ᧑᧒

coolie (n.) ᧑᧒᧓, ᧑᧒

coop (n.) ស្រុក

  chicken coop ត្រុងមាន់

cooperate (v.) សហការ, សហប្រតិការ,

    រួមចំណែក, សហការ

cooperation (n.) សាមគ្គី, សហប្រតិបត្តិការ

cooperative (n.) សហករណ៍

copper (n.) ស្ពាន់

copy (n.) ចម្លង (ឬ ចម្លង),

    រសចន្លើ ច ថ្នាក់, សំណៅ

  (v.) ចម្លង, ត្រាប់តាម, ធ្វើតាម

coquettish (adj.) ម្ជុកម្ជក់

coral (n.) ស្ន ប្រ

cordial (adj.) ទទួលអាក់ទាក់, អាក់ទាក់

cordiality (n.) ការទទួលអាក់ទាក់,

    ការអាក់ទាក់

core (n.) បេះដូង, ស្នៅ:, ស្នូល

cork (n.) ឆ្នុក

  (v.) បិទ

corn (n.) ពោត

  a corn ball ដុំពោតនិយាយកំប្លុក

corner (n.) ជ្រុងស្លាក, ត្រុង, មុម

Coromandel កូរ៉ូម៉ង់ដែល

coronation (n.) ការសោយរាជ្យ, អភិសេក

corporal (n.) កូប៉ូរ៉ាល់, នាយទោ

corporal chief នាយស្នង

corps (n.) កង (ទ័ព), ពួក, ពួកការ

  engineer corps កងវិស្វករ

corps de ballet ក្រុមរបាំ, ស្ពានសិល្ប:

corpse (n.) សព, ខ្មោចបុរស, សាក

correct (v.) កែ

  (adj.) ត្រឹម, ត្រូវ, ស្រប,

    ស្របគ្នា

correction (n.) កំណែ

correspond (v.) ត្រូវគ្នា, ទាក់ទង.

corespondent (n.) អ្នកទទួលយកល្អ

corrupt (adj.) ពុករលួយ

cost (n.) តម្លៃ, ថ្លៃ, រាសហ្វ៊ាយ

  at any cost យ៉ាងណាក៏ដោយ

cotton (n.) កប្បាស, សំឡី, កំរស:

cough (n.) ក្អក

  (v.) ក្អក

council (n.) ក្រុមប្រឹក្សា

  High Political Council

    ក្រុមប្រឹក្សានយោបាយ

  Council of the Republic

    ក្រុមប្រឹក្សាសាធារណរដ្ឋ

  Security Council ក្រុមប្រឹក្សាសន្តិសុខ

count (v.) រាប់

  to count as រាប់ជា

  to count on រំពឹងទុក, គិតទុក,

    គិតលើ, គិត(ទៅ)

counterfeit (v.) ក្លែង, ក្លែងក្លាយ

counterpart (n.) គូ

countless (adj.) ក្អក, ក្អកក្អាយ,

    រាប់មិនអស់:, រាប់មិនអស់,

    ដេកគ្នាសា

country (n.) ទឹកដីខេត្តស្រុក, នគរ,

    ទេស, ប្រទេស, ស្រុក

  country bumpkin ស្រែ

countryside (n.) ទីក្រុងស្រុក, ជនបទ,

    ដាកជនបទចិត្ត, ជនបទ

county (n.) ស្រុក

coup d'etat (n.) រដ្ឋប្រហារ

couple (n.) គូ, គូស្វាមី, ពីរ

  a couple of ពីរបី

  in couples ជាគូ

courage (n.) [Khmer]

courageous (adj.) [Khmer]

course (n.) [Khmer]

    in the course of [Khmer]

court (n.) [Khmer]

    court of appeal [Khmer]

    criminal court [Khmer]

    military court [Khmer]

    supreme court [Khmer]

    trial court [Khmer]

courteous (adj.) [Khmer]

courtesy (n.) [Khmer]

courtyard (n.) [Khmer]

    open courtyard [Khmer]

cousin (n.) [Khmer]

    (older) [Khmer]

    (younger) [Khmer]

    first cousin [Khmer]

    second cousin [Khmer]

cover (n.) [Khmer]

    (v.) [Khmer]

    to cover over [Khmer]

    to cover up [Khmer]

covering (n.) [Khmer]

cow (n.) [Khmer]

coward (n.) [Khmer]

cowboy (n.) [Khmer]

co-worker (n.) [Khmer]

crab (n.) [Khmer]

    soft-shelled crab [Khmer]

crack (v.) [Khmer]

cracked (p.p.) [Khmer]

craft (n.) [Khmer]

craftsman (n.) [Khmer]

craftsmanship (n.) [Khmer]

cramp (v.) [Khmer]

cramped (p.p.) [Khmer]

crank (v.) [Khmer]

cranny (n.) [Khmer]

crash (v.) [Khmer]

crate (n.) [Khmer]

crave (v.) [Khmer]

crawl (v.) [Khmer]

    to crawl on one's belly [Khmer]

crazy (adj.) [Khmer]

    to be crazy about something [Khmer]

    to be crazy about women. [Khmer]

    Are you crazy or something? [Khmer]

creak (v.) [Khmer]

creased (adj.) [Khmer]

create (v.) [Khmer]

    to create a conflict [Khmer]

created (p.p.) [Khmer]

creator (n.) [Khmer]

credential letter (n.) [Khmer]

credit (n.) [Khmer]

    good credit [Khmer]

    to buy on credit [Khmer]

    to sell on credit [Khmer]

creditor (n.)

creek (n.)

creep (v.)

(n.)

creeper (n.)

cremate (v.)

cremation (n.)

crematory (n.)

crevasse (n.)

crime (n.)

    crime of middle severity

    crime shooter

criminal (n.)

criminal (adj.)

crippled (adj.)

    crippled person

crisis (n.)

    economic crisis

    political crisis

critical (adj.)

criticize (v.)

crocodile (n.)

crook (n.)

crooked (adj.)

    crooked mind

crop (v.)

(n.)

    to grow crops

cropped (p.p.)

cross (v.)

    to cross an area

    to cross a forest

cross (n.)

crossbow (n.)

crossbreed (v.)

cross-eyed (adj.)

crossroad (n.)

crow (n.)

crowd (n.)

    a big crowd

crowded (adj.)

crown (v.)

(n.)

cruel (adj.)

cruelty (n.)

crumple (v.)

crush (v.)

crushed (p.p.)

crutch (n.)

cry (v.)

    to cry out loud

Cuba (n.)

cuckold (n.)

cuckoo (n.)

cucumber (n.)

culture (n.)

cup (n.)

cure (v.) បំបាត់រោគ

cured (p.p.) ជា , សះ , សះស្បើយ

curfew (n.) បម្រាមការ

curl (n.) អង្កាញ់ ឬ មួរសក់

curled (p.p.) ងៀ , រមួល

curly (adj.) រួញ

currency (n.) រូបិយប័ណ្ណ

current (adj.) ដែលកំពុង; សាកលភាព

    current event បច្ចុប្បន្នកាល

currently (adv.) ឥឡូវនេះ; ដែលកំពុងនេះ:

curry (n.) ការី

curse (n.) ពាក្យបណ្ដាសា

       (v.) ដាក់, បណ្ដាសា, ប្រទេច

curtain (n.) របាំង , វាំងនន

cushion (n.) ខ្នើយ

custard (n.) សង្ខ្យា

custard-apple (n.) ទៀប

custody (n.) ការឃុំ

    to be in custody នៅឃុំ

    to put in custody ឃុំឃាំង

custom (n.) ច្បាប់ , ទំនៀម ,
            ទំនៀមទម្លាប់, ទំនុកទំនៀម

customer (n.) អ្នកទិញ

custom-made (adj.) កាត់សំរាប់ ,
          រៀបសំរាប់

customs (pl.) អាករ, គយ

cut (v.) កាត់, ច្រិត, រិះ, មុត

    to cut (a class) លួច-

    to cut even កាត់ឱ្យស្មើ

    to cut in កាត់មុខ

    to cut in parts ចែក

    to cut off ផ្ដាច់, កាត់:

    to cut open រះ

      (n.) ស្នាម , ស្លាក

    to take or get a cut យកកំណាត់

cute (adj.) គួរឱ្យ, ស្អាត , សាត

cyclo (n.) ស៊ីក្លូ , ស៊ីក្លូ

    to be a cyclo driver អ្នកស្ទាក់ស៊ីក្លូ

    cyclo driver អ្នកស្ទាក់ស៊ីក្លូ

cyclone (n.) ខ្យល់ព្យុះ:

D

dad (n.) ឪ , ពុក , ប៉ា

daily (adv.) ទិនិក , មួយថ្ងៃៗដោយ ថ្ងៃ

(adj.) ប្រចាំថ្ងៃ , កាលថ្ងៃ

dam (n.) ទំនប់

damage (n.) ការខូចខាត

(v.) ធ្វើខូចខាត

damned (p.p.) បណ្ដាស , អាវិនាស

Damn you! អាបណ្ដាស

damp (adj.) សើម ,

dampen (v.) ធ្វើអោយសើម , បន្សើម

dampness (n.) សំណើម

dance (v.) រាំ

dance hall កន្លែងរាំ , រង្គសាល

dancing (n.) របាំ

dandruff (n.) អង្គែក្បាល

danger (n.) គ្រោះ: , គ្រោះ:ថ្នាក់

dangerous (adj.) មានគ្រោះ:ថ្នាក់

dangling (pres.p.) សៀងរយាង

dare (v.i.) ហ៊ាន

not to dare ក្លាចមិនហ៊ានថ្វើ

dark (adj.) ក្រម៉ៅ , ងងឹត , ចាស់

darling (n.) បញ្ចាលចិត្ត , ពន្លក , សារ , ពៅហន្លក , ចាស

dash (v.) រហាស , របាំងរស្បៀន

to dash against ស្ទុះបុក

to dash away ទ្រុស

to dash away very fast រត់របូតរបៀ

date (n.) ថ្ងៃទី

daughter (n.) កូនស្រី , បុត្រី

daughter-in-law (n.) កូនប្រសាស្រី

dawn (n.) ព្រឹកស្រាង , រស្មីពនឺ

from dawn to dusk ពីព្រឹកស្រាងដល់ព្រលប់

day (n.) ថ្ងៃ

day off ថ្ងៃសម្រាក

main day ថ្ងៃសង្គ

one day ថ្ងៃ

the other day កាលថ្ងៃរសៀល:, ថ្ងៃរសៀល:, ថ្ងៃរសៀ:

workday ថ្ងៃ ធ្វើការ

day after tomorrow ខានស្អែក

day before yesterday ម្សិលម្ងៃ

daydream (v.) ស្រមៃ

daytime (n.) ថ្ងៃ , រសៀលថ្ងៃ

dazedly (adv.) បវើបវិ , មវិស មទាស

dead (adj.) ស្លាប់ , ស្លាប់

over my dead body ខ្ញុំនងវិនាសទៅ មិនឲ្យសោកសាបាទ, សលាប់ស្អូន

the dead បុគ, បុគ្គលបុគ្គស , ស្របស

to be dead វិនាសស្លាប់

deaf (adj.) ថ្លង់

deafen (v.t.) ធ្វើស្គ្រោក

deafening (adj.) ថ្លង់ , ថ្លង់ស្គ្រោក

deal (v.) ចាក់ចែក

to deal in [Khmer]

to deal with [Khmer],

 [Khmer]

deal (n.) [Khmer]

 a great deal [Khmer]

dean (n.) [Khmer]

dear (adj.) [Khmer], [Khmer], [Khmer]

dearest (superl.) [Khmer], [Khmer]

death (n.) [Khmer], [Khmer],

 [Khmer], [Khmer]

 agony of death [Khmer]

debate (n.) [Khmer], [Khmer],

 [Khmer]

 (v.) [Khmer]

debris (n.) [Khmer]

debt (n.) [Khmer], [Khmer]

 to be in debt [Khmer]

debtor (n.) [Khmer],

 [Khmer]

decayed (p.p.) [Khmer], [Khmer]

deceive (v.) [Khmer], [Khmer], [Khmer],

 [Khmer], [Khmer]

 to deceive the eyes [Khmer]

December (n.) [Khmer], [Khmer]

decency (n.) [Khmer]

decent (adj.) [Khmer]

decide (v.) [Khmer], [Khmer],

 [Khmer]

 to be able to decide [Khmer]

 to decide a case or an argument

 [Khmer]

 to decide to do something painfully

 [Khmer]

decision (n.) [Khmer]

 to give a decision [Khmer]

 to make a decision [Khmer], [Khmer]

 to make a definite decision [Khmer]

decisive (adj.) [Khmer], [Khmer]

 sharp and decisive [Khmer]

declare (v.) [Khmer], [Khmer], [Khmer]

declaration (n.) [Khmer], [Khmer]

decompose (v.) [Khmer]

decorate (v.) [Khmer], [Khmer],

 [Khmer], [Khmer], [Khmer]

decoration (n.) [Khmer]

decorous (adj.) [Khmer]

decrease (v.) [Khmer], [Khmer], [Khmer],

 [Khmer]

dedicate (v.) [Khmer], [Khmer]

deed (n.) [Khmer]

 to do good deeds [Khmer], [Khmer]

 good deeds [Khmer]

deep (adj.) [Khmer]

deep fry (v.) [Khmer]

deer (n.) [Khmer], [Khmer], [Khmer]

defame (v.) [Khmer], [Khmer],

 [Khmer]

defeat (n.) [Khmer], [Khmer], [Khmer]

 (v.) [Khmer]

defeated (p.p.) [Khmer], [Khmer],

 [Khmer]

defect (v.) [Khmer]

defector (n.) [Khmer]

defend (v.) [Khmer], [Khmer], [Khmer],

 [Khmer], [Khmer], [Khmer]

defendent (n.) [Khmer]

definite (adj.) កំណត់, ប្រាកដ, ច្បាស់,
    ច្បាស់លាស់, ស្លាកស្លាម

definitely (adv.) កាកចខាស

definition (n.) និយមន័យ

deform (v.) បង្ខូច

deformed (p.p.) បង្ខូច, ខូចទ្រង់, ខូចរូបរាង,
    ខ្វិនខ្វាក់

degrade (v.) បន្ទាប, បន្ទាបបន្ថោក, ធ្វើបាប
    to degrade someone បន្ទាបបន្ថោក

degree (n.) កម្រិត, សញ្ញាប័ត្រ, ដឺក្រេ

dehydrate (v.) ស្ងួតសាច់

dehydrated (p.p.) ស្ងួត, ស្ងួតស្ងោ

deity (n.) ទេវតា

delay (v.) ពន្យារ, បង្អង់, បង្អាក់,
    ធ្វើឲ្យយឺត, ធ្វើឲ្យនៅសល់, ធ្វើឲ្យឃាត
    (n.) ការពន្យារ

delegate (v.) ប្រគល់សិទ្ធិសោយ,
    ប្រគល់អំណាច,
    ឲ្យសិទ្ធិឬអំណាចទៅ

delegate (n.) តំណាង

delegation (n.) គណៈប្រតិភូ

deliberately (adv.) ដោយចេតនា

delicious (adj.) ឆ្ងាញ់, ស្ងួយ
    to smell delicious ឈ្ងុយ

delight (n.) សេចក្តីរីករាយ

delighted (adj.) រីករាយ

deliver (v.) ផ្តល់, យកទៅឲ្យ
    to deliver a child សម្រាលកូន
    to deliver mail ចែកសំបុត្រ

delta (n.) ដីសណ្ត

delude (v.) បញ្ឆោត

demagogy (n.) ប្រជាពិរោធិ

demand (v.) ទាមទារ, តម្រូវ
    to demand repeatedly ទារទៀត

democracy (n.) ប្រជាធិបតេយ្យ,
    លទ្ធិប្រជាធិបតេយ្យ

democratic (adj.) ប្រជាធិបតេយ្យ

demolish (v.) កម្ទេច

demonstrate (v.)) បង្ហាញឲ្យឃើញ,
    បង្ហាញ, សំដែងឲ្យឃើញ,
    សំដែងឲ្យឃើញថា, សំណែង

demonstration (n.) ការបង្ហាញ, បាតុកម្ម

demonstrator (n.) បាតុករ

demote (v.) បន្ទាប, ទម្លាក់សក្តិ,
    បន្ទាបសក្តិ

demoted (p.p.) ធ្លាក់សក្តិ

density (n.) ដង់ស៊ីតេ

dented (adj.) ប្រឡាក់, ញ៉ក, ញ៉ក

dentist (n.) ពេទ្យធ្មេញ

deny (v.) បដិសេធ, ប្រកែក,
    មិនព្រមឲ្យ,
    មិនព្រមសារភាព

depart (v.) ចេញ
    to depart from ចេញ

department (n.) ក្រសួង

department store (n.) ហាង, ហាងលក់គ្រឿងផ្សេងៗ

departure (n.) ការចាកចេញ, ស្ថានភាព

depend (v.) ពឹងផ្អែក, នៅសល់
    to depend on ស្របតាមគ្នា, ស្រេចនឹង,
    គិត, គិតស្មើក, គិតថាក់,
    ខាង, ឬសចិត្ត(នៅ),
    ពឹង, ខាង, អាស្រ័យ
    អាស្រ័យនៅ

    to depend on (whether ...or...)
    ស៊ីសង, ស៊ីសងថ

it depends ទៅនឹង(ថា), ទៅស្រេចតែ

dependent (n.) អ្នកនៅក្រោមអំណាចអ្នកដទៃ

to be dependent ពឹងផ្អែក

depending on (adv.) តាមតែ, អាស្រ័យ

រក្សាយ, អាស្រ័យនៅ

deplorable (adj.) គួរឱ្យស្តាយ

deposit (v.) ទុក

(n.) ប្រាក់កក់

to make a deposit ដាក់ប្រាក់កក់

security deposit ប្រាក់កក់

deprive (v.) បង្កាត់

depth (n.) ជំរៅ, ជំរៅ

deputy (n.) ទេសាភិបាល

descend (v.) ចុះ

descendant (n.) កូនចៅ, ពូជពង្ស, សណ្ដាន

ពូជ, បន្តពូជ,

descendant of the Chinese កូនចៅចិន

describe (v.) ពណ៌នា, សម្ដែង,

គំនូសសម្គាល់, គំនូរសម្គាល់,

រៀបរាប់

description (n.) ការពណ៌នា

desert (v.) បោះបង់ចោល

(n.) កន្លែងស្ងាត់, កន្លែងវាលខ្សាច់

deserve (v.) គួរឱ្យ, សម, សមនឹង

He does not deserve to eat it.

គួរគេកុំបានបរិភោគវាឡើយ,

សមតែគេបរិភោគវាឡើយ

deserved (p.p.) សម

design (n.) គំរោងការ, គំនូរ

desire (v.) ចង់, ប្រាថ្នា, និស្ស័យ,

ចង់, បំណងប្រាថ្នា, ប្រាថ្នា

desire (n.) បំណង, បំណងចិត្ត

according to desire តាមបំណងចិត្ត

to restrain a desire ទប់បំណងចិត្ត

desk (n.) តុ, ប៊ុយរ៉ូ

despise (v.) មាក់ងាយ, មើលងាយ,

មើលងាយមើលថោក,

ប្រមាថ

dessert (n.) បង្អែម

destination (n.) កន្លែង(ទៅ), ទីដៅ

destiny (n.) ជំនាន់ខ្លាយ

destroy (v.) កំចាត់, ផ្ញើខ្លាយ, បំផ្លាញ,

បណ្ដោយ

destroyed (p.p.) ខូចខាត, លិចលង់, វិនាស

destruction (n.) វិនាសកម្ម

detail (n.)

in detail រៀបរាប់ៗ, ច្បាស់ល្អ

closely in detail ជិតខ្ជិត

to give few details និយាយៗ

detain (v.) ឃុំ, ឃុំឃាំង

detained (p.p.) ខាប់ឃុំ

deteriorate (v.) ខូចខាត

deteriorated (p.p.) រលាយរួញរា,

បាត, អាចិន

determine (v.) កំណត់ចិត្ត

determined (p.p.) ចិត្តនឹង, ប្តូរក្ដៅ

devastation (n.) វិនាសកម្ម

develop (v.) រីក, បន្ថែម, ពង្រីក

developed (p.p.) រីកចំរើន

development (n.) ការបន្ថែម, អភិវឌ្ឍន៍៖

community development

អភិវឌ្ឍនសហគមន៍

deviate (v.) ខ្ជាក់, ខ្ជាក់ចេញ

device (n.) ឧបករណ៍

devil (n.) បិសាច
    (adj.) ចង្រៃ
  speaking of the devil និករនិយាយពីខ្មោច
devise (v.) ប្រឌិត, រិះរកគំនិត
devote (v.) ឧទ្ទិសពេលវេលាទាំងស្រុង
devotion (n.) ភក្ដី, ភក្ដីភាព, សទ្ធា
Dharma (n.) ធម៌, ធម្ម
dial (v.) មួល, ចុច
  dial 9 first ចុចលេខ៩មុន
dialect (n.) គ្រាមភាសា
diamond (n.) ពេជ្រ
diarrhea (n.) រាគ
dicker (v.) តថ្លៃ
dictator (n.) អ្នកកាន់អំណាចផ្ដាច់ការ
dictatorial (adj.) អំណាចផ្ដាច់ការ
dictionary (n.) វចនានុក្រម
die (v.) ខូច, ចូលទីវង្គត, ទិវង្គត, ចូលមរណភាព, ចុល អនិច្ចកម្ម, បង់ជីវិត, សុគត, សោយទីវង្គត, ស្លាប់, សុគតក្ស័យ, អនិច្ចកម្ម
  to die an unpleasant death ដាច់ខ្យល់, ស្លាប់ទាំងហោង
  to die by violence ទាំងហោង
diet (n.) តម
  to be on a diet តម
different (adj.) ខុសគេ, ខុសគ្នា, ចម្លែក, ទីទៃ, ប្លែក, ផ្សេង
  different from usual ប្លែកពីសព្វដង
  different from ខុសពី, ផ្សេងពី
  different form each other ខុសគ្នា, ខុសពី
difficult (adj.) ក្រ, ពិបាក, លំបាក
difficulty (n.) បញ្ហា
diffuse (v.) ផ្សាយ, សាយ
dig (v.) កកាយ, ជីក
  to dig up គាស់រើង
digit (n.) ម្រាម
dignity (n.) ឥស្សរិយយស
dike (n.) ទំនប់, ភ្លឺស្រែ
dilemma (n.) ការពិបាកនឹងគិត
  to be in a dilemma ទីទើរ, ទើសទើរ
dime (n.) កាក់, ដប់សេន
diminish (v.) ស្រក
dining room បន្ទប់ញ៉ាំបាយ, បន្ទប់បាយ, ផ្ទះបាយ
dinner (n.) បាយល្ងាច, មហាសាយភោជ
dip (v.) ជ្រលក់
  to dip up ដង
diphthong (n.) ស្រៈផ្សំ
diploma (n.) សញ្ញាបត្រ
  high school diploma សញ្ញាបត្រមធ្យមសិក្សា
diplomacy (n.) នយោបាយខាងកិច្ចការទូត, នយោបាយទូត, របៀបទាក់ទង
diplomat (n.) ទូត, អគ្គទូត, អ្នកទូត
diplomatic (adj.) ខាងទូត
  diplomatic corps អង្គទូត
direct (v.) ត្រួតមើល, បង្ហាញ, ប្រាប់
direct (adj.) ត្រង់

direction (n.) ទិស, ទិសរអ, ផ្លូវ

    to go in a different direction

        ទៅកម្លុផ្សេង

directly (adv.) រសាយចំរាយ:,

        ផ្ទាល់, ស្រុះ

director (n.) ចាងហ្វាង, នាយក, អធិការ, អភិបាល

disrespect (v.) រស្ងើស

dirty (adj.) ក្រខ្វក់, ស្មោកគ្រោក, កខ្វក់,

        រអាក្រក្រាក

disabled (adj.) ពិការ

    disabled person មនុស្សពិការ

disability (n.) ពិការភាព

disadvantage (n.) ការខូចខ្ជុប

    to have disadvantage ចាញ់ខ្ជុប

disagree (v.) ខាស់, ប្រកែក,

        យល់ខាស់, ឈ្លោះ

disagreement (n.) ការយល់ដំណាស់

    to be in disagreement ខាស់ស្ទី

disappear (v.) បាត់, បាត់ខ្លួន,

        បាត់រូបបាត់, លិច

disappoint (v.) រង្វើសអាយមនចិត្ត

disappointed (p.p.) អកចិត្ត,

    ស្ងោកចិត្ត, អាក់ចិត្ត

disapprove (v.) ស៍ទាស់

disaster (n.) អនស្តាយ

disc (phonograph record) (n.) ចាន

discard (v.) ចាក់ចោល, រចោល, ចាត់

    រចោល, សាត់រចោល, លិត, សំរិត

discharge (v.) សកសាខ

disciple (n.) សិស្ស

    advanced disciple រក្ខេយ

discipline (v.) ប្រប់, បំពត់, ប្រវែន,

    ប្រវរ្ញ, ប្រវរ្ញ, វិន័យ, អប់រំ

disconnect (v.) សកចេញ, បញ្ចប់, កាត់ន់

disconnected (p.p.) ខាច់

discount (v.) ចុះតម្លៃ

discount (n.) ចុះតម្លៃ

    to give a discount ចុះតម្លៃអាយ

discriminate (v.) ប្រកាន់, រើសរើសរឿក

discuss (v.) សនិកគ្រា, គិតរោក:

        គិតគ្រា, សន្នា

    to discuss about គិតរោក:អំពី

discussion (n.) ការសនិករ, ការគិតគ្រាក្រ

disease (n.) រម៉ើងរោគ, ព្រោះរោគ,

        រោគ, រោគាព្យាធិ

    to have a disease រឆ៍រោគ

disgrace (v.) ធ្វើបាប, រគារបាប, អាចបាប

disgraceful (adj.) រចោកចាប,

        មិនសមរម្យ

disgust (v.) រខ្ពើម

disgusting (pres. p.) គួររអាយរខ្ពើម

dish (n.) ចាន, ខ្ជុ, ខ្ជុចុប

dishonest (adj.) ទុច្ចិត, ម៉កអាក្រក់

        រខ្ជុច

dishonesty (n.) អំរើទុច្ចិត

disk (n.) ថ័ស

dislocated (adj.) រច្ឆោះ, ញាត់

disobedient (adj.) ខ្ជើសខ្ជិ

disorder (n.) អនាធិបរតយ្យ, អល្ងាកាយ,

        អស្ងើស្ទ

dispensary (n.) ឱសថស្ថាយ

displace (v.) កំចាត់, បរណាញ

display (v.t.) ក៌ង, តម្កល់, សំឆិល

displease (v.) ខាស់ចិត្ត

displeasing (pres.p.) ខាស់ចិត្ត,

        ខាស់ខ្ជាក

disposition (n.) ទិស្ស

disrespectful (adj.) ឥតគួរសម

disseminate (v.) ផ្សាយ, សាបព្រោះ:

dissyllable (n.) ពាក្យពីរព្យាង្គ

distance (n.) ចម្ងាយ

    (adj.) ឆ្ងាយ

distinctive (adj.) ខ្លាស់

distribute (v.) ចែក, ផ្ដល់, វេរ:

distribution (n.) ការចែកចំណែក, វិញ្ញកម្ម

district (n.) សាខាស់, ស្រុក

    district chief នាយកឃុំស្រុក, មេស្រុកស់

    military district សេនាខណ្ឌទីភាគ

disturb (v.) រំខានរំកួ, រំខាន

disturbance (n.) ចលាចល, រវើរវាយរញ្ជួយចលាចល

ditch (n.) របង្ហៀ, ស្ដុកព្រះ:, ដង្ហុក

dive (v.) ផ្លាយ, លោត:ផ្លាយ, មុជ,

    មុជទឹក, ចុះចាប

divert (v.) បង្វិល, បង្វែ្រ)ង

dividing (n.) ការបែងចែក, ទ្រាភា

divine (adj.) ទិព្វ

divinity (n.) ទេវភាព

division (n.) ទាស់, ចំណែកការ, ផ្នែក, សាខាស់,

    កងពលស់

divorce (v.) លែងលះ, លែងលះ្យាសរោសល,

    លែងលះគ្នា, លែងលះ:,

    លែងលះ:គ្នា, សះ:លែងលះគ្នា

divorce (n.) ព្យាក់លែងលក, លោះ:ម៉ាយ,

    លែងលះគ្នា, លែងលះ:

divorcée (n.) ម៉ាយ

divorced (p.p.) លែងលះគ្នា

dizzy (adj.) វិលក្បាល, វិលមុ

    to feel dizzy ស្រវឹងវិលវីន

Djakarta ដ្យាកាតា

DMZ តំបន់កណ្ដាល,

    តំបន់ចាចម៉ិនឧ្យ្យាសរក់ទៅ

do (v.) ធ្វើ, ប្រព្រិត្ត

    to do away with សំឡាប់,

    លៃ:សំឡាប់, កំចាត់

    to do for ធ្វើសំរាប់

    to do something in a hurry ប្រញាប់

    to do as ប្រព្រឹត្ត

    to do something stubbornly រឹងរូស

    to do something without being told

    ស្វ:

docile (adj.) ស្ងៀម

dock (n.) កំពង់, កំពង់ផ្សាល

doctor (n.) ក្រូពេទ្យ, ដុកទ័រ, ពេទ្យ

    រ័ង្សបណ្ឌិត

    to visit a doctor ធ្វើសពេទ្យ

doctrine (n.) ទ្រឹស្ដី, គោ

document (n.) ឯកសារ, បញ្ជី, លិខិត

dodge (v.) គេច, គេចចេញ:, គេចវ(ក្បាល)

dog (n.) ឆ្កែ

dollar (n.) ដុល្លារ

domain (n.) សមត្ថភាព, ដែនទី

domestic (adj.) ស្រុក

    domestic bird សត្វស្រុក

donation (n.) ទាន, ទិញទាន,

    រំដោះផ្ដល់

done (adj.) ចប់

donkey (n.) ឡា

don't កុំ

    Don't worry. កុំព្រួយ

door (n.) ទ្វារ, ទ្វារទ្វ

    door-sill ទ្វារធ្នល់

double (adj.)   ស្ទួនគ្នា

doubt (v.)   សង្ស័យ

   without doubt   ស្មានមិនខាន, មិនខានសោះ

   Keep trying, you'll be rich without doubt.

     ខិតខំ ទាន មិនខានសោះទេ

   (n.)   ការសង្ស័យ

downgrade (v.)   បន្ថយ, បន្ថយបន្ទាបក

downgraded (p.p.)   ដាបថ្នាក់

downstairs (n.)   នៅជាន់ក្រោម, នៅនៅក្រោមក្រោម

downtown (n.)   ផ្សារ

doze (v.)   ងងុយ, ក្រវិល

   to doze off   (ខ្ងុក) លក់ងុយយក្រវិល

dozen (n.)   ឡូ

draft (v.)   ព្រាង, ព្រាងក, ព្រាងធ្វើ, ដកថយ

   (n.)   កំណាងក, ខសេចក្តីព្រាង

draft animal (n.)   សត្វាវហា៖

drag (v.)   អូសក, សណ្ដក, អូស

   to drag away from each other   ប្រដែងស

dragon (n.)   នាគ, ក្រពើ

drain (v.)   បង្ហូរ

drama (n.)   ល្ខោន

drama play (n.)   ល្ខោន

dramatic (adj.)   នៃល្ខោន

Dravidian (n.)   ្រាវិឌ

draw (v.)   គូរ, គូស, ដក, អូស, បូ, វាសខូសសូម

   to draw money   ដកប្រាក់យក

   to draw lots   ចាប់ឆ្នោត

   to draw up   ដក

drawer (n.)   ថតក

drawing (n.)   គំនូរ

dream (v.)   យល់សប្តិ, សុបិន

   (n.)   ការយល់សប្តិ, សប្តិ, សុបិន

   the dream comes true   ឲ្យនូវយល់ សប្តិ, កើតនូវ ចយល់សប្តិនូវ

   to interpret a dream   កាត់សប្តិ

dress (v.)   ស្លៀកពាក់

   (n.)   សំលៀកពាក់

dressed (p.p.)   ស្លៀកពាក់

   to get dressed up   ស្ល)បង្ហា

dried (adj.)   ៖ស្ងួត

   to be dried   ក្រៀស

   to become dried   ក្រៀស

   to be dried up   ហួត, ហួតរីងស

drift (v.)   អណ្តែត

   (n.)   សំណែត

drill (v.)   ឈូស

   (n.)   ការហ្វឹក, ការឈូស

drink (v.)   ញ៉ាំ, ពិក

   to drink alcoholic bevarages

     ផឹកស្រា

   (n.)   ភេសជ្ជៈ៖

drip)v.)   ្រក់

drive (v.)   បរ, ខ្ទើក, ខ្ទើកបរ

   to drive a taxi   ដឹកតាក់ស៊ី

   to drive a nail   ដំដែកគោល

   to drive out of hiding   រុញ

drive-belt (n.)   ខ្សែក

driver (n.)   ដឹកក្បាល, អ្នកខ្ទើក

   driver's license   សំបុត្រខ្ទើកឡាន

driveway (n.)   ក្បែផ្លូវ ចូលឡាន, ផ្លូវ ចូលឡាន

droop (v.t.)   ងាប

   (v.i.)   ឈរ

drop (v.) ព្រុះ , ទំលាក់

    to drop by ឱ្យសរសេន

    (n.) ដំណាក់

drown (v.) លង់ , លង់ទឹក

drowned (p.p.) លង់ទឹក

drug (n.) ឱសនេសកសស្ត្រ ,

    ថ្នាំ , ផសង

    medicinal drug ថ្នាំសមរ្យ

drugstore (n.) ស្ថុះលក់ថ្នាំ , ហាងថ្នាំ ,

    ហាងលក់ថ្នាំ , ផសវ៉ាន

drum (n.) ស្គរ

drunk (adj.) ស្រវឹង

drunkard (n.) ប្រមឹក

dry (v.) ផ្ញើ)ម , សំ, ហាល

    to dry up រីង , ហួត, ហួតទឹក

    (adj.) រកាក ,ក្រៀម, ស្ងួត , ដែកង

    almost dry ព្រិច

    to be dry ហួតដែកង

dry rotted (adj.) ពុក

dry vomit (v.) ចង្អោរ

dual (adj.) ពីរ, ភាគ ប្តួយលោនិងមួយ

duck (n.) ទា

    roast duck ទាដុត

    wild duck ទាព្រៃ

due (adj.) ដល់ពេល, គួរ

    in due course និកាលណាដល់បញ្ញឹត្តទៅ

      I'm not worrying; (it will happen) in due course. ខ្ញុំមិនសូវ ក្ងវលទៅនិកាលណាដល់បញ្ញឹតទៅ

dull (adj.) ទាល, ទិល, រសាាប់, ស្ងាប់

    dull color ពណ៌សាប់

    dull knife កំបិតទិល

    dull pencil ខ្មៅដៃទាល

dumb (adj.) ទាញ្ញាក់ទាវគ្គី , ទាក្ញី ទាវគ្គី , ទាវគ្គី, ក្គី វគ្គី , ង្គីវគ្គី , វគ្គី , វង្គីពាក្យាស

dummy (n.) ទីនវមាស , វគ្គី

dump (v.) ចាក់ចោល, រព្រះរចោល

dune (n.) ភ្នាល្បូ ់

dupe (v.) បរញ្ញោត , ឆ្យាក់

    (n.) មនុស្សរលោត

duped (adj.) រលោត

durable (adj.) ធ្លាប់ , ស្នាប់

duration (n.) រវាង

durian (n.) ទុរេន (គ្រោះ)

during (prep.) កណ្ដាល , កងនេយ៖ , រសៀរពេល , រវាង

    during that time ឃ្លួ ,កណ្ដាប់,ពេលស,លាស

dusk (n.) ព្រលប់, សាយ, សាយស្គ្រ

dust (n.) ធូលី , លងធូលី

dusty (adj.) ធូលី, ហួយ

Dutch (n.) ហុល្លង់

Dutch treat (informal) (ក្រៅព្យាយ)រចាប សុយនានាំង

duty (n.) កាតាន់ , កាណ័ទពិគ្គុ , ការពិគ្គុ , ការ៖ , ហារពិគ្គុ , មុខការ, មុខក្រសួង

    to have a duty ចាសការ៖

dwarf (n.) រគ្រ

dwell (v.) រសៅ , រសៅរស់

dwelling (n.) ទីលំនៅ, លំនៅ

dye (n.) ស្គ្រលក់

    (v.) ព្រលក់

dying (pres. p.)ជិតស្លាប់, ជិតស្លាប់, ្ញុប ៗ

dynamic (adj.) ខ្ទាំង, ចាមវន្ត , ទ

228

each (pron.) ស្អា អ្ហ, ម្នាយ, ម្នាយ៧, ម្ងាក់៧

   each one នឹមួយ៧, រៀ)ង្គួន,

              រៀ)ង៧ង្គង

   each other ញ

   (adj.) ្រកប់គ្នា, ម្នាយ, ម្នាយ៧ ,

             ងាស់

   each and every រាល់ង្កស់, ង្ស់រាល់ ,

          រៀ)ង្កស់

eager (adj.) ង្ស់

eagle (n.) រ្ងួស

ear (n.) ្រតង្ង)ក

   behind the ear ្រាង្ស/្រតង្ង)ក

   ear wax ខាចម៉ុ/្រតង្ង)ក

earliest (adj.) ស់ង្សងូ

   the ealiest ស់ង្សងូសក្នាស់

ear lobe (n.) ស្ល្រក/្រតង្ង)ក

early (adj.) ង្ងូ, រ្សំឌ, ព្ងង

   early in the evening ព្ងាលង្ងល្ងច

earn (v.t.) ង្ងង, ្រុបាកុក្នាង្ងា្ន

   to earn a living ្រុបករបួប ,្រុបកប

           រុប្ងង្ស្ល ,្រកទង្សងស.កង្ស្ល

earring (n.) ង្ងស្ល

earth (n.) ន្ស, ្រុបងង, រុងន្ស ,

          ្រង៖ងងសងន្ង

earthquake (n.) រន្សុងន្ស

ease (v.) បន្សង, សរងងល

easily (adv.) ងសងនង, ងងងលងងល

east (n.) រងងង, ងងសរងង, បង

easy (adj.) ងងល, ងងង, ងងក់,

          ្រងងងក, ្រងងល

easy-going (adj.) ងងង

eat (v.)

   (king) ងងងល

   (monk) ងងង

   (formal) បងងងង, រងងង

   (colloquial) ងង, ងងង, បរងងង,

          ងង/ងងងល

   (rare) បរងងងង,

          ងងងង

          ងងង

   (vulgar) ្រងងងង៖, ងងក់, ងង

eclipse of the moon ង្រង/ងងង

eclipse of the sun ងង/ងងង

economic (adj.) រងងងងក់ងងងងង

          រងងងងង

   economic path ្រងករងងងងង

economics រងងរងងងង ,

          រងងង្រង

   home economics រងងរងង៖

economist (n.) រងងងងរងង

economy (n.) រងងងងង

edge (n.) រងង, រងង, ងងល, ង្រងង,

          បរងងង, ្រងរបង, ងង

   edge of a river ងងរងងង

edifice (n.) របស់

edit (v.t.) កែ , បន្ថែមបន្ថយ,

រៀបរៀង

editorial (n.) រឿងសារកថា

educate (v.) ផ្តល់ការ, អប់រំ

education (n.) ការសិក្សា, កម្រិតវិជ្ជា

    advanced education ការសិក្សាខាន់ខ្ពស់

    elementary education បឋមសិក្សា

    higher education ការសិក្សាខាន់ខ្ពស់

    secondary education មធ្យមសិក្សា

effect (n.) ផល

    to put into effect បើកបញ្ឆ្

effective (adj.) មិនខាតការ, ចាត់ការ

ខាការ, ខាត, ខ្នែត, ចន់ក,

ឧបករណ៍, សិទ្ធិសិទ្ធ

    to make effective ធ្វើឧទ្ទក្ខាត, បានសិទ្ធ

    He is an effective man.

គាត់ជាមនុស្សចេះការណ៍ល្អ

effectiveness (n.) បានសិទ្ធិការ

effort (n.) ការខ្ពើមបន, ការបិនស្ពេបន,

ពិព្ធបិនស្ពេបន

    to make an effort ខំ, ខ្ពើមបន , បើម

ស្ពេបន , សង្ហារ

e.g. ឧទា

egg (n.) ពង, ពងមាន់, ពីម

    chicken egg ពងមាន់

    duck egg ពងទា

eggplant ត្របូ

eight (adj.) ប្រាំបី (៨)

eighteen (adj.) ដប់ប្រាំបី, ប្រាំបីដណ្ណប់

eighth (adj.) ទីប្រាំបី

eighty (adj.) ប៉ែតសិប (៨០)

either (adj.) ខណ៖, នោ...ក៏ទៅណ៖

either ... or រឺបីនោ,

ឬឬ...ឬឬ

eject (v.t.) ក៏ចេញ, បន្សាហាញ

elapse (v.t.) កន្លង, រវៀលរទាក្ល

elastic (adj.) ស្វិត

elbow (n.) ខកង្កែក

elder (adj.) ចាស់ , បង

       (n.) រៀបចាស់

elect (v.t.) ប្រៀសរើស

elected (p.p.) កាបានសេរ

election (n.) ការប្រៀសរើស,

ការបោ៖សេរ

    to win an election កាបានសេរ

    to hold an election រប៖សេរ

electrical (adj.) អគ្គិសនី, នៃលសា

    electrical plant ម៉ាស៊ីនភ្លើង

    electrical wire ខ្សែភ្លើង

electricity (n.) ភ្លើង, ភ្លើងអគ្គិ៖ខ្យ,

ភ្លើងអគ្គិសនី,

អគ្គិសនី

electrocute (v.) ឆក់

element (n.) ធាតុ, ធាត

    mineral element ធាតុរ៉ែ

elementary (adj.) រឺម, បឋម

    elementary education បឋមសិក្សា

    elementary school សាលាបឋមសិក្សា

elephant (n.) ដំរី

elevate (v.t.) ករើន

eleven (adj.) ដប់មួយ

eliminate (v.t.) បេ៖សន់, បំបាត់,

លុប , លុបចេញ,

លុបបោល

elite (adj.) ខ្នង, ជា៖

elite (n.) ឬឫស

     អ្នកដឹកនាំនិត

elocution (n.) សាវោរ

elope (v.t.) លួចស់

    (v.i.) ឡិចគ្នា

eloquent (adj.) សក្ប:ក្បាយ, និយាយ

     សក្ប:ក្បាយ, ពូសប់-

     និយាយ

embarrass (v.t.) ធ្វើឱយឆ្ងល់,ស្តាក់ស្ទើយ

If you saw that he made a mistake
why do you have to embarrass him?

    បើឃើញគាត់ធ្វើខុស

     ម្តេចក៏តស្តាក់ទេណាយ

embarrassed (p.p.) ស្គាស្តើក្រហ្វាខ្ចាក,

     ខ្លាស, ខ្លាសសើយន, យក

     មុ៨ថោសហសកម្មាសខ្លាស,

     ៣ង្ងុក, សើសខ្លាស

embassy (n.) ស្ថានឌូត, កុំថាស្ហាក

ember (n.) រង្កើសរសៀង, សសិក,

     សសើករស្ញីង

embezzle (v.t.) លួចលុយយានី

embrace (v.t.) ឱប

embroider (v.t.) ថ្នក់

embryo (n.) កទ្ទី

emerge (v.i.) ផុស, ផុសរង្ៀង, សឡង

emergency (n.) អាសន្ន

emit (v.t.) បញ្ចញញា, បនស្ញាញ

emotion (n.) ការរសឹបរឭស.

     រសថក្តីរសឹប

emotionally (adv.) រង្កស់ចិត្ត

emotionless (adj.) ចិត្តទីស

empathy (n.) ការសរង្កស, ការសរង្កស

     ឃុស់

emperor (n.) ព្រ:សៅសធិទស,

     សសធិទស

emphasize (v.t.) ផសវស្ញក់,

     វស្ញក់, សន្ធស់

employee (n.) និយៅជិត, បុគ្គលិក .

     ស្ហក់សារ

employer (n.) និយៅជក

empty (adj.) ទទែ

   empty-handed ដៃទទែ

encircle (v.t) សោម, ហ៊ុម, ហ៊ុមព័ទ្ធធម្ម,

     សោម, ឡំ

encourage (v.) សលើកទឹកចិត្ត, សសសើស,

     សើយឧសដឹក

encyclopedia (n.) សខ្ពសវចនធិប្បាយ

end (v.i.) ចប់, បញ្ចប់

   to end well ចប់សសួស

     (n.) ចង

   the end of the month ចងខែ

endlessly (adv.) មិនសឡ:សសសមិនសឡ:

     សឺយ, មិនសឈប់សឈរ

endowed (p.p.) ពុកបសកាយ

endure (v.i.) ពាត, សង់

enemy (n.) ខ្មាស, ខ្មាសសត្រូវ, បច្ចាមិត្រ,

     សត្រូវ, សសមិត្រ

   to make an enemy បង្កើសសត្រូវ

energy (n.) កម្លាង, ថាមពល,

     ថាមក្សៃ

enforce (v.t.) សង្កត់

engage (v.t.) ស្ញាប់ពាក្សៃ, សន្ធាស

engagement (n.) ការស្ញាប់ពាក្សៃ, ភិវ

     សន្ធាស, សសានភិវ

   engagement ring ចិសក្សានឡ បាច ភិវ

engine (n.) ចក្សក, មាសុន, យន្ត

engineer (n.) វិស្វករ

engineering (n.) វិស្វកម្ម

England ប្រទេសអង់គ្លេស

English (n.) អង់គ្លេស

    (adj.) អង់គ្លេស

enigmatic (adj.) ស្រពេចស្រពិល

enjoy (v.i.) កំសាន្ត, សប្បាយ

    to enjoy onself សប្បាយ

enjoyable (adj.) គួរសប្បាយ

enlarge (v.t.) ពង្រីក

enlighten (v.) ត្រាស់, បំភ្លឺ

enlightened (p.p.) ត្រាស់ដឹង

enlightenment (n.) សង្គោ,

    សេចក្ដីត្រាស់ដឹង

    to achieve enlightenment ត្រាស់

    stage of enlightenment ឋាន

enlisted man (n.) ពលទាហាន

enough (adj.) ត្រប់គ្រាន់, គ្រាន់, ល្មម,

    ល្មមល្មៀ, បរិបូណ៌, សម

    That's enough! ល្មមហើយ(បានហើយ),

    ឆ្អែតហើយ

enraged (p.p.) ក្រេវក្រោធ

enter (v.) ចូល

    to enter the rainy season retreat
    (monk) ចូលវស្សា

    to cause to enter បញ្ចូល

    to enter (fig.) លុកចូល

enterprise (n.) សហគ្រាស

entertain (v.t.) កំសាន្ត, រស្យាល

entice (v.t.) លន់, លន់ចិត្ត, លន់បញ្ចុក,

    លន់លាម, បញ្ចុក,

    ល្បួងនាមចិត្ត

entirely (adv.) ទាំងអស់, សព្វគ្រប់

entrance (n.) ទ្វារ

entry (n.) ចំណូល, រសាចូល

envelope (n.) ស្រោម, ស្រោមសំបុត្រ

envious (adj.) ច្រណែន

envy (v.t.) ច្រណែន

envoy (n.) ឃ្លាំងសិត, អ្នកនាំសារ

equal (adj.) ស្មើ:, ប៉ុន, រស្មើ,

    រស្មើភ្ន

    equal to មិនទាប់

equality (n.) ភាពរស្មើភ្ន, សមភាព

equalize (v.t.) រស្មើរាល់រស្មើ

equally (adv.) ដូចភ្ន

equator (n.) រវៀនអេក្វាទ័រ

equidistant (adj.) ចំងាយរស្មើភ្ន

equilibrate (v.t.) រស្មើរាល់ភាពរស្មើភ្ន

equilibrium (n.) ស្ម័រភាព, ស្ម័ភាព

equinox (n.) សមរាត្រី

equip (v.i.) ប្រដាប់, ចាត់ប្រដាប់

equipment (n.) ស្រ្តារប្រដាប់,

    ប្រដាប់ប្រដា, គ្រឿង

    military equipment យុទ្ធគ្រឿង

equipped (p.p.) ប្រដាប់ រួចរាល់,

    ប្រដាប់រាល់

equivalent (adj.) ប៉ុន, ប្រដូចល្នស,

    សមមួល

era (n.) គ៌សករាជ, កាល, សម័យ

    Buddihst Era ពុទ្ធសករាជ

    Christian Era គ្រិស្តសករាជ

erase (v.t.) លុប

erased (p.p.) លុប

erect (v.t.) បញ្ជរ, ស្ដារ

    (adj.) ប:

erected (p.p.) ប:

erode (v.t.) សឹក

erosion (n.) សំណឹក

error (n.) កំហុស

escape (v.t.) រត់, រត់រួច, រួច, រួចរត់

escort (v.t.) បរិវារ, ដឹក

especially (adv.) សាតិសេស, ទីបំផុត, សំបំផុត

essence (n.) ខ្លឹម, សារ, រសសារ, សារ:សំនាន់

     natural essence ស្ម្មសារ

essential (adj.) ចាំបាច់, សារវន្ត, សំនាន់

establish (v.t.) តាំង, បក្កន់យក

esteem (v.t.) គោរពរាប់

estimate (v.t.) ប៉ាន់, របើលរាវៀវាយ គំនិត, រាវ, ស្មាន, ស្មាន

etc. ។ល។

euphony (n.) ការរន្ទ្រៀសៀវាយគំនិត:, រសៀវៀសសៀ

Europe (n.) អឺរ៉ុប

evade (v.t.) រកចេរ:, រវ:

     to evade taxes រត់ពន្ធ, រត់មិនបង់ពន្ធ

evaporate (v.i.) ហួត, ហួត, ហួតទឹក

even (adj.) រាប, ស្មើ, រស្មើ

     (adv.) ទ្រឹម, ទាំង, សូស, សូម្បី, សូម្បីរឹត, រស្មើ

     even ..., let alone.. ក៏ចារឹត... សូម្បី, ក៏ចារស្មើយ

     even more រសៀរសៀក

     even ..., to say nothing of ... ក៏ចារឹត... សូម្បី

     even when ទាំង

     to get even សងសឹក, រស្មើភ្នា

     to make even កាត់ (សៀក់រាវៀយរស្មើ)

He even has money. គាត់មានសូមយសង

even if សូម្បី

even though គឺរសៀរាយ

     I went back even though it was raining (hard). ខ្ញុំសឹកសៀ គឺរសៀរាយ គឺទ្វៀរៀរិញៀរឹរវ ច្ឆិរៀ..(គឺរសៀរាយ), ច្ឆិរៀ.. ..គឺរសៀរាយ, ៗកៀ... គឺ រសៀរាយ, រចៀ:...(គឺរសៀរាយ), រចៀ:ច្ឆិ... គឺរសៀរាយ, រចៀ:ច្ឆិកៀ. ទាំង

     He's reading even though it's dark. កាត់របៀរៀៀរស)រៀៀកៀ ទាំង សឹក, រចៀ:សៀ ហៀសៀ គឺរសៀរាយ ... គឺរៀរ

     Even though he was sick, he still tried to study. រចៀ:សៀ កាត់ឈៀ ហៀសៀ គឺរសៀរាយ គឺកាត់ព្យៀ)នៀរិរ

evening (n.) ល្ងៀច, ស្យៀ. សាយ

     early in the evening ព្រលប់ច្ឆៀ

event (n.) កាលវិបត្ត, ព្រឹត្តិការណ៍, វិបត្ត

     current event បច្ចុប្បន្នកាល

ever (adv.) ធ្លៀរសៀ

     to have ever ធ្លៀរសៀ

every (adj.) គ្រប់, គ្រប់រិរ, និម្មៀៗ, រិរកាល, កាល, កាល់រិរ, សៀៀ

     every kind គ្រប់មៀៗ, ទាំងគ្រប់ទាំងសៀៀ

     every single រិរកាល់, កាល់រិរ

     every sort គ្រប់, សៀៀៀៀៗសៀៀៗគ្រប់

each and every ស្រ)ងតាល់

everyone (pron.) ក្រប់គ្នា, ទាំងអស់គ្នា.
ពាល់គ្នា, ម្នាក់ៗង

everything (pron.) ទាំងអស់, សព្

everywhere (adv.) គ្រប, គ្រប់គ្រប់,
គ្រប់ភាពគ្រប់ការ

evidence (n.) ភ្ញួស្នាស់, សក្តីកាព

evident (adj.) វិតស្អ

evil (n.) ចិត្តស្រ), របួបស្រ)

evolution (n.) វិវត្តន៍

ex- អតីត

  ex-chairman អតីតប្រធាន

exact (adj.) ថ, សួត, ស្រ)ង, ស្រ)ងទាត់,
  ត្រូវតាស

exactly (adv.) ទាត់, ត្រនបើយ, វិតស

exaggerate (v.t.) បន្ថែមញ្ញ បញ្ចាល,
  បន្ថែស, តាន្ថីស

exalted (adj.) ខ្ពស់ស, អភក្ : , ខ្ពស់ប

exam (n.) ការប្រលង,
  (subject) ប្រឡោក

examination (n.) ប្រលង

examine (v.t.) ពិនិត្យ

examiner (n.) អ្នកប្រលោក

example (n.) គំរ, គំរាប, ឧទរ,
  ទូទាវរណ៍

  for example សាវិម, សាអាទិ,
  យាងសាមិញ្ញ, ឧបមាក្សខា

exceed (v.t.) វលស, ហួស, ស្រ)វ

exceedingly (adv.) សាកិសឃ្សាត,
  កិសឃ្ស

excellency (His or Your) (n.) ឯកឧត្តម

excellent (adj.) វលិស, ប្រវិត,
  កិសសសាកាស់, សុកិសសស

except (prep.) ក្រៅវិត, វស្ស)សវិត,
  ការវាំងវិត, វលើកវិត,
  វលើកទុលសវិត

exchange (v.t.) ផ្លូវ, ប្តូវ

excite (v.t.) សម្របវើប, សំវរិបចិត្ត

excited (p.p.) វរវើប, ភ្នូវើប

excitement (n.) សវចក្តីវរវើប, សំវរិប

exclaim (v.i.) សាន់មាត់

exclusive (adj.) ស្ងាច់មុង

exclusively (adv.)ខាច់មុង,តៃតាវិត,សុខ្ងវិត

excrement (n.) សាមាត, អាចម៍

exculpate (v.t.) វខា:សា

excuse (v.t.) វលើកសលងទោស

  excuse me សុមទោស, អភ័ទោស,
  (n.) ការវអា:សា,
  ស្ងុនវអា:សា, វសស
  to make an excuse វអា:សា

execute (v.t.) ទាត់កា, ប្រតិបត្ត,
  ប្រហារជីវិត, អនុវត្ត

execution (n.) ការប្រតិបត្ត, អនុវត្ត

executive (n.) និត្យប្រតិបត្ត (ភ្ញូ្យស)

exegesis (n.) ទិកា

exercise (n.) ការហាត់, កិច្ចការ
  (v.t.) វស្ន, ប្រកប, ភ្ញូវ,
  ហាត់, អនុវត្ត

exhausted (p.p.) ទន់វ៉ន ទន់វឌីស
  ប្រូម, ច្រាក់កំលាំង,
  ភ្ញយ, អស់កំលាំង

exhaution (n.) ការវស្ងូយហាត់

exhaustive (adj.) អស់សវចក្ត

exhibit (v.t.) តាំង, តាំងស្ន, បង្ហាញ

exhibition (n.) ពិតាលិ

exile (v.t.) និវទេស, បបរបស់

exist (v.i.) រស់, មាន

    as it exists សាសរមាន

existing (pres.p.) កំពុងមាន, នៅមាន

exit (v.i.) ចេញ

exorcise (v.) កំចាត់, សំរាបបិសាច

    to exorcise a ghost កំចាត់ខ្មោច

expand (v.t.) ពង្រីក, ពង្រឹក, ពាល,

    ពង, ពាត

    (v.i.) សាយ

expatriate (v.t.) និរទេស

expect (v.t.) គិតជាមុន, ថា, ទន្ទឹង,

    ទន្ទឹងថា, ស្មានថា, រងចាំ,

    រងចាំរងចាំ

expectation (n.) ចិត្តចង់, សង្ឃឹម

expected (p.p.) (as -) ស្របតាមចិត្ត

expensive (adj.) ថ្លៃ

experience (v.i.) ព្រៅ, ស្គាល់ខ្លួន,

    មានការពិសោធន៍

experience (n.) ការស្គាល់, ការពិសោធន៍

    to undergo an experience ព្រៅ

experienced (adj.) ចាស់

experiment (n.) ការពិសោធន៍, កិរិយា,

    ពិសោធនកម្ម

    to run an experiment ធ្វើការពិសោធន៍

    (v.t.) ធ្វើការពិសោធន៍,

    ពិសោធន៍

expert (n.) អ្នកឯកទេស, អ្នកជំនាញការ,

    អ្នកជំនាញការ,

    អ្នកបច្ចេកទេស

    (adj.) ចេះ, ខ្លាំង

explain (v.) ពន្យល់, អធិប្បាយ

explode (v.i.) ផ្ទុះ

exploit (v.t.) ប្រើប្រាស់ទាំងឃោរ, ឆ្លៀត

exploitation (n.) កេងចំណេញ

export (v.t.) នាំចេញ, បញ្ចេញ,

    សកម្មភាពនៅបរទេស

exportation (n.) ការនាំចេញ

expose (v.) សាយ, សំដែង, បង្ហាញ,

    សំខ្លួន, លាត

express (v.t.) ថាចេញ, ថ្លែង, សំដែង,

expression (n.) ការសំដែង, ពាក្យ, ឫកពា

    facial expression ទឹកមុខ

extend (v.t.) ពន្លា, ពង្រាយ, ពន្លាក,

    ពង្រីក, សន្សា,

    សាចសន្លាក, សន្លាក

extended (p.p.) សន្លាក

extension (n.) កំសាយ

extensively (adv.) យ៉ាងធំ,

    ស្អាតស្អាយ, ដ៏ធំយ៉ាងស្លឹក

extent (n.) (to what -) ប៉ុន្មាន?

    to the extent of - ដល់ត្រឹមចំនួន...

extinct (adj.) ផុតពូ

extinguish (v.t.) ពន្លត់, ពន្លត់,

    ពន្លត់, លត់

extinguished (p.p.) រលត់

extort (v.t.) កេងយកឃោរ, បង្ខំកនវាក់,

    សន្ធតសន្ធាន

extra (adj.) ពិសេស, បន្ថែមទៀត

    to make extra money រកប្រាក់

extract (v.t.) ស្រង់

extradition (n.) ការបញ្ជូនចេញ.

    បញ្ជូនវិញ

extraordinary (adj.) វិសាមញ្ញ

extremely (adv.) ព្រានលើស, ក្រៃលែង

    ដល់ឈាលើយ, មើលទៅ, សំបើម

exudate (n.) អាចម៍

eye (n.) ភ្នែក, ក្រសែភ្នែក

  to close the eye ងក់ងុយ

  to have seen with one's own eyes

      មើលឃើញនឹងភ្នែក

  lazy eye ភ្នែកមួយស្លាប, ភ្នែកស្លេ

  naked eye ភ្នែកទទេ

supernatural eyes ភ្នែកទិព្វ

the corners of the eyes កន្លែងកាចភ្នែក

eyebrow (n.) ចិញ្ចើម(ភ្នែក)

eyelash (n.) រោមភ្នែក, រោមភ្នែក

eyelid (n.) ត្របកភ្នែក

eyewitness (n.) សាក្សី

F

fable (n.) រឿងប្រឌិត, រឿងព្យេរាង, រឿងនិទាក

fabricate (v.) និម្មិត, ច្នៃបង្កើត

face (v.i.) របះ/ប្រឈម, ទល់, ទល់មុ

  to face up ស្ទុះ

  to cause to face each other ប្រឈមទល់

  Let's face it. ក៏ឆាវ

  (n.) ភ័ក្ត្រ (ប្រមុខវត្ថុ), មុខ

  face value តម្លៃប្រមុខវៃន

  face to face ទល់

  face powder ម្សៅលាបមុខ

  angry face មុខក្រញ៉

  dead face មុខស្លាប

  dissatisfied face មុខស្ទៅ

  grim face មុខប្រុ

  one's face falls ស្រុតមុខ, មុខស្រុត

  pale face មុខស្លេកស្លាំង

  sad face មុខក្រៀម, មុខស្រង់

  to make faces

  to lose face អោនមុខ

  to make someone lose face បញ្ចាក់មុខ

  to make a sour face ធ្វើមុខស្រង់

facing (pres.p.) ទល់, ទល់នឹង, ប្រឈម

facsimile (n.) សំណៅដកស្រង់, សំណៅ
  ដែលថតសំណៅនឹម, សំណៅ
  របៀម, ឯកសារ:

fact (n.) ការពិត, ការណ៍ពិត

in fact តែតវៃមនវៃទនរឿ, និយាយ
  រឿ, តាមប្រករ, តាមពិត,
  វៃមនវៃទនរឿ

if it were not for the fact that
  ទាល់វៃត ... ក៏វៃ

wasn't it the fact that ... ខ្ញុំក្រសឌ

faction (n.) ក្រុម, បក្ស, ពួក, សាម្ព័ន្ធ

factor (n.) កត្តា, របាក

factory (n.) រោងចក្រ, រោងឧស្សាហកម្ម

faded (adj.) ក្រហម, របើកសាំ

fail (v.i.) ធ្លាក់, ខ្លឺល

  to fail a test ប្រឡងធ្លាក់

  (v.t.) ទិលាក់, បើឈរកយ្លាក់

fail (n.) ការអាក់ខាន

  without fail ព្រមាន, មិនខាន

faint (n.) ស្លុតមុខ,

  to feel faint and dizzy ឈឺសម្ពាធ

fainted (p.p.) សន្លប់

fainting (n.) ឈឺសម្ព

fair (adj.) ស្រស់ស, បង្គុរ, ព្រាប, ស្ម

fairly (adv.) ស្របស

fairy tale (n.) រឿងព្យេរាង

faithful (adj.) ចិត្តស្មោះ, ស្មោះ, ស្មោះ:ត្រង់

fake (v.i.) វៃក្លង, វៃក្លងក្លាយ, វៃក្លើ,
  វៃក្លើសា, វៃក្លើព្រួត, ពាត

  to fake down រោង, ធ្លើ

237

fall (v.i.) ធ្លាក់ , ស្លាក់ , ធ្លាយ

    to cause to fall ទម្លាក់ , បណ្ដាល ,

        ខ្ទោល , ធ្វើឲ្យធ្លាក់

    to fall down ធ្លាក់ , ធ្លាយ៖

    to fall in status or wealth ធ្លាក់ខ្លួន

fallen (p.p.) ធ្លាក់ , ស្លាក់

    to be fallen like a cake ស្ពាយ

family (n.) ក្រុម , ក្រុមគ្រួសារ , ត្រកូល ,

    ត្រកូលវង្ស , ពង្សា , ពង្សាវតា ,

    ញាតិកាវង្ស , ញាតិកាវង្ស

    សន្តតិ , តតិ , តស្ពី , សម្ព័ន្ធ ,

    អំបូរ ,

    family line ខ្សែ

famine (n.) ការអត់ឃ្លាន

famous (adj.) ល្បី , ល្បីឆ្ងាយ៖ , ល្បីល្បាញ

fan (v.t.) បក់

    (n.) កន្ទាល់ , ក្រុម , ផ្ទាល់ ,

    ផ្លិត , ពាក

fancy (adj.) ម៉ូដ

    (n.) ម៉ូដ

far (adj.) ឆ្ងាយ , ឆ្ងាយ , ឆ្ងាយឆ្ងាយ ,

    សំឆ្ងាយ

    far ahead ខាងមុខឆ្ងាយ ,

    far away នៅឆ្ងាយឆ្ងាយ

    as far as the eye can see

        នៅចម្ងាយឃើញ

Far East (n.) បូព៌ា , បូព៌ាប្រទេស

fare (n.) ក៏ថ្លៃ , ថ្លៃលឿយ

farm (v.t.) ធ្វើចំការ , ធ្វើស្រែ

    (n.) ចំការ

farmer (n.) កសិករ , អ្នកចំការ , អ្នក

    ធ្វើស្រែ , អ្នកស្រែ , អ្នកកសិករស្រែ

farming (n.) ការធ្វើស្រែ

farther (adj.) ឆ្ងាយ

fascinate (v.) ទាក់ទាញអារម្មណ៍

fascinated (adj.) ជក់ , ជក់ចិត្ត ,

    ឆ្កាអារម្មណ៍ , ឆ្កាចង់ដឹង

fashion (n.) ម៉ូដ

fashionable (adj.) ទ្រនុយ , ម៉ូដ

fast (adj.) ឆាប់ , លឿន , រហ័ស ,

    រហ័សរហួន

fat (adj.) ធាត់ , ខ្លាញ់ , ខ្លីធំ៖ ,

    មានខ្លាញ់ , ធ្ងន់ទម្ងន់

    fat and shapeless ក្រាល , ក្រាលៗ

fate (n.) ទេវ , វាសនា

fatigued (adj.) ហត់

father (n.) ឪពុក , ប៉ា , ពុក , ឳ ,

    ឱពុក

father-in-law (n.) ឪពុកក្មេក

faucet (n.) ក្បាលម៉ាស៊ីន

    faucet water ទឹកម៉ាស៊ីន

fault (n.) កំហុស , អំនួត

fauna (n.) ព្រឹក្សព្រឹក្សា

favor (v.t.) កាន់ដៃ៖ , អនុគ្រោះ៖

favor (n.) ការជួយជួយ , ជួយ ,

    ជួយបំណាច់ , សណ្ដា ,

    ឧបត្ថម្ភអនុគ្រោះ៖

    to ask for a favor ពឹង , សុំឲ្យជួយ , ស្នើ

    to claim a favor ឃាត់ខ្លួន

    to curry favor បញ្ចើប

    to show favor ត្រឭ

favorite (n.) បណ្ដាលចិត្ត , សំឡាញ់ ,

    សំឡាញ់ចិត្ត

fear (v.i.) ញញើតញញើយ

    to cause to fear កញួច

    for fear ខ្លាចញញើត

fear (n.)   ក្លាច, របចក្ខខ្លាច
    to have no fear អត្បរណ៍, អត្បរណ៍ក្បាល
fearful (adj.)   ខ្លាច, ញ្បខញ្ចើ ត, ញ្បខញ្ចើ ត
                   ញ្បខញ្ចើ ច, ភិតភ័យ, វិល្បង
fearless (adj.)   ចិត្តក្លៈកាន, មិនខ្លាច,
                   អាស់អាច
feast (v.t.)   របៀង
       (n.)   បុណ្យ
feather (n.)   ស្លាប
February (n.)   កុម្ភ, របូនារៈយ
fed   (p.p.)   បាន, អស់ចិត្ត
    to be fed up up with ឈឺ ណ៍,
                   ឈឺសាយ, សាយ, អណ្តែ
federal (adj.)   សាសនសាសសហព័ន្ធ
federation (n.)   សហព័ន្ធ
fee (n.)   ឈ្នួល, ថ្លៃឈ្នួល,
                   របាប់យ
feeble (adj.)   ខ្សោយខោក
feed (v.t.)   បញ្ចុក
feel (v.t.)   ឈឺ, ឈឺសួន
    to feel bad   ឈុបចិត្ត, អស់ចិត្ត, អាក់ចិត្ត
    to feel good   របៀក
    to feel dizzy វិលបៃរស
    to feel light វិលបៃរស
    to feel stuffy ចច
feeling (n.)   ចិត្ត, ទឹកចិត្ត, បរមៈ -
                   សញ្ញាតសា
    to have a feeling អាព័ត
    to have hard feelings អស់ចិត្ត
    to have no feeling ក្បៈចិត្តបម្លៈ
    to have hurt someone's feelings រ
        ឃឃើរអាក់សញ្ញា, របើរអាយអាក់អនស់ ចិត្ត
    No hard feelings, O.K! ក្ញុំអស់ចិត្តសាញ់

feign (v.t.)   រ, រ ក, រ នម
fellow (n.)   ភ្ញ, មិត្ត
    that fellow (slang) រ យ
fellowship (n.)   អាហារបករណ៍, ប៉ូក្ន
felony (n.)   បទក្មៈ
female (n.)   ក្ម
    female animal   ញ
        (adj.) (human) ក្ម
               (animal) ក្ម
fence (v.i.)   បងជសខោ
fence (n.)   បជ, របបង, រក
fencing (n.)   ក្បោខោ
ferocious (adj.)   សាហាវ, សាហាវយស័.
                   យ
ferryboat (n.)   របៀងក
fertilizer (n.)   ជ, ជសា តិ
    chemical fertilizer ជក
festival (n.)   បុណ្យ
feudal (adj.)   វិសសសក្នូម
fever (n.)   ក្ម
    to have a fever ក្តៅ, ក្តៅសន,
                   ក្មៈ
few (adj.)   តិច, មិនសវក្បៃស,
                   ព្យៈ, ស្តចស្តៈស
       (n.)   វ្តកស, ប៉ុនៈ
fickle (adj.)   បៃក
fiction (n.)   របៀបបុ ទិន
fictious (adj.)   បុ ទិន
fidgety (adj.)   រវិស, រវិសរ័ស
field (n.)   ក្លស, សាស
    rice field   ក្លសវ្បៃស, វ្ស
field (n.)   នាស, វ្បៃក, វិញ្ញៈ, វិសយ
    medical field វិជ្ជៈបបៈ

239

fierce (adj.) កាច, កំណាច, ថ្កោរថ្កៀវ, យង់ឃ្នង, សាហាវ, សាហាវយង់ឃ្នង

fiery (adj.) សាហាវ

fifteen (adj.) ដប់ប្រាំ, ប្រាំដណ្ដប់

fifty (adj.) ហាសិប

fight (v.t.) ច្បាំង, ទាស់, តយុទ្ធ, ប្រយុទ្ធ, ដាយ, វាយ ប្រហារ

   to fight a duel វាយតទល់

   to fight against ទាស់នឹង

   to fight back តទល់, តនឹង

   to fight with each other ប្រកាប់គ្នា, ប្រដាយ

   to cause to fight បញ្ចាំង

fight (n.) ការប្រយុទ្ធ, ការវាយប្រហារ, ទាស់, ទាស់ទែង

   to have a fight មានទាស់

fighter (n.) យុទ្ធជន, អ្នកប្រយុទ្ធ

fighting (n.) ការប្រយុទ្ធ, ការវាយគ្នា, ចំបាំង, សង្រ្គាម:

figure (v.t.) គិត, ជីក

   I can't figure it out. ខ្ញុំគិតជីកមិនឃើញ

   (n.) សាច, ទ្រង់, រូប, រូបភាព

file (n.) កណ្ឌ, សំណុំ, សំណុំឯកសារ

fill (v.t.) ចាក់, បំពេញ

   to fill up ចាក់សាយបំពេញ, បំពេញ, សាយ, បំពេញ

filled (p.p.) សាយ

   to be filled with people ញាត់

filler (n.) សាល

film (n.) ខ្សែភាពយន្ត, ហ្វ៊ីល

filter (v.i.) ស្រោះ

   (v.t.) ច្រោះ, សិត

filthy (adj.) កខ្វក់, ស្មោកគ្រោក

final (adj.) នៃសេចក្ដីចុងបំផុត, នៃសេចចប់, នៃសេចចុងបំផុត

finally (adv.) ការបំផុត, សាទីបញ្ចប់

finance (n.) ហិរញ្ញវត្ថុ

find (v.t.) រក, រកឃើញ, ជ្រើស

   to find out រកការពិត, រកឲ្យស្រេច, នឹប, នឹបបស្ដេ

   to find a way រកផ្លូវរកជម្រើសយាយ, រំសសក

fine (adj.) ល្អ, ម៉ត់, សិត, ស្អាត, ស្អាតល្អ, (v.t.) ពិន័យ

   (n.) ប្រាក់ពិន័យ

finger (n.) ម្រាមដៃ

   little finger កន្ទុយដៃ

   middle finger ទល់សង្កោ, ទល់សដៃកណ្ដាល

   ring finger នាងដៃ

   width of a finger (measurement)

fingernail (n.) ក្រចកដៃ

fingerprint (v.t.) ស្នើមដៃ, ស្នាមដៃ

finish (v.i.) ចប់, រួច, រួចរាល់, ចបសេច, ហើយ

   (v.t.) បញ្ចប់, បង្អស់, បញ្ចប់

finished (p.p.) ចប់, សាករួចរាល់, រួចស

fire (n.) ភ្លើង, អគ្គី, អគ្គីកំដៅ

   fire engine ឡានទឹក

   fire truck ឡានទឹក

to make a fire បង្កាត់ភ្លើង

to put out the fire សន្ទត់ភ្លើង

to set on fire ដុត

to start a fire ដុត, បង្កា:, ធ្វើភ្លើង

firearm (n.) កាំភ្លើង

firecracker (n.) កាំជ្រួច

firewood (n.) ឧស

fireworks (n.) កាំជ្រួច

firm (adj.) ខ្ជាប់, ខាប់, ម៉ាន, ឋិត, ឋិតថេរ, មុតមាំ, មុតមាំ, មាំ, មាំមាំ, មាំមួន, ម៉ឹង, ស្អិត, ស្អិត

first (n.) ទីមួយ, ដំបូង, ដំបូងបំផុត

at first ពីដំបូង, ពីដើមដំបូង, ពីដំបូង

(adj.) ទីមួយ, មុន, ដំបូង:

(adv.) មុន, មុនដំបូង, សិន

first of all សារបើមួយ, ដំបូង, បណ្ដាលបំផុត, មុនដំបូង, បំផុត

first class (n.) ថ្នាក់លេខ១

fish (v.t.) ទាប់ត្រី, នេសាទត្រី, ស្ទូចត្រី

(n.) ត្រី, បប៉ា, មច្ឆា

fish paste ប្រហុក

fish sauce ទឹកត្រី

canned fish ត្រីកំប៉ុង, ត្រីប្រអប់

dried fish ត្រីងៀត

smoked fish ត្រីឆ្អើរ

steamed fish ត្រីចំហុយ

to catch fish នេសាទ

fisherman (n.) អ្នកនេសាទ

fishery (n.) មុខរបរត្រី

fishhook (n.) ថ្នឹកសន្ទូច

fishing pole (n.) ដងសន្ទូច

fishy (adj.) ឆ្អុយ, មានក្លិនស្អុយ, ស្អុយ

fitting (adj.) សម, សមរម្យនឹង

to be fitting for សមនឹង

five (adj.) ប្រាំ, ប៉ញ្ច

fix (v.t.) ជួស, ជួសជុល, ធ្វើវិញ, រៀប

flabby (adj.) ព្រឹយ, ទន់, រសើបរយាក

flag (n.) ទង់

battle flag ទង់ជ័យ

national flag ទង់ជាតិ

flagrante delicto (n.) បទល្មើសភ្លាមស្រេច

flake (n.) ចំណិត, ស្រទាប់

(v.i.) របក

to flake off របក

flame (n.) អណ្ដាតភ្លើង

flamboyant (adj.) រាំងរាយ, ប៉ិហា

flank (n.) ចន្លោះ

flare (n.) សញ្ញាភ្លើង

flashlight (n.) ពិល

flat (v.t.) រៀបរាយសំប៉ែត

(adj.) ទាប, រាប, រាបស្មើ, សាប, សំប៉ែត

a flat tire រ៉ូតកាស់

flatten (v.t.) ដុ, បុករាប, សង្កត់

flatter (v.t.) បញ្ចើ, បញ្ចើចបញ្ចើ, បណ្ដើរ, យកចិត្ត, រៀតរៀស

flattered (p.p.) សរើ

I'm flattered! ខ្ញុំសប្បាយចោមសោម

flattery   (n.)   របចម្លើយបន្លំ , របចម្លើយ -
បន្លំ

desirous of flattery   ស្លូវបន្លំ

flavor   (n.)   សាតិ , របស , របសសាតិ ,
ទីសារស

flee   (v.i.)   របៀស , របៀសងួស , គេចខ្លួន
to flee the country   គេចចោលស្រុក

fledged   (adj.)   ពេញឬស

flesh   (n.)   សាច់

flexible   (adj.)   អាចបត់ , របេ , បត់បែន

flick   (v.t.)   របៈ , (របៈ៎ៈកករ៍ៈ)
to flick someone to get his atten-
tion   របៈ

flicker   (v.i.)   ភ្លឹ , ភ្លឹភ្លែត

flickering   (pres.p.)   ភ្លឹៗ

flight   (n.)   ការហើរ , ការរត់ ,
របៀស , ជួនរត់

Flight No. 105   ជួនហើរលេខ ១០៥
How many flights?   ប៉ុន្មានជួន

flimsy   (adj.)   ស្តើង

fling   (v.i.)   រង្វាស

flint   (n.)   ថ្ម , ថ្មដិតភ្លើង

float   (v.i.)   បណ្តែត , អណ្ដែត

floating   (adj.)   ដែលអណ្ដែត

floating house   ផ្ទះ:បិន

flood   (v.i.)   លិច , ទឹកលិច

(n.)   ទឹកជន , ទឹកលិច , ទឹកជន្ជ្រោយ

flood season   រដូវទឹកជន ,
រដូវទឹកជ្រោយ

The flood recedes.   ទឹកស្រក

floor   (n.)   ក្រាល , ក្រាលក្រោម ,
សាន់ , របៀ

floored   (p.p.)   ក្រាល

flour   (n.)   ម្សៅ

flow   (v.i.)   ហូរ
to flow into   ហូរចាក់
to flow through   ហូរកាត់
to cause to flow   បង្ហូរ

flower   (n.)   ផ្កា

flu   (n.)   ផ្តាសាយ
to have the flu   ផ្តាសាយ

fluent   (adj.)   គត់ចាត់ , រម៉ាយម៉ួយ,
ស្ទាត់
to be not fluent   ទទាក់ទទួល

flute   (n.)   ខ្លុយ , ប៉ី

fly   (v.i.)   របើរ , ហោយ , ហើរ
(v.t.)   ៖ៈយន្តហោ , របីក ,
បន្តើរ , បង្ហោ

to fly (an airplane)   បើក

fly   (n.)   រុយ

foal   (n.)   កូនសេ

foam   (n.)   ពពៈ

fog   (n.)   អ័ព្ទ , អ័ព្រ

fold   (v.t.)   បត់
to fold over   បិទ (បប)

folk   (n.)   ក្រុមញាតិ , ញាតិ , មនុស្ស

folk tale   (n.)   រឿងប្រជាន

follow   (v.)   តាម , ក្រោយតាម , របៀតាម ,
របៀតាម , ទទូតធ្វើ
to follow closely   ស្រម៉ង្ស្រម៉
to follow through   របៀតាមហោយ ,
as follows   ដូចតរៀ , ដូចតរៀងនៅ

following   (prep.)   តាម
following its course   តាមវិបបបវ
(pres.p.)   របាយ , តាមក , តាម ,
បន្តបន្ទាប់ភ្នា

fond (adj.) ទន់ចិត្ត

     to be fond of ចូលចិត្ត, ស្រឡាញ់, ស្រួលចិត្ត

food (n.) ចំណី, ម្ហូប, អាហារ

     food supply ស្បៀងអាហារ

     canned food ម្ហូបកំប៉ុង

     monk's food ចង្ហាន់

     to prepare food ស្ទីម្ហូប

fool (n.) មនុស្សល្ងង់

     (v.t.) បោក

     to fool around ប្រព្រឹត្ត:

     (adj.) ល្ងង់

foolish (adj.) ល្ងង់ខ្លៅ, មិនដឹងក្ដីបានល្អ, មិនឈ្លាសថ្លើមដល់ការ

foot (n.) ជើង

     (royal) ព្រះ

     foot of a mountain ជើងភ្នំ

foot brake (n.) ហ្រ្វាំងជើង

footprint (n.) ស្នាម, ជើង

for (prep.) ចំពោះ, ដល់, ដ្បិ, ដែ, ដោយ, ព្រោះ, ស្ងាប់, សំរាប់

     for the family ដោយក្រុមគ្រួសារ

     for (+ time word) អស់, អស់រយ:

     for 2 days អស់ពីរ ឬអស់ពីរថ្ងៃ

     as for ឯដ

     to be used for សំរាប់

     I brought it for you. ខ្ញុំយកមកឲ្យសំរាប់

     Let him do it, don't do it for him. ទុកនាំយកវាវិញ្ញ កុំនិងធ្វីយាវា

     for example ឧទា,

     ឧទា ... ការជាដើម

     for instance ឧទា

foray (n.) ការចូលលុកឆ្ការឈ្លានពាន, ការវាយប្រហារ

forbid (v.t.) ហាម, ឃាត់, ឃាត់ហាម

force (n.) កំលាំង, ពល, កម្លាំង

     by force ដោយប្រើ

     moral force កំលាំងចិត្ត

     physical force កំលាំងកាយ

     to combine forces ប្រមូល

force (v.t.) ក្រុឆិន, បង្ខំចិត្ត, បង្ខំ, បន្ធ្សាំឲ្យ, ទាំ

     to force out កំចាត់

force-feed (v.t.) ចំន, បង្ខំ, ប្ញជាក

forces (pl.)) កងកំលាំង, កងទ័ព

     special forces កងឆ្មាំអង្គរក្ស, ទាហានពិសេស

ford (v.t.) ឆ្លង, ឆ្លងទឹក, លុយ, លុយទឹក

forebears (n.) បុព្វបុរស

forecast (v.t.) ទាយ

forehand (n.) ខាងបុរាណយាវិក

forehead (n.) ថ្ងាស

     forehead receding toward the top ថ្ងាសស្ពក

foreign (adj.) ដទេ, ប៉ រ, បរទេស

foreign affairs (pl.) ការបរទេស

foreman (n.) ស្ទៀវព្វាស

foresight (n.) (to have -) គិតជ្រីវជ្រាយ

forest (n.) ព្រៃ

     thin forest ព្រៃចាស់ព:

forester (n.) អ្នកជ្រៃ, ព្រៃព្រឹក្ស

forever (adv.) រាងស្ថិតស្ថេរ, រាបបត្ដស

foreword (n.) បុព្វកថា

forge (v.t.) ក្លែងក្លាយ

  to forge a signature ក្លែងក្លាយ

forget (v.i.) ភ្លេច

  to forget oneself ភ្លេចខ្លួន

  to forget one's trouble ភ្លេចខ្លួន

  (v.t.) សន្សាបាល

  to forget deliberately បំភ្លេច

  Forget it! ភ្លេចយ

    Forget it! It's needless to say more. ភ្លេចយ! កុំនិយាយយទៀត

forgive (v.t.) ប្រណី, អភ័យ, សណើក

    លើកសរាយយ, អត់សោស

    សោយ, អត់យសោស

fork (n.) សម

  the fork of a tree ប្របរ, ប្របបរងៅ

fork of the road (n.) ផ្នែវផ្លូវ

form (n.) ទី, ទ្រង់, ភាព, របបាក់

  printed form បម្រា

  (v.i.) ក

  to form a firm foundation ពាក្យគ្រឹះ

  to form ranks តំរៀបបក់ស៊

formal (adj.) សមស្របការ, សមស្របការ, ស្របការ

formality (n.) ទសៅ, អនុបវបបច

  as a formality សានិតិ

formation (n.) ការបង្កើត, ការរៀប. ប្របម, និម្មិតកម្ម

former (adj.) មុន, អតីត

  the former minister អតីតនខេម្ន

  your former house ផ្ទះ: នៅក្របផ្ទះមុន

formula (n.) ក្បាស, ក្បាប, របម

formulate (v.) រឆ្នើត, ប្រៀប

fort (n.) បន្ទាយ

forth (adv.) នៅមុខ

  back and forth នៅមកៗ

fortress (n.) បន្ទាយ, ក្រុងសោ

fortune (n.) កសល, ក្របៈ, ប្រពេស្យម្ភត្ត, ទ្រព្យ, នាគសម្ភត្ត, ក្បាក់, រប់, ភាគ

  good fortune កសល, សកម្មល

  to tell a fortune ទាយ(អក្សោ)

fortunate (adj.) មានកសល

  fortunate person អ្នកមានបសោ

fortunately (adv.) ដ្បិតសំណាងសំណាងល

fortune teller (n.) ក្រទាយ

forty (adj.) នសសិប

forward (adv.) នៅមុខ

  go forward នៅមុខ

forward (v.t.) បញ្ជនត

foul (adj.) ខូច, ជូបល

  (v.t.) ប្រលបល; រឆើអាយខូច, បង្ខ

  (v.i.) ខូច

foul-smelling (adj.) ស្អយ

found (v.t.) បនិត

foundation (n.) គ្រឹះ:

  to pour a foundation ពាក្យគ្រឹះ:

founder (n.) បគ្គលនុសក់, និរូបរស

founders people (n.) កិបុរស

fountain (n.) ទឹកផ្លស្ទើក

  water fountain ទឹកផ្លស្ទើក

four (adj.) បន

fox (n.) កសែ្ផ្គោង

foxhole (n.) ក្រសក, អនង

fragant (adj.) ក្រអប

frame (n.) ក្រប, ទ្រង

door-frame ស្ពាសទ្វា

medium frame ម្ជុ មស្រុម

framework (n.) គ្រោងឆ្អឹង

France (n.) ប្រទេសបារាំង, ស្រុកបារាំង

frank (adj.) ត្រង់, ស្មោះ, ស្មោះត្រង់, ស្មោះ: , ស្មោះ:ត្រង់, ស្មោះ: ស្មោះ, ស្មោះ:ទទឹងពីទទៃ:

frankly (adv.) ស្មោះត្រង់ទៅ

frantic (adj.) រវើរវាយ

fraternity (n.) ភ្រាតរភាព

freakish (adj.) ស្ងួត

freckle (n.) អាចម៍រុយ

free (adj.) ទទេ, ទំនេរ, សេរី, រួច

free of charge ទទេ

the free world លោកសេរី

to get free of រួចពី

(v.t.) ស្រា:ដោយ, ដោះ:

freedom (n.) សេរីភាព

freeze (v.t.) ធ្វើឱ្យកក

(v.i.) កក

freize (n.) ចង្កូត

French (adj.) បារាំង, បារាំងសេស

frequency (n.) សភាពញឹក, សភាពញយញាប់

frequently (adv.) ញឹកញាប់ៗ, ទិចៗ, ជាមិច, ជាញឹកញាប់, ញយៗ

fresh (adj.) ស្រស់, ស្រស់ស្រាយ, ស្រួចស្រាយ, ស្រាវើ, ស្រស់

fresh water ទឹកសាប

friction (n.) ការប៉:ង្ហិតគ្នា, ការប៉:ៗស្អ

Friday (n.) ថ្ងៃសុក្រ

friend (n.) ស្ម្រើត្រង់, ភក្តិ, ស្អកត្រង់, ស្ម្រើស, ពីស្ម្រើស, មិត្ត, មិត្តសំឡាញ់, មិត្ត, មិត្តភក្តិ,

ស្ម្រើត្រង់, សំឡាញ់, អ្នកម៉ាក

false friend ញ្ចេមិត្ត

intimate friend មិត្តសំឡាញ់មិត្ត

good friend មិត្តសំឡាញ់ មិត្ត

to make friends ស្រើ្អកសម៉ាក, ពួកសម្ម្លា

friend (adj.) ស្អកម៉ាក, ស្អមិត្ត, ឧកស្អ

friendliness (n.) សម្ព័ន្ធភាព

friendly (adj.) ជាសម្ព័ន្ធភាពគ្នា, ទទៃ, ទទៃ, ស្អកត្រង់, ស្អ ប៉ាម្រើ. ស្អប៉ាមិត្ត

to be friendly with ស្អ ទទៃទៃ, ស្អ ប៉ាមិត្ត

friendship (n.) មិត្តភាព

to meet in friendship ជួបស្អគ្នា

frighten (v.t.) ធ្វើឱ្យ, ធ្វើឱ្យ, បន្លាច, ប៉ាភ្ញាក់, ប៉ាភ្ញាក់ប៉ាភ្ញាក់ស

frightened (adj.) ខ្លាច, ភ័យស្លន់, កំភ្ញាក់

to be terribly frightened ភ័យឡើងញ៉ាម៉ាក, កំភ្ញាក់កន្ទង់ស, កំភ្ញាកទ្រ្រទ្រោមកប៉ាស

fringe (n.) ស្រាយ

frizzy (adj.) ស្រួញញ្ចើ

frog (n.) កង្កែប

from (prep.) ប៉ាម៉ាក, ស្អម៉ា, ម៉ា, អំ្ម

from day to day ម៉ា្ម្ងៗស្ម្ងៗ

from now on ពីម៉ាក្អម៉ា្ម្ងៗ ស្អ:ៗ, ត៌ក្អម៉ាស្ម្រៗៗ

front (n.) មុខ, ខាងមុខ.(ខាងកក្អ)

in front ខាងមុខ

in front of ស្ង្ង ខាងមុខ

in front of everyone ក្អម៉ាសមុខគ្មា

frontier (n.) ទ៌ស៉ស. ត្រើ៌ស៉ស. ស្ង្ម្រើបទទៃ

frown (v.i.) ស្ឯម៉ា

frowning (adj.) (ម្ង) ក្រញ៉ូវ

frozen (p.p.) កក

fruit (n.) ផ្លែ, ផលិតផល, ផ្កែផលា

frustrated (p.p.) អស់, បង់ចិត្ត

fry (v.t.) ចៀន, លៀ

   to deep fry បំពង

   to fry fish ចៀនត្រី

   to stir fry ឆាកឆ្អិន

fulfill (v.t.) បំពេញ

full (adj.) ពេញ, ពេញលេញ, ពោរ, ពេញ, ឆ្អែត

   not full ខ្ញី:

   I'm full. ខ្ញុំឆ្អែតហើយ

fully (adv.) ពេញលេញ, ពេញលេញ, អស់អានុភាព, អស់ពី

fume (v.i.) ផ្សែង, ផ្សាយចេញ

fun (adj.) សប្បាយ

   (n.) រសជាតិសប្បាយ

   for fun កំសាន្ត

   It's fun. សប្បាយ

   to do something for fun ធ្វើសប្បាយ

   to have fun សប្បាយ

   to make fun of កំប្លែង, ចំអក, ចំអស, និយាយចំអក

Funan (n.) ហ្វូណន

function (n.) ករណីយកិច្ច, ការ, ទស្សកស់

fund (n.) កងកាស, បុ៎ជ, របប, មូលនិធិ

   pension funds របបសោធន

funeral (n.) បុណ្យខ្មោច, បុណ្យបុសាសព, បុណ្យមរណកិច្ច

FUNK (Khmer United National Front) រណសិរ្សរួបរួមជាតិកម្ពុជា, នគរខេមរាំង្ហ្វាសរួបរួមជាតិ

funny (adj.) កំប្លុក, គួរឱ្យអស់សើច

fur (n.) រោម

furious (adj.) ខឹង, ក្រេវក្រោធ, ខ្ញើរ

furlough (n.) ឈប់កស់, វិស្សមកាល

   He's on furlough. គាត់ឈប់កស់ហើយ

furnished (adj.) ផ្ដល់ទានរួបរាប់របរ, សាប, ទានគ្រឿងរួបរាប់, ផ្សំរបរ

furniture (n.) គ្រឿងតុទូរង្វើ, តុទូ, ង្វើរង្វើ

further (adj.) បន្ទាប់ទៀត, បន្ថែមទៀត

furthermore (adv.) ម្យ៉ាងទៀត, ម្ងៃទៀត

furtively (adv.) ស្ងាត់ស្ងៀម, ស្ងៀម

fuss (n.) រឿងរ៉ាវ

   to make a fuss រករឿង

futile (adj.) អត់ប្រយោជន៍, អត់ផល, ឥតការ, អត់ប្រយោជន៍, ឥតប្រយោជន៍

future (n.) ថ្ងៃមុខ, ថ្ងៃមុននថ្ងៃក្រោយ, អនាគត, ទំនាភក

   in the future អនាគតទៀត, ថ្ងៃក្រោយ

   future wife អនាគតភរិយា

future (adj.) ខាងក្រោយ, ខាងមុខ

   in future days ថ្ងៃខាងមុខ

future time អនាគតកាល

fuzz (n.) សំឡី

gain (v.i.) ចំណេញ, ប្រសើ

     to gain weight ឡើង, ធ្ងន់ឡើង

gait (n.) ដំណើរ

galaxy (n.) ផ្កាយ

gallbladder (n.) ប្រមាត់

gallery (n.) រោង

gallop (v.i.) លោត, រត់

     to cause to gallop បណ្តាលលោត, បំរត់

gamble (v.t.) ផ្សងសំណាង, ភ្នាល់, លេងល្បែង
ស៊ីសង, ស៊ីសង

     to gamble (cards) លេងបៀ

gambling (n.) ល្បែង, ល្បែងកាស,
ល្បែងស៊ីសង

game (n.) ល្បែង

gang (n.) ក្រុម, ពួក

     your gang ពួកឯង, ពួកអាឯង,
ពួកឯង, អាឯង

gangbuster (n.) អ្នកបំបាក់ក្រុម

gangster (n.) ចោរ, ពួកចោរផ្ងូវ

gapped (p.p.) ញែក, ញែកពីគ្នា, នៅឆ្ងាយ

gapping (pres.p.) ញែក, នៅឆ្ងាយ

garage (n.) ឃ្លាំងឡាន, ផ្ទះឡាន

garbage (n.) សំរាម

     garbage can ធុងសំរាម

garden (n.) ច្បារផ្កា, ស្ងួន,
សួនច្បារ

     flower garden សួនច្បារ

vegetable garden ច្បារបន្លែ

garlic (n.) ខ្ទឹមស

garment (n.) សំលៀកបំពាក់

     lower garment សង

     monk's outer garment ចីពរ, ចីវរ

garnet (n.) ត្បូង

gas (n.) ប្រេងសាំង, សាំង, ហ្គាស

     to consume gas (car) ស៊ីសាំង

     gas station កន្លែងលក់សាំង

gasoline ប្រេងសាំង, សាំង

gate (n.) ខ្លោង, ទ្វារ, ច្រកចូល

     gate posts សសរខ្លោង

gather (v.t.) ដុំ, ប្រមូល, ប្រមូលផ្ដុំ,
ប្រមូលផ្ដុំ

     to gather the people to do something
 របៀបក្បួន

gear (n.) ប្រដាប់បញ្ជា, ឡេង

gee (interj.) អី

gem (n.) ថ្ម, និល

gender (n.) ភេទ

     female gender ភេទស្រី

     male gender ភេទប្រុស

general (adj.) ទូទៅ, សាមញ្ញ,
សាធារណ. ឧត្តម (ការ
សំរាបសុ)

247

in general កាន់តែ, គ្រប់យ៉ាង, ជាទូទៅ

General (n.) ឧត្តមសេនីយ៍

generality (n.) ភាគ, សាមញ្ញភាព

generation (n.) ជំនាន់

    the older generation

        ចាស់ៗ, ជំនាន់ចាស់

    the younger generation

        ក្មេងៗ, ជំនាន់ក្មេង

generator (n.) ម៉ាស៊ីនភ្លើង,
        របស់សាកកាត់ទាំ

generosity (n.) ចិត្តធម៌, សប្បុរស, សប្បុរ
        សប្បុរស, សប្បុរៈចិត្ត,
        សប្បុរសធម៌

generous (adj.) ចិត្តធំធាយ, ចិត្តធំ,
        ចានធំ, សប្បុរស

Geneva (n.) ហ្សឺណែវ

gentle (adj.) ស្លូត

gentleman (n.) សុភាព

    a gentleman សុភាពបុរស

gentlemen នរសុភាព

geography (n.) ភូមិសាស្ត្រ

germ (n.) មេរោគ, អតិសុខុមប្រាណ

German (n.) ជនអាល្លឺម៉ង់, អាល្លឺម៉ង់

gesticulate (v.i.) ធ្វើកាយវិការ

gesture (n.) កាយវិការ

get (v.t.) បាន, ទាន, យក

    to get along with ចុះសម្រុង, ស្របគ្នា

    to not get along with

        ខុសគ្នា, ទាស់គ្នា

    to get away រត់គេច

    to get dressed ស្លៀកពាក់, ស្លៀកសំពត់

    to get even សងសឹក

to get gas ចាក់

to get in touch with ទាក់ទង

to get in the way ខ្វាង, ខ្វាងផ្លូវ,
    រាំង, រាំងផ្លូវ

to get in contact with ទាក់ទង

to get off ចុះ

to get out of ចេញពី, ចេញពីក្រៅ

to get over រួច, ទាត់, ទាត់ខ្លួន

to get rid of កំចាត់, កំចាយ, បំបាត់

to get stuck ទាល់, ទាល់គ្រ

to get up ក្រោក, ញាក់, ងើបឡើង

to get used to ធ្លាប់

to get the wind knocked out of
onself ចាក់

to get worse ចុះ, ចុះសាសាប់

to get to ទាន់

ghost (n.) ខ្មោច, ខ្មោចបិសាច, បិសាច

giant (n.) យក្ស, យក្ស

gift (n.) របបរជំនូន, អំណោយ, អង្វរ,
    ស្នូរ.., បំ្រណាយ

    wedding gift ចំណងដៃ

gifted (adj.) ទេពកោសល្យ

ginger (n.) ខ្ញី

girdle (n.) ខ្សែរ

girl (n.) កន្យា, នារី, ក្រមុំ,
    ក្មេងស្រី

    mature girl ក្រមុំ

give (v.t.) ឲ្យ, ប្រគល់រមណីយ, រមណីយ

    (to a king) ថ្វាយ

    (by a monk, king) ប្រទាន

    (to a monk) ប្រគេន

    to give away ឧបការ, ប្រគល់ចេញ

    to give birth សម្រាល

    to give food to a monk ចាក់ព្រះ

to give in to someone

to give up

to give up on

gizzard (n.)

glad (adj.)

gladness (n.)

glance (v.i.)

glare (v.i.)

glaring (pres. p.)

glass (n.)

glasses

  eye glasses

globe (n.)

glorify (v.t.)

glorious (adj.)

glove (n.)

glue (v.t.)

    (n.)

gnat (n.)

go (v.i.)

    (monk)

    (king)

to go after

to go ahead

to go along with

to go all the way

to go away from

to go against

to go by foot

to go back and forth

to go back on the word

to go down

to go in

to go into a trance

to go off the subject

to go on

to go out

to go to bed

to go straight

to go up

to go up and down

goal (n.)

goat (n.)

god (n.)

god king

Oh my god!

godfather (n.)

godmother (n.)

goiter (n.)

gold (n.)

golden (adj.)

gone (p.p.)

to be completely gone

all are gone

gonorrhea (n.)

good (adj.)

good at ស្ដាស្នាស់, ទីស្នាស់, ្រូសូ់
ស្នាស់, ្នាំកាស្នាស់

good in all ្ពាស្នាទ៉ស់្ពារ៉

no good ទីស្នន្ថ៉ៈ. ទីស្នព្នាកាន្ន.
ទីស្ននស់ៈ, សេ៉រ៉

good-bye (v.i.) រ៉ាបស្នា, ស្នា, ស្នូថស្នា,

(monk) ចនទ៉ាសភាស្នា, ្ពាយប៉សំស្នា

to say good-bye ស្នា

goods (n.) ្ស្ស្ដ៉ាស៉ូបនកាភបៃទនកាភ.
ទ៉សីញ្ញ, ស្នាភ, សអ៉ាស៉

goose (n.) ្ពាស៉

to have goose pimples ្ស៉ិ, ្ស៉ិស្នូ្ស្ស

to get goose pimples ្ស៉ិស្នូ្ស្ស,
ស្ស៉ូស៉សស្ស្ស៉ក៉ិស្ស៉ក៉

gore (v.t.) ៉ិ៉ិ

gossip (v.) ៉ិសេរសេ៉ិថ.៉ិសេកសក្ស្ស៉ី

gouge (v.t.) ស៉ិ្ស

gourd (n.) ស្ស្ស៉ិភ

govern (v.t.) ្សក៉ាក៉ិស,្សកាសក;
្សកស៉ក៉ា, សស៉ិបស៉ិ

government (n.) ស៉ិស្ស្ស៉ិ, ស៉ិស្ស៉ានស៉ិ្ពាស្ន
royal goverment ស៉ិស្ស្ស៉ិ,
ស៉ិស៉ិស្ស៉ាន៉ានស៉ិ្ពាស្ន

governor (n.) ស្ស៉ិ្ស្ព្ពាស៉ិ, សស៉ិ្ពាស្ន
provincial governor ស្ស៉ិ្ស្ព្ពាស៉ិស្ស៉ិស្ស្ស្ស
deputy provincial governor
្ស៉ស្ស៉ិស៉ិស្ស៉ិ

gracious (adj.) ៉ិស្ន្ស៉ិ, ៉ិស្នស្នសេ
ស្នស, ស្ស៉ាស៉ិស្ស
 N

grade (n.) ្ស៉ិស៉ិ្ពាក៉, ្ស៉ិស៉ៈ, ្ពាក៉,
៉ិ៉ិ
៉ិ

grain (n.) ្ស្ស៉ិ

grammar (n.) ស៉ិ្សេ្ស្ស៉ិស៉ិ

granary (n.) ្ស៉្ស៉ិភ

grandchild (n.) ស្ស៉ិ

grandfather (n.) ្ស៉ាស, ៉ិស្សស, ស្ស

grandmother (r.) ៉ិ្ស៉ិស្ន, ្ស៉ិស្ន, ្ស៉ិស្នស៉ិស៉, សេស្នសេ
U

grandparent (n.) ៉ិ្ស៉ិនស៉ិ្ពា

grandson (n.) ្ស្ស៉ិ្ស្ស៉ិ

grape (n.) ៉ិស្នក៉ិស្ន្ពាសេស្ស៉ិ,
៉ិស៉ ៉ិស្នក៉ិស្ន្ពាសេស្ស៉ិ

grapefruit (n.) ្ស៉ិ្ស៉ិ
U

grasp (v.t.) ្ស៉ាស, ្ស្ស៉ិ
to grasp with the hands ្ស្ពា៉ិ្ពាស៉ិ
U

grass (n.) ស្ស្ស
→

grate (v.t.) ស្ស្ស្ន

grateful (adj.) ៉ិ្ស្ស្ស្ន

gratitude (n.) ្ស្ស្ស្ស៉ិស្ស៉ិ, ្ស៉ិស្សស៉ិស្ស៉ិ,
្ស្ស្ស៉ិ ៉ិ ស៉ិ៉ិស្ស៉ិ

expression of gratitude ថ៉ិ្ស្ស៉ិ

gratuity (n.) ស្ស្ស្ស្ស្ន

grave (n.) ្ស៉ិស៉ិ
S

gravel (n.) ៉ិ្ស្ស្ស្ន
U

great (adj.) បស៉ិថស, សស៉ិ្ស្ស្ស៉ិ

great-grandchild (n.) ស្ស៉ិស្ស៉ិ
N

great-great-grandchild (n.) ស្ស៉ិស្ស្ស៉ិ
N

greatly (adv.) ្ស្ស៉ិស៉ិស្ស្ស្ស្ស្ស

greed (v.i.) ស្ស្ស្ស្ន

greedy (adj.) ស្ស្ស្ន, ស្ស្ស្ន, ៉ិ្ស៉ិស្ស្ស្ន
→

Greek ្ស៉ិ្ស៉ិ
U

green (adj.) ស្ស៉ិស៉ិ, ៉ិ៉ិ, ស្ស៉ិ្ស៉ិបស្ស្ស, ៉ិបស្ស្ស
light green ស្ស៉ិស្ស៉ិ្ស្ស្ស្ស៉ិសេស្ស៉ិ
pale green ស្ស៉ិស្ស៉ិ ៉ិ្ស្ស្ន

greet (v.t.) ៉ិ្ស្ស្ស្ស៉ិ, ៉ិ៉ិស្ស្ន, ស្ស្ស, ស៉ិស្ស៉ៈ
U
ស៉ិស្ស៉ៈ្ស្ស៉ិស្ស៉ិ, ស៉ិស្ស្ស៉ិសេស្ស្ស៉ិ
N

to greet (a monk or a king)	guerrilla (n.)
greeting (n.)	guess (v.i.)
act of greeting	(v.t.)
grenade (n.)	guessingly (adv.)
grenade launcher (n.)	guest (n.)
grey (adj.)	guest of honor
grief (n.)	guide (v.t.)
grim (adj.)	to guide an animal
grim faced	guide (n.)
grind (v.t.)	guilt (n.)
grip (n.)	guilty (adj.)
groan (v.i.)	
the stomach groans	quitar (n.)
grope (v.t.)	gulf (n.)
ground (n.)	gullible (adj.)
elevated ground	gum (n.)
group (v.t.)	
(n.)	gumption (n.)
	He has plenty of gumption.
grow (v.i.)	
	gun (n.)
(v.t.)	automatic gun
growing (pres.p.)	(v.t.)
grass is growing	to gun down
grudge (n.)	to gun the engine or motor
to hold a grudge	gust (n.)
guarantee (v.t.)	
	gut (n.)
guard (n.)	He has guts.
provincial guard	gutter (n.)
royal provincial guard	guy (n.)
(v.t.)	that guy
	gyp (v.t.)

habit (n.) ទំនៀប, ទម្ងាប់

hack (n.) កូរទៅ

hail (n.) ព្រិល

   hail is falling ធ្លាក់ព្រិល

hair (n.) សក់

   kinky hair សក់កណ្ញាញ់, សក់ក្រញ៉ាញ់

   dirty hair សក់ព្រុងទុក

   wavy hair សក់រួញ

   gray hair សក់ស្កូវ

   curly hair សក់អង្កាញ់, សក់ក្រញ៉ាញ់, សក់រួញ

   body hair រោម

haircut (n.) កាត់សក់, សក់

   to get a haircut កាត់សក់

hairdresser (n.) អ្នកកាត់សក់

hairline (n.) រឹមសក់

hairspray (n.) ថ្នាំបាញ់សក់

hairy (adj.) សុកស្សួរ

half (adj.) កន្លះ, ពាក់កណ្ដាល, ចំរៀង, អឌ្ឍ

   half an hour កន្លះរម៉ោង

   half portion អឌ្ឍភាគ

   half sister បងប្អូនស្ទួយបុទ្ធិពុកដនៃ

   half way ពាក់កណ្ដាល

hall (n.) សាលា, សាល (បន្ទប់ធំ)

   city hall សាលាក្រុង

   dance hall រង្គសាល

district hall សាលាស្រុក

exhibition hall សាលតាំងវត្ថុ

hallway (n.) ចរន្ថះ, ឆ្លូវ

ham (n.) ស្នូប្បង, របៀបជ្រូករផ្អែរ

hamlet (n.) ភូមិ

   hamlet chief មេភូមិ

hammer (n.) ញញួរ

   (v.) អ

hand (n.) ដៃ, ព្រះហស្ត (រស្តេច)

   on the other hand ម៉្យាងវិញ, បុគី, ផ្ទុយរាវិញ

   to be hand-in-glove with ក្ដុងនឹង, ប្រុងរួមនឹង

   to hold hands ក្រាប់ដៃ

   to stretch out the hands សាកដៃ

   to wash one's hands of រសាងដៃ

   on the one hand and on the other ម៉្យាង... ម៉្យាយ

   hand to hand សេវដឹងនឹងដៃ, ដៃនឹងដៃ

   to put one's hand in លូកដៃចូល លូក, លូកចូល

   to hand over ហុច, ប្រគល់, ប្រគល់ឱ្យ

handbag (n.) កាបូប, កាបូបយួរ

handbrake (n.) ប្រញាំងដៃ

handful (n.) កណ្ដាប់

hand grenade (n.) គ្រាប់បែកដៃ

handgun (n.) កាំភ្លើងខ្លីស

handkerchief (n.) កន្សែងដៃ

handiwork (n.) ស្នាដៃ

handle (n.) ដៃ

handsome (adj.) ស្រស់, រឌ្ឍិត, រឌ្ឍិតឆ្លាយ,
                រូបរាង, ពាក់ឡប

handy (adj) មានចិត្ត, មានចិត្តមានរៀម

hang (v.) ព្យួរ

    to hang (a person) ចងក, ព្យួរក

    to hang down សំយុង

    to hang on របាង, របាងរឆាយដាប

    to hang up ពាក់; ទម្លាក់របស្សស្ងួ្រ(ធ្វ:)

hanky-panky ស្ទួបត្រស់, ការស្ទួរត្រស់

happen (v.) កើត

    it happens that... កំស៊ីខមាន

    to happen to មានពាន

    to happen to someone រកើតមានចំរោះ:
                ម្នាក់ណាម្ងួយ

happening (n.) ព្រឹត្តិការណ៍

happiness (adj.) សុខមង្គល, មង្គល, សោភា

happy (adj.) សប្បាយ, អរ, សរសប្បាយ,
            ភ្លកសរ, ត្រូសលចិត្ត, វិករាយ

harbor (n.) កាប

hard (adj.) ពិពាក, យ៉ាប់; រឹង, រឹងប៉ឹង, អន្ទៅ

    to be hard on ឆ្ងងដៃ

    to be hard to please រយបកាន់

    hard headed រឹងក្បាល, ក្បាលរឹង

    hard of hearing ថ្ងង់

    hard life រស៊ីយ៉ាបាត់

    to try hard ប្រឹង, ប្រឹងរប្រ្បាង

    hard working ឧស្សាហ៍

harden (v.) កម្រឹង

hard labor (n.) ការដាំងងស

at hard labor រឌ្ឍ ការដាំងនស្ងួង

harmonous (adj.) ពិរោះ:

harmony (n.) (to be in-) ស្រី, ស្រីគ្នា

harmonize (v.) ផ្សុះគ្នា, ផ្សុះគ្នាចុ:, ក្រូវគ្នា

harrow (v.) រាស់

    (n.) រនាស់

harvest (n.) ដំណ; ការយនកប្ស

    (v.) ប្រូត, ប្រូតកាត់

hasty (adj.) រប៉ាញ់ប់ប្រញាប់

hat (n.) មួក

hatch (v.t.) ញ្ញាស់

    the egg hatches ពងមានញ្ញាស់

    the chick was hatched មានញ្ញាស់រហើយ

    hatched (p.p.) ញ្ញាស់

hatchet (n.) ពូរថៅ

hate (v.) ស្អប់

hatred (p.p.) ស្អប់, សំអប់

    (n.) ការស្អប់

    object of hatred ជាទីស្អប់

haul (v.) សររណ្តាង

haunt (v.) លង

have (v.) ពាន, មាន

    don't have to មិនបាច់

    to have done (at least one) ផ្លួប់

    to not have មិនបាច់

    to have not...at all ពានពាន...រសា:

    to have to ត្រូវ ត្រូវរិត

    to have someone do something របាយ

    What will we have to eat? ពានស្អ្ញ ?

hawk (n.) ខ្លែង

hay (n.) ចំបើង

he (pro.) វា, រក, ពាត់, គា,
           គ្រុន (របស់)

head (n.) រប,ក្បាល, នាយក,ប្រមុខ
       សេ, អធិការ

    get a swollen head ញាន់ចិត្ត

headache (n.) ឈឺក្បាប់

headlight (n.) ចរង្កៀង, ហ្គា

headline (n.) ចំណងជើង

headquarters (n.) មន្ទីរបាត់ការ, ទីបាត់ការ

    headquarters of the high command
       ទីសត្តរបបញ្ជាការ

healed (p.p.) សះ:, សះស្បើយ

healer (n.) គ្រូ

health (n.) សុខភាព, សុខមាលភាព

    health certificate សំបុត្រសោស្ត្រ

    health administration សុខាភិបាល

    public health សុខាភិបាល

healthy (adj.) សុខ, ស្ងាត, ស្រួលខ្លួន

hear (v.) ឮ, ឮសូរ, ស្តាប់ឮ

    I heard that... ខ្ញុំឮគាថា

    unable to hear ថ្លង់

heard (p.p.) ឮមុក, សោ្ដចគ្

hearing (n.) ការស្តាប់ឮ

    to be hard of hearing ថ្លង់ត្រចៀក

heart (n.) រប:ដូង; ចិត្ត, ព្រះហឬទ័យ

heartbroken (p.p.) ខូចចិត្ត, បងចិត្ត

    to have a broken heart ខូចចិត្ត, បងចិត្ត

    heart to heart ចិត្តនិងចិត្ត

heartedly (adv.) ដោយចិត្ត

    full-heartedly អស់ចិត្ត អស់រឰម

heat (v.) កំរៅ

    to heat something កំរៅ

heaven (n.) ឋានសួគ៌

heavens (n.) ព្រ:

Oh heavens! ព្រះរអើយ,ព្រះម្ចាស់ខ្ញុំហើយ

heavenly (adj.) ទិព្យ, នៃឋានសួគ៌

heavy (adj.) ធ្ងន់, ធ្ងន់ធ្ងរ

heck (n.) (slang for hell)

    The heck with it. កំបីច្ច:,កំបីរកៗ

hectare (n.) ហិកតា

hedge (n.) របង (របងរបស់)

heel (n.) កែងជើង, កែង

height (adj.) កំពស់

helicopter (n.) រអសីក្នុងវិន, ឧទ្យម្ភាគចក្រ

helmet (n.) មុកដដក

hell (n.) នីរនៈ, នរក

hello (n.) ជំរាបសួរ

    to say hello (royalty,clergy) ថ្វាយបង្គំ

    to say hello ជំរាបសួរ, សួរសុខទុក្ខ

help (v.) ជួយ, យកភាពសាស, សង្គ្រោះ:
       ឧបត្ថម្ភ

    help out ឧបត្ថម្ភដំណឹន

    He can't help it. គេមិនចេនិង

    Can I help you? ពន មានការអ្វីសោកាក?

       (n.) ជំនួយ, ការជួយ

helpful (adj.) មានចិត្ត

helter-shelter (adj.) វិណាត់វិណាង

hem (n.) ជាយ

    hem of a skirt ជាយសំពត់

hemorrhoids (n.) ជូសដ្លងបាត

hen (n.) របមាន់, មាន់ម

henchman (n.) កៅដឹង

her (pro.) នាត់, នី, រក

herd (n.) ហ្គង

here (adv.) សៅនេះ, សៅនោ:

    over here ឯនោ:

hereditary (n.) ពន្ធុយ

heredity (n.) បុព្វហេតុ (វេហគុណនិន័យអាករចិតសត្វ)

heritage (n.) រតន៍, មនិក, រតន៍មនិក, រតន៍អាគរ

hermit (n.) តាបស

hero (n.) វីរ ជន

heron (n.) ក្រសារ, កុកក្រសារ

hesitantly (adv.) រេមរេើម, រួញរា រួញរា, ទើមទាម

hesitate (v.) ញញើត, ញញើម

hiccup (n.) រអឹក

to have the hiccups រអឹក

hide (n.) រំស្បក

hide (v.i.) ពួន, បង្កប់, បង្កប់ខ្លួន

(v.t.) លាក់, បាំង, បំបាំង, ពួន

to hide something បិទពួន

to hide oneself លាក់ខ្លួន

high (adj.) (position or height) ខ្ពស់

ខ្ពស់ខ្ពស់

(status) ខ្ពង់ខ្ពស់, ឧត្តម

high beam ប្រ

junior high អនុវិទ្យាល័យ

high school វិទ្យាល័យ

high relief ចម្លាក់រលាយ

highway (n.) ផ្លូវធំ

hijack (v.) បច្រត់កយាសរបហា៖

hijacker (n.) អ្នកបច្រត់កយាសរបហា៖

hill (n.) ភ្នំ, ដីខ្ពស់, ភ្នំ, កូនភ្នំ

him (pro.) គាត់, វា, នេ

hinder (v.) បង្ខាំង, ទាស្ទឹង, រា, កាន់រា

Hinduism (n.) សាសនាព្រាហ្មណ៍, ព្រាហ្មញ្ញសាសនា

hint (n.) ឆ្នៃ

to give a hint បរ្ញៀប

hinterland (n.) រឱត្តរប្រ

hips (n.) ចង្កេះ

hire (v.) ជួល

hired (p.p.) ឈ្នួល, ជួល

historian (n.) ប្រវត្តិសាស្ត្រវិទូ, ប្រវត្តិវិទូ, អ្នកប្រវត្តិសាស្ត្រ

history (n.) ប្រវត្តិសាស្ត្រ, ប្រវត្តិ

the study of history ប្រវត្តិវិទ្យា ប្រវត្តិវិទ្យា

hit (v.) វាយ, ត្រូវ

to hit against បៈ

to be hit ត្រូវ

to hit each other ប្រយុទ្ធ

to hit repeatedly កប់, គាប

to hit the dirt ក្រាប

to hit down with a fist កញ្ជ

to hit with a club ប្រ

to hit with the closed fists ដាល

to hit with the knuckles ក្ញក

hoe (n.) ចប, ចបកាប

hoist (v.) ស្ទើ

hold (v.) កាន់, ដ៖ បាន

to hold on រកាន់, រកាន់ឲ្យជាប់

Hold on! សប់សិន! សប់មួយភ្លែត

This car can hold 4 persons. ឡានរនេះដ៖បាន៤នាក់

to hold against ប្រកាន់

to hold something for sale later បង្កាន់, កក់ទុក

hole (n.) រន្ធ, របណ្ដៅ, ប្របហោង អណ្ដូង

full of holes ពុកទម្លុះពោង

hole (in ground) រណ្ដៅ (ដី), រន្ធ

to make a hole in រៀ៖

holeless (adj.) ភាស់

holiday (n.) (festival) ថ្ងៃបុណ្យ

   day off ថ្ងៃសម្រប់, បុណ្យនៅ'ន

   national holiday បុណ្យជាតិ

   to have a holiday សម្រាកបុណ្យ

holler (v.) បន្លឺក, បន្លឺកបេហា

holy (adj.) សក្តិសិទ្ធិ, ព្រះ:

home (n.) ផ្ទះ:, ផ្ទះ:សំរៀប់ង, ទីសំរាង

   to be home នៅ ផ្ទះ:

   home economics ទីផ្ទះរបមផ្ទះ:

   to stay home នៅ ផ្ទះ:

homeland (n.) ប្របទេសកំរណើត

homesick (adj.) នឹកផ្ទះ:

honest (adj.) ស្រក់ស់, ស្រ)ង់, ស្រ)ង់ត្រង់ស់
     ត្រឹមត្រូវ, សុចរិត, ស្មោះ:ត្រង់ស់

honesty (n.) ឧសសុចរិត

honey (n.) ទឹកឃ្មុំ

honor (n.) ឧសស, ឧសសសក្ដិ, កិត្តិយស

   (v.) ខោរព; គោរពគណ្ណល់

honored (p.p.) ខាកិត្តិយស

hook (n.) ទំខ្ចក់

   fish hook ទំខ្ចសណ្ដេ

   (v.) ខ្ចក់

   to hook something ខ្ចក់, ស្ណេ

hooky (n.) ការខ្វះ:, ការឈ្នះ

   to play hooky ខ្វះ:, ខេឆខ្វះ:

hope (n.) ខេសចក្ដីសង្ឃឹប

   to have a hope ខានសង្ឃ

   (v.) សង្ឃឹប

hopeless (adj.) អស់ផ្ទឹង, អស់សង្ឃឹប

   nearly hopeless ខ្ចាប, ស្ទើនខ្ចាប

horizon (n.) ខេ្តនរមឈ

horizontal (adj.) រផ្តា

horn (n.) ស្ទនរ

horse (n.) សស:

horse cart (n.) រទេ:រសស:

horse-drawn cart (n.) រទេ:រសស:

hospital (n.) បន្ទឺររពទ្យ, រពទ្យ, មន្ទីរ
     ព្យាបាលរោគ

   to go to the hospital នទៅរពទ្យ

   to be in the hospital នទៅនរពទ្យ

hospitality (n.) ការទទួលភាក់គាក់,
     ការភាក់គាក់, សណ្ឋរកិត្ត

hospitalize (v.) នទៅនរពទ្យ, នយកនរពទ្យ

hospitalized (p.p.) នឃើញនរពទ្យ, នទៅនរពទ្យ,
     សំព្យាសនរពទ្យ, នសាវនរពទ្យ

hostage (n.) ចំណាប់ខ្លួង

hot (adj.) នក្ដៅ; រេហ៍ (ឃាល)

   He is in hot water. ទីកនឹត្តធូល្យចម្ម:

hotel (n.) សុំតែល, ផ្ទះ:សំណាក់, សណ្ឋាគារ

hour (n.) នេម៉ង

house (n.) ផ្ទះ:, ផ្ទះ:សំរៀប់ង, គ្នី:

   brick house ផ្ទះ:ថ្ម

   four-story house ផ្ទះ:បីជាន់

   legislative house សភា

house boy (n.) នក្មេងឈឹ

household (n.) ផ្ទះ:សំប្ប្នង

House Judiciary Committee គណ:កម្មការ
     សភាតំណាងរាស្ត្រ ខាងកិច្ចតុលាការ

House of Representatives សភាតំណាងរាស្ត្រ

housewarming (n.) ស្ពៀលស៍ផ្ទះ:

housewife (n.) ស្រ្តីរមផ្ទះ:

hover (v.) ខ្ញាប, ខាក់, ខាក់ខ្ញាប, ខ្ញាប់
     នៅខេនៅស៍, សសា

how (adv.) របៀប, ខេច, យ៉ាងខេច
     យ៉ាងណា, ការខេច

How about...? រម៉េចទៅ,រម៉ចអ៊ី,ប៉ុ៖

How can...? រកានវិត

How come? រម៉េចបានវិតយ៉ាង់ម្ល៉ោះ ?

How far? ច្ងាយប៉ុស្ណា ?

How is it read? រម៉ីសឪារម៉េច ?

How many? ប៉ុ"ណាន

however (conj.) វិត , វិតថា , វិតប៉ុវិត្ត , ប៉ុវិត្ត, កីប៉ុវិត្ត; យ៉ាងណាក៏ដោយ

howl (v.) សូ

Hue រវ , ទ៊ីក្រុងរវ

huge (adj.) មហិមា

human (adj.) មនុស្ស

human being មនុស្ស, មនុស្សលោក

human life ជីវិតមនុស្ស

humane (adj.) មនុស្សធម៌

humanism (n.) មនុស្សនិយម

humanitarianism (n.) មនុស្សធម៌

humanity (n.) មនុស្សជាតិ

humble (adj.) ស្ងាត់ខ្នន

humid (adj.) រសើម

humidity (n.) សរសើម, សីរណភ

humiliate (v.) អាម៉ាស, រធ្វីឲ្យអាប់ចិត្ត

humiliated (adj.) ខ្ចចចិត្ត

humorous (adj.) កំប្លុង

hump (n.) ត្ងស

hundred (n.) រយ , សត :

two hundred ពីររយ

hundreds (n.) ពប់រយ

hundred thousand (n.) វិសេន

hunger (n.) ការឃ្លាន់ព្យាយ

hunger strike ក្ដុកម្មឃ្លាត់ព្យាយ

hungry (adj.) ឃ្លាន, ឃ្លានព្យាយ, រហា៎

to go hungry អត់ព្យាយ

I'm hungry ខ្ញុំឃ្លានព្យាយ

hunt (v.) ពាញ់សត្ត, បរបាញ់, រក

hunter (n.) ប្រមាញ់, ព្រាន,អ្នកប្រមាញ់

hurricane (n.) ខ្យល់ព្យុ:, ក្យ:សង្ឃ្យរា

hurry (n.) ការប្រញ៉ប់

to be in a hurry ប្រញ៉ប់, ប្រញ៉ប់ ប្រញ៉ស់, រហាស់

Why are you in such a hurry? អ្នកវាងស្ម្លី:? រម៉េចក៏ប្រញ៉ប់រម្ល៉ះ ?

to leave in a hurry ព្ងាស

(v.) ប្រញ៉ប់,ប្រញ៉ីក, ស្រ្ុន

Come on, hurry up! ប្រញ៉ប់រឆ៊ីង !

Hurry up! ប្រញ៉ប់រ្ឆ៊ីង, ស្រ្ុនរឡ៊ីង

hurt (adj.) ឈ្ក, ស៍, ស៍ចាប់

(v.) ស៍

to get hurt ស៍

to hurt someone's feelings បណ្ណ

husband (n.) ប្ដី,ស្ៗមី

first husband ប្ដីរដ៊ីម

minor husband ប្ដីធុន

husband and wife ប្ដីប្រពន្ធ

husk (n.) ស៍បក,ស្របក

husky (adj.) ស្ខ្ងស, ក្រសាញ

hustle (v.) រក្ងព្រ៊ីន

hut (n.) ត្ូប, ខ្ទប, រោង

hydrolysis (n.) ការរំសាយស៍

hygiene (n.) អនាម៉យ

hypocritical (adj.) សាក់ពាក, មានព្យាក,ឆ្ក

hypocrite (n.) មនុស្សមានព្យាក, មនុស្ស សាក់ ពាក, មនុស្សឆ្ក

I

I (pron.) ខ្ញុំ, អញ ; អញ (intimate)

    (female-deferent) នាងខ្ញុំ

    (to a monk) ករុណា, ខ្ញុំករុណា

    (used by layman to monk or royalty)

        ទូលបង្គំ

    (by a monk) អាត្មា , អាត្មាភាព

I (pron.) ឯង (familiar) បង

ice (n.) ទឹកកក

icebox (n.) ទូទឹកកក

iced tea (n.) តែទឹកកក

ID card (n.) អត្តសញ្ញាណបណ្ណ

idea (n.) គំនិត, មតិ, គតិ, មរនាគមៈ

    good idea គំនិតល្អ

    to run out of ideas អស់គំនិត

ideal (n.) ឧត្តមគតិ

identical (adj.) ដូចដែល, ដូចរបៈបិត

identification (n.) សញ្ញាស្គាល់

    identification card អត្តសញ្ញាណបណ្ណ

    identification number អត្តរលេខ

identity card (n.) ភាគ, នាមបណ្ណ

ideology (n.) លទ្ធិ, មរនាគមៈ,មរនាគមវិជ្ជា

idiotic (adj.) ល្ងីល្ងើ

i.e. គឺ

if (conj.) បើ, បើសិនជា, បើសិនណា,

    កាលបើ, ប្រសិន, បើសិន,

    ប្រសិនជា, បើ

as if របៀបរិត, របៀប

if it were not for កុំបិត... កុំអី,

    កុំបាន... កុំអី

if not so របើមិនស្តេច្រះរិច

only if លុះរិត

I want to know if he's here or
not. ខ្ញុំចង់ដឹងថាគាត់នៅទីនេះឬមិននៅ

ignite (v.t.) បរញ្ចះ

    (v.i.) រស្មះ

ignorance (n.) គំរព្ញា

ignorant (adj.) ល្ងង់, ល្ងង់រឡ, ល្ងិតល្ងង់
    មិនដឹងនិសតបស, មិននឹង
    បលិចបរកិត, កំរព្ញា, រឡ្ញ

ill. (adj.) ឈឺ

    to be ill (clerical) អាពាធ

illegal (adj.) ខុសច្បាប់

illegally (adv.) ដោយខុសច្បាប់

    to do illegally ទុច្ចរិត

illness (n.) ជំងឺ; រោគ

illumination (n.) ពន្លឺ

image (n.) រូបភាព, រូបារម្មណ៍, រូប

    image of Buddha ព្រះពុទ្ធរូប

imagine (v.t.) ស្មាន

imitate (v.t.) ត្រាប់តាម, រធ្វើតាម

immediate (adj.) បច្ចុន

immediately (adv.) ភ្លាត, ភ្លាម, ក្លុមា,
    ករាទរនាៈ, ដាបស្លាន

258

immense (adj.) ក្រាស់, មហិមា

immerse (v.i.) ត្រាំ, មុជ

immigrant (n.) ជននិរទេស

immortal (adj.) មិនស្លាប់, អមត:

impact (n.) ការប៉ះ ទង្គិច

impartial (adj.) មិនរើសមុខ, ឥតរើសមុខ

impartially (adv.) ដោយមិនរើសមុខ

impatience (n.) ការញ្រាំងចិត្ត, ការមិនអត់ធ្មត់

impeach (v.t.) ដកអំណាច, ដកតំណែង

imperfect (adj.) មិនគ្រប់លក្ខណ:

imperialism (n.) ចក្រពត្តិនិយម

imperialist (n.) ចក្រពត្តិ

impetus (n.) កម្លាំង, ល្បឿន, ល្បឿនមកាន់

impolite (adj.) មិនសុភាពរាបសា, ឥតឈ្មួស

import (v.t.) នាំចូល, អាហរណ៍

   Import-Export អាហរណ៍ និ ចារណ៍

importance (n.) សារសំខាន់, ប្រយោជន៍

important (adj.) សំខាន់, ធំដុំ, ថ្លៃថ្នូរ
           ទក្ខិណ ទក្ខិប

   not important មិនសំខាន់ស្អីទេ

   to be important សំខាន់ណាស់

impose (v.t.) បង្ខំ, បង្ខើអំណាច

impotence (n.) ការខ្សោយអំណាច, គ្មានអនុភាព

impotent (adj.) ខ្សោយ, ខ្សាប់, គ្មានអនុភាព

impractical (adj.) អនុប្រយោជន៍, មិនបាន
        ការ, របៀបការមិនបាន

impressed (p.p.) សូរប់រំភ្លឺ, រភាតសួររសីរ
   to be impressed សូរប់រំភ្លឺ

impression (n.) អារម្មណ៍, ការធ្វើឲ្យនឹក

impressive (adj.) រវរឃើយសួររសីរ, រសោយ
       រភាត, រអោយសូរប់រំភ្លឺ

imprint (v.t.) បោះពុម្ព

imprinted (p.p.) បោះពុម្ព

   clearly imprinted ច្បាស់

imprison (v.t.) ដាក់គុក

improve (v.t.) លំអ, ធ្វើ

in- (prefix) អ:

in (prep.) នៅ, នា, ក្នុង, ក្នុង, នៅក្នុង, នា

   in English ជាអង់គ្លេស

   in one way ម្យ៉ាង

   in order រៀបចំ

   in spite of ឥតគិតមុខ, ទុកបី

inability (n.) ភាពអសមត្ថភាព, ការមិនអាច

inactive (adj.) អកម្ម

incapability (n.) ភាពអសមត្ថភាព, ការមិនអាច

incarnation (n.) ការចាប់ជាតិ

incense (n.) ធូប

incentive (adj.) ដែលបណ្តើនរអោយមាន
      ចំណង់, ដែលជំរុញញ្ចឹ ចិត្ត

inch (n.) អ៊ីញ

incident (n.) ឧប្បត្តិរេហាត, វិវាទ

incite (v.t.) ចាក់រុក, កន្ត្រាក់, បបះបររ្រា
      ញុះញង់

inclination (n.) ទំនោរ

inclined (adj.) រេទ (not straight up)

   I'm inclined to accept that
      ខ្ញុំយល់ព្រមតាមគាប

   I'm inclined towards that
      ខ្ញុំរឃើ (រឃើង ឃ្ញុំង)

including (pres.p.) សួប្បី, សួប្បីរិត, ទាំង

   including ... as well ទាំងនិង

incompatible (in ideas)(adj.) ខ្វែងគំនិត,
      មិនគ្រូវគ្នា, ទាស់គ្នា

incorrect (adj.) ខុស, មិនគ្រូវដូរជ្

increase (v.t.) បន្ថែម, ចំរើន, កើន, វាត
រកតច្រើន, ដំរើស, កើម,
បរិន្ថម

increasing (pr.p.) រគីស

increasingly (adv.) កាន់តែ, កាន់តែ...ឡើង,
ទៅរឡើង, រឡើនរឡើង។

indeed (adv.)ពិរា, ដែមនរហើយ

indefinitely (adv.) មិនដឹងពេលណា,រហូត

independence (n.) ឯករាជ្យ

independent (n.) ឯករាជ្យ, ឯករន

independent (adj.) ឯករាជ្យ, ឯកៈ)ង
ដាច់ពីគ្នា, និងពឹងពាក់រគ

independently (adv.) ឯ្ដងៗ, ដីទៅ។

index finger (n.) ចង្អុលដៃ

India, Indian (Hindu) (n.) ឥណ្ឌា, និង្ហ

indicate (v.t.) បង្ហាញ, បញ្ជាក់,
បញ្ជាក់ឲ្យដឹង,បញ្ជាក់ឲ្យរឃើញ

indifferent (adj.)ធ្វើកន្ថើយ, រធ្វើស្រាសើយ,
រធ្វើស្រាសើយកន្ថើយ, ខសម្គា,
មួនរស្ម, ដា, ដាៗ, រធ្វើថាៗ

indiscriminately (adv.)និកវិសមូ, និគ
រើសរសិន

individual (adj.) ម្នាក់ៗ

individual (n.) បុគ្គល
an individual បុគ្គលម្នាក់

Indo-China (n.) ឥណ្ឌូចិន

Indonesia (n.) ឥណ្ឌូរនសី

Indonesian (n.) ជាតិឥណ្ឌូរនសី
(adj.) ឥណ្ឌូរនសី

Indra ព្រះឥន្ទ

indulge (v.t.) ធ្លាក់ផ្ថម, ធ្ថម, ផ្ថតឥប

indulgent (adj.) រយាត យល់

industrious (adj.) ឧស្សាហ៍

industry (n.) ឧស្សាហកម្ម

inert (adj.) អចល

inevitably (adv.) តស់, រព្)សាមិនឧូច,
រតឧូមិនឧិត

inexpensive (adj.) ថ្លៃនៃ, រទាក

initiate (v.t.) ធ្វើរឡើម, តាំ, តាំផ្ខ

infant (n.) កុនង្គ, ទារក

infantry (n.) កាហានរជើងរគាក,
ទាហានរជើងរឃាង

infection (n.) ឆ្លងរឆ

infer (v.i.) សន្និត

inferior (adj.) អាក់, អផ់ទិយ, ទាប

infiltrate (v.) ធ្លា, ធ្លាសរស្ពីកព្រីនិក,
ស្ពបស្ពន

infix (n.) បុព្ពបទក្សប់នាងកណ្ដាល

inflame (v.t.) ធ្វើរ្ហក

inflammable (adj.) រឆះ, សមិន ស(សៈឆិន)

inflate (v.t.) សប់, បំរឡើង
to inflate a tire សបកង់

inflexible (adj.)របកាន់, រឹង

influence (n.) ឥទ្ធិពល, បុណ្យ, មានមុខមានមាត់
ទាការរគារព

to exert one's influence រថើឲ្យមុខមាត់

to influence people កាត់គាណ, បញ្ជៈបញ្ជូល

to have influence ទៃកមាត់ព្រប

to have influence over people ទៃក

មាត់ពីព្រប

inform (v.t.) ប្រាប់, ដិរាប, ដិរាប់ប្រសាសន៍,
ឲ្យដឹង; ផ្ដិ

to inform (royal, clergy) ឧល

to inform of someone's mistake ប្រាប់

ពិតផល,

information (n.) ដំណីង, កតិមាន, សាពតិមាន

to ask for information សុំដំណឹង

to put out information រយាយសារ, ផ្សាយ

informer (n.) ទន្ត

     inside informer ទន្តក្នុង

ingenious (n.) ឆ្លាតព្រាវ

ingenious (adj.) ព្រាវ

     he is ingenious គាត់ជាឆ្លាតព្រាវ

ingenuity (n.) ព្រាវៗ

ingredient (n.) គ្រឿងផ្សំ

inhale (v.t.) ដើរ

inherit (v.t.) កាត់, ពានមរតក

     inherit someone's characteristics

         កាត់មរតក, កាត់ទ្រង់ទ្រាយ

inheritance (n.) រក្សីមរតក, មរតក,

         រក្សីអាការ, រក្សី

inhumane (adj.) អមនុស្សធម៌

inhumanity (n.) អមនុស្សធម៌

initiate (v.t.) ផ្តើម

inject (v.t.) ចាក់, ចាក់ថ្នាំ

injection (n.) ការចាក់បញ្ចាល

     to receive an injection ចាក់ថ្នាំ

injured (adj.) ព្រួយរបួស, របួស

     to be injured ស្ងន់របួស

injury (n.) របួស

injustice (n.) អយុត្តិធម៌

ink (n.) ទឹកខ្មៅ

-in-law (n.) សាច់ថ្លៃ

     daughter-in-law កូនប្រសារស្រី

     grandfather-in-law ជីតារក្សក

     mother-in-law ម្តាយក្មេក

     son-in-law កូនប្រសារ

     uncle-in-law ឪរក្សក

     young sibling-in-law ប្អូនថ្លៃ

inmate (n.) មនុស្សរោស, អ្នករោស

innertube (n.) សោះសៀងកង់, សោះសៀង

inoculate (v.i.) ចាក់ថ្នាំ

inquire (v.i.) សួរ, សាកសួរ

inquiry (n.) សំណួមពរ

inscribe (v.t.) ចារ

inscription (n.) ចារិក, អក្សរចារិក

     inscription in stone សិលាចារិក

insect (n.) សត្វល្អិត, សត្វល្អិតរល្អាច

insecurity (n.) អសន្តិសុខ

insert (v.t.) សឹក, សឹករស់ត, រស់ត

         ស្រ្តីត, ចាក់, ស្រ្តីក, បញ្ចាល

inside (prep.) ក្នុង, ទាំងក្នុង

insignia (n.) រក្សីផង សស្សរយស

insignificant (adj.) ធ្ងនៗ, អម្ប៉ាល

insinuate (v.i.) និក្ខិញ, និយាយបញ្ជ្រាង,

         រសៀម ឃាម, រចាំរផ្ដ,

         សឹករស្ត

insinuation (n.) រផ្ដឃ្លៃ

insist (v.i.) រំឭក, ទទូច

insistent (adj.) ទទូច

insistently (adv.) ព្រំពិសល ៗ

insolent (adj.) ព្រហើន, រឆ្មើងៗក

         ចិត្តធ់

insomnia (n.) ការដេកមិនលក់

     to have insomnia រដេកមិនលក់

     having insomnia រដេកមិនលក់

inspect (v.t.) ព្រួតពិនិត្យ, រមើល, ត្រួត,

         ពិនិត្យរមើល, រមើលការទូសព្រួត

inspector (n.) អធិការ

install (v.t.) ដាក់, រៀបដាក់

installation (n.) ការដាក់; ការតាំងនៅ

instance (n.) ឧទា, ឧទាហរ

for instance ឧទាហរណ៍

instantly (adv.) ភ្លាម, ក្នុងមួយរំពេច

instead (adv.) វិញ, ជំនួសវិញ, ផ្ទុយវិញ

instead of ក្រៅពីនេះ, ជំនួសឲ្យ... ពីនេះ ក្នុងមួយ

Instead of eating he drinks. កាលគាត់ ពិសាអាហារជំនួសឲ្យនឹងការពីសា

He wanted me to do it instead of him. គាត់ចង់ឲ្យខ្ញុំធ្វើជំនួសគាត់ទៅ

instigate (v.t.) ញុះញង់, ញុះ: ញុះញង់, សាអាវ

institute (n.) វិទ្យាស្ថាន

institution (n.) ស្ថាប័ន

instruct (v.t.) បង្ហាត់; ប្រាប់, ចាត់ឲ្យ

instruction (n.) សេចក្តីបង្រៀន, និទេស, ក្បួន

moral instruction សីលប្បល័ន

instrument (n.) ឧបករណ៍, ទុបករណ៍

musical instrument ឧបករណ៍ភ្លេង ប្រដាប់ប្រដារភ្លេង, ប្រដាប់ភ្លេង

insubordinate (adj.) មិនគោរព

insufficient (adj.) ស្តើង, មិនគ្រប់គ្រាន់

insult (v.t. ជេរ, ជេរស, បរិហ្គាស

insurgent (n.) អ្នកបះបោរ, ទទ្ធហ

intellectual (n.) បញ្ញវ័ន្ត

intelligence (n.) បញ្ញា, ព័រ, ប្រាជ្ញា

intelligence platoon កងយោធាស្រាវជ្រាវ

intelligent (adj.) ឆ្លាត, ក្សិក, បញ្ញា

intend (v.i.) ប៉ង, បំណង, ប៉ុង, ម៉ង់ក្រាថ្នា, ប្រាថ្នា, ប៉ុនប៉ង

to intend to + verb ប៉ុង, គិត

intention (n.) ការប៉ុនប៉ង, បំណង, គេតនា សង្ខាន់ចិត្ត, គោលបំណង

inter- (prefix) អន្តរ

international អន្តរជាតិ

intervention អន្តរាគមន៍

intercourse (n.) សេវនកិច្ច

to have sexual intercourse សេវនេ ធុន

interest (v.t.) គាប់ចិត្ត, ចាប់ធ្វើ

interest (n.) ប្រយោជន៍, ផល, ផលប្រយោជន៍; ភ្នាក់ការ, ការ

to charge interest យកការ

to be of interest ទាប់អារម្មណ៍ ចាប់អារម្មណ៍

to have no interest គ្មានព្រះទ័យ

national interest ប្រយោជន៍ជាតិ

primary interest អន្តរប្រយោជន៍

interest (n.) (money) ការ, ផ្លាក់ការ, ការប្រាក់, ប្រាក់ការ

to charge interest យកការ

interested (adj.) ចាប់អារម្មណ៍, ងាប់ចិត្ត, សេរមនស្ស, មានសេចក្តីរកាមនស្ស

interesting (adj.) ស្អាត, ស្អាតវិសេស, ស្អាតស្អាប់, គាមានាប់ចិត្ត, មានប្រយោជន៍

interfere (v.t.) ជាប់ក, ទាទាក់, វ៉ាន, ជ្រៀតវ្រៀក,

to interfere with ជាប់ក

interference (n.) ការវ៉ាន; សេចក្តីវ៉ាន

integrity (n.) ខ្លួនាកាត

intermarry (v.i.) ការព្យាប៉ង

intermediary (n.) សាព្យកណ្តាល

intermediate (adj.) មជ្ឈិម, មធ្យម

intermission (n.) ការសំរាក, ការឈ្នាក

without intermission ឥតឈប់

intermittent (adj.) ដាច់ ៗ, យូរៗម្តង, ម្តងកម្ពូលម្តង

internal (adj.) ក្នុង, ខាងក្នុង, ផ្ទៃក្នុង
international (adj.) អន្តរជាតិ
interpret (v.i.) បកប្រែ
interpreter (n.) អ្នកបកប្រែ
interrogate (v.) សួរចម្លើយ
interrupt (v.t.) និយាយកាត់, កាត់, ផ្តាច់, រំខាន
intersecting (adj.) ខ្វាត់ខ្វែង
intersection (n.) ផ្លូវខ្វែង; កន្លែងកាត់គ្នា
intertwined (p.p.) រមួល, រមួលចូលគ្នា
to be intertwined រមួល, រមួលចូលគ្នា
interval (n.) រយៈ, រវាង, ចន្លោះ
geographic interval ចន្លោះ
intervene (v.t.) ជ្រៀតជ្រែក, ធ្វើអន្តរាគមន៍
intervention (n.) អន្តរាគមន៍
interweave (v.t.) ត្បាញ
interview (n.) សម្ភាសន៍
intestine (n.) ពោះវៀន, ពោះវៀនពោះតាំង
intimate (adj.) ជិតដិត, ជិតស្និទ្ធ
intimidate (v.t.) កំហែង, កំហែង, គម្រាម
into (prep.) ជា, ទៅ, ទៅក្នុង
translate into English ប្រែជាអង់គ្លេស
intoxicant (n.) គ្រឿងស្រវឹង
intrepid (adj.) ដ៏ក្លាហាន
intrigue (v.t.) ឲ្យចាប់អារម្មណ៍
introduce (v.t.) នាំឲ្យស្គាល់; បញ្ចូល
introduction (n.) សំនាំ, បុព្វកថា
inundate (v.t.) ទឹកជន់, ជន់, ទឹកលិច
inundated (p.p.) ទឹកលិច, លិចទឹក
to be inundated លិច, ទឹកលិច
invade (v.t.) វាតត្បាត, វាយវាតត្បាត, វាយលុក, លុក, លុកលុយ
invalid (adj.) ទុរន្ទុត; ពិការ
invalidity (n.) ពិការភាព, ភាពពិការ
invasion (n.) ការលុកលុយ, ការវាតត្បាត
invent (v.t.) បង្កើត, ប្រឌិត, និម្មិត
invention (n.) និម្មិតកម្ម
invest (v.t.) យកដើមទុនរកស៊ី, រកផល ដោយយកដើមទុនធ្វើជាដើម, ធ្វើវិនិយោគ
investment (n.) ការស្វែងរកផល, វិនិយោគ
investigate (v.t.) អង្កេត, ស៊ើប, ស៊ើបអង្កេត, ចារៈ
invite (v.i.) ហៅ, អញ្ជើញ, យាង
to invite a monk និមន្ត
invoice (n.) បង្កាន់ដៃ, វិក័យបត្រ
involve (v.i.) ចូលរួម
involved (p.p.) ប្រឡូក
to get involved ប្រឡូកប្រឡាក់, ឲ្យជាប់
iris (n.) ប្រស្រីភ្នែក
iron (v.) អ៊ុត
iron (n.) ដែក; ឆ្នាំងអ៊ុត
ironic (adj.) ចំអក, ពេបជ្រាយ
irrigation (n.) បណ្តាញបំណាច
irritate (v.t.) ឲ្យខឹង, ឲ្យទិស្ទាន
irritated (adj.) ខឹង, ទិស្ទាន
is គឺ, ជា
Is it? មែនទេ?
Isn't it? មែនទេ?
Is that so? មែនឬអី? អញ្ចឹង
Islam (n.) ឥស្លាម
island (n.) កោះ
small island កូនកោះ
isolate (v.t.) ញែកឲ្យដាច់ពីគេ
isolated (adj.) ដាច់ពីគេ, ដាច់ស្រយាល
issue (v.t.) ធ្វើ, ចេញឲ្យ
(n.) ចំណុចរឿង, កម្មវត្ថុ; ប្រការ

to make an issue ឈរឥស្សឹងាធ   ivory (n.) ភ្លុក

it (pron.) វា   (animal)   -ization ឱបនីយកម្ម

itch (v.i.) រមាស់; រឆ្គស   liberalization សេរីភាវូបនីយកម្ម

   (v.t.) រធ្វើឱ្យរមាស់   vietnamization វៀតណាមូបនីយកម្ម

itchy (adj.) រមាស់

J

jackass (n.) សត្វសេះសត្វ

jack fruit (n.) ខ្នុរ

jacket (n.) អាវរងា

jade (n.) កំពេស្ម៉ាឆ្

jail (n.) គុក, ទីឃុំឃាំង

   to go to jail ជាប់គុក

   to put in jail ដាក់គុក

January (n.) ខែមករា, មករា

Japan (n.) ប្រទេសជប៉ុន

Japanese (n.) ជនជាតិជប៉ុន, ភាសាជប៉ុន

Japanese (adj.) ជប៉ុន

jar (n.) ក្អម

   large storage jar ពាង

jasmine (n.) ផ្កាម្លិះ, ម្លិះ

Java (n.) ជ្វា, ហ្សាវ៉ា

jaw (n.) ថ្គាម

jealous (adj.) ប្រចណ្ឌ, ឈ្នានីស,
             ប្រច្រណ, ប្រច្រៀបប្រចណ្ឌ

jerk (v.i.) គ្រឿកគ្រើក, គ្រឿកគ្រើ

   to jerk away គ្រឿកឆ្ងាយ

jerry can (n.) ធុង

Jesus Christ (n.) ព្រះយេស៊ូគ្រីស្ទ

jet (n.) យន្តហោះចំហុយ

jet plane (n.) កប៉ាល់ហោះចំហុយប្រតិកម្ម

jewelry (n.) គ្រឿងអលង្ការ, គ្រឿងអលង្ការ

job (n.) ការ, កិច្ច, កិច្ចការ, មុខងារ,
         មុខការ

joke (n.) កាកំប្លែង

   corny joke កំប្លែងសាប

joke (v.i.) ចំអកចំអន់, ចំអន់,
         និយាយចំអន់, និយាយលេង,
         និយាយសើចនឹងគ្នា,សើចសង្គី

join (v.i.) ចូល, ចូលរួម, ផ្គុំផ្គូ,
         ភ្ជាប់, ផ្ចាំចំណេក

   to join in ចូលក្នុង

   to join in a fight ចូលច្បាំង,ចូលចម្បាំង

   to join the fight ចូលច្បាំង,ប្រយុទ្ធ

joint (n.) ថ្នាំង

joist (n.) រនាប

jot down (v.t.) សរសេរ

journalist (n.) អ្នកកាសែត

journey (n.) ដំណើរ

judge (v.i.) កាត់ក្តី, កាត់សេចក្តី,វិនិច្ឆ័យ

judge (n.) ចៅក្រម, សៅហ្មក្រម

judgement (n.) ការកាត់, ការវិនិច្ឆ័យ

   to render judgement កាត់សេចក្តី,
                 កាត់ក្តី, កាត់

judiciary (branch of government) (n.)
       ស្ថាប័នតុលាការ, និតិប្រតិបត្តិ

jug (n.) ពួ

juice (n.) ទឹក, ទឹកផ្លែ

   orange juice ទឹកក្រូច

July (n.) កក្កដា, ខែកក្កដា

jump (v.i.) សន្ទុះ, សន្ទុះផ្លោះ

to jump over របោះ៖

June (n.) មិថុនា , ឧសភា

jungle (n.) ព្រៃ , ព្រៃសាយ, ពនាយ

junior high school (n.) អនុវិទ្យាល័យ

jurisprudence (n.) និតិសាស្ត្រ

jury (n.) អង្គវិនិច្ឆ័យ

just (adj.) ត្រូវនិត,និត,សុចរិត,យុសចិត

    just at ត្រូវម៉ា,ត្រឹមនិត, នាត្រូវ

    just for ត្រូវនឹង

    to have just + v. ទើប, ទើបបនឹង

    it's not just ... ក៏ពានិត

justice (n.) យុត្តិធម៌

    Ministry of Justice ក្រសួងធម្មការ,
        ក្រសួងយុត្តិធម៌

justify (v.t.) បន្ទានយុតិមត្រូវ,
        បញ្ជាក់ទនាយនឹងា

jut (v.i.)
    to jut out របីន

    (v.t.) បន្ទានយរបីន

juvenile (adj.) និស្សនាវ័យក្មេងកូន

Kale   (n.)   ឌាតស្សារ

Kandal   (p.n.)   កណ្ដាល , (ខេត្តកណ្ដាល)

karma   (n.)   កម្ម

karate   (n.)   ការាតេ

keep   (v.)   ឃុំព្រាស់ , ទុក

to keep oneself from doing something   ទប់ទល់

keeper   (n.)   អ្នករក្សាកាប់ , អ្នករក្សា

keeper of vital statistics   ក្រឡាបញ្ជី

kerosene   (n.)   ប្រេងកាត

kettle   (n.)   ម៉ោ: , ឆ្នាំង

The pot calling the kettle black.

ឆ្នាំងសើចឆ្អើរ

key   (n.)   កូនសោ , សោ

Kha   (n.)   ខ

Khmer   (adj.)   ខ្មែរ

Khmer nation   ខេមរជាតិ

Khmerization   (n.)   ខេមរានុកម្ម ,

ខេមរាយានកម្ម

kick   ទាត់ , ធាក់ , ស្ទាត់

He kicks a lot when he sleeps.

គាត់តែងទាត់កាលស

to kick each other   ប្រទាត់

to kick out   កំទេច , ដេញ , ដេញ

បង្ហេច , ទាត់ចោល , បណ្ដេញ

kid   (v.i.)   និយាយលេងសើច

kid   (n.)   កូនកែ , កូនកែព

kidnap   (v.t.)   ប្រំពង់

kidney   (n.)   ក្រលៀន , ស្បូននានោ

kill   (v.t.)   ប្រល័យ , ប្រហារ , សម្លាប់

to kill time   កម្សាន្ត:

killing   (n.)   ឃាត

kilogram   (n.)   គីឡូ

kilo   គីឡូក្រាម

kilometer   (n.) គីឡូ

kilo   គីឡូម៉ែត្រ

kind   (n.)   ពួក , ផ្សេង , ផ្សេងៗ , ប្រ-

ភេទ , ប្រភេទ , ម៉ូដ , យ៉ាង

a kind   មួយ

all kinds   គ្រប់ប្រភេទ

one kind   មួយ

kind   (adj.)   ចិត្តល្អ , ណែនួម , សប្បុរស

kindness   (n.) ណៃណ្យ , សប្បុរស

King   (n.)   ក្សត្រ , ស្តេច , ព្រះរាជ ,

ព្រះ: មហាក្សត្រ , ភ័ស , ស្តេច

kingdom   (n.)   នគរ សម្បត្តិ , នគរាណាចក្រ

kinky   (adj.) កសៀង , ក្រញ៉ាញ់

kiosk   (n.)   គុយ

kiss   (v.i.)   ថើប

kitchen   (n.)   ក្រឡានថ្លាយ , ផ្ទ:ថ្លាយ

kitten   (n.)   កូនឆ្មា

knee   (n.)   ក្បាលជង្គង់ , ជង្គង់

kneel   (v.i.)   លុត , លុតជង្គង់ ,

to kneel down   លុត , លុតជង្គង់

knife (n.) កាំបិត

    folding knife កាំបិតបត់

    penknife កាំបិតបត់

knock (v.i.) គោះ, គក់៖

    to knock down រំលំ

knot (n.) ចំណង, ថ្នង

know (v.i.) ចេះ, ស្គាល់, ដឹង

    know information ដឹង

    know-how ចេះ

know (v.t.) ចេះ, ដឹង, ស្គាល់

    I don't know whether I'll go or not.

ខ្ញុំដឹងការណ៍ថាបើទៅរឺទេ

knowledge (n.) ចំណេះ, ចំណាន, វិជ្ជា, វិជ្ជា

    knowledge of a subject ចំណេះ

knowledgeable (adj.) ចេះដឹង

kowtow (v.i.) ក្រាបបង្គំ, បង្គំ, ថ្វាយ

Korea (n.) កូរ៉េ

Kuoy (n.) ក្វយ (tribe)

L

labor (n.)   ក្រុម, ការងារ, ខ្សែឈ្នួល(ខ្សែឈ្នួល)

hard labor ការងារ, នឹងការសាងទុក្ខ

labor pain សម្រាល: (សំរាលកូន)

Ministry of Labor ក្រសួងសំរាងការ

laborer (n.) កម្មករ

labyrinthine (n.) ផ្លូវវៀច

lack (v.i.) ខ្វះ, ខ្សត់ខ្សោយ

to cause to lack បន្ថយ

ladder (n.) កាំជណ្ដើរ

ladies (n.) នារីកញ្ញា, អ្នកស្រី

ladies and gentlemen នរនារីកញ្ញា

ladle (n.) វែកក

lady (n.) នារីកញ្ញា, អ្នកស្រី

laity (n.) ពុទ្ធសាសនិ, គ្រហស្ថ

lake (n.) បឹង, បឹងទឹក

inlet of a lake មាត់បឹង

lamb (n.) កូនចៀម

lamb meat សាច់ចៀម

lame (v.t.) ធ្វើឱ្យខ្វិនពិការ

lamentable (adj.) សោកសៅ

lamp (n.) ចង្កៀង

lance (n.) លំពែង

land (n.) ដី, ដីធ្លី, ទឹកដី, នគរ, ប្រទេស

dry land ដីគោក

barren land ដីខ្សោះ

landlady (n.) ម្ចាស់ផ្ទះ:

landlord (n.) ម្ចាស់ផ្ទះ:

landscape (n.) ទិដ្ឋភាព, នគរភាព

language (n.) ភាសា, ពាក្យ

dead language ភាសាស្លាប់

foreign language ភាសាបរទេស

language study ពាក្យសិក្សាភាសា

minor language ភាសាតូច

modern language ភាសាសម័យ, ភាសាថ្មី

Lao (n.) ឡាវ

laotian (n.) ភាសាឡាវ, ឡាវ

lap (n.) ភ្លៅ

to sit on the lap អង្គុយលើភ្លៅ

large (adj.) ធំ, ធំៗ, ធំធេង, ទូលាយ

larger (adj.) ធំជាងនេ

somewhat larger ធំទេ

last (adv.) ក្រោយ, ចុង, ម្ន (ខាងក្រោយ)

last day of the month ថ្ងៃចុងខែ

last Monday ថ្ងៃច័ន្ទម្ន

last of all ចុងក្រោយគេបង្អស់..(បំផុត)

last year ឆ្នាំមុន

last (v.i.)

last long គង់, គង់វង់

lasting (adj.) ជាប់, ជាប់ជានិច្ច

long-lasting ឋិតថេរ, ទីបនៅ

latch (n.) ទ្រនាប់:, គ្រឿងចាក់

late (n.) ខ្សាយ, សាយ

the late John Kennedy

ខ្សាយ

late (adj.)

 late at night

 Don't be late.

 to be too late for

lately (adv.)

later (adv.)

 sooner or later

latest (n.)

 at the latest

lathe (n.)

 to form on a lathe

Latin (n.)

Latin America (n.)

latitude (n.)

laugh (v.i.)

 to laugh at

 to laugh with

 to laugh with joy

laughter (n.)

launch (v.t.)

launder (v.t.)

laundry (n.)

 to do laundry

law (n.)

 executive law

 common law

 fundamental law

 martial law

 son or daughter-in-law

law (natural)

lawsuit (n.)

lawyer (n.)

lax (adj.)

laxative (n.)

lay (v.t.)

 to lay away

 to lay an egg

layer (n.)

 circular layer

layman (n.)

laywoman (n.)

lazy (adj.)

leach (v.i.)

lead (n.) (metal)

lead (v.)

 lead by the nose

 to lead the way

leader (n.)

 leader of troops

leadership (n.)

leading actor/actress (n.)

leaf (n.)

 tender leaf

 young leaf

leaflet (n.)

leak (v.i.)

 to leak out

lean (v.i.)

 to lean back on

 to cause to lean

 to lean something up against

something ស្អី

It's afternoon; the sun is leaning toward the west.

រសៀលព្រះអាទិត្យ

lean (adj) ទិសខ្លួនទៅខាងស្តាំ

leaning (adj) ទទេ

leap (v.i.) លោត: , លោត

to cause to បណ្តាល

learn (v.i.) រៀន, ស្ទាត់

(v.t.) រៀន

to learn one's lesson ខាត, ខ្លាំងមេរៀ

least (adj.)

at least រឺស្ទីតិចណាស់ក៏..., រមួទក៏, យ៉ាងតិច, យ៉ាងតិច...ក៏ ដរ, យ៉ាងរហោច ក៏...ដរ, យ៉ាងរហោចណាស់, យ៉ាង រហោចណាស់ក៏...ដរ,

at least we'll get some of it

រមួចក៏បានខ្លះ:(ដរ)

leather (n.) ដស្បែក

leave (v.i.) ឃ្លា, រចញ

(v.t.) ទុក

to leave behind ទុក

to leave it to ... ទុកឲ្យ, ទុកឲ្យ...ធ្វើ

to leave something or someone with someone else.

ផ្ញើ

Can I leave my child with you for a while.

ខ្ញុំនឹងកូនមួយ?

lecher (n.) ចាស់តណ្ហាស

lecture (n.) ការសន្ទនាស្នាអិព្យាយ, សន្ទនាអិព្យាយ

lecture (v.i.) ដ្បើសន្ទនាអិព្យាយ

leech (n.) ដម្លឹង

leek (n.) ខ្ទឹមបារ៉ាំង

left (adj.) ស្ទាំ

left-hand side ខាងស្តាំ, -(ដក)

left (p.p. of leave)

to be left out សល់សល់

to be left over, remain សល់

leg (n.) ដេង

legal (adj.) ស្របច្បាប់, ខានច្បាប់

legally (adv.) ស្របច់

legend (n.) រឿងព្រេ

legislation (n.) និតិកម្ម, និតិកម្ម

legislative (adj.) និតិប្បញ្ញតិ និតិកម្ម, និតិកាស

legislator (n.) និតិប្ផក្ស

legitimate (adj.) ស្របច្បាប់, ស្របច្បាប់

lemon (n.) ក្រូចឆ្មា(សម្បកស្លាក់)

bitter lemon ក្រូ:

lemon grass ស្លឹកគ្រៃ

lend (v.t.) ឲ្យខ្ចី

to lend money to បស្ខឲ្យខ្ចី

lending (n.) ឲ្យខ្ចី (act of)

length (n.) បណ្តោយ, ប្រវែង

lengthen (v.i.) ស្រង់

lengthwise (n.) បណ្តោយ

lenient (adj.) ស្រួល, សល្មួយ

leprechaun (n.) ស្រពេចខ្មៅរ

less (adj.) តិច

to be less than តិច

less (adv.) ថិ្រ

less (prep.) ដក, ដកដក

lessen (v.t.) បន្ថយ

lesser (adj.) ថិ្រច, ថ្យច

lesson (n.) មេរៀន

lest (conj.) ក្រែងលោ, ខ្លាច

let (v.t.) បណ្ដោយ, បណ្ដោយឱ្យ

to let go លែង

let go of my hand លែងដៃខ្ញុំ

to let go out បញ្ចេញ

to let up តាំង

lethargic (adj.) ខ្ជិលច្រអូស, ស្រសះស្រសល់

lethargic and uncomfortable ស្រសះស្រសល់

let's: let us តោះ(ទៅ), មស់(មក)

let's see មើល៍

letter (n.) សារ, សំបុត្រ, អក្សរ, អក្ខរៈ

official letter ញត្តិ

letter of the alphabet អក្ខរៈ

lettuce (n.) សាឡាត់, សាឡាត់បុកគោ

level (n.) ជាន់, ជំនាន់, ឋានៈ, ថ្នាក់, លំដាប់, កម្រិត

last level ទីបំផុត

level (adj.) រាប

level (v.t.) កល់, បង្រាប, ពង្រាប

lever (v.t.) តឹង

liberalism (n.) ឥស្សរភាព

liberalization (n.) ឥស្សរភាវូបនីយកម្ម

liberate (v.t.) បណ្ដោះ, រំដោះ

liberation (n.) សេរីភាព

library (n.) បណ្ណាល័យ

lice (n.) ចៃ, ស្រមើល, ចម្រុកមី

licence (n.) ច្បាប់, លីស្យង់

driver's licence ប៉េមី, ប៉េមីបើកឡាន

lick (v.t.) លិត, លិទ្ធ

lie (v.t.) កុហក, ដាក់, ភរ, ភូត, ភូតភរ

to lie down ដេក, ផេក, ទ្រេត, ផ្ទំ(ស្ដេច)

to cause to lie down ផ្ដេក

to lie face down ដេកផ្កាប់មុខ, ក្រាល

to lie prone ក្រាប

lien (n.) ច្បាប់, ខ្ទួស

to put a lien on ខ្ទួស

lieutenant (n.) អនុសេនីយ

second lieutenant អនុសេនីយត្រី

first lieutenant អនុសេនីយទោ

lieutenant colonel វរៈសេនីយទោ

lieutenant governor ភូឈ្មួយរដ្ឋត្រ

life (n.) ជីវិត, សង្ខារ, អាយុជីវិត

average life span អាយុមធ្យម

life and death អាយុជីវិត

to give one's life បូជាជីវិត

fighter's life & military life ជីវចំបាំង

life style របៀបរស់នៅ

life time ជាតិ

way of life ជីវភាព

lift (v.t.) យោង, លើក, ស្ទួច, ស្ទួយ

to lift off យកចេញ, លើកចេញ

lift (n.) ការ

to give a lift ជូន, អោយជិះ

light (n.) ពន្លឺ, ភ្លើង, ភ្លឺ

light bulb អំពូល

to turn off the light បិតភ្លើង

to turn on the light បើកភ្លើង

traffic light ភ្លើងក្រហម

light (adj.) ភ្លឺ, ស្រាល

lightheaded ងីងងោង, ងេងងោង

to feel light ងីងងោង, ងេងងោង

light (v.t.) អុត

(v.i.) ឆេះ

lighter (n.)

    cigarette lighter

lightly (adv.)

lightning (n.)

like (adj.)

    and the like

    to be like this

    like each other

    just like

    like this like that

    like that

He rarely speaks, but whenever he speaks, he sounds like an American.

like (v.t.)

    as one likes

likely (adj.)

    it's likely that

    to be likely to

likewise (adv.)

lime (n.)

limit (v.t.)

    to limit to

limit (n.)

    average limit

    to set a limit

limp (v.i.)

limpid (adj.)

line (n.)

    to be in line

    line of separation

    out of line

line (v.t.)

lineage (n.)

linga (n.)

linguist (n.)

lining (n.)

link (n.)

link (v.t.)

lint (n.)

lion (n.)

lip (n.)

lipstick (n.)

liquid (n.)

liquidate (v.t.)

liquor (n.)

list (n.)

listen (v.i.)

    to listen to

litchi (n.)

litter (n.)

literature (n.)

litigation (n.)

litter (v.t.)

little (adj.)

    a little bit

    a little finger

little (adv.)

    little by little

little (n.)

    a little

    a little later

live (v.i.)

to live at ស្នាក់នៅ

to live up ខ្ជប់

lively (adj.) រស់រវើក

    in a lively manner រស់រវើក

liver (n.) ថ្លើម

living (n.) ការរស់នៅ, ជីវភាពរស់នៅ

    living conditions ការរស់នៅ

    to make a living ចិញ្ចឹមជីវិត, អាជីវកម្ម

    living room បន្ទប់ទទួលភ្ញៀវ

    standard of living

lizard (n.) ជីងចក់, បង្គួយ

load (v.t.) ផ្ទុក

    (n.) បន្ទុក

loan (n.) កម្ចី, ការខ្ចីប្រាក់

    to apply for a loan សុំខ្ចីប្រាក់

        ខ្ចីលុយ, សុំខ្ចីលុយ

loan (v.t.) ឲ្យខ្ចី

lobster (n.) បង្កង

located (adj.) នៅ, ស្ថិតនៅ

location (n.) ទីតាំង

lock (v.t.) ចាក់សោ

lock (n.) សោ

locked (p.p.)

    to be locked ចាក់សោ, ជាប់សោ

locomotive (n.) រទេះភ្លើង, ឆ្មាំងឡើងឡាន

lodging (n.) ទីស្នាក់, សំនាក់

log (n.) ឈើឈ្លុប

loge (n.) សាល (ល្ខោន)

    រោងកន្ត្រាក់ខ្លួន

logical (adj.) សមរម្យ

loneliness (n.) ការនឹករលឹកឯកា

lonely (adj.) ឯកោ

long (adv.) ប្រវែង, យូរ, យូរអង្វែង, ងវែង

How long? ប្រវែងប៉ុន្មាន?

since long ago តាំងពីកាលណាមក,

    តាំងពីពេលពីដើមមក

too long យូរពេក

as long as....then កាលបណានកាលបណ្តឹង

long time ago តាំងពីយូរ,

    ព្រេកតាំងពីយូរ

long time now យូរណាស់មកហើយ,

    យូរណាស់រហើយ

longer (adv.)

    to become longer វែង

    no longer លែង

    He no longer wants it.

    គាត់លែងចង់បានវាហើយ

    I no longer have any desire.

    ខ្ញុំលែងចង់បានហើយ

longitude (n.) រយៈបណ្តោយ

longitudinal (adj.) បណ្តោយ

look (v.t.) ចាំ, មើល

    to look after the house ចាំផ្ទះ:

    to look at ចាំមើល, មើល, សម្លឹង

    to carefully look at ពិនិត្យ

    to look down ចុះក្រោម

    to look down on មើលងាយ, មើលងាយ,

        មើលងាយយមើលថោក

    to look for រក, ស្វែង, ស្វះស្វែង

    to look like ដូចជា

loom (v.i.) រចោលផុសមក, រាងឡើង, ផុស

loom (n.) កី

loose (adj.) ធូរ, រលើកឫយក, រលុង

    to get loose របើក, របើក

loosen (v.t.) បន្ធូរ, បន្ថយបន្ធូរ

lose (v.t.) បាត់

to cause someone to lose face

to lose (v.i.)

to cause to lose

to lose face

to lose a fight

to lose the way

to lose weight

lost (v.t.)

lot (n.)

  a lot

  quite a lot

lottery (n.)

loud (adj.)

louse (n.)

lovable (adj.)

love (n.)

  object of love

  to be in love with

love (v.t.)

  to love and care for

lover (n.)

love (v.t.)

  to love and care for

lover (n.)

low (adj.)

low beam

low and flat

low relief

low-water season

lower (v.t.)

luck (n.)

  bad luck

luckily (adv.)

lucky (adj.)

lull (v.t.)

  (n.)

  to be in a lull

lullaby (v.t.)

lumber (n.)

lump (n.)

lunar system (n.)

lunch (n.)

luncheon (n.)

lung (n.)

lure (v.t.)

lycée (n.)

lychee (n.)

machine (n.) ម៉ាស៊ីន, យន្ត, ចក្រ

    machinegun កាំភ្លើងយន្ត

    sewing machine ម៉ាស៊ីនរស់រ

machinery (n.) គ្រឿងចក្រ, គ្រឿងម៉ាស៊ីន

mad (adj.) ឆ្កួត, វង្វេងចិត្ត, ស្ពា, វង្វេងស្មើក ក្រវីចរ្បាក, ខាស់ចិត្ត

madame (n.) លោកស្រី

made (p.p.) ធ្វើ

    locally made ផ្សារេញ្ញ សាយ

    to be made of ធ្វើ(អំ)ពី

magazine (n.) ទស្សនាវដ្ដី; ប្លោក(ដាក់គ្រាប់)

magic (adj.) ទិព្វ

magnate (n.) សេដ្ឋីឥត

magnet (n.) ដែកនិយ, ដែកអំបិត

magnetic (adj.) ម៉ាក់

magnificent (adj.) អស្ចារ្យ

maid (n.) ចារី, ចារីក្រោ, អ្នកបំរើ ណុស

    old maid ស្រីកៅ

mail (n.) សំបុត្រ

    to deliver mail ជ ស់សំបុត្រ, ចែកសំបុត្រ

mail (v.t.) ដាក់បុស្ដិ៍, ធ្វើ, ធ្វើសំបុត្រ ធ្វើការ

mailman (n.) អ្នកជ ស់សំបុត្រ, អ្នកចែកសំបុត្រ

main (adj.) ដើម, រម, គោល

mainstream (n.) ដង, ដំងទន្លេ

maintain (v.t.)ប្រកាន់យកប្រកាន់; ថែ, ទ្រ្យា

maintenance (n.) ការថែ, ការរក្សា, ការថែរក្សា

maize (n.) ពោត

major (n.) វរសេនីយ៍ត្រី

major (adj.) ធ្ងន់, ធំ, ចំណាស់

majority (n.) ភាគច្រើន

make (v.t.) ធ្វើ; ធ្វើឲ្យ, ញ៉ាំងឲ្យ, បណ្ដាលឲ្យ

    to make change ប្ដូរលុយ

    to make a living រកស៊ី

    to make money រកលុយ

    to make progress សូតណាស់

    to make a slip of the tongue ឆ្លីសមាត់, ភ្លាត់មាត់, ច្រឡំមាត់

    to make trouble រករឿង, បង្កើតរឿង

    to make up ធ្វើឲ្យបាន, ធ្វើនូវដែលក្រវិធ្វើមិន បានធ្វើនៅវេលាមុន; បង្កើត

make-up (n.) ការតុបតែង (មុខ)

    to put make-up on ងាត់, ងាត់មុខ, ខាត់មុខ

malapropism (n.) ការរលងស់ស្មើ, ការរលងពាក្យ

malaria (n.) គ្រុនចាញ់

male (adj.) ប្រុស, ឈ្មោល

    male (animal) ឈ្មោល, ឈ្មើត

    male (human) ប្រុស

man (n.) បុរស, មនុស្សប្រុស, មនុស្ស

    young man កំលោះ, យុវកំលោះ, ក្មេងប្រុស

    an old man តា, តាចាស់

manage (v.t.) រៀបលក់; ប្រតិបត្តិ

mandate (n.) អាណិត (អាណាត់)

man-eater (n.) ខ្លា, សត្វស៊ីមនុស្ស, ពួកស៊ីមនុស្ស

maneuver (n.) តាក់ទិក, កលល្បិច

(v.i.) ធ្វើ, ធ្វើតាក់ទិក

mango (n.) ស្វាយ, ផ្លែស្វាយ

mangosteen (n.) មង្ឃុត

manifest (v.i.) បញ្ចេញអាការណ៍, សម្ដែងអាការណ៍

manifestation (n.) ការបញ្ចេញអោយឃើញ ការសំដែង, ការសំដែងអោយឃើញ

mankind (n.) មនុស្ស, មនុស្សលោក

manner (n.) របប, របៀបរបប, បែបបទ, ទំនង; សុជីវធម៌, សណ្ដាប់, សណ្ដាប់ធ្នាប់, មារយាទ, ឥរិយាបថ

in a dangling manner រយីងរយោង

in an orderly manner ជាហូរហែ

to teach manners ប្រដៅ

manual (adj.) ដោយដៃ, នឹងដៃ

manual labor ហត្ថកម្ម, ការហត្ថកម្ម

(n.) សៀវភៅមើល

manufacture (v.t.) ធ្វើ, ស្ថាបនា

manure (n.) អាចម៍គោ, ជីអាចម៍គោ

many (adj.) ច្រើន, ក្រៃល, ក្រាស, កក, កកកុញ, កុះករ, សន្ធឹក, ស្ដុក

as many as ដល់ទៅ

how many? ប៉ុន្មាន ?

not many មិនសូវច្រើន

(n.) ច្រើន, ចំនួនច្រើន, សន្ធឹក

(pron.) ច្រើន, ច្រើនគ្នា, គ្នាសន្ធឹក

Maoism (n.) ម៉ៅនិយម

map (n.) ផែនទី, ប្លង់

marble (n.) ថ្មម្លឹបអរណ្ឌឹក

march (v.i.) ហែរ, ដើរ

march (n.) បាតុកម្ម

March (n.) ខែមាស, មាស, មិនា

marcher (n.) បាតុករ

marijuana (n.) កញ្ឆា

marine (n.) ទាហានម៉ារីន, ទាហានជើងទឹក

mark (n.) ស្នាម; ធី; ពិន្ទុ

beauty mark ប្រជ្រុយ

trade mark យីហោ

mark (v.t.) គូស, គូសដៅ; កំរិត

market (n.) ផ្សារ, ក្រាមុខ

marriage (n.) ការ, អាពាហ៍ពិពាហ៍, អាវាហ៍វិវាហ៍

married (adj.) ការ, មានប្រពន្ធ, មានគ្រួសារ

to get married រៀបការ, ការ, រកប្រពន្ធ

marry (v.i.) ការ, រៀបការ, រកប្រពន្ធ

(v.t.) ការឲ្យ, រៀបការឲ្យ, រកប្រពន្ធឲ្យ

marshall (n.) សេនាប្រមុខ

martial (adj.) ដែលជាសឹក

court martial តុលាការសឹក

to court martial កាត់ទោសដោយអាជ្ញាសឹក

martial law អាជ្ញាសឹក, ច្បាប់ទាហាន

marvelous (adj.) អស្ចារ្យ

mash (v.t.) ដំ, ធ្វើឲ្យហ្មត់

massage (v.t.) ច្របាច់, ធ្វើសរសៃ, ច្រៀសរសៃ

master (n.) គ្រូ, ម្ចាស់; មេ, មេដឹម

masterpiece (n.) ថ្វីដៃ, ស្នាដៃ

mat (n.) កន្ទេល

match (v.t.) ផ្គូ, ផ្ទឹម, ផ្គុំ, ប្រៀប

to match up ផ្សំផ្គុំ

(v.i.) ស៊ី, ស៊ីគ្នា, ត្រូវគ្នា

match (n.) ការប្រកួតប្រជែង; ឈើគូស

matchmaker (n.) មេអណ្ដើក

mate (n.) គូ, ដៃគូ

material (n.) វត្ថុ; កំណាត់សំពត់, ក្រណាត់

raw material វត្ថុដើម

material (adj.) ស្ងាន, កិរិយាសនិភុបរាង់

materialistic (adj) កិនិសនិភិត្តសនុបរាង់, ស្ងវី

materiel (n.) សម្ភារៈ

   war materiel សម្ភារកិក, យុទ្ធកិណ្ឌ

maternal (adj.) កិនិសនិម្ដាយ, កិនិសនិរដ៏យ

   on the maternal side ខ្សែខាងម្ដាយ

mathematics (n.) គណិតសាស្ត្រ

mathematician (n.) គណិតសាស្ត្រវិទូ

matter (n.) ការណ៍ងាយ, កិច្ចការ, ការណ៍, ភ្ល; រឿង៉ង, រឿងរ៉ាវ, រឿងធ្ងន់ភ្ល

   What is the matter? កើតអ្វី? មានអ្វី? មានរឿង៉ងអ្វី?, ១សអ្វី?, លើងអ្វី?

mattress (n.) ពូក

mature (n.) រពេញទំណាស់, ដឹង៉ង៉ខុសឆ្ងង៉ ត្រង់, ចាស់ល្មម, ទំណាស់(រឆេងយ)

mature (adj.) ទំណាស់', ទុំ

   to become mature ដុះឆាឡយ

   mature girl ក្រមុំ

matured (adj.) រពេញរុបរាង់, ដឹងខុសត្រវ

maximum (adj.) អនិបរមា

   to the maximum extent ឆ្ងនអនិបរមា

May (n.) រឆ, ខែរឆ, ១សភា

may (v.) ចាន, អាច (រងាយគួរសម)

   May I go? ខ្ញុំសូមរចាចានរឆ?

   you may រសាកអាចចេ, ចានមានសិ

maybe (adv.) ប្របិចាល, រមិលសរ៉ា, ក្ដីង៉រសា, ទំនង៉ង៉ា, ប្របមាណ

Mayor (n.) រចាហ្គាយុក្រង

   town mayor រមឃរី

me (pron.) ខ្ញុំ, ភ្ល, ង៉ង, អញ, រយើង

   me (to a monk) ក្រណា, ខ្ញុំករណា

   me (by a monk) អាត្មា, អាត្មាភាព

meager (adj.) ស្ដម

meal (n.) ចាយ, ចាយទិក

mealtime (n.) រពលចាយ

mean (adj.) កាច, រឆ៉មររ៉ា

mean (v.i.) ចង់នា, មានន័យនា

   I mean that.. ខ្ញុំចង់នា

   I mean it ខ្ញុំនិយាយរិមនរិតៗ, ខ្ញុំក្ដីក្ដឹន កិត, កិមនរិតន

   I didn't mean it ខ្ញុំក្ដីរសាចរេ

   this means that ចាន រសចភ្លនា

   What does that mean? មានន័យចរសរ៉េ?

meaning (n.) អត្ថន័យ, រសចភ្ល, ន័យ

meaningless (adj.) ឆ្ងនន័យ, អសន័យ

means (n.) ពិបរប, បច្ឆ៉យ; មរធ្យាចាយ

   means of transportation យាន៉ង៉ដ៏ន៉ី៖

measles (n.) កញ្ជិល

measure (v.t.) ទិស់, ទិស់

   to measure (linear) ទិស់

   to measure (volume) ទិស់

measure (n.) ការទិស់ទិស់; ទំនាន់ការ

   beyond measure ឆ្ងនរុបមាណ

   to take measures ចាត់ក៉ារនការ

measurement (n.) របស៉ស់រង្ហាស់

   measurement (linear) របង្ហាស់

   measurement (volume) របង្ហាស់

meat (n.) សាច់

meatball (n.) ប្របិត

mechanic (n.) ចាង៉រជិ៉ង្ហាន, ចាង៉រឆ៉ង

medal (n.) រមដ៉យ

media (n. plural of medium)សណ្ណរង្ហាន

mediate (v.t.) ភ្ល៖ភ្ល

mediator (n.) អាង៉កកណ្ដាល

medical (adj.) រពទ្យ

medicine (n.) ថ្នាំ, ឱសថ

  liquid medicine ថ្នាំទឹក, ថ្នាំទឹក

meditate (v.i.) ធ្វើសមាធិ

medium (n.) មធ្យមប្រមាណ, បុព្វមណ្ឌល

meet (v.t.) ជួប, ជួបប្រទះ, ប្រទះ, រកឃើញ, រកឃើញប្រទះ ; ទទួល

  (v.i.) ប្រជុំ

meeting (n.) ប្រជុំ, ពិន្ទុ

  to have a meeting ប្រជុំ

  We go to the meeting. យើងទៅប្រជុំ, យើងទៅពិន្ទុ

  hold a meeting បើកប្រជុំ, រៀបការប្រជុំ

Mekong (n.) ទន្លេមេគង្គ បុរមេគង្គ

melodic (adj.) ពិរោះ

melodious (adj.) ពិរោះ

melody (n.) ការពិរោះ, សំនៀងពិរោះ

melon (n.) ត្រសក់

melt (v.t.) រំលាយ

  (v.i.) រលាយ

member (n.) សមាជិក, ព្រឹក

  member (female) សមាជិកា

  member of a wat (pagoda) ញោមវត្ត, ពុទ្ធសាសនិកវត្ត

memorandum (n.) សារការ

memorize (v.t.) ទន្ទេញ

  (v.i.) ចាំ

  to memorize by heart ទន្ទេញផ្ទាត់

memory (n.) ស្មារតី

  to lose one's memory ភ្លេចស្មារតី, ភ្លេច

menace (v.t.) គំរាមកំហែង, កំរាមកំហែង, របៀបរប, យាយី

mentality (n.) ចិត្ត, មនសិការ

mention (v.t.) និយាយសំដី, រៀបរាប់សំដី

menu (n.) កាតប្យូប, បញ្ជីម្ហូប

merchandise (n.) ទំនិញ, និទ័ន

merchant (n.) ឈ្មួញ, ពាណិជ្ជករ

mercy (n.) ការប្រណី, សេចក្តីរមេត្តា ក្រុណាប្រណី, សេចក្តីរមេត្តា

mercury (n.) បារត

meridian (n.) ខ្សែបរមេយ

merit (n.) គុណ, កុសល, បុណ្យ, បុត្តិស

  to achieve merit បានបុណ្យ

  to acquire merit បានបុណ្យ

  the benefit of merit ភិសន្សបុ

  to gain merit បានបុណ្យ

  to make merit ធ្វើបុណ្យ

mesh (n.) បណ្តាញ

message (n.) សារ, បញ្ជា; ដំណឹង

  to leave a message ផ្ញើ

messenger (n.) ប្រតិភូ, រាជទូត, អ្នកនាំសារ រាជទូតនិស (ត្រួត)

messy (adj.) ចេះ, ចាស់ចេ, ក្រាកក

metal (n.) ដែក, លោហធាតុ

meteorite (n.) សាកបុល្លយ

meteorology (n.) ទុក្ខនិយម

meter (n.) ម៉ែត្រ

method (n.) វិធី, គិធី, របៀប, យ៉ាង

methodology (n.) វិធីសាស្ត្រ

meticulous (adj.) ល្អិតល្អ

microbe (n.) មិក្រុប, សនិសុខរោបប្រាណ, រមរោគ, រមក្រិម

middle (n.) កណ្តាល, ពាក់កណ្តាល

  in the middle កណ្តាល

middle (adj.) មធ្យម, មជ្ឈិម

  middle east មជ្ឈិមបូព៌ប្រទេស

midget (n.) រតី

midnight (n.) កណ្តាលយប់, កណ្តាលអាធ្រាត្រ អាក្រាត្រ, អាធ្រាត្រ

midwife (n.) ឆ្មប

militant (n.) អ្នកតស៊ូ

military (adj.) ទាហាន, សឹក, យោធា

military district យោធភូមិភាគ

military equipment យុទ្ធភ័ណ្ឌ

military police តម្រួតយោធា

military (n.) ទាហាន, កងទ័ព

to join the military service ធ្វើទាហាន, ចូលបំរើជាតិ

milk (n.) ទឹកដោះ, ទឹកដោះគោ

mill (v.t.) កិន

(n.) ត្បាល់

rice mill ត្បាល់កិនស្រូវ

million (adj.)(n.) លាន

ten million កោដិ

millimeter (n.) មិល្លីម៉ែត្រ

mince (v.t.) ចិញ្ច្រាំ

mind (n.) ចិត្ត, គំនិត, ញាណ

to make up one's mind សម្រេចចិត្ត

to change one's mind ប្តូរគំនិត

(v.i.) ប្រកាន់, ប្រកែកប្រកាន់

I don't mind. ខ្ញុំមិនគិតទេ, មិនអីទេ

mine (n.) រ៉ែ, អណ្តូងរ៉ែ; មីន

to set up a mine កប់មីន, ដាក់មីន

mineral (n.) លោហធាតុ

mineshaft (n.) អណ្តូងរ៉ែ

mingle (v.i.) ប្រឡូក, ឈ្លីឆ្លាល, លាយឡំ

minister (n.) រដ្ឋមន្ត្រី; អ្នកផ្សាយសាសនា

cabinet minister រដ្ឋមន្ត្រី, រដ្ឋលេខាធិការ

ministry (n.) ក្រសួង

Ministry of Defense ក្រសួងការពារប្រទេស

Ministry of Education ក្រសួងសិក្សាធិការ

Ministry of the Interior ក្រសួងមហាផ្ទៃ

Ministry of Justice ក្រសួងយុត្តិធម៌

Ministry of Post and Telecommunication ក្រសួងប្រៃសណីយ៍និងទូរគមនាគមន៍

Ministry of Public Health ក្រសួងសាធារណសុខាភិបាល

Ministry of Public Works ក្រសួងសាធារណការ

minor (adj.) តូច, ក្មេង (ពេក)

minority (adj.) ភាគតិច

minority group ជនភាគតិច

minute (n.) មីនុត, នាទី

a minute មួយរំភ្លែត

miracle (n.) បាតុភូត (ប៉ាតុភូត)

mirror (n.) កញ្ចក់

to see oneself in the mirror ឆ្លុះកញ្ចក់

miscarriage (n.) ការរលូត, រលូតកូន

to have a miscarriage រលូត

mischievous (adj.) រពឹស, ខិល

misdemeanor (n.) បទលហុ, ទោសលហុ

miser (n.) អ្នកកិះ, មនុស្សកិះ

miserable (adj.) រហាមរហាម, វេទនា

to have a miserable life រងទុក្ខ, រងកម្ម

misery (n.) សេចក្តីវេទនា, សេចក្តីរងទុក្ខ

misfortune (adj.) ស៊យ, ឧបទ្រព, អកុសល

mislead (v.t.) បង្វែង, បង្វែងដាន

Miss World (n.) បវរកញ្ញាសកលលោក

Miss (n.) កញ្ញា, នាង

miss (v.t.) នឹក, រលឹក, អាល័យ; ខាន, ខុស, ខ្វះ

to miss out អាក់

to miss out on ខក

to miss something មិនបាន

ឧ. មិនបានទៅរៀន

misshapen (adj.) វៀត

missile (n.) កាំជ្រួច

mission (n.) បេសកកម្ម

missionary (n.) អ្នកផ្សាយសាសនា

mistake (n.) កំហុស, ទោស

to admit one's mistake ទទួលទោស

to catch someone's mistake ចាប់ទោស

to make a mistake ធ្វើខុស, ភ្លាត់ស្នៀត

mister (n.) លោក

mistreat (v.t.) ធ្វើបាប

mistress (n.) កំណាន់ចិត្ត

mitten (n.) ស្រោមដៃ

mix (v.t.) លាយ, ផ្សំ; បន្សំ

to mix drinks លាយស្រា

to mix together ច្របល់

(v.i.) ច្រឡំ

to mix up ច្រឡំ, ច្របូកច្របល់

(n.) ចំរុះ, ការលាយ

mixed (p.p.)

to be mixed up ភ័ន្ត, ភ័ន្តច្រឡំ, វើរវើ, ស្មឹងមុខ

moan (v.i.) ថ្ងូរ

moat (n.) ស្នាមភ្លោះ

mobilization (n.) កំណែន

mobilize (v.t.) លើកទ័ព, កេណ្ឌ, កែន

mock (v.i.) ពេបមាត់, ពេបមាត់ដាក់, ពេបជ្រាយ, ពេបជ្រាយឡើងចំអក

model (n.) គំរូ, គំនូរ; តម្រាប់

modern (adj.) សម័យ, ទំនើប

modest (adj.) ស្លូតបូត, ទន់ភ្លន់, ទន់ភ្លន់, ដាក់ខ្លួន, បន្ទន់ខ្លួន, នឹងខ្លួន, សុភាព, សមរម្យ

modesty (n.) ភាពសមរម្យ

modify (v.) កែ, កែរុះ, រុះរើ

moisten (v.t.) សើម, បន្សើម, ធ្វើឲ្យសើម

molar (n.) ថ្គាម

mold (n.) ពុម្ព

mole (n.) ប្រជ្រុយ

Mom (n.) ម៉ាក់ (urban)

moment (n.) រំពេច, សន្ទុះ; ពេល

one moment មួយភ្លែត

momentum (n.) ចំហឹង

to get momentum មានកំឡាំង, ឈោលតាម

to go with the momentum of ឈោលតាម

Mommy (n.) ម៉ាក់ (urban)

Mon (n.) មន, ជនជាតិមន

monarch (n.) ស្តេច, ព្រះរាជា

monarchist (adj.) និយមរាជា

dictatorial monarchist regime

របបរាជានិយម, របបផ្តាច់ការ

monarchy (n.) រាជាធិបតេយ្យ

monastery (n.) វត្ត, វត្តអារាម

Monday (n.) ថ្ងៃចន្ទ

monetary (adj.) រូបិយវត្ថុ

International Monetary Funds

មូលនិធិរូបិយវត្ថុអន្តរជាតិ

money (n.) លុយ, លុយកាក់, ប្រាក់, ប្រាក់កាស, ទឹកប្រាក់, ទឹកលុយ, បច្ច័យ

to make money រកលុយ

money value ទឹកប្រាក់

money order (n.) ម៉ង់ដា

monk (n.) លោក, លោកសង្ឃ, ព្រះសង្ឃ

monk's outer garment ចីពរ

monk's quarters កុដិ

novice monk នេន, លោកនេន

monkey (n.) ស្វា

monkhood (n.) ភាព. ភាពសង្ឃ

    to leave the monkhood សឹក

monopolistic (adj.) ឆាច់មួន

monopolized (p.p.) ·

    to be monopolized ភ្លាច់មួន, ឆាច់មួន

monopoly (n.) សិទ្ធិឆាច់មួន

monsoon (n.) មូសុង

monster (n.) យក្ស, យក្ខ

Montagnard (n.) ខ្មែររលើ

month (n.) ខែ, មាស

    the beginning of the mouth ដើមខែ

    the last day of the month ដាច់ថ្ងៃខែ

    last month ខែមុន

    the last part of the month ចុងខែ

    next month ខែក្រោយ

monthly (adj.) ប្រចាំខែ, រាល់ខែ

monument (n.) វិមាន

mood (n.) ទឹកមួន

    to be in a bad mood ខូ, ខូរសើ, ខូ ហ្នង, រទុក្ខមាន

moon (n.) រសៀកខែ, ព្រះខែ, រនាម

    waning moon ររនាច

    waxing moon រនើត

moonlight (v.i.) រករស្នាក់, រកសួររស្នាក់, រធ្វើការរ(ក)

moor (v.t.) ចត

moral (n.) ខ័បញ្ញាន, រសាចគំនុញ្ញាន

morale (n.) ទឹកចិត្ត, ធ្លុំចិត្ត

morality (n.) ធម៌, សីលធម៌

more (adv.) រឿត, រថែម, ថែមរ}ត

    to be no more ចាត់, អស់

    more or less ប្រហែល

more than ជាង, ព}យ

no more អស់, អស់រលើង, គ្មានរ}ត

no more than ទិន ជាង

morning (n.) ព្រឹក, ព្រលឹម

    early morning ព្រលឹម, ព្រឹកព្រហាម

    in the morning ព្រឹក, រនាររាលព្រឹក

    in the morning (past & present)
    ព្រឹករល}ង

    this morning (past) ព្រឹកទិញ

    this morning (present) ព្រឹករនះ

moron (n.) រសាវិន, រសារមាក

mortar (n.) ថ្លាយរស

mortar (weapon) ម័រទ័រ, កាំភ្លើងធ្ងាយ់

mosquito (n.) មូស

mosquito net មុង

most (adj.) រប្រើន, រប្រើនបង្អស់, រប្រើន បំផុត

    (adv.) យ៉ាងរប្រើន, យ៉ាងរប្រើនបង្អស់, យ៉ាងរប្រើនបំផុត

    (n.) ភាគរប្រើនបង្អស់, ភាគរប្រើនបំផុត

    at most យ៉ាងរប្រើន

    at the most យ៉ាងរប្រើនបង្អស់, យ៉ាង រប្រើនបំផុត

    the most of all រប្រើនបង្អស់, រប្រើនបំផុត

mostly (adv.) រប្រើនរ}ត

mother (n.) ម្តាយ, អ្នកម្តាយ, មគា, មាតា

    mother (animal) រម

    mother (country) ម៉ែ

    mother (urban) ម៉ាក់, ម្ដាយ, ម្ដាយកម៉ែ

    real mother ម្តាយបរធ្វើត

mother-in-law (n.) ម្ដាយរក្ម

motherland (n.) មាតុភូមិ, មាតុប្របរស

motion (n.) ការរវិក; ញត្តិ

motionless (adj) រស្ងៀម, មិនកំរើក

motor (n.) ម៉ាស៊ីន

motorbike (n.) រថចក្រយានយន្ត, ម៉ូតូ

motorboat (n.) កាណូត

motorcycle (n.) ម៉ូតូ, រថចក្រយានយន្ត

motor-cyclo (n.) ស៊ីក្លូ-ម៉ាស៊ីន

mount (n.) គោ, ខ្នង ; ការដំឡើង

   Mount of Venus ចានស

mount (v.t.) ដំឡើង

mountain (n.) ភ្នំ

   mountain cluster ជួរភ្នំ

mourn (v.i.) កាន់ទុក្ខ

mouse (n.) កណ្ដុរ

mouth (n.) មាត់ ; ្របនប់មាត់

   to be a big mouth ខូចមាត់, ចាស់ចិត្ត និយាយ ឥតបិទបាំង

mouthful (adj.) ម៉ាត់

   a mouthful មួយម៉ាត់

mouthpiece (n.) អ្នកនាំពាក្យ

movable (adj.) ដែលអាចបាន់

   movable property ចលនវត្ថុ

move (v.t.) រើ, ឆ្លៀស, រំកិល, បប្រះ:, ប៉ះ:, កំរើក, បង្ហិន

   (v.i.) កំរើក, រើ, ផ្លាស់ផ្ដូរ:, សរប់រនៅ

   don't move កុំរើ, នៅឲ្យរស្ងៀម

   to move in រើចូល

   to move out រើចេញ, សរប់រនៅ

moved (p.p.) សរប់នាំរជឿស, រើរចញរចឿស

   to be moved រំជើបរំជួស, រំភើប, រស្ពស ឋនឋិត្ត

movement (n.) ឫរាង់ី, ចលនា; មនុស្សមួយក្រុម

movie (n.) កុន, កាពយន្ត

   movie film ហ្វ៊ីមកាពយន្ត

   movie house រោងកាពយន្ត

movie theater រោងកុន, រោងកាពយន្ត

much (adv.) រ្ចើន, រ្កាស, រ្កក

   (adj.) រ្ចើន, រ្កាស, យកឧនសស់

   how much ប៉ុន្មាន? ប៉ុណ្ណា ?

   not much មិនសូវ, មិនប៉ុន្មាន

   too much រ្ចើនរពក, រ្កាសរពក

   very much រ្កាសរស់

   (n.) ភាពរ្ចើន, ចំនួនរ្ចើន

muchness (n.) ភិរឡូកភាព

mud (n.) ភក់

muddy (adj.) ល្បាក់, រលកភក់

mulberry (n.) មន, រមៀមមន

multicolored (adj.) រសាចពណ៌

multiply (v.i.) គុណ, កើន; សូតលាស់, រកើនរឡើងរ្ចើន, រៃក

murder (n.) ឃាតកម្ម, មនុស្សឃាត

   (v.t.) សម្លាប់, ឃាត

murderer (n.) អ្នកសម្លាប់, ឃាតករ

muscle (n.) សាច់, សាច់ដុំ

museum (n.) សារមន្ទីរ, មូយសៀម

mushroom (n.) ផ្ស៊ីត

music (n.) ភ្លេង, គ្រឿងភ្លេង

   modern music ភ្លេងសម័យ

   to play music រសរភ្លេង

   wedding music ភ្លេងការ

musical (adj.) ភិរោះ: ; ភ្លេង

   musical instrument ឧបករណ៍រ្ងភ្លេង

musician (n.) អ្នករភ្លេង

must (v.) ្រតូវរិត, ្រតូវ, រាងរិត

   must be ្រតូវរិត; ្របរិយល

mustache (N.) ពកមាត់

mustard (n.) ម៉ូតាត

   mustard greens ស្ប

muster (v.)   របើក, របោ

    to muster an army   របើករបោ

mute (adj.)   គ

mute person   មនុស្សគ

mutton (n.)   សាច់ចៀម

Myna (mynah) (n.)   សារិកា, សារិកាកែវ

nag (v.i.) ទទេ , ឆ្ងូ , រអ៊ូក

naga (n.) នាគ

nail (n.) ក្រចក ; ដែកគោលសរ

     to drill a nail ខ្ចោះដែកគោលសរ

     fingernail ក្រចកដៃ

     toenail ក្រចកជើង

naive (adj.) សាប់តាមធម្មតា, សាមញ្ញ, រម្លៃ

naked (adj.) អាក្រាត, អត់សំលៀកបំពាក់, អាត់ស, ្រអាក្រាត

name (n.) នាមករ, ឈ្មោះ, ព្រះនាម (ស្តេច)

     company name ឈ្មោះហាង

     store name ឈ្មោះហាង

     in the name of ក្នុងនាមឈ្មោះ

nap (n.) ការដេកលក់ថ្ងៃ

     to take a nap ដេកលក់ថ្ងៃ

Napal (n.) នេប៉ាល់

napkin (n.) កន្ត្បងស្បាយបាយ, កន្ត្បាងបាយ

narrate (v.i.) ថ្លែងរៀប, និទានិសា, រៀបរាប់

narrow (adj.) ចង្អៀត , ស្តើង

nasty (adj.) ខ្ពើមឆ្អើម., ្រមោនប៉ែន, អាប្រ់យ

nation (n.) ជាតិ, ពួក, ប្រជាជាតិ, ្រប្រជាជន

national (n.) សាសន៍ជាតិ, ្រប្រជាជាតិ

         (adj.) ជាតិ

nationalism (n.) ជាតិនិយម

nationalist (n.) អ្នកជាតិនិយម

nationalistic (adj.) ជាតិនិយម

nationality (n.) សាសន៍ជាតិ, ជាតិ, សញ្ជាតិ

nature (n.) សម្បាតិ

     fact of nature សម្បករសា

natural (adj.) សម្បាតិ ; សម្បត្ត

naturalize (v.i.) ផ្តលសញ្ជាតិ, ្រប្រសញ្ញាតិ

naturalized (p.p.) ្រប្រសញ្ជាតិ

naughty (adj.) ្រពួយ, ្ខិលខូច, ៗក្រើសរប៉ើស, ្រលាតិស

navel (n.) ្ផ្ចិត (្ផ្ចិត)

navigation (n.) ្នាវិចរណ៍

navy (n.) ្នាវាកសាទ, នាវី

near (adj.) ក្បែរ, ្ជិត, ្ខិតចងស្តើយ, កន្ត្បើយ , ្រជ្យិត

nearby (adj.) ក្បែរ, ្ជិត, ្ខិតខាង

        (adv.) ក្បែរ, ្ជិត

necessarily (adv.) ជាចំបាច់

necessary (adj.) ចំបាច់ , ្រច់

     not necessary មិនចំបាច់

neck (n.) ក, កក

necklace (n.) ខ្សែក

necktie (n.) ្ក្រវាត់ក

     necktie party ្ជ្រ្មាក

nectar (n.) ្ទឹកឃ្មុំ

need (n.) ការ្រ្តូវការ

     no need មិនចំបាច់ , មិនបាច់

        (v.t.) ្រត្រូវការ

     to not need to មិនបាច់

needle (n.) ្ម្ជល

neglect (v.t.) ឥតស្រូបប្រហែសអំពីឬចំណាះ ,
ឥតស្រូបអំពីឬចំណាះ , ប្រហែសអំពី
ឬចំណាះ , បរិច្ចាគបរិត្យាគឲ្យ

negligence (n.) ការឥតស្រូបរវាស , ប្រហែ

negligent (adj.) ខ្ជិល , ឥតចិត្តករញ៉ូក

negotiate (v.t.) ចរចា , សម្រុះសម្រួល

negotiation (n.) កិច្ចចរចា

Negrito ឥតក្រិតត្ដ

neighbor (n.) អ្នកជិតខាង

(adj.) ជិតខាង

    neighbor country ប្រទេសជិតខាង

neighboring (n.) ឆ្ងាយ

neither (adj.) មិន . . . ដែរ

(conj.) ទាំង . . . ក៏នឹងដែរ

Nepal ណេប៉ាល

nephew (n.) ក្មួយប្រុស

nepotism (n.) ការយល់លម្អៀត

    to pratice nepotism យល់លម្អៀត

nerve (n.) សរសៃ, ស្បាត

    to have a nerve ទទួលកម្លាំង

nest (n.) សំបុក

network (n.) បណ្ដាញបំណាច ; ទ័ពក្ដាំង

neutral (adj.) អព្យាក្រិត , អព្យាក្រិត

neutrality (n.) អព្យាក្រិតភាព

never (adv.) មិនដែល

nevertheless (adv.) ទោះជាយ៉ាងណាក៏
ដោយ , ទោះជាយ៉ាងណាក៏ឥតឲ្យ

new (adj.) ថ្មី , ស្រស់

    quite new ថ្មីស្រឡាង

newborn (n.) ក្មេងថ្មី

New Year (n.) ចូលឆ្នាំ

    New Year's Day ថ្ងៃចូលឆ្នាំ

New Zealand នូវែលសេឡង់ដ៍

newlywed (n.) ក្ដរៀបការថ្មី

news (n.) សំណឹង , ពាតិទាន

    domestic news សំណឹងស្រុកស្រុក

    various news សំណឹងផ្សេង ។

    I think you have good news. ខ្ញុំ
 គិតសាទានស្ដីនឹឬយ

newspaper (n.)កាសែត,ក្រីត្ដិព័ត៌,សារកាសែត

next (adj.) ជិត , បន្ទាប់

    (adv.) ក្រោយ, សាប់, ឥឡៃក្រោយ, ឥឡ
ជិត, កម្ពា, បន្ទាប់, បន្ទាប់
ពី , បន្ទាប់មក,ចំណោមមក

    to be next to ក្រោយ, បន្ទាប់,បន្ទាប់ពី

    next month ខែក្រោយ

    next to ស្ទាប់និស

nice (adj.) ក្រស្នយ, មានទ្រើប,ល្អកមាលប
ព្រៃ,ល្អ, សម្ផាយ, ស្អាតប្រាក,
ស្ដាត,ស្ដាតទា,ស្អាតល្អ

    This country is nice.ស្រុកនេះសម្ផាយណាស់

nickel (n.) ក្រុតសាស

niece (n.) ក្មួយស្រី

night (n.) ស្យាច , យប់

    night time យប់

    all night សាស់ខ្ញុំ

    last night យប់មិញ

    late at night យប់ស្រាយ

ninety (adj.) ប្រាំបីប (៩០)

Nirvana (n.) និព្វាន

no (adj.) ទេ , ឡេទេ, អត់ ,
អត់ទាន

    There is no comparison. ក្រស្បាន

noble (adj.) ហាម

    (n.) សន្ដប , អភិសស

noise (n.) ស្ដរ

noisy (adj.) ថ្លង់ , ខ្លាំង , ឧ្ខស្អូរ

nonsense (n.) ក្បួនឥតឡូវ , សម្ដីឥតឡូវ

    to talk nonsense និយាយឥតឡូវ

non-stop (n.) បន្ដក

noodles (pl.) មីបញ្ចុក

    egg noodles មី

    Chinese noodles គុយទាវ

noon (n.) ថ្ងៃត្រង់ , ម៉ោងដប់ពីរ

noose (n.) អន្ទាក់

normal (adj.) ស្មើភាព , ប្រក្រតី

    to go back to normal ប្រែស្វដូចដើម

normally (adv.) តាមស្មើភាព

north (n.) ទាស់ខាងជើង , ឧត្តរ

northeast (n.) ទិសខាងឦសាន្ត ស្ថិតនៅចន្លោះខាងជើង, ទិសឦសាន្តខាងទាស់ខាងកើត, ឈ្លាក់ឦសាន្ត

northwest (n.) ទាស់ឦសាន្តស្ថាយខាងស្មើទិស, តាមឋយពាយ

nose (n.) ច្រមុះ

    to blow one's nose សម្ញាស, ស្នា (ស ឡាឡ), សម្ញាសស៊តទ្រាត

    stuffy nose ឆ្ងល់ច្រមុះ

nostalgic (adj.) ក្រទៃ យនឹកក្រសាកការប្រកកទុក

    to feel nostalgic នឹក, ស្រណុក

not (adv.) អត់ , មិន , សត់ , ឥត

    not angry ចិត្តព្រសាក់

    not only មិនតែប៉ុណ្ណោះ

    not very មិនសូវ ; មិនសា . . . ប៉ុន្មាន

    not yet មិនទាន់

note (n.) កំណត់

    to make a note កត់, កសំណត់, ក្រញត្រក

    music note សម្លេង (ស្ន្លខ)

    (v.t.) កត់ , កសំណត់

nothing (n.) ក្បួនអ៊ីទេ ; ស្នឡ្យ

    It's nothing. ក្បួនអ៊ីទេ, មិនសាការអ្វីទេ

           មិនសាប៉ុន្មានទេ, មិនស្វឡ្យទេ, មិនស្ល្យទឥន, ឥតទាស់អ៊ីទេ

nothing nothing មិនទាស់អ៊ីទេ, ឥតទាស់អ៊ីទេ

notice (n.) ប្រកាស

    to issue a notice ចញប្រកាស

    to take notice ដឹងខ្លួន

    (v.t.) កត់សំគាល់ ; បានប្រក, ដឹង

noun (n.) នាម

novel (n.) ប្រលសាមរលាក

November (n.) ខវិច្ឆិកា , វិច្ឆិកា

novice (n.) (monk) ភិក្ខុ

    novice monk នន , សាមណេរ

now (adv.) ឥឡូវ, ឥឡូវនេះ, ឥឡូវញ្ហង

    from now on តកាញយ, ពីឥឡូវនេះត ទៅ

    right now ឥឡូវញ្ហង

nowadays (adv.) សមយនះ, សមយថ្ងៃនេះ, ឥឡូវនេះ

nudge (v.t.) ចក់, ច្រកបន្ដិចយ

numb (n.) ស្ពឹក

number (n.) ចំនន ; លខ

    serial number លខលខរៀងលដប់, លខនសមច្ចខបំឧស

numeral (n.) លខ

nun (n.) ដូនជី

nurse (v.t.) ថទា , បំបថា

nursery (n.) កន្លងនសមណតតខូចៗ

    (crops) ថ្នាល

nut (n.) ខួយ ; ក្រាប់មូលីស

    nuts and bolts ខ្ចាក់នីងកួយ

nylon (n.) នីឡង

    (adj.) នីឡង

nymph (n.) មនស្សស្តី

oar (n.)   ទៃ្បា

oath (n.)   សម្បថ

    to take an oath   ស្បថប្រណិធាន

obey (v.t.)   ស្តាប់បង្គាប់

    (v.i.)   ឱនោម

object (n.)   វត្ថុ .

    sacrificial object   សក្ការបូជា

        (v.i.)   ជំទាស់, ទាស់, ប្រកែក,
                         យល់ទាស់

objective (n.)   គោលដៅ, ទិសដៅ, គ្រូប៉ោលាស់

obligation (n.)   ការភ្ជាប់ពាក្យ, កិច្ច,
             គោលបំណាច់, ភារៈ, សន្យា

obligatory (adj.)   ចាំបាច់

oblique (adj.)   ផ្អៀង

obscene (adj.)   អាសអាភាស,

    obscene word   ពាក្យអាសអាភាស

observe (v.t.)   គិតគូរ, សង្កេត, សំគាល់

    (-the religious precept)   កាន់សីល

observer (n.)   អ្នកសង្កេតការណ៍

obstacle (n.)   ឧបសគ្គ

obstretician (n.)   គ្រូពេទ្យសំរាលកូន

obstetrics (n.)   សករិទ្យា, វិស្ជាសំរាលកូន

obstinate (adj.)   រឹងរូស

obstruct (v.t.)   ឃាត់, ប្រាំ, ក, ខ្ទប់

    to obstruct the view   បាំងភ្នែក

obstruction (n.)   ឧបសគ្គ

occasion (n.)   គ្រា, វេលា, ឱកាស, ពេលស

occupation (n.)   មុខរបរ, របរអាជីព,
              វិជ្ជាជីវៈ:

ocean (n.)   មហាសមុទ្រ, សមុទ្រ, សាគរ

October (n.)   តុលា, ខែតុលា

odd (adj.)   ចំលែក, សេសៗ, ខ្ទង, សេសក

    two odd (= left over)   ពីរសេស

odor (n.)   ក្លិន

odorize (v.t.)   ធ្វើ

of (prep.)   នៃ, របស់

    of course   ប្រាកដណាស់, ប៉ិនណ. ពិតណាស់,
               ចំងាស់ណាស់, គិតថាមិន
               ខានណាស់, ឆ្ងាយណាស់,

off (adv.)   រលប់, ខ្វាត់, ឆ្ងាយ

    (prep.)   រលប់ពី, ឆ្ងាយពី

offend (v.i.)   ប៉ះពាល់

    (v.t.)   ធ្វើឱ្យអាក់ចិត្ត, ធ្វើបាបអាយ
                អាប៉ះពាល់ស, ប៉ះពាល់

offense (n.)   កំហុសបទល្មើសសាយ,កំហុស

    minor offense   ទោសស្រាលស

offering (n.)   ដង្វាយ, សក្ការបូជា

office (n.)   ការិន្ទស្ថានកិច្ច,ការិយាល័យ,
               វិស្ជាក៌ាន, ប៉ុស្តិ

    office of an official   ទីស្តីការ

    post office   ប៉ុស្តិ, ប្រៃសណីយ៍ស្ថាស

officer (n.)   នាយ, ឧស

    military officer   សេនាធិការ

    officer of a company   នាយកទ័ស.
                           - នៃឃ

reserve military សាលាតហារសំវិនុង

official (adj.) ផ្លូវការ

(n.) ក្រសួងការរដ្ឋការ, មន្ត្រី,
អាជ្ញាធរ

often (adv.) ញឹកញាប់, ស្ទើ, ស្ទើរតែរាល់ប៉ុន្មាន,
នឹងរាល់, ខ្មែរនឹងនឹង, ជារឿយៗ.ជាញឹកញយ

oh! (interj.) អា

oil (n.) ប្រេង

O.K. (v.t.) យល់ព្រម, ព្រម, ព្រមឱ្យធ្វើ,
ទទួលស្គាល់, ប្រើឱ្យ, ប្រើឱ្យ

old (adj.) ចាស់, ពីមុន

old-fashioned បុរាណ

How old are you? អាយុប៉ុន្មាន?

omelette (n.) ពងមាន់ចៀន

on (prep.) លើ, នៅលើ

on the other hand ម្យ៉ាងវិញទៀត

He is very lazy, but on the other
hand he goes out a lot.
គាត់ខ្ជិលណាស់ ម្យ៉ាងវិញទៀត
គាត់ចេញទៅក្រៅញឹក

once (adv.) ម្តង

once all the way through មួយទៅចប់

at once ភ្លាមម្តង, ព្រម, ម្តងភ្លេត

once in a while ម្តងម្កាល, ម្តងៗ.
ម្តងម្យ៉ាង, ពេលខ្លះម្តង

one (adj.) មួយ, តែ

one after another បន្តបន្ទាប់គ្នា

one against one មួយនឹង

one at a time ម្តងមួយ

every one of them ម្នាក់ៗ

one's heart and mind ចិត្ត

one of a pair មួយខាង

one to one មួយទល់នឹងមួយ

(pron.) គេ, ម្នាក់

oneself (pron.) ខ្លួនឯង

by oneself ខ្លួនឯង

one-way (adj.) ផ្លូវមួយ, ម្យ៉ាងវិញ

onion (n.) ខ្ទឹមបារាំង

spring onion ស្លឹកខ្ទឹម

onlooker (n.) អ្នកមើល, អ្នកឈរសង្កេតការណ៍

only (adv.) គ្រាន់តែ, តែប៉ុណ្ណោះ, ពិតមែន.
ទេ, លុះត្រា, ស៊ីតែតែ,
ស្មុគ្រាន់, ប្រាកដតែ

only if លុះតែ

not only មិនត្រឹមតែ

not only this មិននឹងតែប៉ុណ្ណោះ:,

only then ទើប, ព្រម

open (v.t.) បើក

to open up គាស់ចាក់, របើកគំនិត.

to open a session បើកសម័យ

to open... a little ចង្អៀប

(n.) ចន្លោះ:

wide open ហាចំហ

opened (p.p.) បានបើក

opening (n.) ការបើក, ចន្លោះ:, រូ

operate (v.t.) បើក, វះ:

operation (n.) ការវះ:កាត់, ប្រតិបត្តិការ

medical operation ការវះ:កាត់

military operation ប្រតិបត្តិការ

opinion (n.) មន្ត្រិះ:, មតិ, ទស្សនៈ.

public opinion មតិមហាជន

to have an opinion about something
យល់

opponent (n.) គូវិវាទ, អ្នកប្រឆាំង

opportunity (n.) ឱកាស

to have an opportunity មានឱកាស

to seize the opportunity ឆ្លៀត,
ឆ្លៀតឱកាស

to take the opportunity ឆ្លៀតឱកាស

oppose (v.t.) ស៊ូសាំង, ប្រឆាំងនឹង

     (v.i.) ស៊ូយូ, ស៊ូយពា

opposite (adj.) ខាងមុខទល់, ស៊ូយូ, ស៊ូយូពា

oppress (v.t.) សង្កត់សង្កិន, - សង្កត់

oppressor (n.) អ្នកចចេញចាស

optic (n.) នេត្រិក

or (conj.) ឬ

     (prepi) បាន

oral (adj.) មាត់មាត់, ផ្ទាល់មាត់

     oral examination ការប្រលងសួរដេញដោលផ្ទាល់មាត់

orally (adv.) ផ្ទាល់មាត់

orange (n.) ក្រូច, ក្រូចឆ្មាពណ៌ស្វាយ

     orange color ពណ៌ស្វាយស្រស់

     orange juice ទឹកក្រូច

     fresh orange juice ទឹកក្រូចស្រស់ៗ

orator (n.) វាគ្មិន

orbit (n.) គន្លងវាល, មណ្ឌលទី

     (-of the eye) គ្រប់ភ្នែក

orchard (n.) ចម្ការ

orchestra (n.) វង់, វង់ភ្លេង, វង់តន្ត្រី

ordain (v.t.) បង្គាប់, បួស

order (n.) បញ្ជា, របៀប, របៀប. របៀបរបបរបាយ, សំណាប់

     alphabetic order សំណាប់អក្ខរា

     in order របៀប, របៀបរបាយ

     in order for ដើម្បី

     in order to ប្រយោគឱ្យបានដើម្បី, សំរាប់

     (v.t.) បញ្ជា, បង្គាប់, រៀប (ចំប)

orderly (adv.) របៀបៗ

ordinary (adj.) ធម្មតា, សាមញ្ញ, ប្រក្រតិ, សាមានយ, សាធារណ

ore (n.) រ៉ែ, សាយទាត់

organization (n.) អង្គការណ៍

organize (v.t.) ចាត់ចែង, រៀបចំ

organized (p.p.)

     to think in an organized way គិតយ៉ាង

organizer (n.) អ្នកការ, អ្នកចាត់ការ

origin (n.) ដើម, ដើមកំណើត, ប្រភព

original (n.) ច្បាប់ដើម, ដើមបន

     (adj.) ដើម, ដើង, បុរាណ

originally (adv.) មានដើមពីដំបូង, មានពីដើម, ដោយដើម, ពីដើម. ពីដំបូង, -ដំក

originate (v.t.) ចាប់កំណើត, និម្មិត, បង្ក, បង្កើត, ប្រតិស្ថាន, ដើមណ

orphan (n.) ក្មេងកំព្រា

orthography (n.) អក្ខរាវិរុទ្ធ

other (adj.) ឯទៀត

     in other words ម្យ៉ាងទៀត

     like the other ដូចឯទៀតដូចដាល់

     on the other hand ម្យ៉ាងទៀត. ម្នាក់

     other people អ្នកឯទៀត

     the other day ថ្ងៃនោះ:

otherwise (adv.) ទាល់ដើត... កុំដី

     He was sick; otherwise he would have come. ទាល់ដើតវាឈ្ងឺដីវាមកដើរហើយ

ouch! (interj.) ឱយ

ought (verbal aux.) គួរឱ្យ(ដឹង), គួរដើ

our (pron.) របើង

out (adj.)

     to be out of រលា:, អស់

     to be out-of-date ទាល់សមាក, ផ្តលសវដយ

     to be out of gas អស់សាំង

     to be out of order ខូច

     to be out of work ថតសវរមាស

     (adv.) ឆ្ងាយ, រងាយ, ខាត

outcome (n.) ឧទ្ទេស

  good outcome ផលប្របសើរ

outside (prep.) ខាង

  (n.) ខាងក្រៅ

outstanding (adj.) ឆ្ងាយ, ព្រោង:ព្រោង,
ពោះធ្លាយ ខ្ពស់ (ធ្ងន់ធ្ងរ)

oval (adj.) ពងក្រពើ, មូលពងក្រពើ

oven (n.) ឡដុត

over (prep.) លើ

  all over គ្រប់, គ្រប់គ្រាន់, ផុតពី

  over there នៅឯនោះ, នោះ

overact (v.i.) លេងលើស

overcast (adj.) មេឃស្រទុំ

overcome (v.t.) ឈ្នះ, ឆ្លងកាត់

overdo (v.t.) ធ្វើជ្រុលហួស, លើស,លើសពេក

overdone (adj.) ឆ្អិនលើស

overflow (v.i.) លិច

overipe (adj.) ទុំជ្រុល

overloaded (p.p.) ផ្ទុក

oversleep (v.i.) ដេកលើស,ដេកស្កប់

overthrow (v.t.) ផ្ដួល, ទម្លាក់

overwhelmingly (adv.) លើសលប់ដោយផ្ដាច់

overwork (v.i.) ធ្វើការលើស

ovum (n.) ពង

  fertilized ovum ពង

owe (v.t.) ជំពាក់

own (adj.) ខ្លួនឯង

  with one's own eyes ដោយផ្ទាល់ភ្នែក

  (v.t.) មាន

owner (n.) ម្ចាស់

ox (n.) គោ

ox-cart (n.) រទេះគោ

oyster (n.) ងាវសមុទ្រ

P

pace (n.) ស៊ំហាត

pacific (n.) ប៉ាស៊ីហ្វិក

pacification (n.) សន្តិការបវិយកម្ម

pacify (v.t.) ន់ស្ងប់

pack (n.) កញ្ចប់·

pack (v.t.) ខ្ចប់

package (n.) កញ្ចប់

page (n.) ទំព័រ

pagoda (n.) វត្តអារាម

paid (p.p.) ធំណាយ

   get paid របឺកលុយ

pain (n.) ឈឺ

   to feel an acute pain ឈឺចាប់

painful (adj.) ឈឺ

   to be painful ចាប់ , ឈ្ងាចាប់

   extremely painful (burning sensation)
   ក្រហាយ

painfully (adv.) ក្រសាប់ក្រស្ងស

paint (v.t.) សាគ់ (គាំណី) , លាប

paint (n.) ថ្ង័ (លាប)

   gold paint មាសទឹកមាស

painting (n.) គំនូរ

pair (n.) គូ

   a pair of shoes ស្បែកជើងមួយគូ

   a pair of oxen គោមួយនឹម

pal (n.) សម្លាញ់ , មិត្ត , ពួកមិត្ត, សាមិត្ត

palace (n.) វាំង

pale (adj.) ក្រហមស្លេ

Pali (n.) បាលី

palm (n.)

   coconut palm tree ដើមដូង

   palm of the hand បាតដៃ,
   បាតក្រុមហត្ថ (នត្ថ)

   sugar palm ដើមត្នោត

   sugar palm juice ទឹកត្នោត

pamper (v.t.) ថ្នម , ថ្នាក់ថ្នម

pan (n.) ខ្ទះ

pane (n.) កញ្ចក់

panic (n.) (to be in a -) សារភ្លើ,
   ភ័យស្លាប់រន្ធត់

   (v.t.) សម្លុត, បង្កើយស្លន់, បង្កើយ
   ភ័យរន្ធ, បង្កើយភ្លក

panicked (p.p.) ភ័យស្រែកស្រាល់

panicking (pres.p.)កំពុងភ្លក

panicky (adj.)ភ័យ, ស្លន់, ស្លន់ស្លោ

pants (n.) ខោ

papaya (n.) ល្ហុង

paper (n.) ក្រដាស

parachute (v.) សាងខ្ទេម

   (n.) ឆ័ត្រខ្ទេយ៉ាង

parade (v.i.) ដង្ហែ, នាំ, ដេរក្បួន

paragraph (n.) ផ្នែក , វគ្គ

paralyzed (p.p.) ខ្វាប់

   to be paralyzed ស្លឹក

parallel (n.) ស្របស្រាយ

    (adj.) ស្រប

paranoid (adj.) សតិយសសាស្ត្រ (ខ្វះ)

   to be paranoid ចាកខ្វះ

   he's paranoid គាត់សាស្ត្រសព្វា

parasite (n.) កន្លាត , ធ្ងន់ស្លុងនិងចោរ

      (ធ្ងន់ស្លុងរាយសារជាត)

paratroop (n.) ទាហានស្ត្រោះយោង

pardon (v.t.) ក្រុបុអភ័, លើកទោស,

      លើកករទានទេយ,អត់ទោស

   I beg your pardon. សូមទោស

   pardon! អត់ទោស

   pardon me សូមទោស , អត់ទោស

pare (v.t.) ចិត , ចក

parents (n.) មាតាបិតា, ម្ដាយឪ, ឪម៉ែ,

    ឪពុកម្ដាយ

parentheses (pl.) វង់ក្រចក

park (v.t.) ចត

    (n.) សួន , ឧទ្យាន

parking (n.) ចំណត

parliament (n.) រដ្ឋសភា , សភា

part (v.t.) ញែក , បែក

   to part the hair បែកចិញ្ចើម

    (n.) ចំណែក , ចំណែក, ផ្នែក, ផ្នែក

    ចំណែក , បែក, ភាគ, អវយវ

   part (of a machine) គ្រឿង

partake (v.) យកចំណែក

paternal (adj.)

   on the paternal side ខាងឪពុក

partial (adj.) ស្ម័យ

   to be partial កាន់ជើង , យល់ឡើ

   to be partial with respect to

      យល់ , យល់ឡើ

particular (adj.)

   in particular សាមញ្ញសាស , សរាយ

     ចំពោះ

   to be particular ប្រយ័ត្ន

particularly (adv.) សាមញ្ញសាស

partisan (n.) ពួកសម

   to be partisan បែកពួ

partition (v.t.) ញ័ង , រៀង

part-time (adj.) ទីនិក, អន្តរសេ្ត

partner (n.) ដៃគូ , សមជិ

party (n.) ការបរិស្ស័ង, សាលាបក្ស

   political party សាលាបក្ស

   to have a party ធ្វើបុណ្យ

   to give a party សប្បាយ , សប្បាយនិយ

pass (v.t.) កន្លង,ប្រឡងអោត,លើសសួហ្វ; ឆ

   to pass a test ប្រឡងជាប់

   to pass away ស្លាប់មរណកាល,ទទួលមរណភាព

   to pass out ភ្លឹក , សន្លប់

   to pass to ហុច

pass (n.) ប្រវត

   mountain pass ប្រកាំ

passage (n.) ប្រវត,ច្រកស្លាក,ផ្លូវច្រក;អន្តប

passion (n.) កាមភាគ

passport (n.) លិខិតឆ្លងដែន , សំបុត្រ

     ឆ្លងដែន

past (n.) អតីត , អតីតកាល

   to go past ហួស

pastry (n.) នំ

pat (v.t.) ទះស្រាល

   to pat dry ទះ

patch (v.t.) ប៉ះ

   to patch a tire ប៉ះកង់

path (n.) ផ្លូវលាយ , ផ្លូវ

clear path in heavily overgrown
water ប្រឡាយ , ប្រឡាយទឹក

foot path ផ្លូវដើរ

path of water ផ្លូវសន់ទឹក

patience (n.) អំណត់

patient (adj.) អត់ធ្មត់, ព្ងៃ

to be patient ព្ងៃ , អត់ , អត់ព្ងៃ

(n.) អ្នកសំ , គិលាន

patriotic (adj.) ស្នេហាជាតិ

patrol (v.i.) សឈ្ឃាត, ដើរយាម, ស្ញាត,
យាម , យាមការ, យាមស្ញាត

(n.) ការស្ញាត, ការយាម, ទ័ពស្ញាត

pattern (n.) ក្បាច់, ក្បាច់ក្បូរ, គំនូរ, រចនា

to make a pattern រចនា

pave (v.t.) ក្រាល

to pave a road with asphalt ចាក់កៅស៊ូ

paving (n.) ក្រោលស

pawn (v.i.) បញ្ចាំ , ប្រចាំ (បញ្ចាំ)

pawn shop កន្លែងបញ្ចាំ

pay (v.t.) បើកលុយ ; បង់

to pay a fee បង់

to pay for បើក, បើកថ្លៃ, បើកសម្រយ

to pay no attention to ធ្វើព្រងើយនឹង

to pay out បង់

to pay tax បង់

payday (n.) ថ្ងៃបើកលុយ

payment (n.) ការបង់លុយ

down payment ប្រាក់កក់

to make a down payment កក់ ,
ប្រាប់សុយទុក

pea (n.) សណ្ដែក

peace (n.) សន្តិភាព

peaceful (adj.) សាន្តប្រកា, សុខសាន្ត

peacock (n.) ក្ងោក

peak (adj.) កំពូល

peanut (n.) សណ្ដែកដី

pear (n.) សារី

pearl (n.) គុជ

peasant (n.) កសិករ

(adj.) បសាសាព្យ.

peck (v.t.) ចឹក , ចោះ:

to peck on another ប្រចឹក

pedagogy (n.) គ្រុសាសាស្ត្រ

peddle (v.t.) លក់

to peddle (a bike) លក់

pedicab (n.) ស៊ីក្លូ

peel (v.t.) ចឹក , បក , សក

peeled (p.p.) បបក , ស្បក

peeling (adj.) សសក

pen (n.) សសៃប៉ាកកា, ប៉ាកកា, ស្លាបប៉ាកកា, ទ្រុង

pen point ស្លាបប៉ាកកា

fountain pen ស្លាបប៉ាកកាប្លម

pig pen ក្រុងជ្រូក

penal (adj.) ព្រហ្មទណ្ឌ

penal code ក្រមព្រហ្មទណ្ឌ

penalize (v.t.) សកា

pencil (n.) ខ្មៅដៃ , ដីសខ្មៅ

pendant (n.) បន្លាក់

pendulum (n.) រង្កាស

pendulum clock នាឡិកា រង្កាស

peninsula (n.) ឧស្ម (ស្រុកាយ), ឧបទ្វីប

penny (n.) សេន

pension (n.) សោធន

people (n.) រាស្ត្រ, ឆ្នូ, បញ្ចារាស, បញ្ចាព្យស,
ប្រជារាស, ប្រជាសាសន៍, ប្រជានាគ្រូ,
នាសន៍, ក្រុម, មនុស្ស, បរសាទ្យៈ

people of a nation ប្រជាជាតិ

people of a region ប្រជាជន

foreign people ជនបរទេស

for the people ប្រជាធិបតេយ្យ

important people អ្នកធំៗ

of the people ប្រជាជន

private people ប្រជាឯកជន

young people យុវជន , ក្មេង , យុវវ័យ

pepper (n.) ម្រេច

    bell pepper ម្រេចស្ពៃ

    black pepper ម្រេចខ្មៅ

    green pepper ម្រេចខ្ចីៗ

    hot pepper ម្រេច

percent (n.) ភាគរយ

    one percent មួយភាគរយ

percentage (n.) ភាគរយ

    house percentage កង់

perch (v.i.) ទំ

perfect (adj.) ឥតខ្ចោះ

perfection (n.) ឥតខ្ចោះភាព

perforate (v.t.) ទម្លុះ

perform (v.t.) ប្រព្រឹត្ត , សម្ដែង

perfume (n.) ទឹកអប់

perhaps (adv.) ប្រហែល, ជាដំបូង, ប្រហែលជា, ប្រហែលជា, ប្រហែលជាស, បើមានការ, ប្រហែល, បើមានស

period (n.) សម័យ

    fixed period កំណត់ , វេលា

    period of reign of a king រជ្ជកាល

    periodical (n.) ទស្សនាវដ្តី

perimeter (n.) បរិមាត្រ

permanent (adj.) ស្ថាពរ, អចិន្ត្រៃយ៍, អចិន្ត្រៃយ៍

permanently (adv.) សាស្ថាពរ

permeable (adj.) ជ្រាប

permeate (v.) ជ្រាប , ជ្រៀតជ្រាប

permeated (p.p.) ជ្រាប

    completely permeated ជ្រាក

permit (v.t.) បំផុសបញ្ញាយ, អនុញ្ញាត

permission (n.) ច្បាប់ , អនុញ្ញាត

    to ask for permission សុំច្បាប់

    to give permission អនុញ្ញាត , អនុញ្ញាតឲ្យ , ឲ្យច្បាប់

pernicious (adj.) បង្ក្រោះ , ស្ងួតស្ងាត

persistent (adj.) ប្រឹង ; ស្ម័គ្រ

    to be persistent ព្យាយាម

person (n.) នរ, នេ: , មនុស្ស , សាក់

    a person ម្នាក់

    in person ខ្លួន

    mature person មនុស្សធំ

    old person មនុស្សចាស់

    sick person អ្នកជម្ងឺ

    that person នរនោះ , ម្នាក់នោះ:

    young person ក្មេង

personal (adj.) ខ្លួន , ខ្លួនឯង

personally (adv.) កំពុងមានរូប, ការសម្បត្តិ, ផ្ទាល់ខ្លួន, ខ្លួនឯង, ផ្ទាល់ដៃ, បុគ្គលិកភាព, សម្បត្តិ

personnel (n.) បុគ្គលិក

perspiration (n.) ញើស

perspire (v.i) បែកញើស

persuade (v.t.) បញ្ចុះបញ្ចូល

persuasive (adj.) មានជំនឿមាត់

perturbation (n.) វឹកវរ

pervade (v.t.) ស្រប , យាយី

perversion (n.) វិបល្លាស

petal (n.) ត្របក

petition (n.) សំណូមពរ

petroleum (n.) ប្រេង , ប្រេងកាត

pharmacist (n.) ឱសថការ

pharmacy (n.) ផ្ទះលក់ថ្នាំ, ហាងលក់ថ្នាំ, ហ្វាម៉ាស៊ី, ឱសថស្ថាន (ឱសថស្ថាន)

phase (n.) ពេល , វេរ

last phase ទីបំផុត

Ph. D. (n.) វិជ្ជាបណ្ឌិត

phenomenon (n.) បាតុភូត

Philippines ហ្វីលីពីន

philosopher (n.) ទស្សនវិទូ

philosophy (n.) ទស្សនវិជ្ជា

phosphate (n.) ហ្វូស្វាត

photograph (v.t.) ថត , ថតរូប

(n.) រូបថត

phrase (n.) ឃ្លា , វគ្គ ; សណ្ឋាន

physician (n.) គ្រូពេទ្យ , ដុកទ័រ

physics (n.) រូបសាស្ត្រ

piano (n.) ព្យាណូ

pick (v.t.) បេះ ; ជីក ; បេះ

to pick on ចាំឲ្យ

to pick out ជ្រើស

to pick the nose ខ្វេះអាចម៍ច្រមុះ

to pick up ផ្ទុល (ដាក់) , រើស

to pick up speed ស្ទុះ

pickle (v.t.) ត្រាំ

(n.) ជ្រក់

pickpocket (n.) អ្នកឆក់

picture (n.) រូបថត , រូបភាព ; រូបចម្លាក់

to take a picture ថត

moving pictures កុន , ភាពយន្ត

piece (n.) កំទេច , កំណាត់ ; បន្ទះ , ផ្ទាំង ; ដុំ , ដុំកំភួន

pier (n.) ផែ

pierce (v.t.) ចោះ , ទម្លាយ

to cause to pierce ទម្លាយ (ទំលាយ)

pierced (p.p.) ធ្លុះ , ធ្លុះធ្លាយ

to be pierced through ចេញហោក

pig (n.) ជ្រូក , ប្រូក

pigeon (n.) ព្រាប

pile (v.t.) គរ, បង្គរ, គំនូក, ផ្ទុក

to pile up ផ្ទួន

(n.) គំនរ , ដុំ , សំណុំ

a pile មួយគំនរ

pill (n.) គ្រាប់

pillar (n.) គ្រឹះ

pillow (n.) ខ្នើយ

pillow case ស្រោមខ្នើយ

small pillow ទ្រកប

pin (n.) ម្ជុល , ម្ជុលបារាំង

safety pin ម្ជុលខ្ទាស់

pincers (n.) ដង្កាប់ , ដង្កៀប

pinch (v.t.) ក្តាប

pineapple (n.) ម្នាស់

ping pong (n.) កូនឃ្លីលើតុ , ប៉េងប៉ុង

pink (adj.) ពណ៌ផ្កាឈូក

pinky (n.) កូនដៃ

pinpoint (v.t.) សំរួចង

pioneer (n.) អាទិករ

pipe (n.) ខ្សៀ

pistol (n.) កាំភ្លើងខ្លី

pitch (v.t.) បោះ ; បង្គោល , ស្ទូល

to pitch camp បោះជំរំ

pitiable (adj.) កំសត់ , ខ្សត់

pity (n.) កុណា , ប្រណី , មេត្តា , អាណិត
ប្រណី , អាណិតមេត្តា , អាណិត
  to feel pity អាណិត
place (n.) កន្លែង , ដំណាក់ , ស្ថាន , ហាង ,
ក្រុង , ទី , ទេស ,
បរិវេណ , ស្រុក
  place of origin ស្រុកកំណើត , ស្រុកទេស
  in the first place ខាងដើម
  marked place សំគាល់
  starting place ដើមទី , ទី
  working place ទីស្នាក់ការ
place (v.t.) ដាក់ , ដំកល់
plain (n.) ទំនាប
  (adj.) សាមញ្ញ
plait (v.t.) ក្រង
plaintiff (n.) អ្នកដំបូង
plan (v.t.) គិត , តំរោងការ , គូរគាស់ ,
បំរុង , គ្រោង
  to plan to ប្រុងនឹង
plan (n.) គ្រោងការ , តែបទគំនិត ,
ប្លង់ , តែនការណ៍ ,
គំនិត , វិធាន , វិធាន
ការណ៍ , អាចចិត្តគ្រោង
plane (n.) រណ្ឌគាស
planer (n.) អ្នកគាស
planet (n.) ភព
plank (n.) ក្តារ
plant (n.) ដើមឈើ , ដំណាំ , រោងចក្រ
  flower plant ដើមផ្កា
    (v.t.) ដាំ
planting (n.) ដំណាំ
plastic (n.) ប្លាស្ទិក
plate (n.) ចាន

plateau (n.) ខ្ពង់រាប , ទីដោបន្តស់ ,
ទីដំបន្តស់ ; ពលាញ
platform (n.) ស្ទាន
platoon (n.) កងអនុសេនាតូច
  artillery platoon ក្រុមកាំភ្លើងធំ
platter (n.) ថាស
play (v.t.) ប្រគំ , រសាយ , ប្រព្រឹត្ត
  to play a role រៀបរៀប
  to play cards រសាយបៀ
  to play the drum វាយស្គរ , ទះស្គរ , អយស្គរ
  to play the guitar រសាយ
  to play music ប្រគំភ្លេង
  to play records ចាក់ថាស
  I play the winner. ខ្ញុំសុំនឹងអ្នកឈ្នះ
play (n.) របាយ
  modern play របាយសម័យ
  national play របាយជាតិ
  drama play របាយ
playful (adj.) ចចេះចចា
playground (n.) កន្លែងលេងល , ទីលេង ,
ស្នាកកមារ
plaza (n.) ទីលាន
plead (v.i.) អង្វរ , អង្វរករ
pleasant (adj.) ពាក់ទាក់ , សប្បាយ
  peaceful and pleasant សុខស្រៀវ
please (v.t.) បំពេញចិត្ត , ស្តាប់ , ស្តាប់តាម ,
ស្តាប់ភ្នែ , ស្តាប់ចិត្ត , យកាចិត្ត ,
យកចិត្តទុក , សូម ,
សំអាងគ្នោ
  to please someone អយ
  to please someone for a favor យកអាប់
  Please come in. សុំអញ្ជើញចូល
pleased (p.p.) ត្រេកចិត្ត , អាណាចិត្ត

pleasure (n.) ការសប្បាយ, ភ្នាំ.ភាគ

pleat (n.) ផ្នត់

pledge (n.) សច្ចាថ

plenipotentiary (adj.) រណ្យប្លូត

plentiful (adj.) សម្បូណ៍, គ្រប់គ្រាន់

plenty (adj.) ទិន្ន៖, ច្រើនកើន៖, គ្រប់គ្រាក់,
បរិបូណ៍, ច្បាស់ច្បា)រ
កាសរពេញ, រការរកេញ,
យកមិនអស់

pliers (pl.) ដង្កាប់

plight (n.) ភាគ ទុក្ខស.ស

plot (n.) ដំណាំរ (រឿង៉ង), ក្បែនត្រង

plow (v.t.) ភ្ជួរ

plow (n.) នង្គ័ល

pluck (v.t.) រក៖, របៈ, ដក

plumb (adj.) មានត្រាស៉ង

plump (adj.) រព្ចាស, មានសាច៉

pleasingly plump រព្ចាស, មានត្រាស៉ង

plunder (v.t.) ប្លន់

plus (adj.) ជិ៉ង ; បូក
about fifty (plus) ច្រកសិបឆ្ងាង

plywood (n.) ក្ដាសបន្ទៈ, បន្ទៈក្ដារ

pocket (n.) រហោ រហ៉, កសញ៉, រឡ្យក ទិន

poem (n.) កំណាព្យ,
កំណាព្យកាព្យរឃ្លោង

poet (n.) កវី

poetry (n.) កំណាព្យ,
កំណាព្យ កាព្យរឃ្លោង

point (v.t.) ចង្អុល
to point (a weapon at close range) ភ្ជង់
to point to ចង្អុលរទៅ
(n.) ចំណុ៉ច, ប្រការ; និន្

high point កំពូល

main point ខ្លឹម, ចំណុចសំខាន់

to the point និស្សិត ; ឲ្យ ចំចំណុច

pointed (adj.) ស្រួច

poison (v.t.) ប៉ុល

(n.) ថ្នាំ; ពិស

poisoned (p p.) ថ្នាំ

poisonous (adj.) មានពិស; ពុល

poke (v.t.) រក, បុក, បុករក, ទុច

to poke in រក, រកចូល

pole (n.) ឈើ

carrying pole ដងរែក

fishing pole ដងសន្ទូច

police (n.) ប៉ូលិស, ត្រួតយ៉ម, ក្រមនគរបាល

municipal police ប៉ូលិសក្រុមបរ៉ី

state police ក្រុមនគរបាល

policy (n.) នរយោបាយ, មាគ៉

water policy នរយោបាយទិក

polish (v.t.) ទាត់, ដុ៉ស, ស៉ិ ស

to polish shoes ទាយវៃស្បកស្ដ៉,
ទាយសាចៃ

polished រវសាង៉

politburo (n.) ក្រឡាទិថ្ងាស

polite (adj.) សុភាព, ត្រសរសប

political (adj.) នរយោបាយ

politics (n.) នរយោបាយ
to get involved in politics
រឆ្ពើនរយោបាយ

pollen (n.) ស៉អង, ស៉អងផ្កា

polygon (n.) ពហុរកាណ

polysyllable (n.) ពហុព្យាង៉

pond (n.) ត្រពាំង, ត្រស៖, ស្រុក,
ផ្លូ ៉ង

ponder (v.) ជញ្ជឹង, ពិចារណា, ត្រិះរិះ, និតគួរ, រលឹកត្រ្កាផ្គង, ទន្ទឹងនឹក, សញ្ជឹងនឹក, និតរិះរក, រិះរក រិះល, ស្ទើស

poor (adj.) ក្រ, ព្រួយក្រ, ទាល, ខ្វះសព្វក្រ, ររមរមោប; កំសត់, ខ្វត់

  in a poor condition រយ៉ីករយោក

pop (v.i.) ផ្ទុះ, ផុះ

populace (n.) ប្រជានាសស្ត្រ, បណ្ណាឌន

popular (adj.) ល្បី, ល្បីរលួ:, ល្បីល្បាញ; និយម; ប្រជាប្រិយ

popularity (n.) ប្រជាប្រិយភាព

population (n.) ប្រជាជន, ប្រជានាគរ្ស្ត, ប្រជាពលស្ត, ពលស្ត, បណ្ណាឌន

  population center ទីប្រជុំជន

populist (adj.)(n.) ប្រជានិយម

pork (n.) សាច់ជ្រូក

port (n.) រំនិ, រំនិកបាស, កំពស់រំនិ

  water port កំពស់រំនិ

portion (n.) កំណាត់, ចំណែក

portray (v.t.) ពិពណ៌ិ

  portray favorably បរយាស

position (n.) មុខងារ; អាកប្បកិរិយា, និរិយាបថ; ងារ:, ទំនេរ, ដ្ឋាន; ម្ព្រា

  to be in a cross position ក្ប

  to get into position រកកំនង

possess (v.t.) មាន, ឆ្ព

possessed (p.p.)

  to be possessed by a spirit រពចូល

  to be possessed by a devil អារក្សចូល

possessive (adj.) កំណាញ់

possible (adj.) រកិត, រាច

  it's possible អាច, អាចរកិត

possibly (adv.) ប្រន់, ប្របរ្បាល

post (n.) បរស្ដាល

  fence post បរស្ដាល របស

poster (n.) បដា (ផ្កាដា)

post office (n.) ប៉ុស្ដិ៍, ប៉ុស្ដិ៍រ្បៃសស្ស, រ្បៃសនីយដ្ឋាន

postpone (v.t.) ផ្អាក, រលើករពលរ្កោយ

postulant (n.) សន

posture (n.) មុព, ទំនង, ដ្ឋា

pot (n.) ឆ្នាំង, ផ្អន

  a large pot រឆ្នាំង

  Pot calling the kettle black.

  ដំងដៅ ផ្កសណា ឆៅ ឲ្យផ្ទក សាម រ

potato (n.) ដំឡូងបារាំង

  sweet potato ដំឡូងឈ្លា

pouch (n.) រថ្បាក

poultry (n.) មាន់ទា, សត្វ

pound (v.t.) បុក, ទាក់

  to pound the rice បុករ្ស្រូ

  to pound with a fist កប, ទាក់

pour (v.t.) ចាក់

poverty (n.) ភីក្រ, រសចភីក្រ

  to be poverty-stricken រកាករយ៉ីក

powder (n.) រម្ស

power (n.) អំណាច, បុណ្យ, និបរិនស្បរ្យ, កំឡាំង, ទ្ធិននុភាព

  great power (country) មហាអំណាច

  to be in power កាន់អំណាច

  to have power មានអំណាច

powerful (adj.) ឆ្លាំងក្លា

practice (v.i.) បង្វឹកាត់ , ហាត់

practitioner (n.) គ្រូពេទ្យ

    practitioner of folk medicine គ្រូ

    practitioner of traditional rituals

        គ្រូខ្មែរ

praise (v.t.) សរសើរ , សរសើរ

    praise falsely បញ្ជោរបញ្ជោ

praiseworthy (adj.) គួរឱ្យសរសើរ

prawn (n.) បង្គា

pray (v.t.) បន់, បន់ស្រន់, បួងសួង, ភាវនា,

        សូត្រមន្ត, សូត្រមន្ត, ទូលសួរ

    Pray for it. បន់សារសោ

    to pray for ទូលសួរ , ទូលសួរសុំ

prayer (n.) កម្មដ្ឋាន

preach (v.t.) សម្ដែងសា

precarious (adj.) ភ័យ , ភ័យភិត

precept (n.) ក្បួន

precious (adj.) ថ្លៃ , ថ្លៃថ្លា , ភាគ

predict (v.t.) ទាយទុក , ទាយ

prediction (n.) ទំនាយ

preface (n.) បុព្វកថា , អារម្ភកថា

prefer (v.t.) និយម , ស្ម... សាង

    I'd prefer to die rather than join
    the armed services. ខ្ញុំស្ម័គ្របំរើ

        ឲ្យសលើ ទាហាន

preference (n.) សេចក្ដីសា

prefix (n.) បុព្វបទ (ក្រាប់ខាងដើម)

pregnant (adj.) ផ្ទៃពោះ, មានគភ៌, ទានផ្ទៃពោះ:

prejudiced (p.p.) បុរេកាត់

premier (n.) នាយករដ្ឋមន្ត្រី

preoccupy (v.t.) គិតគូរ , ស្រមៃ

prepare (v.t.) ប្រុងប្រៀប, រៀបចំ, ក្រេតក្រៀមចំហេ

to prepare ahead រៀបសុំទុក

to prepare food រៀបម្ហូប, ស្រៀបចំបាយ

prerequisite (adj.) ចាំបាច់

presage (n.) បុព្វនិមិត្ត

    (v.t.) បុព្វនិមិត្ត

prescription (n.) សំបុត្រទិញថ្នាំ

presence (n.) វត្តមាន

present (n.) បច្ចុប្បន្នកាល , កំណត់ៈ

    at present សព្វថ្ងៃ

    the present time បច្ចុប្បន្ន, បច្ចុប្បន្នកាល

presently (adv.) សព្វថ្ងៃៈ

preserve (v.t.) ថែរក្សា

preside (v.i.) អធិបតី

president (n.) ប្រធាន

    (of a country) ប្រធានាធិបតី

    (of an organization) ប្រធាន

press (v.t.) កិបមាន, សង្កត់មាន, សង្កត់, អ៊ុត

    (with an iron) អ៊ុត , អ៊ុត

    (a button) ចុច

prestige (n.) កេរ្តិ៍ឈ្មោះ

pretend (v.t.) ធ្វើ, ធ្វើសា, ធ្វើពុត, ធ្វើភាគ, ពុត

    to pretend to be cheap ធ្វើថោក

    to pretend + verb ធ្វើសា

    He pretends not to know.

        ធ្វើមិនដឹង

pretension (n.) ពុត

pretext (n.) លេស

prettiness (n.) សម្រស់

pretty (adj.) ស្រស់, ល្អ, ស្អាត

    pretty to hear ពិរោះ:

prevent (v.t.) ការ, ការពារទប់ស្កាត់, ការពារ, បង្ការ

    to prevent from doing ឃាត់

    We have to prevent the enemy

from coming back. ស្រាយ្រូវឲ្យពោ

previously (adv.) កាលមុន, កាលពីដើម, ពីមុន, ពីដើម, ពីមុនមក៖, កាលពីមុន

price (n.) ថ្លៃ , តម្លៃ

  to lower the price បញ្ចុះថ្លៃ

priest (n.) បូជាចារ្យ, ព្រះសង្ឃ, លោកសង្ឃ

primary (adj.) ដំបូង

prince (n.) សម្ដេច , អ្នកអង្គម្ចាស់

princess (n.) អ្នកអង្គម្ចាស់

principal (n.) ដើម, ទុន, ព្រឹកដើម, មូលនិធិ

  principal of a school នាយកសាលា

principle (n.) សេចក្ដីសំខាន់

  without principle ឥតគោល

print (v.t.) បោះពុម្ព ; ស្នើត

  to print a picture ស្នើតរូបថត

  to print (write) សរសេរអក្សរពុម្ព ,
      សរសេរអក្សរពុម្ព

  (n.) ស្នាម

printed (p.p.) បោះពុម្ព

  printed letter អក្សរពុម្ព

printing (n.) ការបោះពុម្ព

  printing plant រោងពុម្ព

prison (n.) គុក , ពន្ធនាគារ

  to be imprisoned; go to prison
      ជាប់គុក

  to be in prison ជាប់គុក

prisoner (n.) មនុស្សទោស , អ្នកទោស

  prisoner of war ឈ្លើយសឹក

privacy (n.) ភាពផ្ដាច់ខ្លួន

  to have privacy ស្ងាត់

private (adj.) ឯកជន ; ទាល់

  private E-1 នាយឯក

private E-2 នាយទោ

private first class នាយឯក

private school សាលាឯកជន, សាលាឯកជន

privilege (n.) ក្បួនស្រ្តី

prize fight (v.t.) ប្រដាល់

  (n.) ប្រដាល់

probably (adv.) ប្រហែលសាម, ប្រហែល, ឥតខាន,
      ស្រេច, ដូចប, មុខស, មុខតែ

probe (v.t.) ស្ទង់

problem (n.) ចំណោទ, ព្រ, បញ្ហា, សេចក្ដីសួរ

  no problem ក្នុងសិរ៉ង, មិនសាកាសិរ៉ង, មិន
      ផុត, មិនខ្លាយសិរ៉ង, មិនសិរ៉ង

  to cause problems ចេញញ៉ាងញ៉ាក

procedure (n.) វិធីការ

process (n.) របៀប, វិធី

  to be in the process of កំពុង, កំពុងតែ

procession (n.) ក្បួន , ក្បួនដង្ហែ

proclaim (v.t.) ប្រកាសប្រកាស, ប្រកាស

prod (v.t.) ចាក់ (ចាក់ឲ្យឈរសាត)

  to prod someone into something

produce (v.t.)ផ្ដល់ឲ្យ, ឲ្យយសេ

  (n.) ផលដំណាំ , សសិតសេ

producer (n.) សសិតករ

product (n.) ផល , ផលិតកម្ម ,
      ផលិតផល , ល្ផូសេ

production (n.) ផលិតកម្ម, សសិតសេ

productive (adj.) ជាសេ

  not productive ក្នុងសេ៖, មិនខ្លាយសេ, មិនសេ៖

productiveness (n.) សសិតសេ

productivity (n.) សសិតសេ

profession (n.) របរសម្ព, សារ, របរ, វិជ្ជាជីវ៖

  to have a profession ប្រកបរបរ,
      ប្រកបរបររកសុី

profession of pedagogy អាជីពគ្រូបង្រៀន

professional (adj.) ក្បិត, ស្រួលសប់

    professional study វិស័យរកស៊ី

professor (n.) សាស្ត្រាចារ្យ

proficient (adj.) ស្ទាត់, ដ៏ជំនាញ

profit (n.) ផល, និស្សិតបរិយោជន៍, ការ, ចំណេញ, ចំណេញការ, ចំណេញ

    to make a profit ចំណេញ, យកចំណេញ

    to profit from ចំណេញ

profound (adj.) រជ្រៅ

profusely (adv.) រញ្ចោរ ។

    program (n.) កំណត់, វិធាន, វិធានការ, កម្មវិធី

progress (v.i.) សាស់, លូតលាស់, ចំរើន រឿង, រឿនសឿន

    (n.) ការចំរើន, វឌ្ឍនធម៌, ដំណើររទៅមុខ

    state of progress វឌ្ឍនភាព

    to make progress លូតលាស់

progressed (p.p.) មាន វឌ្ឍនភាព

progression (n.) ការចំរើនឡើង, ការបន្តឡើន

prohibit (v.t.) ហាម ហាន់, ហាម

prohibition (n.) ការហាមហាត់

project (n.) រក្សាងការណ៍

promise (v.t.) សន្យា, ផ្សា

    to make an empty promise និយាយមាត់ទទ

    (n.) ពាក្យសន្យា

promote (v.t.) តំ, តម្កើ, រឭប; ដំឡើងសក្តិ
    (v.i.) រឭងសក្ត, រឭងឡើក

prone (adj.) ក្រាប; រាលត្រដ

    to be prone to say anything រពឹសសាត់

pronoun (n.) សព្ទនាម

pronounce (v.t.) និ?

proof (n.) តាង, កស្សតាង

prop (v.t.) ទម្ងល់, ខ្សល់

propaganda (n.) ការផ្សព្វ យ, ការឃោសនា

    to make propaganda ឃោសនា

propagandize (v.t.) ឃោសនា

proper (adj.) សម, សមរម្យ, ត្រឹមត្រូវ, សួម, ត្រូ, ត្រូវសម

property (n.) ទ្រព្យ ទ្រព្យសម្បត្តិ, ឌង ឌាង, របាគ, របាតគុណ, របាត ផល

    real property ទ្រព្យទ្បំ

prophecy (n.) ទំនាយ

proponent (n.) អ្នករម្ម

propose (v.t.) រម្ម

prosecutor (n.) មភា, សុភាចារបុរស, រដ្ឋអាជ្ញា, ព្រះរាជអាជ្ញា

prosper (v.i.) ចំរើន, វិកចំរើន, លូតលាស់, រកីតកាលវាសនាម

prosperity (n.) រសចក្តីចំរើន, រសចក្តីចម្រុងចម្រើន

prosperous (adj.) ខ្ពស់ខ្ពស់, ចម្រុងចំរើន, រឭនលឿន, រុងរឿង, រឌឿងឡុង

prostitute (n.) ស្រីខ្លាមាស, ស្រីសំផឹង, ស្រីរកស៊ូ, នារីរកស៊ីចរ

prostrate (v.t.) ក្រាប

    to prostrate oneself ក្រាប

protagonist (n.) តួឯក

protect (v.t.) ការពារ, ការ, បង្ការ

    to protect from (light, sun, etc.) ខ្ពាំង

    to protect from ការពារ

protection (n.) ការពារ; អាណាព្យាបាលភាព

pro tem (n.) ស្ម័ ន?

protest (v.t.) ស្រែក

protestant (n.) ប្រូទីស្តង់

protocol (n.) ពិធីការ

protrude (v.i.) ដុះលេន, ដុះលេនមក

protuberance (n.) កន្ទុយ

proud (adj.) អួតខ្លួន, អួតអាងថ្ងៃ

    to be proud of oneself អួតខ្លួន

    to be too proud of ប្រកាន់ខ្ពស់

prove (v.t.) បង្ហាញឱ្យឃើញ,
                                  ស្រាយឱ្យឃើញ, ស្រាយឱ្យឃើញថា

proverb (n.) ពាក្យស្លោក, សុភាសិត

provide (v.t.) ផ្គត់ផ្គង់

provided (p.p.)

    provided that បើ:ដូច, បើ:បើថាដូច

providing (conj.)

    providing that បើ:ដូច, បើ:បើថាដូច

province (n.) ខេត្ត, ស្រុក

    capital city of a province ទីប្រជុំខេត្ត

    the province ខេត្តស្រុក

provincial (adj.) នៃខេត្ត

    provincial chief ចៅហ្វាយខេត្ត

provision (n.) ស្បៀង

    food provisions ស្បៀងអាហារ

pry (v.t.) ច្រៀក

psychiatrist (n.) គ្រូពេទ្យវិកល,
                           គ្រូពេទ្យវិកលចរិត

psychological (adj.) ចិត្តសាស្ត្រ, ផ្លូវចិត្ត

psychology (n.) ចិត្តសាស្ត្រ

public (n.) បណ្តាជន, សាធារណ,
                   សាធារណ:, សាធារណៈជន

    public health សុខាភិបាល

publicize (v.t.) ផ្សាយ

pudding (n.) នំផ្អែម

puddle (n.) ភក់

    to become a puddle ភក់

pull (v.t.) ទាញ, បន្ទោរ, ផ្ទាំ, ផ្ទាំង

    to pull away ទាញចេញ

    to pull back ទាញវិញ, ចវិញ, បន្ទោរវិញ

    to pull out ដក, ហូត

    to pull over ទាញ

    to pull something away violently
                                 ទាញច្រាន

    to pull upward ទាញឡើង

pump (v.t.) ស្រូប, បូម

pumpkin (n.) ល្ពៅ

punch (v.t.) ដាល់, ដប់

    to punch each other ប្រដាល់

    to punch a hole ចោះ

punctual (adj.) ទៀងទាត់

punish (v.t.) ដាក់ទោស, ធ្វើ, ដាក់ទោស,
                          ផ្តន្ទាទោស, ផ្តន្ទាទោស

    to be punished ត្រូវទោស

punished (p.p.) ដែលជាប់ទោស, ទទួលទោស

punishment (n.) ទោស

    to accept the punishment ទទួលទោស

pupil (n.) កូនសិស្ស, សិស្ស

puppet (n.) អាយ៉ង

puppy (n.) កូនឆ្កែ

purchase (v.t.) ទិញ

pure (adj.) បរិសុទ្ធ, ស្អាត, សុទ្ធ

purely (adv.) សុទ្ធតែ

purification (n.) ការធ្វើ

purple (adj.) ពណ៌ស្វាយ

    dark purple ពណ៌ស្វាយខ្មៅ

purpose (n.) គោលសេចក្តី, គោលការ,
         គោលបំណង, គោលបំណង
    for the purpose of ដើម្បីបំណងនៃ

purse (n.) ម្យ៉ូ, ម្យ៉ូយ៉ូ, ក្យ៉ូ

     pursue (v.t.) ដេញ, តាមទាន, បណ្ដេញ

pus (n.) ខ្ទុះ

push (v.t.) រុញ, ស្ទុញ, ញ្ញេ, ញ្ញេរុញ

     to push aside ច្រៀន

     to push away សាន

     to push in ញក

     to push soneone's head in the water ច្របាច់

put (v.t.)

     to put a curse on សាកបណ្ដាសា

     co put aside (carefully) ដ្បាយទុក

     to put down roots ចាកឫស

     to put the hand in ណក

     to put in បាន់, ប្រៀក

     to put it back ទកទៅយវិញ

to put off ពកយៈ, ស្ដាក

to put on ប្ញាប់, តាក

to put on airs តធ្នង់, ប្រកាន់ឫក

to put on a lower garment ស្ល្យក

to put on an upper garment តាក

to put oneself out ឱ្យខ្លួន

to put out a fire បំលាត់, ពន្លត់, សន់

to put on around the waist ក្រវាត់

to put (stamp) ទិនរិត

to stay put នៅនិង, នៅឡូនិង

to put up with ស្ល

to put a wedge under គ្រៀម

puzzle (v.t.) ងឿង

     to be puzzled ងឿងឆ្ងល់

python (n.) ថ្លាន់

quadrilateral (n.) ឋរុកោណ

quadruped (n.) សត្វជើងបួន, ចតុប្បាទ

quake (v.t.) កក្រើក

   earthquake ដីកក្រើក, រញ្ជួយផែនដី

qualified (adj.) សាប់, ប្រកបដោយគុណសម្បត្តិ;
   សមស្របល្អ។

   fully qualified សមស្របល្អ

quality (n.) គុណភាព, គុណសម្បត្តិ,
   លក្ខណៈ, ក្បួន

quantity (n.) ចំនួន

quarrel (n.) ជម្លោះ

   to have a quarrel ទាស់ទែង, ឈ្លោះគ្នា
     (v.i.) ទាស់គ្នា, ទាស់ទែងគ្នា, ទាស់
     ទែង, ទាស់ទែងគ្នា, មានរឿងគ្នាគប

   to quarrel over something ដណ្ដើម

quarreling (n.) ការឈ្លោះគ្នា, ជម្លោះ

quarter (n.) ចំណែកបួន; ត្រីមាស

quartz (n.) កួតស

queen (n.) ស្ដេចកសត្រី

   queen (crown) មហាក្សត្រិយានី

   queen (king's wife) អគ្គមហេសី

question (n.) សំណួរ; សួរ

quick (adj.) ឆាប់, ប្រញាប់, រហ័ស,
   រហ័សរហួន, រហ័ស

quickly (adv.) ប្រញាប់ប្រញាល់

quiet (adj.) ស្ងាត់, ស្ងប់, ស្ងៀម

quit (v.t.) ឈប់, ឈប់ចោល, លះបង់,
   លះឈប់, លាឈប់

quite (adj.) ស្រុក, ស្រឡះ, ស្ពើន,
   បង្គួរ, ស្ទើរ

quiz (n.) ការប្រលង

   quiz (subject) ប្រធានសួរ

rabbit (n.) សត្វទន្សាយ

race (n.) ការប្រណាំង

   horse race ប្រណាំងសេះ:

   (v.i.) ប្រណាំង, ប្រកួត

     to race the engine or motor បង្វិល ម៉ាស៊ីន

   (n.) ពូជសាសន៍, សាមគ្គី

racist (adj.) ប្រកាន់ជាតិសាសន៍, ប្រកាន់-និយម, ប្រកាន់សាសនា

radar (n.) រ៉ាដា

radiator (n.) ទងទឹក

radical (n.) ឫសគល់

radio (n.) វិទ្យុ, ម៉ាស៊ីនវិទ្យុ

radio band (n.) បង់, បន្ទះ

radio set (n.) ម៉ាស៊ីនវិទ្យុ

radio station (n.) ស្ថានីយ

raft (n.) ក្បូន

rafter (n.) បង្កង់

rag (n.) កន្ទប

   to become a rag រហែក

   in rags រហែក

railroad (n.) ផ្លូវដែក, ផ្លូវរថភ្លើង

railroad station (n.) កន្លែងរថភ្លើង, ស្ថានីយ៍រថភ្លើង

rain (v.i.) ភ្លៀង

   (n.) ភ្លៀង

   without rain ប្រាំង, កំ

raincoat (n.) អាវភ្លៀង

raindrop (n.) គ្រាប់ភ្លៀង

rainfall (n.) ទឹកភ្លៀង

rainy (adj.) ភ្លៀង

   rainy season រដូវភ្លៀង

raise (v.t.) បង្កើន; ដំឡើង, លើកឡើង, លើក, ចិញ្ចឹម

   to raise the ante បង់, ដាក់បង់

   to raise (up) លើកឡើង

   (n.) ការបង្កើន

   to get a raise ទទួលការកើន

rake (n.) រនាស់

   (v.t.) រាស់

rally (v.i.) ជួបជុំ, ប្រជុំ, ប្រមូលផ្តុំ (ដើម្បីនិយាយប្រាជនៃនយោបាយ)

rampart (n.) កំផែង

rancorous (adj.) ក្តៅ, ក្តៅស្ងោវ, ចងគំនុំ

range (n.) ជួរ

   mountain range ជួរភ្នំ

rank (n.) ឋានៈ, ប្រភេទឋានៈ, បណ្តាឋានៈ

   exalted rank ឋានៈខ្ពស់

   hierarchical rank ឋានានុក្រម

   What rank? ឋានៈអ្វីប៉ុណ្ណា?, ឋានៈអ្វី?

ransom (n.) ប្រាក់លោះ:, ការលោះ:

   to pay a ransom លោះ:

rapid (adj.) លឿន, រហ័ស, របៀសរហួន, រហ័ស

rapidly (adv.) ក្បួន, លឿនក្បួន

rapids (n.) ទឹកធ្លាក់

rarely (adv.) កម្រ

rash (n.) កន្ទួលស្បែក; កន្ថែស

   to have a rash ឡើងស្បែក, រមាស

   a rash action ប្រយ័ត្ន, ប្រយ័ត្ន

rat (n.) កណ្ដុរស្បែក

rather (adv.) គួរ; គួរសម, ប្រសើរ

   rather than នៃ... ជាងនេះ

   I'd rather die than go into the
armed services. ខ្ញុំស្ម័គ្រ ប៉ុន្តែ ចូលទៅ
ក្នុង ទាហាន ។

rattan (n.) ផ្តៅ

rattle (v.i.) កន្ត្រាក់, គ្រវី, ញាប់

ravine (n.) ជ្រោះ:

raw (adj.) ឆៅ

   raw material វត្ថុធាតុ

ray (n.) កាំ

   ray of light កាំ

razor (n.) កាំបិតកោរ

razor blade (n.) ស្លាបកាំបិត, ប្លែត

reach (v.t.) យក, ទៅដល់

   (v.i.) ដល់

   to reach in យកចេញ

   to reach out យកដៃ, យកដៃទៅ

   can't reach យកមិនបាន:, យកមិនដល់

   (n.) កម្រិតយក

   to be out of reach ឆ្ងាយ, ឆ្ងាយដល់

reaction (n.) ប្រតិកម្ម

   to have a reaction to ទាស់

reactionairy (n.) ប្រតិកិរិយា

read (v.t.) មើល, អាន

   to be able to read មើលបាន

   to be unable to read រមើលមិនបាន

reader (n.) អ្នកអាន

   readers សាធារណជន

ready (adj.) ស្រេច, រួច

   to be ready រួច, រួចហើយ, រៀបរួច

   to get ready រៀបចំ

   ready-made ស្រេច

real (adj.) ពិត, ពិតប្រាកដ

realisation (n.) (Brit.) សម្រេច

realism (n.) វិជ្ជាបែបពិត

reality (n.) ការពិត

   in reality តាមពិត

realization (n.) សម្រេច

realize (v.i.) ដឹងខ្លួន, ដឹងថា, ដឹង
ស្គាល់, ស្គាល់គេ, កេរ្តិ៍ឈ្មោះ

really (adv.) ពិត, មែន, ពិតមែនជាក់,
មែនទែន, ពិត, ពិតប្រាកដ
ពិត, ពិតមែន, មែន,
លោកពិតប្រាកដ

   not really មិនមែនមានការ

   Really? មែន?, មែនឬអ្វី?

realm (n.) រាជ្យ, ចក្រភព

   the great realm មហាចក្រ

reap (v.t.) ច្រូតកាត់

rear (n.) ក្រោយ ខាង

   in the rear ខាងក្រោយ

reason (n.) ហេតុផល, រឿង, រឿងរ៉ាវ

   basic reason មូលហេតុ, ចំណោទ

   beyond reason ហួសហេតុ

   for that reason អញ្ចឹងហេតុនេះ:

   That's the reason I stay. ហ្នឹងហើយ
ខ្ញុំនៅនេះ ។

recall (v.i.) ចាំ, នឹកឃើញ

   recall some advice ចាំប្រាថ្នា

recede (v.i.)

receipt (n.)

receive (v.t.)

    receive a channel

recent (adj.)

recently (adv.)

reception (n.)

recess (v.i.)

      (n.)

recipe (n.)

recite (v.)

    recite scripture

recognize (v.t.)

reconnaissance (n.)

    reconnaissance platoon

reconvene (v.i.)

record (n.)

      (v.t.)

record album (n.)

recount (v.t.)

recover (v.t.)

    to recover (from sickness)

rectangular (adj.)

recurrent (adj.)

red (adj.)

    dark red

Red Cross (n.)

redeem (v.t.)

redneck (n.)

reduce (v.t.)

    reduce prices

redundant (adj)

reference (n.)

    in reference to

referendum (n.)

refine (v.t.)

reflect (v.i.)

reflected (p.p.)

reflex (n.)

refrain (v.t.)

    refrain from saying something

refresh (v.i.)

      (v.t.)

refreshed (p.p.)

refreshment (n.)

refrigerator (n.)

refuge (n.)

    to take refuge

refugee (n.)

    political refugee

refuse (n.)
       (v.t.)

regalia (n.)

regard (n.)

      (v.t.)

    to regard as

regarding (prep.)

regime (n.)

regiment (n.) (military unit)

region   (n.)   ភូមិ, ដែន, តំបន់, ប្រទេស, ខេត្ត

register   (v.t.)   ចុះឈ្មោះ, ស្រោះសោ:

registration   (n.)   ការចុះសោ:, ការចុះឈ្មោះ

     car registration   ស្លាកលេខឡាន

regret   (v.t.)   ស្ដាយ

     (n.)   សេចក្ដីស្ដាយ

regularly   (adv.)   ទៀងទាត់, ជាប្រចាំ

regulation   (n.)   ច្បាប់ទម្លាប់

reign   (n.)   រជ្ជ

     period of reign   គ្រារាជ្យ

reign   (v.i.)   សោយរាជ្យ

relapse   (v.i.)   ត្រឡប់, ធ្លាក់

relapsed   (p.p.)   កាលពី

relate   (v.i.)   ទាក់ទង

related   (p.p.)   ដែលទាក់ទងនឹង

     to be related   ជាប់ញាតិ

     to be related as... to... ជាញាតិ...នឹង

     How is she related to you?

     គាត់ជាញាតិអ្វីទៅនឹងលោក?

relation   (n.)   ការទាក់ទង

     to have sexual relations រួមបវេណី

     a public relations man អ្នកទាក់ទង,

     អ្នករៀបចំឱ្យមានទាក់ទងល្អ

     We have no relation with them any-
more.   យើងមិនមានទាក់ទងនឹង

     គេទៀតទេ ។

relationship   (n.)   ការទាក់ទង

     to have a relationship   ទាក់ទង

relative   (n.)   បងប្អូនញាតិ, ញាតិ

     close relative   បងប្អូនជិត

     all one's relatives បងប្អូនញាតិសាសន៍ទាំងអស់

relax   (v.i.)   សំរាក; បន្ធូរ, សំរាល,

     សម្រាក

relay   (v.i.)   ប្រវេញ្ជាក្រសង់

     (n.)   ការបញ្ជូនតគ្នា, ដាន់

     to act in relay with each other

     ប្រវេញ្ជក្គ្នា

release   (v.t.)   ដោះលែង, ដោះ:ផ្សាយ, បង្ក

reliable   (adj.)   ទុកចិត្ត, ពឹងផ្អែកបាន,

     ឈរលើបាន

religion   (n.)   សាសនា, ធម៌

     to believe in a religion កាន់សាសនា

     to have a religion   មានសាសនា

     to practice a religion   កាន់សាសនា

reluctant   (adj.)   មិនចង់, ស្ទាក់ស្ទើ, ស្ទើរ

     to be reluctant to impose ខ្លាចរំខាន

reluctantly   (adv.)   ដោយមិនសប្បាយ

     He reluctantly did it. គាត់ម៉ិនស្មើ —

     to do for someone reluctantly

     ធ្វើដូចឱ្យសេចក្ដីឡើងដោយ

rely on   (v.i.)   សំអាងលើ, ពឹងផ្អែកលើ

     ពឹង, ផ្អែក

remain   (v.i.)   នៅ, នៅសល់; សល់, សល់-

     នឹង; សល់

     there remains   នៅសល់

remark   (n.)   ការសម្គាល់, ការសម្គាល់របស់

     to have a remark   មានសម្គាល់

remarkable   (adj.)   គួរឱ្យ

remedy   (n.)   ថ្នាំផ្សះ

remember   (v.t.)   ចាំ, ចាំ, នឹកឃើញ

remind   (v.t.)   រំលឹក, ដាស់តឿន, ដាស់តឿន

     remind repeatedly   ផ្ដាំ

reminder   (n.)   សេចក្ដីរំលឹក, សេចក្ដីដាស់

     ផ្ដាំ, ការចាំ

remote   (adj.)   ឆ្ងាយ, ដាច់ស្រយាល

     remote area   ស្រុកប្រ

remove   (v.t.) ក្រ, សើ, ស្រាយ, បោសសំអាត

rendezvous   (n.) ការណាត់ជួប, កន្លែងណាត់ជួប-
                   គ្នា, កន្លែងណាត់ជួប

    to have a rendezvous   ណាត់ជួប

                   (v.i.) ណាត់គ្នាជួប,
                          ណាត់គ្នាជួប

rent   (n.)   ឈ្នួល, ថ្លៃឈ្នួល:

       (v.t.) ជួល

repair   (v.t.) ជួស, ជួសជុល, ផ្គុំ, ផ្សំ-
                  សម្ភារៈថ្មី, ធ្វើសម្ភារៈថ្មី

repay   (v.t.)   សង

repayment   (n.) ការសងវិញ, ទឹកសង, បំណុលសង

repeal   (v.t.)   លុបចោល

repeat   (v.i.)   និយាយម្ដងទៀត

    to repeat after   និយាយតាម

repeatedly   (adv.)   ម្ដងហើយម្ដងទៀត

replace   (v.t.)   ជួស, ជំនួស; ដាក់ជំនួស

reply   (v.i.)   ឆ្លើយតប, តប, ឆ្លើយ; ទទួលតប

report   (n.)   សេចក្ដីរាយការណ៍

    to make a report   រាយការណ៍

                   (v.i.)   បង្ហាញ, រាយការណ៍,

    to report to the police   ប្ដឹងប៉ូលីស

repossess   (v.t.) កាន់, កាន់កាប់វិញ

represent   (v.t.)   តំណាង

representative   (n.) អ្នកតំណាងរាស្ត្រ, អ្នក-
                    តំណាងរាស្ត្រ, អ្នកតំណាង

reprimand   (v.t.) ស្ដីបន្ទោស, ជេរ, ដេញ

reprimanded   (p.p.)   ត្រូវគេ

reproduce   (v.t.)   បង្កើតកូនឡើងវិញ, បង្កើត
                   កើតឡើង; ផលិតផសាយ

                   (v.i.)   កើតឡើងវិញ; ដុះឡើងវិញ

republic   (n.)   សាធារណរដ្ឋ

republican   (n.) អ្នកសាធារណរដ្ឋនិយម:

Republican Party   គណបក្សសាធារណរដ្ឋ:

republicanism   (n.) សាធារណរដ្ឋនិយម

reputable   (adj.) ល្បី, ល្បីល្បាញ:, ល្អល្បាញ

reputation   (n.)   ការល្បីល្បាញ:, ឈ្មោះ:

request   (n.)   សំណើសុំ
                   (v.t.) សុំ, សូមសុំ

require   (v.i.)   ត្រូវការ, ត្រូវ, ចាំបាច់

requirement   (n.) ការត្រូវ, ការចាំបាច់

    to meet the requirement
                   សមតាមត្រូវការ:

rescue   (v.t.) ជួយ, បោសសង្គ្រោះ, ស្រោចស្រង់

research   (n.)   ការស្រាវជ្រាវ
                   (v.t.) ធ្វើការស្រាវជ្រាវ, ស្រាវ;
                         ស្រាវជ្រាវ

resemble   (v.i.)   ដូច

reservation   (n.) ការកក់ទុកមុន, ការបម្រុង-
                   ទុក, ការកក់ទុក

    I want to make a reservation for a
    room for tomorrow.   ខ្ញុំចង់កក់បន្ទប់
                   មួយទុកសម្រាប់ថ្ងៃស្អែក

    no reservation   គ្មានកក់ទុក

    with reservation   មានបម្រុងឈរ,
                   ទាំងការបម្រុងទុក

    without reservation   គ្មានកក់ទុក;
                   គ្មានបម្រុង

reserve   (v.t.) កក់បម្រុងទុក, បម្រុងទុក
                   (n.)   ដង្កូវ, ឃ្លាំង

reside   (v.i.)   នៅការនៅស្រុក

residence   (n.) ទីលំនៅ, លំនៅ, ទីលំនៅ

resident   (n.)   អ្នករស់, ប្រជានៅ

    resident (alien)   អ្នកនៅជា

resin   (n.)   ជ័រ

resist   (v.) ប្រឆាំង, ទ្រាំទ្រ, ទប់, ខាំ

310

to resist (arrest) បដិបត្តិ:

to resist in order to win ទ្រាំ:

I can't resist loving you. ខ្ញុំបញ្ឈប់

         មិនឱ្យស្រលាញ់អ្នក មិនបានឡើយ

resistance (n.) ការតស៊ូ, ការទប់ទល់

resistant (adj.) ខ្លាំង, ខ្លះ

        (n.) អ្នកតស៊ូ

resort (n.) ទីកន្លែងសំណាក់

    resort area ទីកន្លែងសំណាក់

resource (n.) ធនធានទ្រព្យ; ការរកស៊ី: ទាស់,

      ការរកស៊ី:ញ៉ាំ ទាស់; ផ្សេ, ចរិត្រក្រោយ

resourceful (adj.) ឆ្លាតផ្ញើរកដំណើរស្រាយ-

      ទាស់:ញ៉ាំ ទាស់, ប្រសប់ក្នុងការក្រោយ

respect (n.) ការគោរព, សេចក្ដីគោរព,

      ក្ដីបូជា, ការកោតស្ងួ; ការ-

      ស្ងើនខ្មា; សង្ការ

    in every respect គ្រប់យ៉ាង

    with due respect ដោយការគោរព; ដក-

      ស្រង់ការគោរពដ៏ខ្ពង់ខ្ពស់ក្ដីស៊ូយ...

    (v.t.) គោរព, ក្ដីកោតបូជា;

      ស្ងើនខ្មា, ចាំយ៉ាង

respectful (adj.) ម្ចាស់កោតស្ងើយ

respectively (adv.) ខ្លះខ្លះយ៉ាង, ការម៉ាត់-

      ខ្លាំង, ទៀងខ្ពស់ក្ដ

respond (v.i.) ស្ងួយ, ស្ងួ

response (n.) ចម្លើយ, ការតប់ស៊ូ,

      សន្ទនាកកាប

responsibility (n.) ការទទួលខុសត្រូវ,

      ការទំនុកបម្រុង, បន្ទុក, ការ:

    full responsibility ស្មើ បន្ទុក

    to take responsibility away from

      ដកស្រង់

    to take responsibility ចាត់សលប់ទទួលខុស,

      ទទួលខុស

in my responsibility សន្ទុកក្ដីទទួលខុសខ្ញុំ

responsible (adj.) ម៉ាប់, ម៉ាច់ខុស

rest (v.i.) សម្រាក, ស៊ីលា

restaurant (n.) ហាងបាយ ទឹ, ហាងលក់ម្ហូបឆ្អា;

      សាលាទីសម្រាក, ផ្ទះ: ទៅ ទឹ

restless (adj.) ងប់ងល់ខ្ម; ព្រួយខ្វល់

result (n.) ផ្ដល់, លទ្ធផល; ក្រូ

    as a result សេចក្ដីសរុបសៈ ដូច្នេះ

    As a result she can't come. សេចក្ដី

      ស្រុកសៈ ដូ្ច្នេះ ការ់មិនដូចា ាមក

    to produce a bad result ឱ្យ ផល់ ច

    with a little result ក្រៅក្ដីប៉ុន្មានផ្ដល់

retail (v.t.) លក់រាយ

    (n.) រាយ

    in retail រាយ

    to buy retail ទិញរាយ

    to sell retail លក់ រាយ

retaliate (v.i.) សងសឹក

reticular (adj.) ទ្រនាប់ស្ងាប

retire (v.i.) ចេញពីការ

retired (p.p.) ចេញពីការ

retirement (n.) សេចក្ដីចេញការ, ទ្រនាប់

retreat (v.i.) ដកថយ, ចុះក្រោយ

retrieve (v.t.) រកឃើញ, សងវិញ,

      សងយកមកវិញ

return (n.) ការវិល, ត្រឡប់

    in return វិញ, ត្រឡប់

    (v.i.) ក្រឡប់, ក្រឡប់មកវិញ,

      សងវិញ, វិលវិញ

    (v.t.) សង, បង្វិល, បង្ហិន

returning (n.) វិលវិញ

reveal (v.t.) បង្ហាញ; បើកសម្ដែ

revealed (p.p.)

revenge (v.i.)

reverend (adj.)

reverse (v.t.)

review (v.t.)

  to review a case

revise (v.t.)

revive (v.t.)

revolt (n.)

  (v.i.)

revolution (n.)

revolutionary (adj.)

revolutionize (v.i.)

reward (n.)

rhyme (v.i.)

rhythm (n.)

rice (n.)

  cold rice

  to cook rice

  cooked rice

  floating rice

  fried rice

  glutinous rice

  to grow rice

  polished and uncooked rice

  rice grits or gruel rice

  unpolished rice

rich (n.)

rich (adj.)

  rich person

riddle (n.)

ride (v.)

ridicule (v.t.)

ridiculous (adj.)

rifle (n.)

right (adj.)

  right hand

  right side

  That is right.

  (adv.)

  at right

  right away

  (n.)

righteousness (n.)

rightist (n.)

rigor (n.)

riel (n.)

rim (n.)

ring (n.)

  (v.t.)

  to ring the bell

  the telephone rings

rinse (v.t.)

  rinse the mouth

riot (n.)

ripe (adj.)

ripple (n.)

rise (v.i.)

  the sun rises

  to rise up

to rise up against ឡើង, ឡើងប្រឆាំង

risk (v.i.) ស្ម័គ, ប្រថុយ

   (n.) សេចក្តីស្ម័គ

   to take a risk ស្ម័គ, ប្រថុយ

river (n.) ទន្លេ

   body of the river ខ្លួនទន្លេ

   to cross a river ឆ្លងទន្លេ

   small river ស្ទឹង

river mouth (n.) មាត់

road (n.) ផ្លូវ, ផ្លូវ, ធ្នល់, វិថី

   dirt road ផ្លូវដី, ផ្លូវលំ:

   forked road ផ្លូវបែក

   national road ផ្លូវជាតិ

   potholed road ផ្លូវរណ្តៅ, ផ្លូវក្រហែងក្រហោង

roaring (pr.p.) គ្រហឹម

   roaring sound សន្ធឹកគ្រហឹម

roast (v.t.) អាំង, លីង, ដុតលីង, ឆាក, អាំង

   to roast (cereal, nuts) លីង

   to roast (Chinese style) អាំង

   to roast (in general) អាំង

   to roast (to dry or to torture) អាំង

rob (v.t.) ប្លន់

robbery (n.) ចោរកម្ម, ប្លន់

rock (n.) ថ្ម, ផ្ថាម

   volcanic rock ថ្មភ្នំភ្លើង

   (v.i.) ឱនឱៈ ឱនរំញ័រ, ថ្កកនេ្ឡៀក, នេ្ឡៀល, នេ្ឡៀលឱៈនេ្ឡៀលរំញ័រ

rocket (n.) មីស៊ីល, កាំជ្រួច

rocking (pres. p. ចៀកនេ្ឡៀក

   rocking chair កៅអីយោលនេ្ឡៀក

role (n.) តួនាទី យកភ្នក, នាទ, ការ:

roll (v.t.) ប្រមួល, មួ

   (v.i.) រមួល

   to roll up មួ, លាស់

   to roll up the trousers លាស់ខោឡើង

   to roll up the sleeves លាស់ដៃអាវ

roof (n.) ដំបូល

   (v.t.) ប្រក់

roofed (p.p.) ប្រក់

room (n.) បន្ទប់

   living room បន្ទប់ទទួលភ្ញៀវ

root (n.) ឫស

   (v.i.) ចាក់ឫស

rope (n.) ខ្សែពួរ, ពួរ

   rope (made of animal hide) ខ្សែ

rose (n.) ក្រហម, ផ្កាកុលាប

rostrum (n.) វេទិកា

rot (v.i.) រលួយ, ពុកផុយ

rotted (p.p.) រលួយ, ពុកផុយ

rotten (adj.) រលួយ, រលួយពុកផុយ

rough (adj.) គ្រោតគ្រាត, ក្រៅក្រើម, ប្រុងប្រៀបៗ

round (v.t.) ស្គ

   to round up ប្រមូល, ស្គ, ស្គប្រមូល

   (adj.) មូល

   (n.) ចប់, ទឹក

   one round មួយចប់

   round trip (n.) ទៅមក, តាំទៅតាំមក

rout (v.t.) វាយឱ្យបរាជ័យ, វាយឱ្យបែកបាក់បរាជ័យ

route (v.t.) បញ្ជូនតាមផ្លូវ អោយទៅតាមផ្លូវ

   (n.) ផ្លូវ, ផ្លូវ, ធ្នល់

routed (p.p.)

row (n.)

    to stand in a row

    two days in a row

    (v.t.)

    to row (by standing)

royal (adj.)

    royal command

    royal domain

    royal government

    royal power

rub (v.t.)

    to rub in

    to rub it in

rubbed (p.p.) (- off)

rubber (n.)

ruby (n.)

rude (adj.)

    to be rude with someone

    rude language

rudely (adv.)

rug (n.)

ruin (v.i.)

    (v.t.)

ruined (p.p.)

ruins (n.)

rule (n.)

    (v.t.)

ruler (n.)

rumble (v.i.)

rumor (n.)

rumored (p.p.)

rumpled (p.p.)

run (v.i.)

    to run across

    to run an office

    to run away

    to run down

    to run fast (from fear)

    to run for an office

    to run off

    to run off with someone

    to run out

    to run over

rush (v.i.)

    to rush around doing things

Russian (adj.)

    (n.)

sack (n.)   ការស់ , ថង់ , បាវ ,
              រសួយាង
sacred (adj.) ព្រះ , សក្តិសិទ្ធិ
sacrifice (v.)វិធីនាសិកម្ម , វិធីវិភាគទាន ,
              បូរវិរិត , សាងចិត្តបូរ
              ស៊ីវ , សាងចិត្ត
    to sacrifice to spirits   ឆ័សាគ ,
              វ័កាគូវ្រ្គាគ
sacrifice (n.) សាសិកម្ម
sad (adj.)   រកិតទុក្ខ , កំសត់ , វិប្បាកចិត្ត,
              ព្រួយ , ព្រួយចិត្ត , ព្រួយបារម្ភ,
              រសាយទុក្ខ
    sad face មុខស្រួត
    to feel sad   សង្ស្សត , ស្រងះស្រងាច
sadness (n.) ទុក្ខ , ស្រងះស្រងាច
safe (adj.) កស់វង់ , កត់កត់ , ស្ងួ
safety (n.) ប្របយាសផ៍ , សន្តិស្ងួ
    for your own safety   សាប្របយាសផ៍
              ស្គ្រល់របស់រសាក
sag (v.)   យាន
Saigon   វ្រ្គសាគារ
sail (n.)   ស្គ្យ័
sailor (military) នាហាសរ័សនិក
saint (n.)   ព្រះ , សន្តិ
salad   បរ័ង្គ , សាឡ្ហាត
    salad with meat   សាញ់
salary (n.) របៀវត្តិស្គ្យ , ព្រាក់ខែ

sale (n.)   ចះវ័ត្ថ
    sales slip បង្គាន់វ័ត្ឈ
    on sale   ចះវ័ត្ថ
salesman (n.) ស្គកលក់
saliva (n.) ទឹកមាត់
salt (n.)   អំបិស
    salt water ទឹកវ៉្រប
salty (adj.) វ៉្រប
salutation (n.) សាររក់ទ្ធ
salute (v.) កំនាប់
salvage (v.) សង្ស្រ្គះ , រក្សាចរស់
salvation (n.) សាររក្សាចរស់ , ភាស៊ី ,
              សង្គ្គា , រសចក្ត៍សង្ស្រ្គះ
same (adj.) ដរ័ស , ដូចគ្ន , ដំណាសសគ្ន ,
              ប៉ុស , រស្ងើគ្ន
    about the same ប្របហាក់ប្របរ័បាស,ឌុសនាសគ្ន
    the same age អាយ៉ដំណាសសគ្ន
    the same as ប៉ដូច
    the same one ដរ៉ហ្គសាវ៉
    to do at the same time …បរស្ដើស…បរស្ដើ
    Going to school and working at
    the same time. រៀសបរស្ដើស
              រធើការបរស្ដើរ
sampan (n.) ទូក
sanction (v.) អសុមវិ
sanctuary (n.) សំរុក , វ៉ិហារ
sand (n.)   ខ្សាច់ , ដីខ្សាច់

315

sandstone (n.) ថ្មភ័ក្រ

sandwich (n.) នំបុ័ងដាក់សាច់

Sanskrit (n.) សំស្ក្រឹត

sap (n.) ជ័រ

sapper team (n.) កងឈ្លប

sarcastic (adj.) ចំអក , និយាយបញ្ឆិត

sarong (n.) សារុង

satellite (n.) បរិវារ

satirize (v.) សេងសំដី

satisfied (adj.) ត្រូវចិត្ត , ពេញចិត្ត , អស់ចិត្ត

satisfy (v.) គាប់ , បំពេញចិត្ត , ត្រូវចិត្ត

saturate (v.) ជក់ , ធ្វើឲ្យសព្វ

saturated (adj.) ជាំ , ជ្រាប , ជ្រួតជ្រាប, ស៊ុបស្ទូន

soaked and saturated ជោគជាំ

Saturday (n.) ថ្ងៃសៅរ៍

sauce (n.) ទឹក (គ្រឿង)

fish sauce ទឹកត្រី

sausage (n.) សាច់ក្រក

sauté (vt.) ចៀន , បំពង

savage (adj.) ឃោរឃៅ , ចិត្តយក្ស , ទមិឡ, ព្រៃផ្សៃ , យង់ឃ្នង , សាហាវ, សាហាវយង់ឃ្នង

savagery (n.) ភាពឃោរឃៅ

save (v.) សង្គ្រោះ , ស្រោចស្រង់ ; សន្សំ

saw (v.) អារ

saw (n.) រណារ

sawdust (n.) អាចម៍រណារ

sawmill (n.) រោងចក្រអារឈើ , រោងអារឈើ

saxophone (n.) សាក់សូហ្វូន

say (v.) ថ្លែង , ថា , និយាយ , ពោល, មានប្រសាសន៍ ; ទូល , មានពុទ្ធដីកា, មានព្រះតម្រាស់

that is to say ពោលគឺ

to say indirectly និយាយបញ្ចៀង

saying (n.) ពាក្យប្រពាង , ពាក្យពីព្រាង , ភាសិត , សុភាសិត

scale (n.) ជញ្ជីង

scallion (n.) ស្លឹកខ្ទឹម

scandal (n.) ចលាចល

scanty (adj.) ស្តួចស្តើង

scar (n.) ដាន , ស្នាម

scarce (adj.) កម្រ , ខ្វាត់ , មួយៗ , មិនសូវមាន

scare (v.) បន្លាច , បំភិតបំភ័យ , បំភ័យ, ព្រឺ

to scare away បន្សិល

That doesn't scare me. អត់ព្រឺទេ

scarecrow (n.) ទីងមោង

scared (p.p.) ខ្លាច , ខ្សឹល , ភ័យ , តក់ស្លុត

scarf (n.) កន្សែង , កន្សែងក , ក្រមា

scatter (v.) បាច ; សាយ

scattered (p.p.) រប៉ាះ

scene (n.) ឆាក , ឈុត

scenery (n.) ទេសភាព

schedule (n. កម្មវិធី , កម្មតិថិ , កំណត់, កាលវិភាគ

scholar (n.) វិជ្ជាបណ្ឌិត ; អ្នកចេះ

scholarship (n.) ប៊ូរស៍ , អាហារូបករណ៍

school (n.) សាលា, សាលារៀន

elementary school សាលាបឋមសិក្សា

secondary school វិទ្យាល័យ

school holiday ថ្ងៃឈប់សម្រាក

sciences (n.) វិទ្យាសាស្ត្រ , វិជ្ជាសាស្ត្រ

scissors (n.) កន្ត្រៃ

scold (v.) ជាវ , ស្ដី , ស្ដីទេវ

scolded (p.p.) ត្រូវបានជេរ

scoop (v.) រើប , ដួស

scoot (v.) រិចស

scope (n.) សាទិ , វិស័យ

scoured (adj.) ផ្ដេះ

scrape (v.) សាស

scratch (v.) កោស , កះ , កូរ

    scratch like a chicken កកាយ

scratched (p.p.) ស្គក , រសាត់

scream (v.) ស្រែក

    (n.) សម្រែក

screen (n.) អេក្រង់

scripture (n.) គម្ពីរ , ឌីកា , គន្ធិ ,

                        សូត្រ , បាឡាយ

scrub (v.) ដុស

sculpture (n.) ចម្លាក់ , ចម្លាក់រូបសាស្ត្រ ,

                    រូបចម្លាក់, រូបស្លាក់រូបសាត

sea (n.) សមុទ្រ

seafood (n.) មុខសមុទ្រ

seal (v.) បិទ , បោះត្រា , ស្អិត

    to seal a letter បិទសំបុត្រ

seal (n.) ត្រា

search (v.) រក , ពិនិត្យ

    to search for រក , ស្វែង , សួររក

    to search for by moving things
    around កកេកកាយ

seashore (n.) មាត់សមុទ្រ

seasick (adj.) ពុលសមុទ្រ

seasickness (n.) ពុលសមុទ្រ

season (n.) រដូវ

    dry season រដូវប្រាំង

    flood season រដូវទឹកឡើង , រដូវទឹកជំនន់

    hot season គិម្ហរដូវ, គិម្ហន្តរដូវ , រដូវក្ដៅ

    rainy season រដូវវស្សា, រដូវវស្សា, វស្សានរដូវ

    wet season រដូវវស្សា

seat (n.) កន្លែង

    seat of a bicycle កែប (កង់)

    seat of a car ពុកក្បាល

second (n.) (unit of time) វិនាទិ

second (adj.) ទីពីរ

    second-class ថ្នាក់បន្ទាប់

    secondhand (adj.) ដដ

secondary (adj.) បន្ទាប់បន្សំ , រាយរង

    secondary education មធ្យមសិក្សា

    secondary school សាលាមធ្យមសិក្សា

secret (adj.) សាក់ទុក , សម្ងាត់

    secret agent ចារបុរស

secret (n.) ការសម្ងាត់

    personal secret រករ

Secretariat General (n.) អគ្គរលេខាធិ
                     ការដ្ឋាន

secretary (n.) (cabinet executive)
                      រដ្ឋលេខាធិការ

    (clerk) លេខាធិការ , ស្មៀន

secretly (adv.) ដោយស្ងប់សាត់ , ស្ងួចសាត់

sect (n.) និកាយ

section (n.) កជាវត្ថ , ក្រម , ចំណែក ,

                  វិស័ក , បាត្រា

secular (n.) រោកនិយម

secure (adj.) មានសុ , សុខ

security (n.) សន្តិសុខ

National Security   សន្តិសុខជាតិ

seduce (v.)   បញ្ឆោត

see (v.)   គិតឃើញ ; ដូច ; មើល

  to see a movie   មើលកុន

  to see oneself in the mirror   គិត

     ឃើញ ; ឆ្លុះកញ្ចក់

  to see someone off   ជូនដំណើរ

  to accidentally see   ប្រទះឃើញ

seed (n.)   គ្រាប់ , គ្រាប់ពូជ , ពូជ

seedling (n.)   សំណាប

seek (v.)   រក

  to seek out   រាវរក , រាវរាន

  to seek out the truth   រកសេចក្ដី ,

     រកពុសេចក្ដី

  to seek for   រក

  to seek by clearing away something

     ឈ្វេងរក

seem (v.)   ដូចជា , ទំនង , ទំនងជា ,

     ប្រហែល , ហាក់ដូចជា

  to seem that   ថា:ហ្មង , ដូច , មើល ,

     មើលទៅ

shape (n.)   រាង

seldom (adv.)   ក្រ, ក្រៃ, មិនសូវ ,

     ឈ្មឆ្លង

select (v.)   រើស , រើសរើស

self (pro.)   ខ្លួន

  by one's self   ឯកឯង , ឯង

selfish (adj.)   កំណាញ់ , ខ្លួនឯង

selfishness (n.)   អញ្ញិយម

sell (v.)   លក់

  to sell fast   លក់ដាច់ខាច

  to sell on credit   លក់រៀ, លក់បណ្ដាក់

  to sell well   លក់ខាច

---

semester (n.)   សមាស

semi-monthly (adj.)   កន្លះខែ , អឌ្ឍមាស

senate (n.)   ព្រឹទ្ធសភា

Senate Foreign Relations Commitee

     គណៈកម្មការព្រឹទ្ធសភាទំនាក

     ទំនងសែទនាក់ទនងបរទេស

send (v.)   បញ្ជូន , ផ្ញើ

  to send a telegram   ដ៏យសារទៅកោម

  to send for   ចៅចាម

  to send out   បញ្ជូន

senile (adj.)   ចាស់ជរាទ (ស្មារតីរង)ជរា)

senior (adj.)   ធំ , ចាស់ , ព្រឹទ្ធ ,

     រៀមច្បង

  senior citizen   ចាស់ព្រឹទ្ធាចារ្យ

seniority (n.)   វ័យនាទ

sense (n.)   វិញ្ញាណ ; សេចក្ដី

  common sense   សាមវិនិច្ឆ័យ

  It does not make sense.   ឃ្នានក័យ ,

     អត់ក័យ

sentence (n.)   ឃ្លា , ការកាត់ទោស, ការសាក់ទោស

     (v.)   កាត់ទោស , កាត់សេចក្ដី

  to sentence to death   កាត់ទោសប្រហារ

     ជីវិត , សាក់ទោសប្រហារជីវិត

sentiment (n.)   មនោសញ្ចេតនា

sentimental (adj.)   សណ្ដំសណ្ដាច,អន្ទំអរណ្ដាច

sentry (n.)   សាយស្យាក

Seoul (n.)   សេអ៊ូល

separate (v.)   ដែក, បំបែក, ផ្ដាច ,

     ពិស

     (adj.)   ដឯឯង , រៀងៗ

     (p.p.)   ដាច, ដែកចាក់, ច្រាត់ច្រាត់ព្រាស

separately (adv.)   រៀងៗខ្លួន , សរណ្ដៈ

September (n.)   កញ្ញា , ខែកញ្ញា

sequence (n.) សំណាប់

sequential (adj.) ជួរ

  sequential number លេខជួរ

sergeant (n.) ពលបាល , នាយ

  sergeant major ពលបាលឯក

  buck sergeant ពលបាលត្រី

  chief sergeant ពលបាលទោ

serious (adj.) ខ្លាំង, ធ្ងន់; ម៉ឺងម៉ាត់, យកចិត្ត

    ទុកដាក់ , ប៉ឹងប្រ៉ង, គ្រោះ

seriously (adv.) យ៉ាងខ្លាំង , យ៉ាងធ្ងន់

  not seriously ស្រាល

sermon (n.) ធម៌ទេសនា

serum (n.) សេរ៉ូម

servant (n.) អ្នកបម្រើ, អ្នកបម្រើការ, អ្នកធ្វើ:,
    ខ្ញុំកំដរ , ស្មៀន , ចារ:, ចារ៉ិ ,
    បាវ , បាវបម្រើ

serve (v.) បម្រើ

  to serve food ចាំង

service (n.) ការបំរើ , បរិកិច្ច ,
    សេវ្របរយាការ

  civil service រដ្ឋការ , ការការ

sesame (n.) ល្ង

servitude (n.) ខ្ញុំគេ , ទាសភាព

session (n.) សម័យប្រជុំ

  in full session សម័យប្រជុំវិសាមញ្ញ អង្គ

  congressional session សមាស

set (v.) សិប (ព:)

set (n.) សាក , សម្រា , គ្រប់សាប់ ,
    ឌួយសម្រាប់

  to set on fire ដុត

  to set hair ចូលសក់

  to set the table រៀបតុ

  to set up តាក់តែង , កំង, បង្កើត

settle (v.) ស្ងប់ស្ងា , សម្រះសម្រួល

  to settle an account គិតគូរ

settlement (n.) ការសម្រះ

  When is the settlement? ការសម្រះអង្កាល

seven (n.) ប្រាំពីរ , ប្រាំពីរ

seventy (n.) ចិតសិប

severe (adj.) ខ្លាំង , ពិបាក , ម៉ឺង

  to be severe with someone បង្ខំ

sewage (n.) ស្ល , ស្លទឹក

sew (v.) ការដេរអាវ , ដេរ

sex (n.) ភេទក្សា ; រតី

  male sex ភេទប្រុស

  female sex ភេទស្រី

sexual (adj.) កំដៅតណ្ហា កាម នីសារកាម

  sexual desire កាមតណ្ហា

sexy (adj.) ស្អ

shabby (adj.) ចាស់, គ្រើមគ្រាម

  shabby and old ក្រមរគ្រាម, រយីករយាក

shackle (n.) ខ្នោះ , ខ្នោះច្បាង

shade (n.) ម្លប់ , ស្រមោល

shake (v.) អង្រួន , រម្យួល , គ្រវី ,
    រលាក់ , រលាស់ , អង្រួញ

  to shake off ញាក់ , រ៉ាស់, បព្រះ

shaky (adj.) រញ្ជួយរញ្ជ័រ

  in a shaky manner រញ្ជួយរញ្ជ័រ

shall (v.) មុខជា

shallot (n.) ខ្ទឹមក្រហម

shallow (adj.) រាក់

shameless (n.) មុខក្រាស , មុខរឹង

shape (n.) គំរ , រូប , រូបរាង

shapeless (adj.) កម្រស (កាមនស្សស្មោះ)

share (v.) ចំរាក , រំរែក , រំចែយ ,
    វិភាគ , ហ៊ុន

sharp (adj.) មុត ; ... ; ... ;

sharp and decisive មុតមាំ

sharpen (v.) សំលៀង , ...

shatter (v.t.) កំទេច , បំបែក

shave (v.) កោរ

to shave hair កោរសក់

to shave the face កោរមុខ

shavings (n.) ...

she (pro.) គាត់ , ... , ... ; គេ:នាង

shed (v.) ...

sheep (n.) ...

sheet (n.) ... ; សន្លឹក

sheet of wood ...

shelf (n.) ...

shell (n.) ... ; សំបក , ...

coconut shell ...

shelter (n.) ... ; ...

(v.) ...

sherd (n.) ...

shield (n.) ...

shift (v.) ...

shine (v.) ... , ... ; ...

shiny (adj.) ... , ...

shiny black ...

ship (n.) កប៉ាល់ , នាវា

shirt (n.) អាវ , ...

shiver (v.) ...

shock (v.) ...

shocked (p.p.) ...

shoe (n.) ...

one shoe ...

shoot (v.) បាញ់

shop (n.) ... , ហាង

small shop ...

large shop ហាង

(v.) ...

to shop for ...

shore (n.) ... , ... , ...

short (adj.) ... , ... ; ...

in short ... , ...

short cut ...

to be short of ...

to make a long story short ...

shot (p.p.) ...

(n.) ...

big shot ...

should (v.) ... , ...

shoulder (n.) ...

shout (v.) ...

to shout jubilantly ... , ...

(n.) ...

shovel (n.) ... , ...

show (n.) ...

(v.) ...

to show off ...

to show up ...

shower (v.) ឆ្នូតទឹក , ផុសទឹក

showy (adj.) ហ៊ឺហា

shrapnel (n.) កំភ្លើង

shrimp (n.) បង្គា

    dried shrimp   ហាយប៊ឺ

    fresh water shrimp   កំពិស

shrimp-paste (n.) កាពិ

shrink (v.) រួញ

    to cause to shrink   បណ្ដាលរួញ

shrunken (adj.) រួញ

    the shrunken one   សនួ្ញក

shut (v.) បិទ

shuttle (v.) រចេញចូល

shuttlecock (n.) សី

shy (adj.) ខ្មាស , ឱៀនខ្មាស , អៀន/ស

sibling (n.) បង , បងប្អូន , ប្អូន ,

                បងប.

    youngest sibling   ប្អូន , ប្អូនពៅ

sick (adj.) ឈឺ

    to be sick and tired   ធុញ , ធុញទ្រាន់

    to become sick from   ខាន់

sickle (n.) កណ្ដៀវ

side (n.) ខាង , បែកាង , ផ្នែក

    both sides សងខាង (សង្ខាង)

    one side   ខាង

    the other side   ខាងទន្ទឹក

    to be side by side   ទនិម

sideburns (n.) រោមសក់

siesta (n.) រសក់ថ្ងៃ

sieve (n.) កន្ត្រាកទទង

sift (v.) រែង

sieze (v.) ឆក់ឆួយក

sight (v.) រឿស

to not let out of one's sight

    មើលខ្ពុក

sight (n.) ការមើលឃើញ

    Get out of my sight!   រចេញឯយឆ្ងាយ

    រអ

sign (v.) ចុះហត្ថរលខា , ស៊ីនរ

   (n.) សញ្ញាសំគាល់

    a warning sign   ប៉ាវ

signal (n.) សញ្ញា (ទេយសញ្ញា)

signature (n.) ហត្ថរលខា

Sihanouk (p.n.) សីហនុ

sink (v.) លិច , លិចទឹក

skip (v.) រំលង

    to skip over   រំលង

sleep (v.) រដក ; ដួបលក់លាក

slippery (adj.) រអិល

slim (adj.) ស្ដើង , ស្ដ

sluggish (adj.) រអាក់រអួល

small (adj.) តូច

social (adj.) សង្គម

    social climbing   សំឡឹងឡើង , រឡីឡឹក ,

                   កំរិតឡើក , វាឡឡីក

spindle (n.) រហាត់ (ស្ពាឡ)

spindly (adj.) ស្ដើង

spread (v.) ពាយ , ពាស

squeeze (v.) ទិក , ទិប

silent (adj.) ស្ងាត់ស្ងៀត , ស្ងៀម

    to remain silent   សខ្ងិ

silently (adv.) ងៀប ៗ

silk (n.) សូត្រ

silkworm (n.) ដងកូវរ

silly (adj.) ឆ្កួត , ឆ្កួតស្ងោស , វិកលវិការឆ្កួត

Don't be silly. កុំឆ្កួតផ្តាស

similar (adj.) ដូច, ដូចគ្នា, ដូចបេះបិទ, របៀបឌិទ, ប៉ុន, ស្រដៀង)ន

  very similar ទិសស្រាសគ្នា

  almost similar ប្រហាក់ប្រទ័យហាស, ប្រហែលស្គ្នា, ប្រទ័យស7ស្គ្នា

silver (n.) ប្រាក់

  silver objects វត្ថុីស្រប្រាក់

silversmith (n.) សាស្ត្រប្រាក់

simmer (v.) ស្ង

  to simmer the rice ស្ងបាយ

simplify (v.) សម្រួស

sin (n.) បាប, ទោស៑

since (prep.) តាំងពី, តាំងពីវេលាណាមួយ, ចំណាច់ពីន, ពីអស្គាស

  since long ago តាំងពីកាលណាមួយ, តាំងពីណាពីពីដើម

since (conj.) ស៑ស៑ាយ...ក៏, ពីព្រោះ, ព្រោះ

  Since we were very tired, we went to bed. ស៑ស៑ាយស៑ដើសអស់កម្លាំងឥវក៑ស៑ដឹងក៏ចូលស៑គស៑ស៑ 4

sincere (adj.) ចិត្តឆ្លទ្ធ, ឆ្ម៌ធ, ស្មោះត្រង់

sincerity (n.) ការឆ្មោះត្រង់ស, សេចក្តីឆ្មោះត្រង់ស

sing (v.) ច្រៀ៑ង, ចំរៀ៑ (ធេ កស៑កៀ៑ង)

sink (v.) លិច, ផ្សាក

  to sink in ស្ម

  (v.t.) ពន្លិច

  to make it sink ពន្លិច

single (adj.) លីវ

single girl ស្រីលីវ

single (v.) (-out) រើសយក, សំគាល់

sinner ឆ្កមាសទោប

  ordinary sinner ពុកបាបាស

Sir (n.) ឥស្រគុណា, ព្រះឥស្រគុណា, ព្រះឥកស្រ្យុះគុណា, ស៑ស៑ាក

sister (n.) ឯ៑ច, បស៑, ប្អូនស្រី

  older sister បស្រ្យី

  younger sister ប្អូនស្រី

sister-in-law បស្របូនថ្លៃស្រី

  older sister-in-law បស្របថ្លៃស្រី

  younger sister-in-law ប្អូនថ្លៃស្រី

sit (v.) អង្គុយ

  to sit down អង្គុយ, អង្គុយចុះ:

  to sit up ក្រោក

  to sit up from a reclining position ក្រោកអង្គុយ

situate (v.) ប៉ក, ស្ថិត

situation (n.) ស្ថានការណ៌, ស្ថានកាព

Siva ព្រះសិវៈ, ព្រះសិវៈ

  noble Siva កេត្តសិវៈ

six (adj.) ប្រាំមួយ

sixty (adj.) ហុកសិប

size (n.) ទំហំ, មាឌ

  What size? ប៉ុន្ម្ងាន, ទំហំប៉ុន្ម្ងាន, ប៉ុនណា

  same size ទំហំគ្នា, ប៉ុនគ្នា

sketch (n.) សេ៑ចក្តីព្រាស

sketch (v.) គូរ, គូស, ព្រាស

skewer (v.) ស៑ស៑ាក

ski (v.) ជិះស្គី

skill (n.) ការប៉ិនប្រសប់

  with skill មា៑ន៑ទ៑ន៑ស

skilled (adj.) ចំនាស, ជំនាញការ

skilled worker សាងចំណាន

skillful (adj.) ស័ាស្ប , ថ្លិក , ថ្លែ ,
ចិនៃប្រសប់ ,ប្រសប់,ពូកែ,ស្ពាត់

skin (n.) ស្បែក

   skin color សម្បុរស្បែក , សម្បុរស័ស្បែក

   skin disease កាំរោគ

skinned (p.p.) បក

   thick-skinned ចេញ្ចក្រាស់

skinny (adj.) ស្គម , ស្គាំងស្គម

skip (v.) រលោះ

   to skip over រលោះ

skirt (n.) សំពត់

skull (n.) លលាស់

sky (n.) ស្ពៃមេឃ , មេឃ , អាកាស

   cloudy sky មេឃស្រទុំ

   clear sky មេឃរំបៀកច្បាស់

   in the sky នៅលើមេឃ

slab (n.) កំណាត់ , កក្ស , ផ្ទាំង

slack (adj.) ធូរ

slam (v.) ទះ , ពាយ

   to slam down ទ្រាក់

slander (v.) និយាយបង្ខូច , និយាយបង្ខុស, បកស្រៃ , បង្ខាច

slap (v.) ទះ

   to slap in the face ទះកំផ្លៀង

slave (n.) ខ្ញុំ , ខ្ញុំ , ខ្ញុំកំផ្លៀ , ខ្ញុំកំណើត

slavery (n.) ទាសភាព

sleazy (adj.) ស្រួយ

sleep (n.) ដំណេក

   to lack sleep ខ្វះដំណេក

   place to sleep កន្លែងដេក

sleep (v.) ដេក , សេក ,

ដកកម្ព , ទទួលទានសុបិនក ,
សម្បាន្ត

   (royal, divine) ផ្ទុំ

   (clerical) ស៊ង

   to walk in one's sleep ដើមដេរើ, ដេរើ

sleepiness (n.) ងងុយ

sleeping compartment (n.) បន្ទប់គេង

sleeplessness (n.) ការងងុយខ្វះលក់

sleepwalking (n.) ដើរគេង

sleepy (adj.) ងងុយ,លក់,ងងុយលក់ទាស់,ងុយដេក

sleight (n.) ឧបាយ

   to use sleight of hand ឧបាយ

slender (adj.) ស្ពៃ (ស្តៃ)

   (v.) និយាយ , និយាយលៃលៃ

slice (v.) ចាស់

   (n.) ចំណិត , បន្ទ:

slick (adj.) ប៉ិប៉ិច , ប៉ិចប៉ប៉ិច

slide (n.) បន្ទ្រាក់

   on the slide ផ្លូវបន្ទ្រាក់

slightly (adv.) បន្តិច

slime (n.) ភក់

slingshot (n.) ធ្នូរកាំភ្លើ

slip (v.) ស្នាក់ , រុញ , រអិះ , រអិល

   to let something slip out ព្រលោមាត់

   to slip the tongue ភ្លាត់មាត់

   (n.) ការរអិល

   to make a slip of the tongue រំកមាត់

sliver (n.) ចំណិត

slogan (n.) ពាក្យស្លោក

slow (adj.) ឿយមួយ , របិក។ ,

យឺត , យឺត។ ,

ស្លាត់ , របិយ។ ,

យឺតយ៉ាវ , ស្លាក់

   slow poke អារឿយ។,អារបិក។,អារមឺក។

   slow moving សំបិក

   Come on, slow poke. អារឿយ។

   very slow របិយ។ , របឺក។

slow (v.) បង្ខត់ , កន្តឹក

   to slow down បង្ខត់ , បង្ខត់

slowly (adv.) របិក។ , របិយ។ ,

រាបរបិយ , មួយ។ , របឺក។ ,

យឺក។ , សបយ។

sluggish (adj.) ខចសាទាក់។, ខចទាក់។, ទេាក់

ចរឿយ , រអាក់រស្កល, ស្លាក់ , ស្លល

sly (adj.) លាក់លួ/ប , ស្លចសាក់

   to be on the sly មាសញ្ញា

   to do something on the sly លាក់លួ/ប

   on the sly លាក់ម្ស

small (adj.) ក្ដច , ក្ដចកាច ; រញ្ជី ;

ស្ដយ។ ; ហ្ញត់

smart (adj.) ឆ្លាត , ប្រសប់ , ក្លាំក

smash (v.) របៀក

smell (v.) រឪប ; ស្ដំ , ស្ដំក្ដិត

smell (n.) ក្ដិត

   bad smell សំអុយ

smelling (pres.p.) ស្ដំក្ដិត

   delicious smelling ស្ងួយ, ប្រហើរ

smelt (n.) (- fish) ក្រីចង្ក្ស

smile (v.) ញញឹម , ញញឹមញញឹម

   (n.) សំរឹាច

smoke (v.) ជក់ , ជក់បារី , ហៀបារី ,

ពិសាបារី

smoke (n.) ផ្ស្ខ

   to blow smoke បង្ខយ

smooth (adj.) ម៉ត់ , របិស , របសាស

រាប , រាបរស្មើ ,

ហ្ញត់

smuggle (v.) រត់កយ , រត់ពន្ធ

snack (n.) ចំណិ , ចំណិចំណុក

snail (n.) ខ្យង , ខ្យង

snake (n.) ពស់

snap (v.) ក្រឡាក់; ស្ដាត់ ; ពាត់

   to snap back and forth ក្រឡាក់

   to snap off ពាច

snare (v.) ទាក់

snatch (v.) កញ្ឆក់ , កញ្ឆាក់ , ចាប់កញ្ឆក់,

សក់ , ទាញកញ្ឆក់

   (n.) ក្រសិស្ងករសល់

sneak (v.) ស្ងប , លប , ស្ងច

   to sneak in ស្ងបចូល

   to sneak out ស្ងចចេញ

   (n.) មនស្ងស្ងា , បនស្ងលាក់

ពាក

   sneak in the grass មនស្ងស្ងា

sneakily (adv.) លប។

sneaky (adj.) មាសញ្ញា , លាក់ញ្ញា

sneeze (v.) កណ្តាស់

sniff (v.) ហិត

sniper (n.) ខ្ពកស្ងចបាញ់

snob (adj.) រឆ្ញាក

   to be a snob កាឆ្ញាក

snore (v.) ស្រមួក

snow (n.) ទឹកកក

   (v.) ធ្លាក់ទឹកកក

snuff (v.) ហ្ញត់

324

so (adv.)	ស្រឡះ , សាក , រម្លេះ , សន្ធ្យា	soil	(n.)	ដី , ដីគោក
			(v.)	ប្រឡាក់
Why are you so stupid?	ម៉េចក៏រម្លេះ?	soiled	(p.p.)	ប្រឡាក់
so long	គិតទាល់សេរហើយ	solder	(v.)	ផ្សារ
so much	សាក	soldier	(n.)	ទាហាន , កាសារ
I miss him so much.	ខ្ញុំនឹកសាត់ សាកហើយ	to be a soldier		ធ្វើទាហាន
so that	រពិម្តៅទៃ , ប្រយោជន៍ រពិម្តៅទៃ , បានសា	solace	(n.)	សម្ងាត់ស្ងប់ចិត្ត , សេចក្ដី ស្ងប់ចិត្ត
not so	មិនសា ... ប៉ុន្មានទេ		(v.)	ស្ងប់ , ស្ងប់ចិត្ត, ស្ងបសាយ
soak (v.)	កក់ , សសាក , ជ្រាំ	sole	(n.)	បាតរដីង
soap (n.)	សាប៊ូ	sole of the foot		បាតរដីង
soar (v.)	រល្បាង		(adj.)	ផ្ដាច់ម្ខ
sob (v.)	ខ្ញុំកទ្រួល , យំស្ទ្រឹក, យំសនឹក	solid	(adj.)	កាស់ , ម៉ឹង ; ណឹលសាក
soccer (n.)	បាល់ទាត់	solidarity	(n.)	សាមគ្គី , សាមគ្គីភាព
to play soccer	ទាត់បាល់	solution	(n.)	បន្ធ្យាបាយ
sociable (adj.)	ចុះសំគ , ចុះសប្បាយ	solve	(v.)	សស្រាយ , សសាយប្រាយ
social (adj.)		to solve problems (mathmatics)		ធ្វើចំណោទ
social affairs	សង្គមកិច្ច	some	(adj.)	ខ្លះ ; ស្លួស
socialism	(n.) សង្គមនិយម	some kind of a ...		របបស្លុបសា
regime of socialism	លទ្ធសង្គមនិយម	someday	(adv.)	ខ្លះថ្ងៃណាមួយ
socialist (n.)	សង្គមនិយម	someone	(pro.)	សាក
society (n.)	សង្គម	something	(n.)	អ្វីមួយ
sociologist (n.)	សង្គមវិទ្យ , អ្នកសង្គម សាស្ត្រ	to have something important		ទានសម្បត្ត
		sometimes	(adv.)	ខ្លះ , ខ្លះកាស , ខ្លះសាង , ខ្លះណរលណមួយ
sock (n.)	ស្រោមរដីង	son	(n.)	កូន (ប្រុស) , បុត្រ
sod (n.)	ស្មៅ	son-in-law		កូនប្រុស ប្រសា
sofa (n.)	សាឡុង	song	(n.)	ចម្រៀង
soft (adj.)	ទន់ទត់ ; ទត់ ; ស្លយ	soon	(adv.)	មិនយូរមិនសាប់
soft voice	កិទ (សរល្ស)	soothsay	(v.)	ទាយ
soften (v.)	បន្ទន់ , បន្ធរ	soothsayer	(n.)	គ្រូទាយ
softly (adv.)	កិចកិច	sorcerer	(n.)	គ្រូមន្ត

sore (adj.) ឈឺ

sore throat (n.) ឈឺក

sorrow (n.) ទុក្ខ

sorry (adj.) សុមទោស , សោកសៅ

     to feel sorry for សោកស្ដាយ

soul (n.) ព្រលឹង , វិញ្ញាណ ,
         ទេវតាអារក្ស

sound (n.) សន្ទុះ , សូរ

soup (n.) សម្ល , ស្ងោរ , ស៊ុប

source (n.) ប្រភព

     reliable source ប្រភពច្បាស់លាស់ណាស់

sour (adj.) ជូរ

     excessively sour ជូរពេក

     a sour ingredient អ្វីជូរ

     sour puss មុខជូរ , មុខក្រសេមៈ /,
         ក្រសេមៈ

     a sour substance អ្វីជូរ

souse (v.) សក់ , ស្រក់

soused (p.p.) ក្រវើសសោក

south (n.) ទាងត្បូង , ត្បូង , ទក្សិណ

southeast (n.) ទាងត្បូងឈៀងខាងនិរតី ,
         អាគ្នេយ៍

Southeast Asia អាស៊ីរ៉ឺប៉កអាគ្នេយ៍

southern (adj.) ទក្សិណាទិសាយ

southwest (n.) ទាងនិរតីឈៀងខាងត្បូង ,
         និរតី

souvenir (n.) អនុស្សាវរីយ៍

sovereign (n.) អធិបតេយ្យ , អធិប
         តេយ្យភាព

sovereignty (n.) អធិបតេយ្យភាព

Soviet Union សហភាពសុវៀត

sow (v.) ព្រោ , ព្រោ , សាប

soybean (n.) សណ្ដែកបាយ

soy sauce (n.) ទឹកសាអ៊ីវ

space (n.) កន្លែង ; អាកាស, អវកាស

     to leave a space សកល្យា

spaced (p.p.) ចន្លោះ

     widely spaced ធូរស្រាល , ធូរស្រាល

spacecraft (n.) យន្តអាកាស, យានអវកាស

spacious (adj.) ទូលាយ , ទូលំទូលាយ

spade (n.) ប៉ែល

Spanish អេស្ប៉ាញ៉ុល

spareribs (n.) ឆ្អឹងជំនី

spare time (n.) ពេលទំនេរ

spark (n.) ផ្កាភ្លើង

     fire sparks ផ្កាភ្លើង , ភ្លើង

sparrow (n.) ចាប

speak (v.) ថ្លែងការណ៍, និយាយ, មានប្រសាសន៍,
         ព្រះត្រាស់ (ស្តេច) , ប្រាប់

     (by a monk) សាកច្ឆាឌីកា

     (to a monk) អារ

     to speak ill of someone behind his
     back បកកាច

     to speak nonsense និយាយឥតន័យនិទាន

     to speak noisily ទាស់ជេរិន

     to speak softly ថ្លមសំឡេង, និយាយថ្នម

     to speak tonally និយាយឧទាន

     to speak up និយាយឡើង

     to speak with an accent និយាយឧទាន

speaking of the devil និកឧទាហរណ៍

spear (n.) សំពែង , ព្រួ

special (adj.) ពិសេស

special forces (n.) ទាហានពិសេស

special action team (n.) កងសម្ងាត់

specialist (n.) អ្នកចេញចាយសារ, ឯកទេស

species (n.) ពួក , ពូជ

specifically (adv.) ពិសេសក្រៃ

spectator (n.) អ្នកនិកសស , អ្នកឆ្លេញមើល , អ្នកមើល

speculate (v.) រកស , រកសុបរ់ផ្ន , ចោទអារម្ម

speech សុន្ទរថា , សុន្ទរកថា , សំដី

   to give a speech ថ្លែងកាន

speechless (adj.) ទាស់ , ទាស់ក៏និន

speed (n.) ល្បឿន

   (v) បន្ថឿន , ចំបន្ថឿន

speedy (adj.) ឆ្លើន

spell (n.) មន្ត , សាក់ម

   to put a spell on ស្ដើ

spelling (n.) អក្ខរាវិរុទ្ធ

spend (v.) ចាយ , ចំណាយ

spice (n.) គ្រឿងផ្សំ

spicy (adj.) ហឹរ

spider (n.) ពីងពាង

spike (n.) ដែកគោល

spill (v.) កំពប់

   to cause to spill កំពប់

spin (v.) ក្រវាត់ , បង្កិល , វិល , វិល

spinach (n.) ផ្ទីក្ដាំង

spinal (adj.) ឆ្អឹងខ្នង

   spinal column ឆ្អឹងខ្នង

   spinal cord សរសៃឆ្អឹងខ្នង

spiral (v.) រង្វិល

   to spiral up ឡើង

spirit (n.) ស្មារតី , ចិត្ត , វិញ្ញាណ , អារម្មណ៍ ; អាការឆ្លោតហាស

   spirit medium រូបអារក្ស

spit (v.) ស្ដោះ

   to spit on ស្ដោះដាក់

spit (n.) ទឹកមាត់

spite (n.) (in - of) ទុកសាយាស់ឲ្យ គ៏រសាយ , រោះប៏រដាយាស់ឲ្យគ៏ រសាយ , រោះប៏រយាស់ឲ្យគ៏រសាយ

split (v.) ញែក , ពុះ

   to be split apart របះ

spoil (v.t.) ពុក

   spoil a child ផ្អើរ , ទម្រើម , ចិញ្ចើម

   spoil oneself បញ្ចើបខ្លួន

   spoil a person ឲ្យ

spoiled (p.p.) ពាក់សាច់ , ផ្អើរ , រស្តួយ

   to get spoiled ពាកពិន , ពាន់ពិន

sponsor (v.) ទំនុកបម្រុង , អនិបតី

spoon (n.) ស្លាបព្រា

sports (n.) កីឡា , ស្បូរ្ត

spot (n.) ក្រឡា ; ក្រាស់

sprain (v.) ព្រាប

   (n.) ផ្លាះ

   to have a sprain ផ្លាះ

sprained (p.p.) ព្រាប

spray (v.) ព្រាញទឹក , ព្រាយ

spread (v.) ដាល , ស្តួចស្រយាយ , ផ្សាយ , រិក , លាត , ពាយ

   to spread apart ពាយ

   to spread the legs apart ពាយរឹង

   to spread out លាត

   to spread over ពាយ

   to spread thin ស្តួច

spreading (pres.p.) ដាល

spring (v.) លោត , លោ

   to spring away លោត

to spring forth សាស់

to spring up សាច

sprinkle (v.) ស្រោច , ប្រោច

sprout (v.) បណ្តុះសន្ធ្យាក

to sprout beans បណ្តុះសន្ធ្យាក

spy (v.) លួចការណ៍

to spy on ស្ទុប

to spy upon ស្ទុប

(n.) ចារសាទ្ធ , ចារបុរស ,
អ្នកលួចការសម្ងាត់ ,
អ្នកស៊ើបការ

spyglass (n.) ឆ្ពស់ឃើត

squander (v.) ខ្ទះខ្ទាយ , បំផ្លាញ

square (n.) ក្រឡា , ចតុកោណសម្
square meter ម៉ែ, ម៉ែត្រការរ

squash (n.) ឥសាវ (ប៊ឺ)

squat (v.) អង្គុយ

squeeze (v.) ច្របាច់

to squeeze between two pieces of wood
ក្ញៀប

to squeeze out ក្រៀម

to sqeeze together ច្របាច់បញ្ចូលគ្នា

squid (n.) ម៉ឹក

squint-eyed (adj.) ភ្នែកស្រវាំង

stab (v.) ចាក់

stable (n.) ក្រោលសេះ

(adj.) ឋិត

stack (n.) កំពុក , ក្រៅ

stadium (n.) បណ្តាលកីឡា , ស្តាត

staff (n.) និស្សិតនិក

stage (n.) សាក , ឆាក , ឋិសាក់
at this stage សល់ថ្នាក់ហ្នឹង (ពេលឥឡូ)

stagger (v.) ដើរទ្រេតទ្រោតទ្រោត

staggered (adj.) ត្រេកត្រអាល

stagnant (adj.) ស្ងិត

stain (n.) ប្រឡាក់

stained (p.p.) ប្រឡាក់

staircase (n.) ជណ្តើរ

stairs (n.) ជណ្តើរ

step of a stairway កាំជណ្តើរ

stale (adj.) ឡាក់សាច់

stalk (n.) ដំ

stalled (p.p.) ឈប់

stamp (v.) បោះត្រា

to stamp the feet repeatedly ទាត់,
ទាត់រឺង

to stamp the foot ទ្រន់រឺង

(n.) ត្រាប ; ត្រា

stand (v.) ឈរ

to stand a better chance than
មានសង្ឃឹមបានល្អ

to stand in a row ឈរតម្រៀបគ្នា

to stand in the way ធ្វើឲ្យខ្វល់,កាំង,ឈរខ្វល់

to stand up ក្រោកឈរ, បុះ , បរិបាទ

(n.) ភ្នំ , ឆាក ; ដំបោរ

standard (n.) ស្តង់ដារ

standing (n.) ឋាន

stanza (n.) ស្ថ័ះ

star (n.) ផ្កាយ ; ភាស្ត , ឃិន្ទ្រ

star of a movie or play ផ្កាឈ្ងក

stare (v.) សម្លឹង

to stare at សម្លាក់ , សម្លឹង

start (v.) ចាប់ , អស់(ស្ញាក) , សំអាទ្ធ ,
ផ្តួសផ្តើម , ឆ្អើម

to start a car បញ្ឆេះ

to start a fight ឆករឿង

328

to start school ចាប់ផ្ដើម

startle (v.) ភ្ញាក់

startled (p.p.) ភ្ញាក់ផ្អើល , ភ្ញាក់ , ភ្ញាក់នឹងផ្អើល, ភ្ញាក់ស្រឡ

starvation (n.) ការអត់ឃ្លាន

starve (v.) អត់ឃ្លាន

state (v.) ថ្លែង , ថ្ថង , មានប្រសាសន៍; សំដែង

    (n.) ភាព , ប្រការ , រដ្ឋ ; ការណ៍

    the state of affairs ស្ថានភាព

    the state of being ភាព , សភាព

static (adj.) ឋិត

station (n.) ចំណត , ស្ថានី ; ប៉ុស្ដិ៍ ; ស្ថានីយ

    radio station ស្ថានីយវិទ្យុ

    electrical relay station រសៀរភ្លើង

    (v.) ប្រចាំ

    to be stationed at the U.N. ប្រចាំការ អង្គការសហប្រជាជាតិ

stationary (adj.) ឋិតនឹង, មិនកម្រើក, នឹងល

statistics (n.) ស្ថិតិ

statue (n.) បដិមា , រូបស្លាក់ , រូបចម្លាក់

    statue of Buddha ព្រះពុទ្ធរូប

status (n.) ឋានៈ , បុព្វសិទ្ធិ, ទម្រង់ស្ថិ

    to have status as មានឋានៈ:

    to have good social status ខ្ពស់ម្ស

    to have high status ខ្ពស់

    in full status ពេញលក្ខណៈ:

statute (n.) លក្ខន្តិក:

stay (v.) កក់ (នៅ, សោយសាង្ឃ្យ) , នៅ , សំណាក់អាស្រ័យ

    to stay as it is ស្ថិតនៅសាសធិ៍ឋាន

to stay at ស្នាក់អាស្រ័យ

to stay (for a short time) ស្នាក់

steadiness (n.) សំនឹង

steak (n.) ស្ទ្រាក់

steal (v.) លក់ , ឆ្នក់ , ល្ប

steam (v.) ចំហុយ

steel (n.) ដែក

steer (v.) កាច់ចង្កូត

steering wheel (n.) ដៃចង្កូត

stem (n.) របើម; ទង

stench (n.) ស្អុយ

step (n.) ជំហាន , លាន

    to take a step ស្ទាះជំហាន

    (v.) ឈាន

    to step on បោះបោះ, ជាន់, ជាន

steps (n.) វិធានការ

    to take steps ធ្វើវិធានការ

stepmother (n.) ម្ដាយចុង

sterile (adj.) អា

sterilization (n.) វិធីសម្លាប់រោគ

sterilized (p.p.)(-animal) អា

stew (v.) ស្ងោ , ដាំស្ងោ

    (n.) ស្ងោ , សម្លរ

stick (v.) បិទ

    to stick out លយ , លយរបញ្ច

    (n.) ដបង , ព្រនង

sticky (adj.) ស្អិត

stiff (adj.) រឹងប៉ឹង

stiffen (v.) រឹងឡើងវិញ , រឹក

still (v.) (-alcohol) បំព្រា

    (adj.) ឋិត

    (adv.) នៅ , នៅរឹក , នៅរឹឡើយ

    still more ថ្កើនបើ

sting (v.) ទិច

stingy (adj.) កំណាញ់ , កំ , ខិ

stink (v.) ស្អុយ

stinky (adj.) ស្អុយ

stir (v.) កក្រើក , ក្រើ , លាយ

stir-fry (v.) ឆ្អិនឆ្អាក់

stitch (v.) ដេរ (ស្មាត់)

stocking (n.) ស្រោមជើង

stoic (n.) អ្នកសមរមឹង

stoke (v.) បន្ថែមឃ្លាចាចក្ក
ចាក់អុស, បំបះបំបោរ, វិយស្ញិហ្ហាអរក្ក

stolid (adj.) សំរឹក

stomach (n.) ក្រពះ

    stomach ache ឈឺក្រពះ

    the stomach churns រួលក្រពះ

    empty stomach ក្រពះទទេ

stomp (v.) ចាន់ជ្ជល (ដិតជ្ជល)

stone (n.) ថ្ម , សិលា

stooge (n.) ទីឃរមឹង

stool (n.) កៅអីមៅ

    stool pigeon សាកក្ស(ក្ស),អ្នកក្ត្រើងឃ្លការ

stop (n.) ដំណាក់

    to make a stop ឈប់ធ្វើយដំណាក់

    The plane made only two stops.
    កប៉ាល់ឈោះឈប់ពីរតែដំណាក់រ

    (v.) យាក់ , ចាក , ឈប់ ,
    ឈប់សោរ , ទប់ , បញ្ចប់

    to stop up ផុក

storage (n.) ឃ្លាំង

store (n.) សាក្ខក , ហាង

    small store ផ្ទះ

    large store ហាង

    (v.) ដក្ខល់ , តំកល់

storehouse (n.) ឃ្លាំង

storeroom (n.) បន្ទប់ដាក់ឥវ៉ាន់

storm (n.) ព្យុះក្ត្យះ , ក្ត្យះ

story (n.) សាច់ ; ជំនាន់ , រឿង

    to make a long story short ពិយាយ
    ឲ្យខ្លីទៅ, សាកុបសង្ខេបតិចទៅ

stove (n.) ចង្ក្រាន (ភ្លើងក្រាន)

    gas stove ចង្ក្រានឧស្ម័ស

strafe (v.) បាញ់ះ

straight (adj.) ត្រង់

    to go straight ទៅត្រង់

    straight foward ត្រង់ , ទៅស្មុត្រង់

straighten (v.) សង្ត្រង់

    to straighten out (an argument)
    ស្ងះស្ងា , កាតារ

    to straighten up រៀបសំអាត

straightforward (adj.) ត្រង់; ស្មុកត្រង់

strain (v.) ត្រង់

strainer (n.) កញ្ច្រង់ , ស្រង់

stranger (adj.) ចន្លែក , ប៉្លែក

stratagem (n.) កលល្បិច , ល្បិច ,
ល្បិចកិច្ចកល

strategy (n.) ក្បួនសិក ,
មន្ត្រាឧបាយ

stratum (n.)

straw (n.) អង្ករម្ផ្កានដុចចុះបើង , អាង្ក្ត
សំភារបំបិកទឹកក្រូច

straw boss (n.) កៅង៉ាល

streak (v.) ត្រាក

stream (n.) ព្រែក , ស្ទឹង

street (n.) ផ្លូវ , វិថី

strength (n.) កម្លាំង , ទំឋឹង ,
កាល , ទាំ

full strength កម្លាំងកាយ

physical strength កាយសំពាំង

strengthen (v.) ពង្រឹង

strenuous (adj.) អស់សារ

stretch (v.) ព្រាស , បន្លាយ ,

សាត , សណ្ដោក

to stretch oneself សាំធ្យា

to stretch the hands សាតដៃ

to stretch a rope បន្លាយរវៃ

strict (adj.) តឹង, តឹងតែង, តឹងរឹង, ប្រើក

ស្ងួ , ប្រើកស្ងួប

to get strict សាសនឪស្ពា

strike (v.) ពុល, បះ , បះបោរ, គួ:បាញ់,

វាយ , វាយអ

to strike a large drum វាយស្គរ

string (n.) ខ្សែ , សរសៃ , សរសៃអំបោះ

strip (v.) សូបាត

stripe (n.) ឆ្នូត , បន្ទ: , សញ្ញី

strive (v.) ខំធ្វើ , ខំ , ការ៉ូ , ព្រាស ,

ប្រើក , ប្រើកខំប្រឹង

stroll (v.) ដើរលេង

strong (adj.) ខ្លាំង , ខ្លាំងក្លា , ពូកែ ,

មាំ , មាំមួន , មាំមួន

strong-willed ចិត្តមាំ

struggle (v.) តស៊ូ , តស៊ូ

stubborn (adj.) ចចេ: , ខ្ទឹង ,

រឹង , រឹងក្បាល

stuck (p.p.)

to get stuck ជាប់ , ជាក់ , អល់អែ

to get stuck in the throat តាំង ,

សាប់ , ខ្លាស

stuck-up (adj.) ខ្ទើងឆ្អាង , សង្ឃ , ខ្យល់

stud (n.) ចម្មឹង

student (n.) កូនសិស្ស , និស្សិត , សិស្ស

study (v.) សូត្រ , សិក្សា , ស្ងាក្សាយ

stuff (n.) ក្រាំង , អ៊ីវាំ

(v.) ចក , ព្រក , ញ្យាត់

stuffed (adj.) ដោរ

stuffy (adj.) តឹង

stuffy nose តឹងច្រមុះ

stumble (v.) ជំពក់ , ជិតជ្រុល

stump (n.) គល់

(v.) ដុល

stunned (p.p.)

to be stunned ស្លាក់ស្ងើត

stupa (n.) ចយតិ (ឃជិត)

stupefied (adj.) តក់ , ស្រឡក់ស្លាង

stupid (adj.) កំសួយ , សនាស្ងាង , ទឹងមាង,

ភ្ញីង្ងុ, រង្ងី, ឱែ ងីងសង្ងិចចាងរាគិត,

រង្ងីធានរង្ងី , ទ្ល្យាក់ធានរង្ងី ,

ជាងី , ស្ងាង , ស្ងាងរង្ងា , ម្ងែក

ស្ងាង , នង្ងើ , ស្ងីរង្ងី ,

រស្ងីការញ្ចាស

stupefy (adj.) តក់ស្រឡក់ស្លាង, តក់ស្រឡក់ស្លាង

style (n.) បែបបទ , របៀប , វិធី

subcategory (n.) ?

subcontinent (n.) ទ្វីបូច

subject (n.) រឿង

subject of discussion កម្មវត្ថុ , ប្រធាន

subject of exam រឿងសារ

subject of study មុខវិជ្ជា , វិជ្ជា

submerge (v.) លិច

submission (n.)

to express submission សមាទាន

subordinate (n.) ក្រោមបង្គាប់

subpoena (v.) កោះ

subscribe (v.) សរសេរ

subscript (n.)

  subscript of a consonant ជើងអក្សរ

subsistance (n.) អាស្រ័យកម្ម

substance (n.) ធ្លុ , វត្ថុ

  poisonous substance សាតិពុល

  salt substance សាតិអំបិល

  water substance សាតិទឹក

substitute (v.) ផ្លាស , ដំណ្លាស

subtle (adj.) ចិនៗបាប់

subtract (v.) ដក , សង

subtraction (n.) សេលេសង

suburb (n.) សាយក្រុង

subversion (n.) វិនុប្បត្តិ

succeed (v.) សម្រេច, រកឹតកាលវិលក្តម្មូ

success (n.) ការចំរើន , ការសម្រេច ,
    សោគតំណ , ប្រសិទ្ធការ, សាកុ ការ
    រកឹតកាលវិលក្តម្មូ

successful (adj.) ចាសសម្រេច, ជ្រោយ ,
    មានឱ្យការ, មានសោគតំណ,
    សម្រុងការ, ជ្រោយកិត (ប្បុត្ត)

successfully (adv.) ស្រុះ

  We successfully defended it. យើងបាន
    ការពារស្រុះ

such (adj.) ដ្បិះ

  such as ដូចជា

suck (v.) បឺត , ចាយ

  to suck in ចឺក

suckle (v.) បេយ

suddenly (adv.) ដំនាបស្រាះ, ក្រាប់ដង

sue (v.) ប្ដឹង , ប្ដឹងដ្ចាប

suffer (v.) រងទុក្ខ , រងទុក្ខ

suffering (n.) ទុក្ខសោគ , សោគ

to undergo suffering រងកម្ម, រងទុក្ខ

sufficiently (adv.) ក្រប់ក្រាន

suffix (n.) បច្ច័យបញ្ចបពាក្យ

suffocated (p.p.) ថប

sugar (n.) ស្ករ

sugar cane អំពៅ

suggest (v.) ស្នើ , ទុយសោចបាស

suggestion (n.) សោចក្ត័ស្នើ , ជុយបាស

suicide (v.)

  to commit suicide ចរក, សម្លាបខ្លួនឯង

suit (n.)

  to bring suit សាគមៃរកសុចិត្ត

  a suit of clothing ឈុតរបស់, ខ្លុនសំរប

suitable (adj.) ស្របេ , ត្រេវស្រប

suitcase (n.) កាំស , ច៊េប

Sumatra (n.) ស្មុំត្រា

summarize (v.) សង្ខេប , សរុប

summary (n.) សោចក្ត័សរុប

summer (n.) រដូវក្ត៊ុ , រដូវក្តៅ ,
    រដូវក្ត៊ុ

summit (n.) កំពុល

summon (n.) ដ៊ីមនាះ

  (v.) ដមាះ

sun (n.) ថ្ងៃ , ព្រះសុរិយា ,
    ព្រះអាទិត្យ , សូរិយ

Sunday (n.) ថ្ងៃអាទិត្យ

sunk (p.p.)

  to be sunk in លិច , លិប

sunken (p.p.) ត្រាក់ជុបចុល, លិច, ជ្រាប

sunrise (n.) ថ្ងៃរះ

sunset (n.) ថ្ងៃលិច

superficial (adj.) រណ

superficially (adv.) រណៗ

superhuman (n.) ឱានុភាព

superior (n.) ស៊ុ

  superior of wat ក្រុសព្រះសង្ឃ, ក្រុ សង្ឃ្រាស់, ព្រះគ្រូសង្ឃរាជ

superiority (n.) អធិបតេយ្យ

supervise (v.) គ្រប់គ្រង, ត្រួត, ត្រួតត្រា គ្រង, មើលការខុសត្រូវ

supervisor (n.) នាយក្រុង, សាយក

supply (n.) សម្ភារៈ

  (v.) ផ្គត់

support (v.) ទំនុកបំរុង, គ្រោ, ព្យុងត្រូង, ឧបត្ថម្ភ, អ្នកឧបត្ថម្ភ, ទ្រទ្រង់

  to support a person in walking ព្យុងចប់

  to support from underneath ទ្រទ្រង់

  to support oneself គ្រោ

  (n.) ការទ្រទ្រង់, ការទ្រួត, ការ ឧបត្ថម្ភ, ការនុះនែ, នគាបបំរុង ក់, ក្ល្រ, ដំបង, បង្គោល, បង្គុក, អ្នកឧបត្ថម្ភ, ឧបករណ៍

suppose (v.) ស្មានិត, ស្មានសួរ, ស្មានសួរ, ឧបមា

  suppose that ឧបមា

suppress (v.) បង្ក្រាប

sure (adj.) ប្រាកដ, ពិត, ឥឡូវ, ប្រាកដ, ប្រាកដប្រជា

  to be not quite sure ពុំទាន់ច្បាស់ដែរ

  for sure មិនប្រាកដ

surely (adv.) ន់ដឹង, ពិតសា

surface (n.) ស្ទ, ផ្ទៃខាង

surmise (v.) ស្មាន

surpass (v.) ស្ដាស, ហួស

surprise (adj.)ប្រហក,ស្រ្តកស្ដ្ក,ភ្ញាក់,ក់អង្គុល

surrender (v.) ចុះចាញ់

surround (v.) ព័ទ្ធ, ហុំ, ព័ទ្ធ, ព័ទ្ធជុំវិញ

surrounding (n.) ក្រុងជុំវិញ

survey (v.) ស្ទង់ទា

suspect (v.) សង្ស័យ, សង្ស័យស្មានថ្មិ យ, ខឹ, សង្ស័យ

suspend (v.) ផ្អាក, ព្យួរ

  to suspend a sentence ព្យួរទោស

swagger (v.) ដើរស្ដ្រ

swallow (v.) លេប

swap (v.) ប្ដូរ

swarm (v.) ស្រុប, សាវសនទ, សរទ

sway (v.) ង្រងក

swear (v.) ស្បថ, ស្ដ្រច

sweat (n.) ញើស

  (v.) ចេញញើស

Swedish ស៊ុយអ៊ែត

sweep (v.) ស្រត, ស្រតសម្ងត, សំអាត

sweet (adj.) ផ្អែម

  sweet potato ដំឡូងឆ្ងាញ

  (n.) បង្អែម

sweetheart (n.) បង្អែមចិត្ត

swell (v.) ហើក, សហើម

swim (v.) ហែលទឹក, សទារ, ហែលទឹក

swimming pool (n.)កន្លែងហែលទឹក, អាងហែល

swindle (v.) សទរ, សទក, សទរបោកប្រាស់

swing (v.) សយាល, សយាលសទាន

  to swing around the head ព្យាល

  (n.) សនង

Switzerland ប្រទេសសុីស, ស្វីស

swollen (p.p.) ហើម, សហើម, សហើមសមើរ

  Watch it or your face will be swollen.
  ប្រយត្នសមុខរបស

  swollen up សហើម

swollen-headed (n.) សក្តិ

to get a swollen head ᵇⁿⁿ

swoop (v.) ᵇⁿⁿ , ᵇⁿⁿ

sword (n.) ᵇⁿⁿ

     to be a two-edged sword ᵇⁿⁿⁿ

sycophant (n.) ᵇⁿⁿ, ᵇⁿⁿ,
        ᵇⁿⁿ, ᵇⁿⁿ

     to act as a syciphant ᵇⁿⁿ, ᵇⁿⁿ

     to be a sycophant ᵇⁿⁿ

syllable (n.) ᵇⁿⁿ

sylviculture (n.) ᵇⁿⁿ

symbol (n.) ᵇⁿⁿ , ᵇⁿⁿ

sympathetic (adj.) ᵇⁿⁿ

sympathize (v.) ᵇⁿⁿ

     sympathize with ᵇⁿⁿ ,
        ᵇⁿⁿ (ᵇⁿⁿ)

symptom (n.) ᵇⁿⁿ , ᵇⁿⁿ

synchronize (v.) ᵇⁿⁿ

syndicate (n.) ᵇⁿⁿ

     militant syndicate ᵇⁿⁿ

syphilis (n.) ᵇⁿⁿ

syringe (n.) ᵇⁿⁿ

system (n.) ᵇⁿⁿ

systematically (adv.) ᵇⁿⁿ

tackle (v.i.) ស្គាល់ , ទប់

tact (n.) ការស្គាល់ចិត្ត, ស្លៀកស្គាល់ចិត្ត,សាមារ្ត្យ

tactics (n.) កល , កលល្បិច, កលឧបាយ ,

ល្បិច ; បទក្បួនយុទ្ធ

military tactics យុទ្ធសិល្បិ៍

tail (n.) កន្ទុយ

tailor (n.) ស្ដាក់ការដេរអាវ

tailor shop (n.) ហាងកាត់ដេរខោអាវ

take (v.t.) យក

to take a bath ងូតទឹក

to take a person នាំ

to take a picture ថតរូប

to take as ្ដកស្ដ

to take a test ្រឡងប្រលង

to take a trip ធ្វើដំណើរ

to take away បណ្ដេញយកយកចេញ

to take care of ថែទាំ , រក្សា

to take good care of oneself ថែ,

ថែខ្លួន

to take measures មានវិធានការ

to take for ្ដកស្ដបំ្ដា

to take of ្ដ្ខ , ្រសាវ

to take over a task by oneself ្ដបំ

to take place ្រប្រពឹត្តិ្តខ្សេ

to take responsibility ទទួលខុស្ដ្រូវ

to take sides កាន់ខ្ដង , យល់្រ

to take someone ្ដ្ស

to take someone to ្ដ្រ្ដ្ដ្ស

to take something out (using
fingers or tusks) ្ដ:

to take time ្ដ្ដ្ដ , អស់ពេល

to take up យក ... យក

talented (adj.) ្រប្រល, ទាក់តម្ល្ដ

talk (v.i.) និយាយ , ្ដ្រ, ្ដ្ខ្ម

to talk back ្ដ្រ្រ , ្រ្ដ្ប្រ្ប្រស

to talk loudly ្ដ្រខ

to talk to និយាយ្រ

to talk too much ្ដ្ខ , ្ដ្ច្ដ្ច,

្ដ្ត្ច្ដ្ច

talkative (adj.) និយាយច្រើន , ្ដ្ដ្រ

្ដ្ដ, ្ដ្ខ្ដ, ្ដ្ខ្រ

tall (adj.) ្ដ្ខ

talon (n.) ្ដ្ប្ច

tamarind (n.) ្ដ្ម្ច

tame (adj.) ្ដ្ខ , ្ស្ច

(v.t.) ្ដ្ខ

tangerine (n.) ្ដ្ច្ម្ច

tangled (adj.) ្ដ្ម្ម , ្ដ្ខ្ច

tank (n.) ្ដ្ខ; ្ស្ខ,្ស្ខ្ច;្ច្ខ្ក:

tape (n.) ្ខ្ច្ដ្ច

tape recorder ្ច្ម្ច្ច្ស្ស្ខ

magnetic tape ្ខ្ច្ס្ច

tapering (adj.) ្ច្ច(្ច), ្ច្ស្ខ្ច្ស

tapeworm (n.) ្ច្ខ

335

target (n.)

tart (adj.)

task (n.) ,

taste (v.t.) , ,

　　　(n.) ,

　dry taste ,

　flat taste , ,

　to be right (of taste)

tasteless (adj.)

tasty (adj.) ,

tattoo (n.)

　　　(v.t.)

tax (n.) , ,

　tax money

taxi (n.)

　to drive a taxi

T.B. (n.)

tea (n.) ,

　tea pot

teach (v.t.) , ,

　　　 ,

teacher (n.) , ,

　female -

　male -

　noble -

　a teacher of sacred studies

teaching ,

team (n.) , ,

　special action team

tear (v.t.)

　　　(n.)

tease (v.t.) , ,

to be prone to tease someone

technical (n.)

technician (n.)

technique (n.) ;

teenager (n.)

telecommunication (n.)

telegram (v.i.)

　　　(n.) ,

telephone (n.) ,

television (n.) ,

tell (v.t.) , , ,

　to tell in detail

　to tell to do something

temper (v.t.)

temperament (n.) (, …) ;

　　　 ,

tempest (n.) ,

temple (n.) , ,

temporary (adj.) , ,

tempt (v.t.) ,

temptation (n.) ,

ten (adj.)

　ten thousand ,

tendency (n.) ,

tender (adj.) ,

　the meat is tender

tendon (n.)

tennis (n.)

tense (adj.)

tenure (n.)

term (n.)

　term of office

to be on good terms ្រ្រ់ស្ត

terminal (n.) ស្ថានីយ៍ ; របស្ថ្លាក

terminate (v.t.) បញ្ចប់

    to terminate one's life ស្លាប់ខ្លួនឯ

termite (n.) កន្លាត

terrain (n.) ដី

    alluvial terrain ដីល្បាប់

terrible (adj.) សង្ឃឹប

terribly (adv.) សង្ឃឹប

territory (n.) ដែន , ដែនដី, ទឹកដី

terror (n.) ការភ័យ

terrorism (n.) ភេរវកម្ម, ទ័ព្ទភ័យ

terrorist (n.) ភេរវជន

test (v.t.) ពិសោធន៍ , សង្កេត ,
                   ល្បង , ល្បងសង្កេត , សាក ,
                   ប្រលងសាក

      (n.) ការប្រលង

tester (n.) អ្នកប្រលោក

testimony (n.) ការសក្ខីយបញ្ជាក់ , ការសក្ខីយ
                  សាកសិសាសាក្រ្ស , សក្ខីយភាព

table (n.) តុ

    to set the table រៀបតុ

    table of contents សារបានសារ្ភ័ន្ធ

Thai (adj.) ថៃ , សៀម

Thailand (n.) ថៃស្រុក

than (conj.)

    more .... than ជាង

       That is more expensive than
       this. អញ្ចឹងថ្លៃជាងសារនេះ

thank (n.) អំណរគុណ

     (v.t.) អរគុណ

    thank you អរគុណ

that (pron.) នោះ , ឲ្យ , សារ:

like that ខ្ញុំ , ខ្ញុំៗ

that is យ៉ាងឲ្យ

that is all right អីនឹទេ

that is the reason why យ៉ាងនេះទើបយ
            បានសាយ៉ាងឲ្យ

that is why យ៉ាងនេះទើបយបានសាយ៉ាង
                ឲ្យ

that (conj.) ដែល

     (adj.) សារ: , ឲ្យ

that one អានៗ, អាឲ្យយៗ,អាឲ្យ

theater (n.) រោងល្ខោន , រោងកុន ,
               រោងមហោស្ពរ , រោងល្ខោន

them (pron.) គេ , រ

then (conj.) ក៏ , អញ្ចឹង

     (adv.) ក៏, បន្ទាប់មក, រច, ក្រោយក ,
             ស៊ម, រហើយ ; ពីសាស

theory (n.) ទ្រឹស្តី , មតិការមតិស្ត្រ

Theravada (n.) ថេរវាទ

there (adv.)

    there is មាន ...

    there are មាន ...

there (pron.) នុះ , របោះ: , ឯនោះ:

    over there នៅឯយ, ឯណោយ, ឯរបោះ:

    thereabouts ប្រមាណជុំវិញនោះ, ពីកខណ្ឌប់នោះ:

    thereby រនាយនោះ, ដោយនោះ:

therefore (adv.) ដូច្នេះ: , ដូច្នេះ:បានជា ,
             រម្យ៉ា:រហើយ , អញ្ចឹង

these (adj.) សារ: , ឲ្យ

thesis (n.) និក្ខេបបទ

they (pron) គេ , គ្រ , ពួកគេ

    are they? ឬមែនទេ ?

thick (adj.) ក្រាស់ , សប់

thief (n.) រចរ

thigh (n.) កំភ្លៅ , ភ្លៅ

thin (v.t.) ពា ធ , ស្តើ

     (adj.) ស្គម , ពាម , ស្តើង , ស្គម

thing (n.) របស់ , របស់របរ , រ'បៀ ,

       វត្ថុសាស្រ្ត , ឥវ៉ាន់

think (v.t.) គិតគូរពិចារណា , គិតក្នុងក, នឹកឃើញ

       ប្រាកដ, នឹក, នឹកក្នុងក, ស្មាន

   to think about something នឹកគិតដល់របស

   to think ahead, to be foresighted

       គិតទៅមុន

   to think hard ព្យាយាមគិត

   to be able to think of គិតឃើញ

   to really think គិតដោយពិតប្រាកដ

   to think a lot

   to think in an organized way រៀបចំ

   to think up ប្រឌិត

thinking (n.) ការគិត , អារម្មណ៍

thirst (n.) ការស្រេកទឹកខ្លាំងណាស់, ស្រេកទឹកខ្លាំង

thirsty (adj.) ស្រេក , ស្រេកទឹក

thirty (adj.) សាមសិប

this (adj.) នេះ, ប្លនេះ, ពាននេះ, សាឡេយនេះ

   like this ស្រដៀងនេះ

thorn (n.) បន្លា

thoroughly (adv.) សព្វក្រប, ម៉ត់ចត់,

       សព្វ , ស្រះ , ទៀងទាត់

those (adj.) ប្លនោះ

     (pron.) នោះ, នោះនោះ, ស្រ, ពាននោះ:

though (adv.) ប៉ុន្តែឃ្លាគេសោយ

     (conj.) គិតដោយទេ

thought (n.) កំនិត, មនោសញ្ចេតនា, អារម្មណ៍

thousand (n.) ពាន់

   one thousand មួយពាន់

   ten thousand ដប់ពាន់

hundred thousand សែនពាន់

thread (n.) សរសៃ, សរសៃអំបោះ

threaten (v.t.) កំរៀបញៀ, កំបិតបន្លំ, គំរាម,

       សង្គ្រាមកំបិតបន្លំ, រៀបរាប់រៀ/ន,

       បំកំឃ, បំកិតបំកំឃ, យាមៀ

three (adj.) បី

thresh (v.t.)

   thresh by beating ស្រោម

   thresh by stepping on grain ជាន់

   thresh by use of animals បង្ហាញ

thrift (n.) ការចាត់ចែង(ទៀបប្រយ័ត្នស្គ)

     (adj.) ស្កំ

throat (n.) បំពង់ក

   to have a dry throat ទឹក

   sore throat ទឹក

throne (n.) បល្ល័ង្ក , ព្រះរាជបល្ល័ង្ក ,

       រាជសម្បត្តិ

through (prep.) បន្ត , រក្ស

throughout (prep.) ពាសសពេញ

throw (v.t.) បោះ , បោះ , គ្រវែង

   to throw away បោះ, គ្រៀវចោល, សាកចោល

   to throw in បន្ត

   to throw around គាស់ប្រើគាស់ទៅ

   to throw to the side គាស់បង

thumb (n.) មេដៃ

thunder (n.) ផ្គរ , ផ្គររនៃ

thunderbolt (n.) រន្ទះ

Thursday (n.) ថ្ងៃព្រហស្បតិ៍

thus (adv.) ដូច្នេះ, ដូច្នេះ, ប្លនេះ ,

       ប្លនៀ , សេចក្តីនេះ: , សម្យ: ,

       ដូចៀ , សិនៀ: , សិ:

ticket (n.) សំបុត្រ , សិទ្ធិ , សំឡុរ

ticklish (adj.) ចង្អុល

tie (v.t.)

    to tie into a bunch

    to tie to something

    to be tied up

    (n.)

tiger (n.)

tight (adj.)

    not tight

tighten (v.t.)

tile (n.)

till (prep.)

tilt (v.t.)

time (n.)

    any time will do

    at a time

    at that time

    at the time when

    by that time

    by the time that

    first time

    for a long time now

    for the time being

    interval of time

    in the course of time

    not on time

    on time

    this time

    to be on time

    to give a hard time to

    that time

    to take a long time

    one or two times

    two or three times

timid (adj.)

timing (n.)

tin (n.)

tinder (n.)

tiny (adj.)

tip (v.t.)

    to tip off

    (n.)

    on the tip of the tongue

tiptoe (v.t.)

tire (n.)

tired (adj.)

    to be tired

    to get tired of saying

    to be sick and tired

title (n.)

    car title

to (prep.)

    up to

    give it to me

toad (n.)

toady (n.)

toast (n.)

tobacco (n.)

today (n.)

toe (n.)

    big toe

    little toe

toe nail

together (adv.)

to be together

to do together

to get together

to put together

together with

togetherness (n.)

toil (v.i.)

toilet (n.)

toilet bowl

toilet paper

to go to the toilet

told (p.p.)

to be told off

tolerant (adj.)

to be tolerant

tolerate (v.t.)

tomato (n.)

tomb (n.)

tomorrow (n.)

the day after tomorrow

two days after tomorrow

ton (n.)

ton - kilometer

tongue (n.)

to make a slip of the tongue

tontine (n.)

too (adv.)

too bad

too (different subject)

too (different predicate)

too much

tool (n.)

tools (n.)

tooth (n.)

toothbrush (n.)

toothpaste (n.)

toothpick (n.)

top (n.)

to put on the top

on top

topic (n.)

torn (p.p.)

to be torn

to be torn in rags

to be torn apart

tornado (n.)

torture (n.)

(v.t.)

toss (v.t.)

total (adj.)

a total of three days

(n.)

totalitarian (adj.)

(n.)

totalitarianism (n.)

touch (v.t.)

to be touched

to get in touch with

touched (p.p.)

to be touched ឆ្លៀស , ត្រូវបៀត

tough (adj.) ស្វិត ; ឡិម , ។ង

the tough one អ្នកស្វិត

to be tough in talking ។ងមាត់

to get tough ។សាងឆ្វៃឆ្លៀ

toughness (n.) ភាពស្វិត

tour (v.i.) ។ទសចរណ៍ , ទស្សនា

(v.t.) ។ទសចរសាកស្ម្ពៃមៃមើលយ

tourism (n.) ទេសចរណ៍

tourist (n.) ទេសចរ , អ្នកទេសចរ,
អ្នកទេសចរណ៍

tow (v.t.) អូសទ្រាក់ , លាង

toward or towards (prep.) ។ទៅ , កាន់,
។ទៅកាន់, មុនៈ, ស្ថ្មៈ។ទៅ/សៀវៀ

towel (n.) កន្សែង , កន្សែងសម្រាប់

tower (n.) ប៉ម

town (n.) ក្រុងទូ, ប៉ី, ក្រុង, ស្រុក, ឱ្យក្រុង

town chief ។ចៅស្រុក

townhouse (n.) ផ្ទះនៅប៉ីនៃទីក្រុង, ផ្ទះនៃក្រុង

township (n.) ប៉ី , ស្រុក

a collection of townships ។ផ្សេងស្រុក

trace (n.) ស្នាម ; ស្លាប

track (n.) ផ្លូវដែក , ផ្លូវទៃឆ្វៃ
railroad track ផ្លូវដែក, ផ្លូវទៃឆ្វៃ

tract (n.) ។ក្រមុក

tractor (n.) ។ក្រមុកដី

trade (v.t.) ជួញ ; ជៃ
(n.) ការ។ជួញជៃ។ដៃ, ការលក់
ដ៍; ពាណិជ, ។ជៃ
trade mark ។ម៉ាក , ។ម៉ាក

trader (n.) ឈ្មួញ

tradition (n.) ។ប្រៃណី

traffic (n.) ។ចរាចរ

traffic light ។ភ្លើងចរាចរ

trail (n.) ។ផ្លូវ ; ស្នាម

trailer (n.) ។រ៉ាក

train (v.t.) ។បង្រៀន , ។ចាត់ , ។ហ្វ
ចាត់, ។ហ្វឹកហាត់, ។ហ្វឹកទៃន
(n.) ។រថ។ភ្លៀ , ។រ។ទៈ។ភ្លៀ

trainer (n.) អ្នក។បង្រៀន

transfer (v.t.) ។ផ្ទៃ, ។ផ្ទ, ស្ថាស់, ។ផ្ទ

to transfer something ។ផ្ទ

transform (v.t.) ។ក្លៃ

transgress (v.t.) ។ល្មៀ

transistor (n.) ។ត្រានសៀស្ត

translate (v.t.) ។ប្រៃ, ។ប៉ៃ, ។បកប្រៃ

translator (n.) អ្នកបកប្រៃ

transparent (adj.) ថ្លា

transplant (v.t.) ស្ទៃ

transplant rice ស្ទៃស្រៃ

transport (v.t.) ។ដឹកនាំ, ។ផ្ទ, ។ដឹកសៀ

transportation (n.) ។ដឹកៈ

means of transportation ។ដឹកៈ, យានដឹកៈ

trap (v.t.) ។ទាក់

trap (n.) ។អន្ទាក់ , ។សន្ទាក់

trapped (p.p. ។ទាក់ទៃ

to be trapped ។ជាប់ទៃ, ។ជាប់គំនិ, ស្លាក់
ធ្លា, ។ធ្វៃ។ហ្ម។ឱ្យធ្វៃ។ខ្លួ,
។ភ្វៀ។ខ្លួ។ប៉ៃ។ម៉ៃ។ម៉ៃ

trash (n.) ។សំរាម

traumatic (adj.) ។អាក្រក់

a traumatic experience ។ការ។ជៀសវាងអាក្រក់

travel (v.i.) ។ធ្វៃ។ដំណៃ

tray (n.) ។ថាស , ។ស្លាប

treasure (n.) ។ទ្រព្យ

treasurer (n.) ។ហ្វៃ។ញ្ជៃ, ។ចៀ។ង្ក្រៃ, ។ហ្មៃ។ម៉ៃ។សៀ

treat   (v.t.)   ស្ដ , ស្ដទៅ , សាង

    to treat an illness ស្ដទៅសង្គ្រោះ,ទៅសង្គ្រោះ

    to treat (meal)   ចាំង

tree   (n.)   ដើមឈើ

trellis   (n.)   ជញ្ជ្រាំង

tremble   (v.i.)កន្រ្តើក, ញាប់, ញ្ញាក់, ត្រសាល,

    រញ្ជួយ , អង្រួន (រង្ជួ)

trench   (n.)   ប្រឡាយ

tribe   (n.)   ពួកសាសន៍

tributary   (n.)   ស្ទឹងដែលហូរចូលទៅក

    ស្ទឹងឬទន្លេធំៗ

    tributary of a river ដៃទន្លេ

tribute   (n.)   កាត់ការ, ស្វយការអាការ

trick   (v.t.)   ភ្លើកាយ, បន្លំ , ប្រដាំ,ល្បង

    (n.)   កល, កលល្បិច, កលយុទ្ធ,

    ល្បិច,ល្បិចកិច្ចការ,ឧបាយរបាយ

tricked   (p.p.)

    to be tricked   បាញ់ប្រាជ្ញ

trigger   (n.)   ដៃក , កន្លៃ:

    (v.t.)   សំរួយបាន , បន្លើក

trim   (v.t.)   ប្រិប,កប្រៀម

    to trim off   ស្ងួសរចេញ,កប្រៀមរចេញ

trimester   (n.)   ត្រីមាស

trip   (n.)   ដំណើរ

    to take a trip   ធ្វើដំណើរ

trivial   (adj.)   កម្ញែកកញ្ញាក,ធ្មេចភាច,

    រចាកទាប,បន្លាប់បន្ថុំ,សូម៧

troops   (n.)   កងទ័ព,កងពល,ក្រុមទាហាន

tropic   (n.)   ត្រូពិក

trouble   (n.)   ចលាចល,ភ្ជ:,ឆ្លើង,វេទនាការល្អ

    in trouble   ប្រធ្នុស្ត

    to be in trouble   តរ, ដឹង, ដឹករ

    to be troubled with   ធ្លាស់

to cause trouble   បង្កើតកជ្ជឿង,បង្កើតកងក្ក

to cause trouble for   បង្ខទុក្ខ

to have trouble   រកិតចលាចល,មានតុក

to give trouble   បង្ខទុក្ខ

to make troubleបង្ខទុក្ខបួករម្ភទ្ធា,សំរាយធ្វើបាក

to make trouble for   អំណល់

to trouble   បង្ខសហាក

    Don't bother to give yourself
    any trouble. កុំស៊ីឧបឱ្យបាកអ

trousers   (n.) ខោ

truce   (n.)

    to call a truce   ឈប់ក

truck   (n.)   កម្មួង(កម្មើញ្ង),ឡានក្រុង

true   (adj.)   ត្រឹមត្រូវ,ប្រាកដ,ពិតរបៀក,សម្មៃ

trumpet   (n.)   ត្រែមរបៀត

trunk   (n.)   ហិប, ធ្លាំង , ប្រមាយ

    elephant's trunk   ប្រមាយសំវ

trust   (v.t.)   ទុកចិត្ត

truth   (n.)   ការពិត,សច្ចៈ,សច្ចធម៌

    in truth   កាមពិត

    to seek out the truth រកឧស្សាការ

    to tell you the truth   សាក់បាំងអ

try   (v.t.)   ទំ, ប្រក្រៀ,សរ,សឧមៃស,ស្ទង់,

    ស្ពាស់ឧមៃស,សាក

    to try hard   ប៊ិត , សង្ឃារ

    to try very hard   ខ:ខ្លួន

T-shirt   (n.)   អាវយឧសាប់ , អារយ៊ឹត

tube   (n.)   បំពង់

    tube (of a tire)   ឌម:ស៊ី/ក

tuber   (n.)   ដំឡូង , ឈើម

tubercle   (n.)រប៊ៃ

tuberculosis   (n.)   របេងបទស់ , ជបេង

Tuesday   (n.)   ថ្ងៃសង្ខារ

tuft   (n.)   ប្រយ

tug (v.t.) ឡាឡ

tug-of-war (n.) ឡាឡុកុំុ៉ិកា

tumor (n.) ហួសន័ង

tumultuous (adj.) កង់ងង់

tune (v.t.)

     to tune up ទឹក

     (n.) ទំុក , បទ

     out of tune ខ្លែឃ្លើយ

     to stay tuned ចាំស្ការ់

tunnel (n.) រូង

turkey (n.) មាន់បារាំង

Turkey (n.) ព្រុសេសុទ្ធិ

turmeric (n.) រមៀត

turmoil (n.) កស្លុយក , វកាលាហល

turn (v.t.) បង្ហែរ, បត់, វិល, ក្លាយ

     to cause to turn បង្ហែរ

     to turn aside ងាក

     to turn away ងាក

     to turn into ដូរទៅ

     to turn off បិទ , សន្តត់

     to turn on បើក

     to turn one's head ងាកក្បាល

     to turn over ក្រឡាប់, ព្លើ, ផ្លាប់, ផ្លារ, ផ្លាក

     to turn to ដូរទៅ

     to turn to the right ងាកស្ដាំ

     to turn upside down ក្រឡាប់

     to turn upside up ផ្ងារ

turn (n.) វេរ

     in turn តាមវេរ

take turn ដាក់វេនគ្នា, ធ្វើបណ្ដាក់, បណ្ដាក់

turn right បត់ស្ដាំ

It's your turn នៅវេនការងើយ, ដល់វេនឯងហើយ

     It's your turn. ដល់វេនសារការងើយ

turtle (n.)

     turtle (land) អណ្ដើក

     turtle (sea) កន្ធាយ

tusk (n.) ភ្លុក

twenty (n.) ម្ភៃ

twenty-five (n.) ម្ភៃប្រាំ

twice (adv.) ពីរដង

     twice as much ខ្ទើមាឌ

twin (adj.) ភ្លោះ

     twin children កូនភ្លោះ

twine (v.t.) រំពាត់

     (n.) ខ្សែរំពាត់

twist (v.t.) ម្ពុ, ព្រហ្មេញ, ក្លាយ

     twist together ក្រង់

twisted (p.p.) រម្យុល

     to be twisted រម្យើច, រម្យើចនើរ

twitch (v.t.) ញាក់

two (n.) ពីរ , ២

     two-by-two ទាំងឃ្នា

two or three (n.) ពីរបី

tycoon (n.) សេដ្ឋី, សាយទុន, ពួកនាន

type (v.t.) កាយសាក់ទិព្ពុ, កាយតម្លៃសំរាប

     (n.) ទី , ផារ, សម្ពាក, វេបប,ប្រការ, ប្រុសកាយ, មុន , ម៉ាង

typhoon (n.) ខ្យល់ព្យុះ

typewriter (n.) ដាក់ទិព្ពុ, អន្ធសំរាប

ubiquitous (adj.) (ឆ្លើយសម្រាន់) ឌិណាសង្គា

udder (n.) ដោះ

umbrella (n.) ឆ័ត្រ

un- (p.p.) អ.

unable (adj.) ពុំអាចាា

 to be unable to get away សាប់ខ្លួន, រវល់

unadorned (adj.) ទទេ

unambiguous (adj.) ជាក់លាក់

unanimous (adj.) សេក្តីឯក

unanimously (adj.) ដោយសេក្តីឯក

unattractive (adj.) អាក្រក់

unaware (adj.) មិនប្រយ័ត្ន, ចិនឌឹង

 to become unaware ភ្លេចខ្លួន

unbalanced (p.p.) រប្បាស, ផ្ទាក់ប្រើក

unbearable (adj.) សាហ, ផុនសាហ

unaspirated (adj.) សិថិល

unceasingly (adv.) បំកបួរ

uncertain (adj.) ស្ងាក់រេឆ្ពើរ

uncle (n.) ពូ, មា, អ្នកមា, ឌិក

 older (than parents) អ្នកកំ

 younger (than parents) អ្នកមា

unclear (adj.) មិនច្បាស់, ស្រអាប់,

  របាក់របប្ប, សង្ស័យ

uncomfortable (adj.) រសាប់រសល់

 lethargic and uncomfortable

  រសះរសា:

unconcerned (adj.) ព្រាងនិយ, កររិនិយ

unconscious (adj.) ពាក់ស្មារតី,

  ភ្លឹក, សន្លប់

uncover (v.) របើក

undecided (p.p.) ចិនឌិរ, ទេនឌិរ

under (prep.) ក្រោម

 (adj.) អន្តា

underdog (n.) អ្នកសស្ងាតបាមិនស្ងួ:

undergarment (n.) អាវក្រោសាប់

undergo (v.) ក្រូវ

 to undergo an experience

  មានការវិនិសាសន៍

 to undergo suffering

  ក្រូវរងទុក្ខក្រូវរងកម្ម

underline (v.) គូសបន្ទាក់

undermine (v.) បន្ទាក, បន្ទាប, ប្រមាថ

underneath (adv.) ខាងក្រោម, នៅក្រោម

 to put underneath ក្រោប

undershirt (n.) អាវយឺត

understand (v.) យល់, ស្គាប់បាន, ក្រាប

 to understand someone's feeling

  ឌឹងចិត្ត

understanding (n.) ឌឹស្តួយ, អន្តរស្តួយ

undertake (v.) រប្បឆ្នាឌិងឆ្នើ, ទទួលឆ្នើ, ណ្ណ

underwear (n.) រាក្រោសាប់, នៅឆ្មើប

undo (v.) ដោះ, ក្រាយ

undoubtedly (adv.) ម្ងសា

344

undress (v.)

undulate (v.)

uneasy (adj.)

  to feel uneasy

uneven (adj.)

unfaithful (adj.)

unfamiliar (adj.)

unfold (v.)

unfortunate (adj.)

ungrateful (adj.)

unhappy (adj.)

unhealthy (adj.)

unheard (adj.)

uniform (n.)

unimaginative (adj.)

unimportant (adj.)

  unimportant affair

uninterested (adj.)

union (n.)

unit (n.)

unite (v.)

  to cause to unite

united (adj.)

United Nations Organization

United States

unity (n.)

universal (adj.)

universe (n.)

university (n.)

unjust (adj.)

unless (conj.)

unlock (v.)

unlocked (p.p.)

  Leave the door unlocked.

unlucky (adj.)

unmarried (adj.)

unofficial (adj.)

unorganized (adj.)

unpopular (adj.)

unpremeditated (adj.)

unproductive (adj.)

unravel (v.)

unrest (n.)

  mental unrest

unroll (v.)

unrolled (p.p.) (to become -)

unstable (adj.)

  unstable person

untie (v.)

until (conj.)

  not... until

  I won't go until I have the money.

untrustworthy (adj.)

unveil (v.)

up (prep.)

  up to (you)

up-to-date ទាន់សម័យ , ទាន់សម័យ	use (n.) ប្រការ
Keep me up-to-date, will you?	to be of use ប្រយោជន៍
។ ឧ្បុំដឹងឆ្ងូ	no use មិនមានការ , អ្នាភាពការ
up to now មកទល់ពេលនេះ	used (p.p.) ស៊ី , ខ្ញុំឆ្លាស , គិលា , ធ្លាប់ហើយ
upper (adj.) ខ្ពស់ , ខាងលើ	to be used ឆ, ឆ្ងាឆស
upper garment អាវ	to be used up អស់
uproot (v.) ររលឹង	a used car ឡានស៊ី
upset (adj.) អស់ចិត្ត , អាក់អន់ចិត្ត	to get used to ស្គាល់
upstairs (n.) ខាងលើ , ដាក់ខាងលើ	useful (adj.) មានប្រយោជន៍
I go upstairs ខ្ញុំឡើងលើ , ខ្ញុំទៅខាងលើ	usefulness (n.) ប្រយោជន៍
urge (v.) ររុញ , ប្រឹងប្រែង , រុញច	useless (adj.) ឥតប្រយោជន៍, ឥតសក្ខួស, មិនសក្ខួច
to urge strongly បង្ខំបង្ខ្ញ	to consider as useless អត់ប្រយោជន៍
urgent (adj.) ប្រញាប់ , ប្រញាប់ប្រញាល់ , ដាបន្ទាន់	U.S.I.A. ក្រសួងរយោសនាការអាមេរិកាំង
urgent affair ការបន្ទាន់	usual (adj.) ធម្មតា
very urgent យ៉ាងប្រញាប់	as usual តាមប្រក្រតី
urgently (adv.) ឆ្ងាប់រហ័ស	usually (adv.) ធម្មតា
urinate (v.) នោម , រោម , បត់ជើងតូច	usurp (v.) ដណ្ដើមយក ; រំដកយក
urine (n.) នោម , ទឹកនោម , ទឹកមូត្រ	utensil (n.) ហានភ្លើង ; ចង្ក្រាន , ប្រដាប់ប្រដា
urn (n.) ឆ្នាំង	uterus (n.) ស្បូន
us (pron.) យើង	utility (n.) ប្រយោជន៍
use (v.) ប្រើ , ប្រើការ , ប្រើប្រាស	utterance (n.) កថា , ប្រសាសន៍, សម្ដី, ព្រះពុទ្ធឱ្យការ, វាចា, សំឆី

vacant (adj.) ទំនេរ

vacation (n.) វាសសប់សិនក , វំកន់ ,
           វិស្សមកាល

    to take a vacation វំកន់

vagabond (n.) វិសសរវាស

    a vagabond មនុស្សវិសសរវាស

vaguely (adj.) ព្រាងៗ , រហាក់រហើង

validation (n.) ស្រាសកម្ម

valise (n.) វាលីស

valley (n.) ជ្រលះ

value (n.) គុណសម្បត្តិ , តម្លៃ

    object of value របស់ភានៃ

valuable (adj.) វិថ្លៃ , វិថ្លៃថ្លា , វិថ្លៃថ្លូរ

vanish (v.) វិសាស

vanished (p.p.) (to be -) វិសាស

variety (n.) មួយស្តួងៗ

various (adj.) រស្តួងៗ , សានា , និមួយៗ

    various areas ខ្លួយស្តី

vase (n.) ថូ , រវិស

    flower vase ថូផ្កា

vat (n.) សាង

V.D. (n.) វរាកប្បាស

veal (n.) សាច់កូនគោ

vegetable (n.) ដំណាំ , បន្លែ , បន្លែបង្ការ,
           បន្លែបន្ថក

    vegetable garden ថ្ការ

vegetation (n.) ព្រៃក្សា , រុក្ខជាតិ

vehicle (n.) សំនិ: , យាន , យានសំនិ: ,
           រថ , រថយន្ត , ររៈ

vein (n.) សរិស

velocity (n.) ល្បឿន

venom (n.) ពិស

verb កិរិយាសព្ទ

verdict (n.) សាលក្រម (របស់តុលាការ)

    to give a verdict កាត់របទុក្តិ

verify (v.) បញ្ជាក់

verse (v.) កាព្យ , កំណាព្យ ,
           កំណាព្យកាព្យរប្បាង

vertical (adj.) ក្រង់ (វិលឫក្រាយ)

very (adj.) ខ្ + verb , សាស់ , សាសស់សា,
           សាស្រ្បមាសា , មហារស់សា ,
           ណាស់ + verb រស់ស

very (adv.) ខ្ , សស់ហើយ ,
           សស់ណាសរហើយ

    very much សាសនាក

    not very មិន...ប៉ុស្តា ,
           មិនសា ... ប៉ុស្តានរ ,
           មិនសាសាស់សា , មិនសូរ

    very very មហារស់សស

veterinarian (n.) ក្រុវរោគ្យសត្វ , វរទ្យសត្វ

vibrate (v.) រង្គើ

vice (adj.) សស

    vice premier ឧបនាយករដ្ឋមន្ត្រី

    vice president អនុប្រធាន , អនុប្រធានាធិបតី

vicinity (n.) ខ្លី

victim (n.) អ្នករងគ្រោះ

   to be a victim រង , រងគ្រោះ

   to fall victim to រងគ្រោះ

victory (n.) ជ័យ , ជ័យជំនះ , សោកជ័យ, ភាគ (ភាគ្យ) , សុពរជ័យ

Vietnam (n.) សៀវកាម

Vietnamese (n.) យួន

Vietnamization (n.) អ្វីកាមូបនីយកម្ម

view (n.) ទិដ្ឋភាព , ទេសភាព

viewer (n.) សម្បិកខន , អ្នកស្ម្រាយ

villa (n.) ក្បៀក្បិះ

village (n.) ឃុំ , ភូមិ

   village chief មេឃុំ

villager (n.) អ្នកភូមិ , អ្នកស្រុក

vindictive (adj.) គុំ , គុំគួរ , ចងគំនុំ , សងសឹក

vine (n.) វល្លិ , វល្លិ

vinegar (n.) ទឹកខ្មេះ

VIP អ្នកធំ , កស្យារនស

virgin (n.) ក្រមុំ

   (adj.) ក្រមុំ

virginity (n.) ក្រហ្មចារី

   to lose one's virginity ខូចក្រ

violate (v.) ល្មើសលាន , ចំពាប់ចាន , ប៉ះពាល់ , រំលោភ , រំលាភរំលឹ

   to violate the law រំលោភច្បាប់

violin (n.) វីយាឡុងស

visa (n.) ទិដ្ឋាការ , វីសា

   to issue a visa ចេញវីសា , ឱ្យវីសា

virtue (n.) គុណ

Vishnu (n.) ព្រះវិស្ណុ

vision (n.) ការមើលឃើញ ; សញ្ញាណ

   failing vision ងាក់ , ខ្វាក់ស្តើង

visit (n.) សម្បកិច្ច

   to pay a visit ចូលសាល

visit (v.) ក្រាបថ្វាយបង្គំកាល , ចូលសាល , សម្បា , សោរសាល , ចកសាល

   to visit a doctor សោរមើលសាគ្យ

visitor (n.) សោរបរ , អ្នកសម្បា

visualize (v.) ទិក

vitamin (n.) វីតាមីន

voice (n.) សម្លេង

   Voice of America សម្លេងសហរដ្ឋអាមេរិក

volitive (adj.) ស (គំនិត) , ស (កាមចិត្ត)

volley ball (n.) បាល់ទះ

volume (n.) ក្យាល , ភ្យាប់

volunteer (v.) ស្ម័គ្រ , ស្ម័ក , ស្ម័គ្រចិត្ត

vomit (v.) ក្អួត

   (n.) កំអួត

voodoo (n.) ការធ្វើអំពើ

   to pratice voodoo អ្វី , រិ

vote (v.) ឈ្នោះឆ្នោត

   (n.) ឆ្នោត ; សម្លេង

vow (v.) ស្បថស្បា

vowel (n.) ស្រៈ

vulture (n.) ត្មាត

wag (v.) បក់

   to wag the tail បក់កន្ទុយ

wage (n.) ស្បៀងកម្រៃ , ប្រាក់ខែ

wager (v.) ភ្នាល់

waist (n.) ចង្កេះ

wait (v.) កស់ , ចាំ

   to wait for រង់ចាំ , រីរៃ

   to wait on សាស់ , ចាំ , បំរើ, បរិវស្ស

   to wait for someone impatiently

          ចាំផ្អើរ, ទន្ទឹង (ផ្អើរ), រឭើសផ្អើរ

   wait and wait ចាំរីរៃ

   wait here ចាំម្ដ៉ងសិនហើយ

   wait just a minute សូមចាំ ! ,

         សូមបន្ដិច , សូមប៉ុន្មានក្បៀស

   There're many people waiting for him
at the airport. មានមនុស្សជាច្រើនចាំ
         ខ្ពស់គាត់នៅអាកាសយានដ្ឋាន ។

waiter (n.) អ្នកបរិវេស, អ្នកអាហារ, អ្នករាំកម្សាប

waitress (n.) អ្នកបរិវេស, អ្នកអាហារ, អ្នករាំកម្សាប

wake (n.) ស្ពាន , ស្ពានម

   (v.) ភ្ញាក់

   to wake someone up ភ្ញាក់

   to wake up ភ្ញាក់ , រសៀក

walk (n.) ដំណើរ

   to go for a walk ដើរលេង

   to take a walk ដើរលេង

walk (v.) សណ្ដើរ ; ដើរ

to walk against ប៉ះពាល់ , ពាល់

to walk all over ជល់ស្ពាល់

to walk someone បណ្ដើរ

   to be unable to walk ខ្វា

wall (n.) កំផែង ; ជញ្ជាំង

wallet (n.) ក្របូប

waning moon (see moon) ខ្នើត

want (v.) ចង់ , ចង់បាន, ចង់...ដែរ ,

       ប៉ុន្ដ៉ង់ , ត្រូវការ

war (n.) ចម្បាំង , សង្គ្រាម

ward off (v.) បង្ការ

wardrobe (n.) ទូ , ទូដាក់រ៉ូបខោអាវ

warehouse (n.) ឃ្លាំង

warfare (n.) ការផ្សឹកសឹកផ្លាសប្របែបនៃនឹងក្នុងង

   warfare material បរិក្ខារសង្គ្រាមផ្សេងៗ:

   psychological war សង្គ្រាមចិត្តសាស្ត្រ

warm (v.t.) កំអុយ , រាស

   (adj.) កក់ក្ដៅ , ស្ដៅ , ឧ៉ំ

warn (v.) ហាម

   He warned me not to work.

          ហាមមិនឱ្យឃ្ញុំធ្វើការ

warp (v.) របារ

warrant (n.) ដីកា

   to issue a warrant ចេញដីកា

warrant officer នាយទំនាស់

wash (v.) លាង

   to wash the body ងូបលោសស្អ(ទឹក)

to wash clothing   បោក , បោកខោអាវ

to wash the face   លុបមុខ, លុបលាង

to wash the hair   កក់សក់, លាងសក់

to wash one's hand off   សោះស៊ីដៃ ;
    សោះដៃ

to wash oneself in a shower or bath
    ងូត

Washington   វ៉ាស៊ីនតោន , ក៉ាស៊ីនតូន

wasp (n.)   ឧម៉ាល់

waste (v.)   ខាត , ខ្ទះខ្ទាយ , បង្អែ ,
    បង្ខ្ទ , ចាន

to waste one's energy   បង់កំឡាំង

to waste one's thought   បង់កំនិត

to waste time   ខាតពេល , ក្បះក្បេះ

waste (n.)   កាកខ្ទះខ្ទាយ

to lay waste to   ខ្ទះខ្ទាយ , បំផ្លាញ

wastebasket (n.)   កុសសំរាម

wat   វត្ត

watch (n.)   ការឃ្លាំមើល ; នាឡិកា , រម៉ាង

to be on the watch for   ឃ្លាំ ,
    ឃ្លាំមើល

watch (v.)   មើល

to watch from a hidden place   ឃ្លាំ ,
    ឃ្លាំមើល

to watch a movie   មើលកុន

watch it!   ប្រយ័ត្ន

to watch over   ក្រស , ក្របំក្រស

water (n.)   សគ្គា , ទឹក , ទឹកសាប

fresh water   ទឹកសាប

salt water   ទឹកប្រៃ

water (v.)   ស្រោច

waterfall (n.)   ស្រាះ , ទឹកធ្លាក់

watermelon (n.)   ឪឡឹក

waterway (n.)   បណ្តាយទឹក , ផ្លូវទឹក

waterwheel (n.)   រហាត់ទឹក

watery (adj.)   ទាវ

wave (n.)   រលក

    (v.)   បក់ដៃ , រញ្ជួយដៃ , រលកដៃ

to wave the hand   បក់ដៃ , រញ្ជួយដៃ

way (n.)   ដំនើរ , វិធីបបទ, ផ្លូវ ,
    មធ្យោបាយ, ខាគ, របៀប

way of doing   ដំនើរ

way of life   របៀបរស់នៅ

no way   អត់ផ្លូវ

    there's no way   គ្មានផ្លូវ , អត់ផ្លូវ

to be in the way   រាំង , រាំងស្កាត់

to get out of the way   ចៀ

to work two ways   ខាគខាងមក

a way   ម៉្យាង , ខ្យយ៉ាង

all the way   របួត

once all the way through   ខ្យយចប់

one way   ម៉្យាង , ខ្យយយ៉ាង

there is a way   មានផ្លូវ

there is one way   គឺម៉្យាងនេះ

waylay (v.)   ស្ទាក់

wax (n.)   ក្រមួន ; សំអង

waxing moon (n.)   រកើត

we (prep.)   យើង , យើងខ្ញុំ

weak (adj.)   ខ្សោយ ; ចិត្តទន់ ;
    ទន់ខ្សោយ , ទុរ្ពល

weaken (v.)   ធ្វើឲ្យទន់

weak-kneed (adj.)   ទន់ស្តួត

weakling (n.)   មនុស្សទ្រុឌម់

to be a weakling   ទ្រុឌម់

weakness (n.)   ការទន់ខ្សោយ , ភាពទន់ខ្សោយ,
    ភាពអន់ខ្សោយ

wealth (n.) កស្ត , សម្បត្តិ

   cached wealth កំណប់

wealthy (adj.) មាន , ស្តុកស្តម្ភ , បរិបូណ៌ទ្រព្យ

weapon (n.) គ្រឿងសាស្ត្រា , អាវុធ

   weapons of every sort សព្វាវុធ

weaponry (n.) អាវុធយុទ្ធភណ្ឌ

wear (v.) ត្រស់ , ពាក់ , កាក់, ស្លៀក ,

         របោក , សឹក

weather (n.) អាកាសធាតុ, អាកាស, អាកាសធាតុ

weaves (v.) ត្បាញ

weaving (n.) កន្ត្បាញ

wed (v.) ការ , រៀបចំក្នុងការ

wedding (n.) ការ, អាពាហ៍ពិពាហ៍ ,

         អាពាហ៍ពិពាហ៍

   wedding ceremony ការ , ពិធីការ ,

         មង្គលការ

wedge (n.) ស្ពៃ , ស្លៀក

   to put a wedge under ខ្ទាស់

Wednesday (n.) ពុធ , ថ្ងៃពុធ

weed (n.) ស្មៅ , ស្មៅចង្រៃ

week (n.) សប្តាហ៍ , អាទិត្យ

   last week អាទិត្យមុន

   next week អាទិត្យក្រោយ

weekday (n.) ក្នុងអាទិត្យ , ថ្ងៃក្នុងអាទិត្យ

weekend (n.) ចុងអាទិត្យ

weep (v.) រងាទឹកភ្នែក ; យំ , ឳ

weevil (n.) ដង

weigh (v.) ថ្លឹង , ចាត់ , វិភាគគិត

weight (n.) ទម្ងន់

   to gain weight ឡាត់ , មានសាច់

   to lose weight ស្រកសាច់

   to sell by weight លក់ថ្លឹង

welcome (v.) ទទួលស្វាគមន៍

welcome (n.) ស្វាគមន៍

   you are welcome មានអី , មិនអីទេ

   welcoming wishes (adj.) ពាក្យស្វាគមន៍

weld (v.) ផ្សារ

well (adj.) រស្បើយ , ក្សេមក្សាន្ត, ក្សេមក្សាន្ត, សា

   to become well ជាក់សះ

well (n.) អណ្តូង

well-being សុខសប្បាយ

   well-behaved ឆ្លាតនិស្ស័យ , ឆ្លាតល្អ

   well (interj.) ណា, របើ , អញ្ចឹង

   well-known (adj.) ល្បី, ស្គាល់ស្គាន់ , ល្បីល្បាញ

   well-wishing ceremony ចងដៃ

west (n.) បស្ចិម , លិច

wet (v.) រជ្រួយ , ទទឹក , រសើម

   to be wet ទទឹក

   to be slightly wet រសើម

   to be soaking wet ទទឹកជោក

   to get wet ទទឹក

what (adj.) ចារម៉េច ?, ឬ ?, អ្វី ? ,

         អី ? , អ្វី ?

   What can I do? ធ្វើរម៉េចឃើញ

   What do you mean ? សេចក្តីថាចាំរម៉េច ?

   What do you mean, fight? ថាវាឈ្លោះឆា?

   What do they say? គេថារម៉េច ?

   What do you call it? ឈ្មោះអ្វីរវាយ

   What is it like? អារម៉េច ?

   What's new? មានអីប្លែករទ ?

   What rank? កាក់សក្តិប៉ុន្មាន ? កាក់អី ?

   What's the matter? រីឥតអី ?

Whatever (adv.)

   whatever will be ភាពយថាកម្ម

   whatever will be, will be ភាពយថាកម្ម

whatnot (n.) ក្អេីកក្អាយ

whatsoever (adv.) ទាសំនីករសណាៈ

wheel (n.) កង់ , កង់ឡាន

  big wheel ស្គរកង់

when (adv.) កាល ,

  (past) កាល, កិរកាលដែល, កិរអង្គាល ,

     ពុៈ , អង្គាល

When did you arrive in Phnom Penh?
     រសាកមកកសំងកុំនពាញិកិរអង្គាល ?

  (general) កាលណា , កាលបី, រឡីឧកសំដែល,
     រកាលដែល , ពុៈសំង

When will you arrive in Phnom Penh?
     រសាកមកកសំងកុំនពាញអង្គាល ?

  (future) កាលណា , រសវរឧកសរសាៈ ,
     សំង , សំងរៅកាលដែល

whenever (conj.) កាលណា , កាលណា...ក្ដី
     កី, កាលំកាលដែល , កាលបី

where (adv.) កន្លែងណា , ព្រៅំងណា, រសវីណា ,
     រសក្រុកំងណា, រសវាសណា , ណាណា

whereas (conj.) វិញ

whether (conj.) សិ

  whether...or not កំឧណាយ...កំឧណាយ ក្ដី ក្ដី

which (rel.pron.) ដែល , ណា

which (adj.) ណា

  which one? ណាមួយ ?, ឌូឧណា ? ,
     អាណា ? , អាណាមួយ ?

  which way ផ្លូវណា ? យ៉ាងណា ?

while (n.) សន្ទុៈ, សំង... សំង, រសរៅកាលដែល, ពត
  He sings while he walks. កំរីងសំង
     ព្រៅំងសំង

  once in a while មួយ ៗ ម្ដង

whip (v.) វាយ , រាយ

whip (n.) រឝាង , រំភោង

whiskey (n.) វីស្គី

whisper (v.) ក្ដិប

whistle (n.) កស្កយ , ស្ងួកស្កយ

white (adj.) ពណ៌ស , ស

  virgin white សក្ដូស , សសក្ដស

  clean white ស្អត្ស

  White House (The) សសវាកវៀាស

who (pron.) នីណា , នរណា , កិណា ,
     នរណា , អាណា

whole (adj.) ទាំងមួល , ទាំងអស់

wholesale (v.) ដុំ , លក់ដុំ

whorehouse (n.) ផ្ទៈស្រី

why (adv.) ក្ដរៀៈរហីយឧពានសា , រម៉ច, រម៉ចកី,
     រម៉ចៅក្ញស, យ៉ាងរម៉ច, រហាតុអី

  why not? ឧាសអី !

  that's why យ៉ាងញ្ញសឧានសាអសក្ញស

  That's why I came. យ៉ាងញ្ញសរហីយឧានខ្ញុំមក

wide (adj.) ទូលាយ , ទូលំទូលាយ, ធំ

  wide forehead ថ្ងាសសំស

widely (adj.) ទទីងស , ទ្វីងស

widow (n.) រមម៉ាយ

widower (n.) ពោះម៉ាយ

width (n.) ទទីង

wife (n.) ព្រពន្ធ , កិរយា

  first wife ព្រពន្ធសំង , កិរយាសំង

  minor wife ព្រពន្ធចុង

wiggle (v.) កំរាក់ , ព្ញុៈ , រវី

wild (adj.) ថ្ងៃ , សាហាវ

will (v.) នីង , ឧាសា

  will do កំឧាស

  Will he? រឧណសស ?

  certainly will នីងសា , ព្រាកសា,
     ឧានីង

willing (adj.) ស្រ័ចិត្ត

will power (n.) ទឹកចិត្ត

win (v.) ឈ្នះ

wind (n.) ខ្យល់

wind bag (n.) មានវំភមាត់

wind (v.) មូ

windroad (n.) បង់ទ្វារខ្យល់ , បង់រំបែ

window (n.) បង្អួច

wing (n.) ស្លាប

wine (n.) ស្រាទំពាំងបាយជូរ

wink (v.) ញ៉ាក់ភ្នែក , ព្រិចភ្នែក , កាយកន្ទុយភ្នែក , ទយរំភ្នែក

winnow (v.) បក់ , រោយ , រំ

wipe (v.) ជូត , រោប

     to wipe off ជូត , ជូបរចេញ

     to wipe oneself ជូតខ្លួន

wire (v.) រំខ្យ , រំខ្យស្យស , ស្យស , កាយរំខ្យស្យស , កាយរវរទ្យ្យកាប

wire (n.) រំខ្យ , ស្យស , រំខ្យស្យស

     barbed wire រំខ្យស្យបន្លា , ស្យសបន្លា

     electrical wire រំខ្យរភ្លឺង

wise (n.) ចិត្តស្ម, ខានគំនិត, ខានសម្ម, ប្រកស្ម

wish (n.) ចំណង់ចិត្ត, បំណង់, ប្រាឥ្នទិការ, ការ

wish (v.) បង់, បង់, បំណុលស្យង់, ប្ញង់ស្យង់, បំង, បំស្រ្ការថ្ម, ប្រាថ្មា, ស្ងួង

     to wish well ស្ងូសរា , ខូយរាវ

     as one wishes តាមចិត្ត

witch (n.) ជ្រោយ

with (prep.) រមាយ, សាម្បយ, និង, នុវ

withdraw (v.) ដក , ចយ

witness (n.) កសិសា , កសិសាសាក្ស្ម, សាក្ស្ម , ស្ក្ស្ម

without (prep.) ស្ងស

withstand (v.) ទប់ទល់

witted (adj.) កម្មិរ

wolf (n.) ចំ្កចក

wolf down (v.) ្ក្ចក់

woman (n.) ស្រី , ស្រ្ម

     old woman យាយ

     young woman សាវ , យុវទី

womb (n.) ស្ប្ម

wonder (v.) ឆ្ងល់ , និកឆ្ងល់

     to wonder about something រង្ហៀងឆ្ងល់

wonderful (adj.) ស្ងសាស់ , អស្ចារ្យ

wood (n.) រឈី , សាចរឈី

     (adj.) រឈី

wool (n.) រំទ្យរ

word (n.) សាក្ម, កា, សម្ម ; ម៉ាត់

     to charge one's word ៤ិសម្ម

     to have the last word ស័ស

     everyday words សាក្មសាមាយ

     in other words ម្យ៉ាងទៀត

     reliable words សាក្មសាច

     I know two words. ខ្ញុំដឹងពីរម៉ាត់

work (v.) រឈី , រឈីការ, ្រុកបកការងារ, ្រុកបកិច្ចការ

     to work as រឈីសា

     to work on a bus រំឡ្យាស

work (n.) ការ, ការងារ, កិច្ច, កិច្ចការ, ធូរងារ ; ស្មរំស

     a work of ស្មរំស

     to do the work of a... រឈីសា

worker (n.) កម្មកា , ្អករំឈីការ

     skillet worker សាស

world (n.) ភិភា, ភិភារសាក, ភា, រំសនិ , រវាក

X Y Z

X

xylem (n.) វេញសរ, សរ

xylophone (n.) រនាត

Y

yard (n.) ទីលាន, លាន; ម្ទេស ច្បារ; យ៉ាត (ក្បាលសម្រាប់វាស់គ្នាប របៀបបារាំង)

yarn (v.) ញ៉ាយ

year (n.) ឆ្នាំ, វស្សា ; កាល

    year of the chicken រកា

    year of the cow ឆ្លូវ

    year of the dragon រោង

    year of the dog ច

    year of the goat មមែ

    year of the horse មមី

    year of the monkey វក

    year of the pig កុរ

    year of the rabbit ថោះ

    year of the rat ជូត

    year of the snake ម្សាញ់

    year of the tiger ខាល

    last year ឆ្នាំទៅ, ឆ្នាំមុន

    next year ឆ្នាំក្រោយ

yellow (adj.) លឿងសស្រ, សស្រ

a deep brownish yellow លឿងស្រងែ

yellow (n.)(fig.) ពណ៌ក្រហមកាស, ពណ៌ លឿង

yes (adv.)

    (by male)) បាទ

    (by female) ចាស, ចា

    (intimate) អឺចៅ, អឺ អុឺ, ឬ

    (by clerical) ចរិយ៉ាស

    (to a monk) ករុណា, ករុណា, ទៀសករុណា

yes-man (colloquial) មនុស្សចុះ, អ្នកតែងតែសំដីបបួយ, អ្នកចាមប

yet (adv.) នៅឡើយមិនទាន់, មិនទាន់

    Have you met them yet? គាត់ឯង ជួបគេនៅឡើយមិនទាន់?

    don't...yet កុំសិន, កុំនៅទាន់

    not yet នៅសិនឡើយ, នៅ...នៅ ឡើយ, មិនទាន់

yesterday (n.) កាលពីម្សិលមិញ, ម្សិលមិញ

 a day before yesterday ម្សិលម្ងៃ

yield (v.) ផ្តល់ឱ្យ, ទិញឱ្យ

yoke (n.) នឹម

 (v.) ទឹម

you (pron.) ឯង, ម្នាក់; ឯកឯក, អ្ន; សោកអ្ន,

 សោកអ្នកនាង; នឹម, ប៉ុ, សោកកញ្ញា;

 លោក, ម្ន; សោកអ្នកម្ន, អ្នកម្ន;

 អ្នក, នាង; ព្នែ, រាល់, ឯង;

 រកនេកម្ន

(intimate or contemptuous) ឯង, ក្ន,

 ឯង, កម្ន, នឹង, ភានឹង

young (adj.) ក្មេង; ខ្ចី; ឯយ

 young (new) leaves ផ្កាសាឡើ

 young lady កញ្ញា, កម្លោះ

 young man ក្មេងប្រុស

 young people យុវនឹង

youngest (superl.) (sibling) ពៅសោក

youth (n.) កុមារ, ក្មេង, យុវនឹង

yummy (adj.) ឆ្ងាញ់សាឡ

Z

zone (n.) ដំបន់, តំបន់នាង

 military zone តំបន់សឹកការ

zoo (n.) សួនសត្វ

zero (n.) សូន្យ

SOUTHEAST ASIAN DICTIONARIES

... *from Hippocrene*

INDONESIAN-ENGLISH/ ENGLISH-INDONESIAN PRACTICAL DICTIONARY

289 pages • 17,000 entries • 0-87052-810-6 • $11.95pb • (127)

LANGUAGE AND TRAVEL GUIDE TO INDONESIA

218 pages • 5 ½ x 8 ½ • photos throughout, index • 0-7818-0328-4 • $18.95pb • (115)

SPEAK STANDARD INDONESIAN

285 pages • 4x6 • 0-7818-0186-9 • $11.95pb • (159)

KOREAN-ENGLISH/ ENGLISH-KOREAN PRACTICAL DICTIONARY

365 pages • 4x7 ¼ • 8,500 entries • 0-87052-092-X • $14.95 • (399)

KOREAN HANDY DICTIONARY

186 pages • 4x7 • 0-7818-0082-X • $8.95 • (438)

MALAY-ENGLISH/ ENGLISH-MALAY STANDARD DICTIONARY

631 pages • 7 ¼ x 5 • 21,000 entries • 0-7818-0103-6 • $16.95pb • (428)

PILIPINO-ENGLISH/ ENGLISH-PILIPINO CONCISE DICTIONARY
389 pages • 4x6 • 5,000 entries • 0-87052-491-7 • $8.95pb • (393)

PILIPINO-ENGLISH/ ENGLISH-PILIPINO DICTIONARY AND PHRASEBOOK
120 pages • 3 ¾ x 7 • 0-7818-0451-5 • $11.95pb • (295)

ENGLISH-PUNJABI DICTIONARY
489 pages • 5 ½ x 8 ½ • 15,000 entries • 0-7818-0219-9hc • $14.95 • (144)

THAI HANDY DICTIONARY
120 pages • 0-87052-963-3 • $8.95pb (468)

VIETNAMESE-ENGLISH/ ENGLISH-VIETNAMESE STANDARD DICTIONARY
501 pages • 12,000 entries • 0-87052-924-2 • $19.95pb • (529)

Hippocrene's Beginner's Series...

Do you know what it takes to make a phone call in Russia? Or how to get through customs in Japan? This new language instruction series shows how to handle oneself in typical situations by introducing the business person or traveler not only to the vocabulary, grammar, and phrases of a new language, but also the history, customs, and daily practices of a foreign country.

The Beginner's Series consists of basic language instruction, which also includes vocabulary, grammar, and common phrases and review questions, along with cultural insights, interesting historical background, the country's basic facts and hints about everyday living-driving, shopping, eating out, and more.

Arabic For Beginners
186 pages • 5 ¼ x 8 ¼ • 0-7818-01141# $9.95pb • (18)

Beginner's Chinese
150 pages • 5 ½ x 8 • 0-7818-0566-x • $14.95pb • (690)

Beginner's Bulgarian
207 pages • 5 ½ x 8 ½ • 0-7818-0300-4 • $9.95pb • (76)

Beginner's Czech
200 pages • 5 ½ x 8 ½ • 0-7818-0231-8 • $9.95pb • (74)

Beginner's Esperanto
400 pages • 5 ½ x 8 ½ • 0-7818-0230-x • $14.95pb • (51)

Beginner's Hungarian
200 pages • 5 ½ x 7 • 0-7818-0209-1 • $7.95pb • (68)

Beginner's Japanese
200 pages • 5 ½ x 8 ½ • 0-7818-0234-2 • $11.95pb • (53)

Beginner's Maiori
121 pages • 5 ½ x 8 ½ • 0-7818-0605-4 • $8.95pb • (703)

Beginner's Persian
150 pages • 5 ½ x 8 • 0-7818-0567-8 • $14.95pb • (696)

Beginner's Polish
200 pages • 5 ½ x 8 ½ • 0-7818-0299-7 • $9.95pb • (82)

Beginner's Romanian
200 pages • 5 ½ x 81/2 • 0-7818-0208-3 • $7.95pb • (79)

Beginner's Russian
200 pages • 5 ½ x 8 ½ • 0-7818-0232-6 • $9.95pb • (61)

Beginner's Swahili
200 pages • 5 ½ x 8 ½ • 0-7818-0335-7 • $9.95pb • (52)

Beginner's Ukrainian
130 pages • 5 ½ x 8 ½ • 0-7818-0443-4 • $11.95pb • (88)

Beginner's Vietnamese
517 pages • 7 x 10 • 30 lessons • 0-7818-0411-6 • $19.95pb • (253)

Beginner's Welsh
210 pages • 5 ½ x 8 ½ • 0-7818-0589-9 • $9.95pb • (712)

About out Mastering Series...

These imaginative courses, designed for both individual and classroom use, assume no previous knowledge of the language. The unique combination of practical exercises and step-by-step grammar emphasizes a functional approach to new scripts and their vocabularies. Everyday situations and local customs are explored variously through dialogues, newspaper extracts, drawings and photos. Cassettes are available for each language.

MASTERING ARABIC
320 pp • 5 ¼ x 8 ¼ • 0-87052-922-6 • USA • $14.95pb • (501)
2 cassettes: 0-87052-984-6 • (507)

MASTERING FINNISH
278 pp • 5 ½ x 8 ½ • 0-7818-0233-4 • W • $14.95pb • (184)
2 Cassettes: 0-7818-0265-2 • W • $12.95 • (231)

MASTERING FRENCH
288 pp • 5 ½ x 8 ½ • 0-87052-055-5 USA • $14.95pb • (511)
2 Cassettes: • 0-87052-060-1 USA • $12.95 • (512)

MASTERING ADVANCED FRENCH
348 pp • 5 ½ x 8 ½ • 0-7818-0312-8 • W • $14.95pb • (41)
2 Cassettes: • 0-7818-0313-6 • W • $12.95 • (54)

MASTERING GERMAN
340 pp • 5 ½ x 8 ½ • 0-87052-056-3 USA • $11.95pb • (514)
2 Cassettes: • 0-87052-061-X USA • $12.95 • (515)

MASTERING ITALIAN
360 pp • 5 ½ x 8 ½ • 0-87052-057-1 • USA • $11.95pb • (517)
2 Cassettes: 0-87052-066-0 • USA • $12.95 • (521)

MASTERING ADVANCED ITALIAN
278 pp • 5 ½ x 8 ½ • 0-7818-0333-0 • W • $14.95pb • (160)
2 Cassettes: 0-7818-0334-9 • W • $12.95 • (161)

MASTERING JAPANESE
368 pp • 5 ½ x 8 ½ • 0-87052-923-4 • USA • $14.95pb • (523)
2 Cassettes: • 0-87052-983-8 USA • $12.95 • (524)

MASTERING NORWEGIAN
183 pp • 5 ½ x 8 ½ • 0-7818-0320-9 • W • $14.95pb • (472)

MASTERING POLISH
288 pp • 5 ½ x 8 ½ • 0-7818-0015-3 • W • $14.95pb • (381)
2 Cassettes: • 0-7818-0016-1 • W • $12.95 • (389)

MASTERING RUSSIAN
278 pp • 5 ½ x 8 ½ • 0-7818-0270-9 • W • $14.95pb • (11)
2 Cassettes: • 0-7818-0271-7 • W • $12.95 • (13)

MASTERING SPANISH
338 pp • 5 ½ x 8 ½ • 0-87052-059-8 USA • $11.95 • (527)
2 Cassettes: • 0-87052-067-9 USA • $12.95 • (528)

MASTERING ADVANCED SPANISH
326 pp • 5 ½ x 8 ½ • 0-7818-0081-1 • W • $14.95pb • (413)
2 Cassettes: • 0-7818-0089-7 • W • $12.95 • (426)

Basic course instruction—

These full-length courses provide intensive instruction through dialogues, response drills, and glossaries. These volumes are reprints of courses used successfully by the U.S. Foreign Service Institute.

LAO BASIC COURSE
Warren G. Yates
Souksomboun Sayasithsena
This course is designed to give students a general proficiency in conversational Lao. Short lessons introduce students to basic grammar and vocabulary while exercises reinforce newly-introduced concepts. Each section contains helpful notes on special difficulties in the language.
350 pages • 5 ½ x 8 ¼ • 0-7818-0410-8 • W • $19.95pb • (470)

Hippocrene Standard Dictionaries....

MALAY-ENGLISH/ ENGLISH/MALAY STANDARD DICTIONARY

A.E. Coope

Featuring over 21,000 entries, this is the most modern and comprehensive Malay dictionary available. It is designed for non-Malays seeking to obtain a real mastery of Malay by speaking and by reading both historical and contemporary texts.

This dictionary includes phrases, idioms, and examples of simple sentences. It uses the system of spelling introduced by the Malaysian government in 1972.

The language of about half the population of Malaysia, Malay is also spoken in neighboring Thailand, and Singapore.

631 pages • 7 ¼ x 5 • 0-7818-0103-6 • $16.95pb • (428)